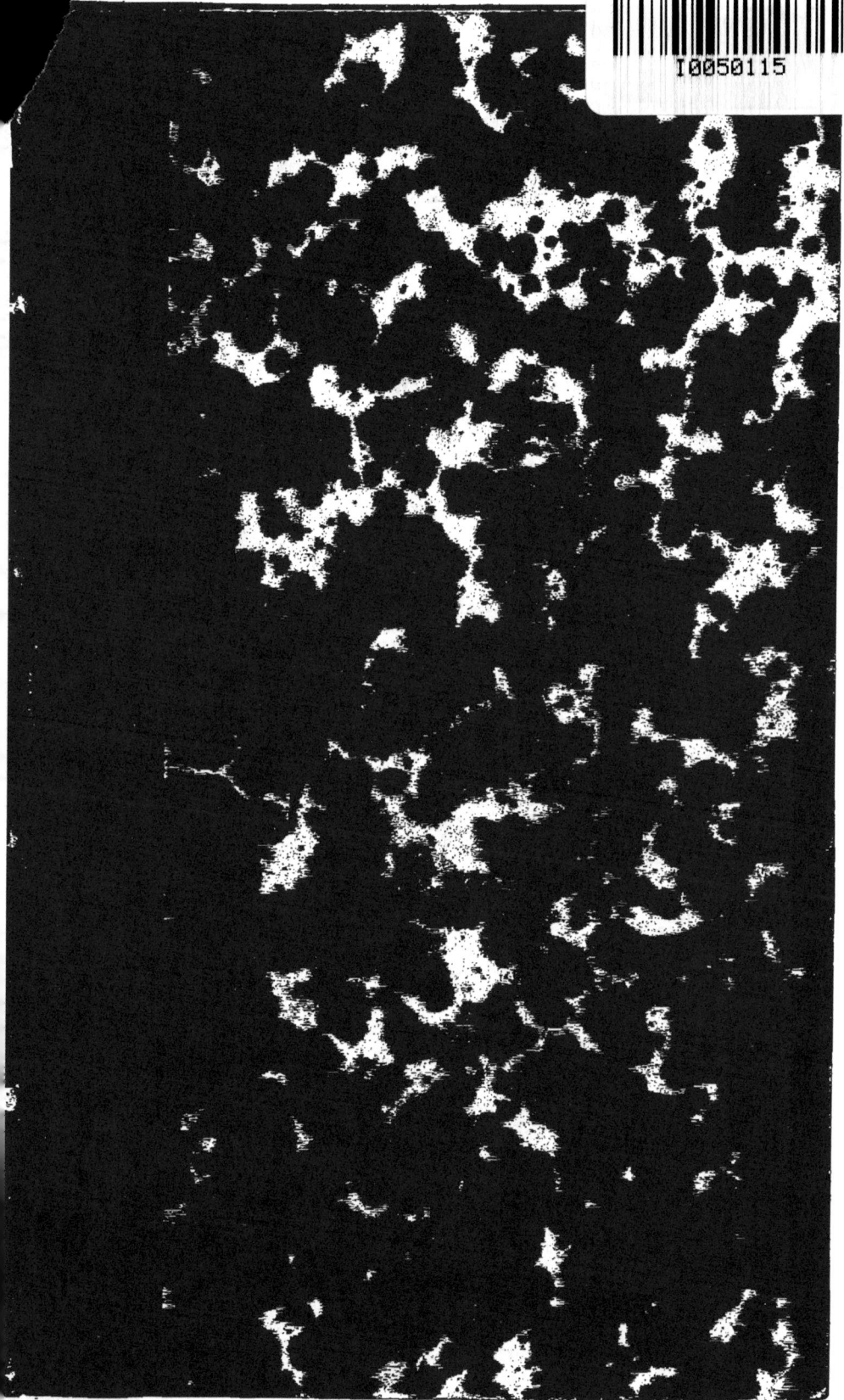

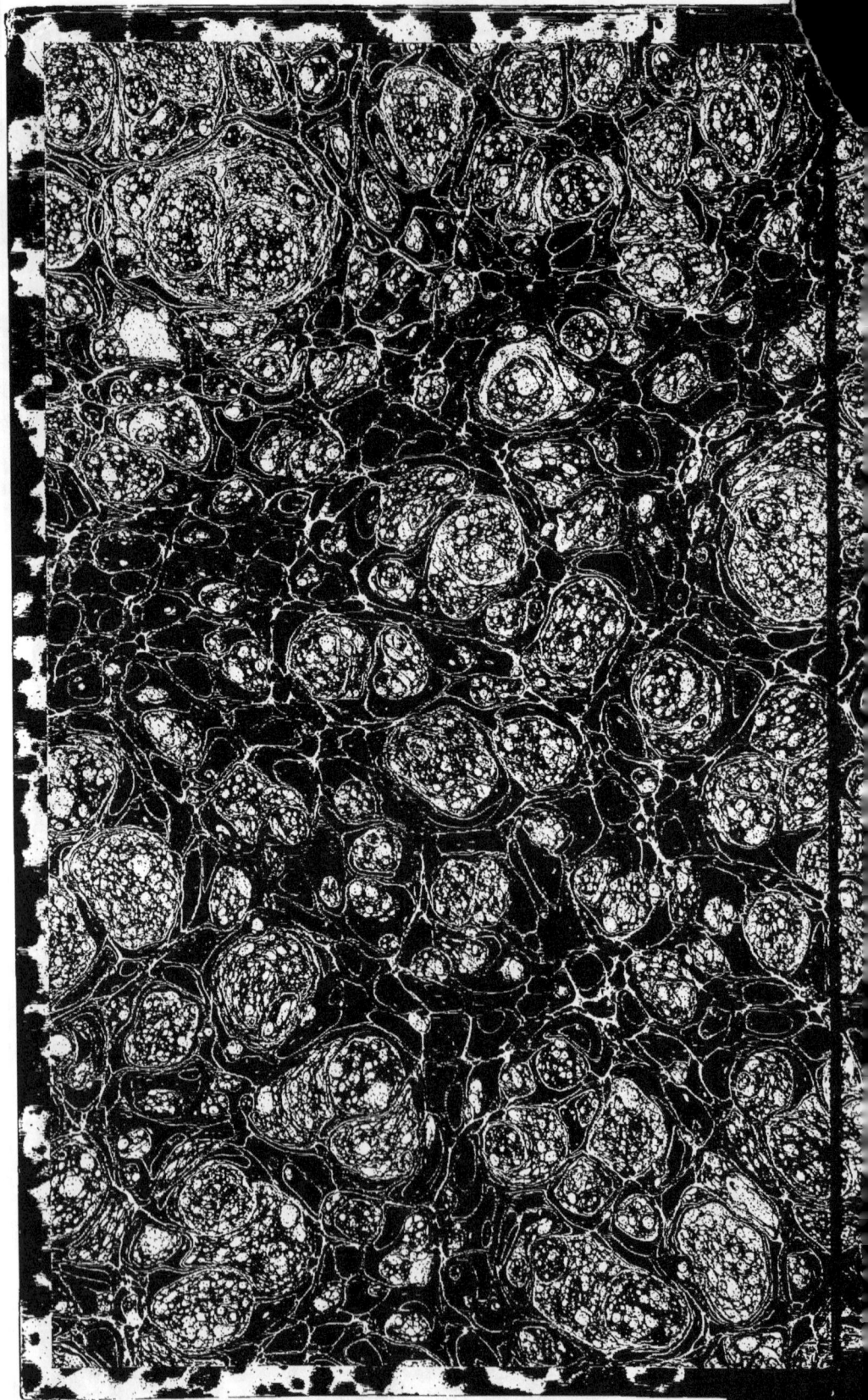

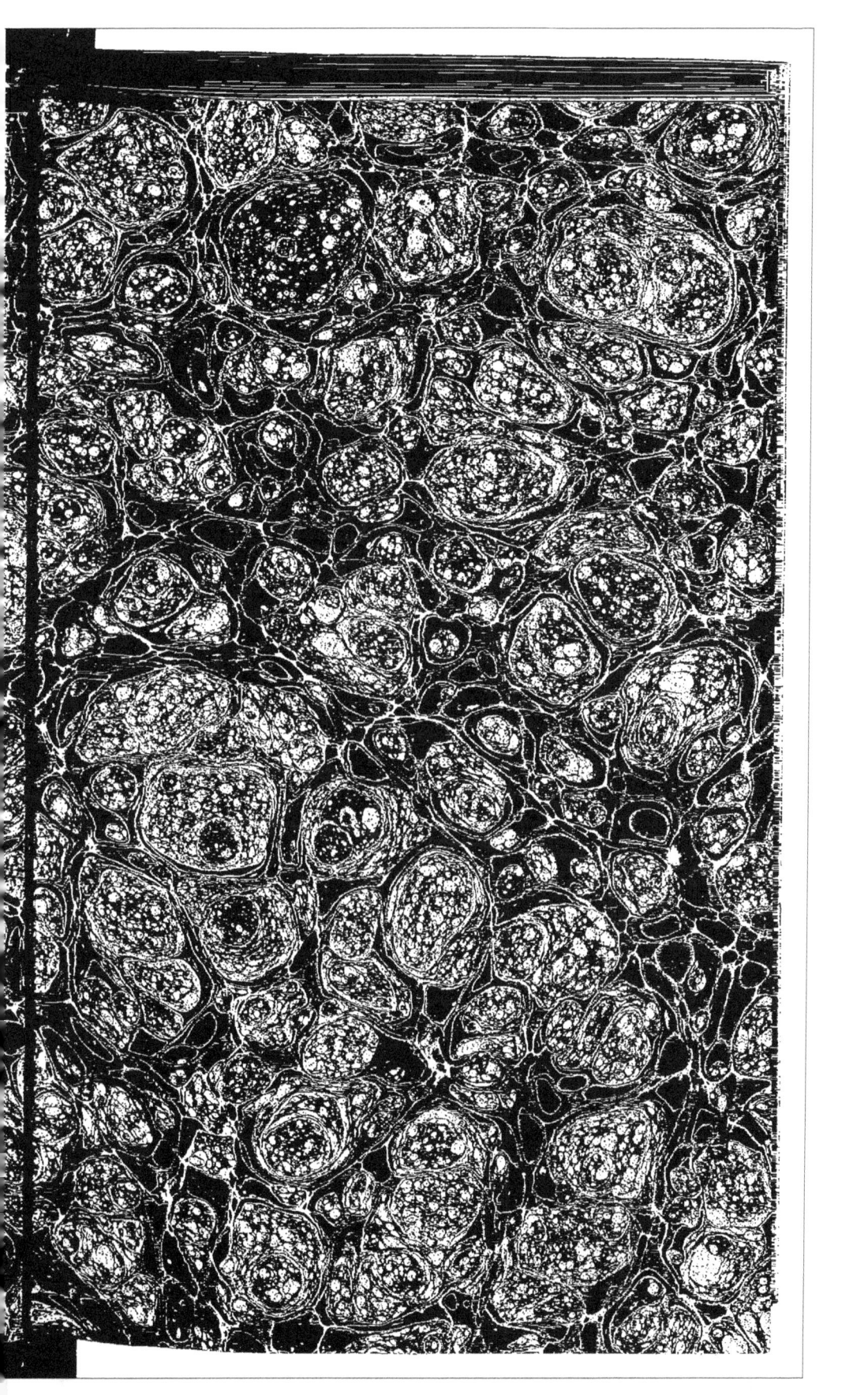

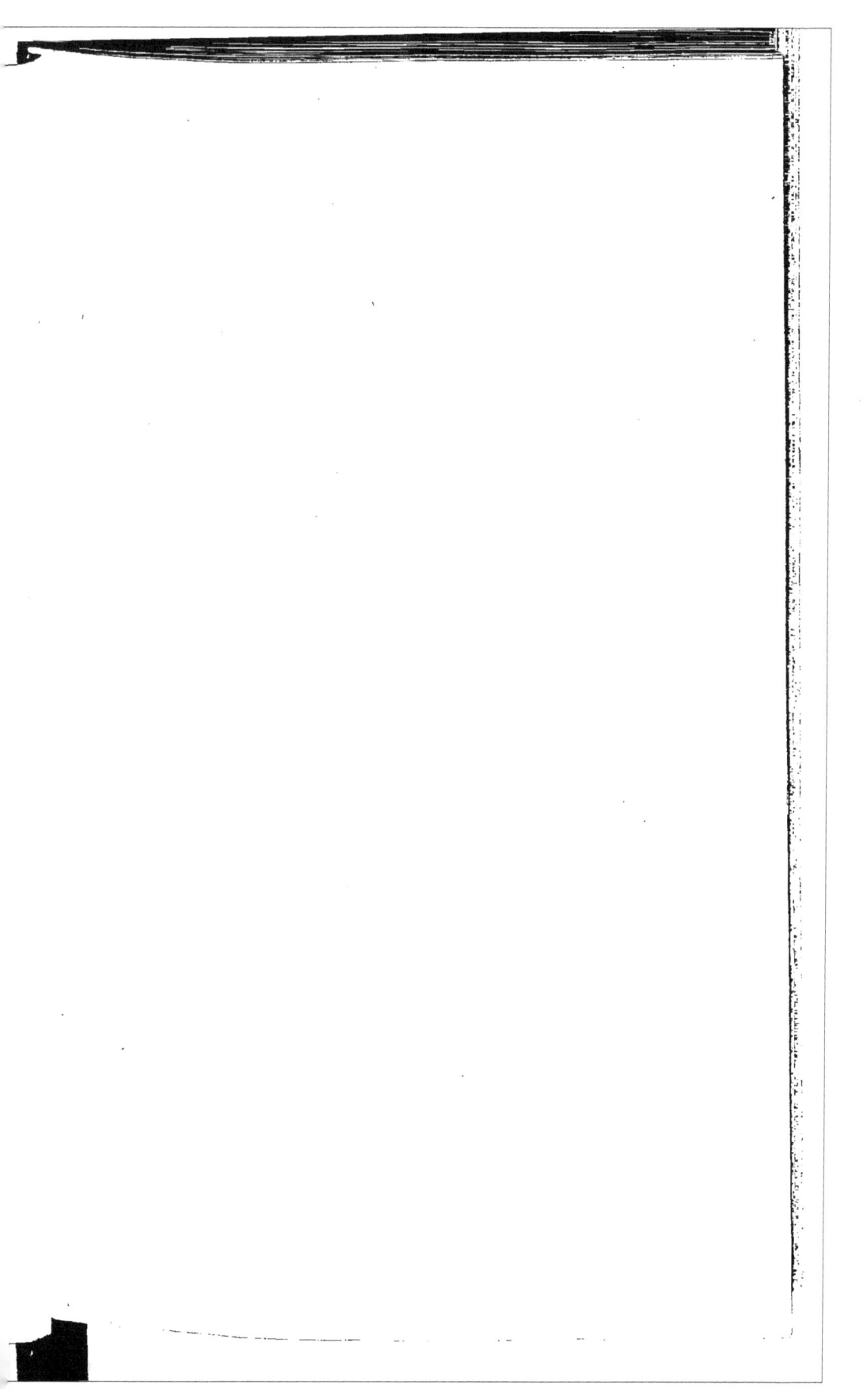

F   45106

TRAITÉ

DE

LA DOT.

TRAITÉ

DE

LA DOT,

SUIVANT

LE RÉGIME DOTAL ÉTABLI PAR LE CODE CIVIL,

ET

CONFÉRENCE,

SUR CETTE MATIÈRE,

DU NOUVEAU DROIT AVEC L'ANCIEN;

PAR H.^{ré} TESSIER,

AVOCAT PRÈS LA COUR ROYALE DE BORDEAUX, ANCIEN BATONNIER.

TOME SECOND.

A PARIS,

CHEZ NÈVE, LIBRAIRE DE LA COUR DE CASSATION,

GALERIE DU PALAIS-DE-JUSTICE, N. 9;

A BORDEAUX,

CHEZ HENRY FAYE, IMPRIMEUR-LIBRAIRE, ÉDITEUR,

RUE DU CAUERNAN, N. 44.

1835.

TABLE

DES ARTICLES, SECTIONS ET PARAGRAPHES

CONTENUS DANS CE VOLUME.

TRAITÉ

DE

LA DOT,

SUIVANT

LE RÉGIME DOTAL ÉTABLI PAR LE CODE CIVIL,

ET

CONFÉRENCE,

SUR CETTE MATIÈRE,

DU DROIT NOUVEAU AVEC L'ANCIEN.

———

SUITE DE LA SECTION SECONDE.

De l'inaliénabilité de la Dot, et des cas où l'aliénation de la Dot est permise.

———

LXXX. S**I**, hors les cas d'exception qui ont été signalés aux numéros LXVI et suiv., les

3o

biens dotaux ont été aliénés par vente ou autrement, l'aliénation est frappée de nullité (684),
quelque déclaration qu'eût faite la femme que les
biens n'étaient pas dotaux (684 *bis*), et encore

---

(684) V. L. 42, ff. *de usurp.*, liv. 41, tit. 3; C. civ., art.
1560.—Salviat, p. 200, s'occupant de la jurisprudence de notre
Parlement, dit, d'une manière générale, que la nullité n'avait
pas lieu toutes les fois que la vente avait été avantageuse à la
femme, les livres étant pleins d'arrêts ayant confirmé des aliénations de biens dotaux, lorsque le prix avait été employé à ses
affaires particulières et au paiement de ses dettes. A l'appui de
cette assertion, Salviat invoque, indépendamment de divers
arrêts d'hypothèse, quelques-unes des autorités que nous avons
eu l'occasion de rappeler en traitant des exceptions au principe
de l'inaliénabilité de la dot. Il serait, sans doute, vrai de dire,
dans ces divers cas d'exception, tels que les admettait notre
ancienne jurisprudence, que l'aliénation ne pouvait être arguée
de nullité; mais il ne saurait être également exact de prétendre
que la vente était inattaquable dans tous les cas indistinctement
où elle s'était trouvée avantageuse à la femme.

(684 *bis*) V., dans Merlinus, *de pign.*, liv. 2, tit. 1, quest.
18, n. 20 à 37, la controverse existante à cet égard entre les
anciens docteurs. Cette controverse ne pourrait, de nos jours,
être sérieusement renouvelée. Qui ne comprend, en effet, que
le législateur eût bien vainement érigé en principe l'inaliénabilité
de la dot, si l'action en révocation des biens dotaux aliénés
pouvait être repoussée à l'aide de la déclaration que nous avons
en vue, déclaration qu'obtiendrait toujours l'influence maritale,
et qui serait bientôt de style? Aussi la Cour de Bordeaux, dans

que le mari eût de quoi répondre de la dot (685).
A l'égard des obligations contractées par la femme,
hors les mêmes cas d'exception, comme ces obligations, tout inefficaces qu'elles sont pour enga-

---

un arrêt du 24 Avril 1834 (V. Journal des Arrêts de cette Cour,
an 1834, p. 233), n'a-t-elle pas hésité à accueillir la demande
en désistat de biens dotaux, formée par une femme qui, dans
l'acte de vente desdits biens, avait déclaré qu'elle en avait la
libre disposition, n'ayant pas passé de contrat de mariage.

(685) Dans les pays coutumiers où l'aliénation était permise
à la femme autorisée de son mari, ou au mari avec le consentement de la femme, on tenait le contraire (V. M. Merlin,
Répertoire, v.º *Dot*, §. 8, t. 4, p. 208). A Bordeaux même,
l'art. 53 de notre Coutume avait paru se prêter à l'opinion
suivie dans les pays coutumiers, opinion embrassée, au surplus,
par plusieurs auteurs de notre ressort (V. Automne, p. 245,
246 et 300 de son Commentaire sur la Coutume, et p. 44 des
Arrêts notables; Lapeyrère, let. F, n. 17, v.º *Si la femme*;
Dupin sur Ferron, let. A, n. 95, let. D, n. 99, et let. F,
n. 112). Mais les auteurs des Conférences m. s. sur Lapeyrère,
let. F, n. 17, v.º *Si la femme*, enseignent avec raison que la
validité ou l'invalidité de l'aliénation ne peut dépendre de la
solvabilité ou de l'insolvabilité du mari, l'aliénation du fonds
dotal, d'après les principes du droit écrit (ce sont les principes
consacrés par le Code civil), étant prohibée, sans aucune distinction, tant à la femme autorisée de son mari, qu'au mari
avec le consentement de la femme. Les auteurs des Conférences
m. s. sur la Cout.e de Bordeaux tiennent le même langage dans
leur Commentaire sur l'art. 53.

ger les biens dotaux, n'en affectent pas moins les biens paraphernaux (686), elles ne sont nulles que relativement aux biens dotaux.

Cette nullité dont il vient d'être question n'est pas absolue, mais simplement relative (687),

---

(686) Deux arrêts de la Cour de Nîmes, des 31 Décembre 1832 et 5 Février 1833, dans le Mémorial de jurisprudence, t. 26, p. 75 et 205, semblent, par leur rédaction, avoir adopté à cet égard une opinion contraire. Mais faites attention que, dans l'espèce de ces arrêts, la femme n'avait pas de paraphernaux, étant mariée sous une constitution de tous ses biens présens et à venir.

(687) V. du Perier, Quest. notables, quest. 9, t. 1, p. 56 et 57; Dunod, des Prescriptions, part. 1, chap. 8 et 12, p. 48 et 78; Chabrol, Cout.ᵉ d'Auvergne, chap. 14, art. 3, 12.ᵉ quest., t. 2, p. 219; consultation de M. Cazalet, du mois d'Août 1785. *Junge inf.*, n.ᵘˢ LXXXI, LXXXIII, LXXXIV, et *sup.*, n.ᵛ LI, al. dernier. — Cette nullité pourrait être considérée comme absolue, si on s'arrêtait à la discussion du Conseil-d'État sur l'art. 1560. On lit, en effet, dans cette discussion : « Que le mari pouvait faire révoquer l'aliénation, puisqu'il est « permis à tout le monde de faire valoir les nullités absolues, « et que la disposition est pour le cas où il y avait nullité *abso-* « *lue ;* que, d'ailleurs, lorsqu'un acte était déclaré nul d'une « nullité radicale, il était comme s'il n'existait pas, et ne pouvait « être opposé à personne » (V. M. Locré, Législ. civile, t. 13, p. 232 et 233). Mais il faut faire attention que, dans la rédaction primitive de l'art. 1560, sur laquelle s'ouvrit la discussion du Conseil-d'État, il était dit, qu'en cas d'aliénation du fonds

car, quoique l'ordre public soit intéressé à ce que la dot des femmes soit conservée, la prohibition d'aliéner la dot n'a eu pourtant pour but principal que l'intérêt particulier de la femme : on a voulu la garantir contre sa propre faiblesse et contre les obsessions du mari (688).

___

dotal, *l'aliénation serait radicalement nulle ;* que la section de législation du Tribunat, sur la communication officieuse qui lui fut faite, ayant observé que ces mots : « *l'aliénation sera* « *radicalement nulle,* employés dans le projet de loi, n'ajou- « teraient rien à une nullité légale ; que des difficultés pourraient « naître sur leur interprétation, et que l'effet de la nullité était « assez déterminé, dans la rédaction proposée, par la faculté de « révoquer l'aliénation » (V. M. Locré, Législ. civile, t. 13, p. 226 et 259), on fit disparaître, dans la rédaction définitive qui a passé dans le Code, les expressions ci-dessus rappelées. D'après cela, il est aisé de voir que, si, dans la discussion du Conseil-d'État, la nullité résultante de la vente du fonds dotal est qualifiée d'absolue, c'est qu'il existait à cet égard une disposition formelle dans le projet de loi. Mais cette disposition fut supprimée pour prévenir les difficultés que son interprétation pourrait occasioner, et les choses furent ainsi laissées aux termes du droit commun.

(688) « Quoique la fin de la loi soit toujours l'intérêt public « et de la société, dit Dunod, des Prescriptions, part. 1, « chap. 8, p. 48, la vue de cet intérêt est souvent éloignée, et « la loi considère alors, en premier lieu, dans sa prohibition « et dans les nullités qu'elle prononce, l'intérêt des particuliers : « *Primariò spectat utilitatem privatam, et secundariò pu-*

LXXXI. La nullité de l'aliénation des biens dotaux n'étant que relative, il s'ensuit, par exemple :

« *blicam*. Ce sont les particuliers qui profitent de sa disposi-
« tion, et sa prohibition, en ce cas, produit une nullité qu'on
« appelle *respective*, parce que cette nullité n'est censée inté-
« resser que celui en faveur de qui elle est prononcée; c'est
« pourquoi il peut seul s'en prévaloir et la proposer, et si
« d'autres le faisaient, ou leur opposerait avec raison qu'ils se
« fondent sur le droit d'autrui. Telles sont les défenses d'aliéner
« les biens dotaux et les biens des mineurs..... Elles concernent
« principalement l'intérêt des particuliers; elles n'annullent pas
« pleinement et absolument les actes qui sont faits au contraire :
« ces actes subsistent à l'égard des tiers, et ne sont déclarés
« nuls que quand les personnes que la loi a voulu favoriser le
« demandent; ils peuvent être confirmés et ratifiés; les tiers
« s'obligent valablement pour leur exécution.... La loi ne résiste
« pas expressément et toujours à ces sortes d'actes, comme dans
« les cas auxquels elle produit une nullité absolue; elle se con-
« tente de ne pas les avouer et autoriser à l'égard de certaines
« personnes : *Non assistit nec corroborat quod actum est*
« *respectu ejus in cujus favorem prohibitio facta est, sed*
« *non resistit absolutè et semper*. Les actes dont la nullité
« n'est que relative produisent une obligation naturelle ». Cette
doctrine, qu'on trouve reproduite dans le Rép.re de M. Merlin
(v.o *Nullité*, §. 2, t. 8, p. 660), et à laquelle Bouhier (Cout.e
de Bourgogne, chap. 19, n. 13, 15 et 16, t. 1, p. 333 et 334),
du Perier (Quest. notables, liv. 1, quest. 9, t. 1, p. 56 et 57)
et M. Delvincourt (Cours de Code civil, t. 2, p. 173) donnent

1.º Que les obligations portant garantie de la vente des biens dotaux sont valables (689), car

---

leur suffrage, se trouve contredite par M. Toullier qui, dans son Cours de Droit civil, t. 7, n. 555 et 558, p. 730, 733 et 734, prétend qu'il y a des nullités prononcées principalement pour l'intérêt des particuliers, et qui néanmoins ne sont pas relatives; que toute disposition qui déclare positivement et sans exception la nullité d'un acte, même la simple déclaration de nullité, quand bien même le législateur n'aurait eu pour objet que l'intérêt particulier, opère une nullité absolue, proposable par toute personne intéressée à ne pas reconnaître l'acte nul.

(689) V. Dunod, des Prescriptions, part. 1, chap. 8, p. 48; M. Duranton, Cours de Droit français, t. 15, n. 525. *Junge* les autorités citées *inf.*, aux n.^{tes} 691, 724 et 762. M. Merlin, Nouveau Rép.^{re}, v.º *Dot*, §. 8, t. 4, p. 211, est, sur ce point, d'une opinion contraire. Voici ses raisons : « Avant la
« publication du Code civil, dit-il, on suivait assez générale-
« ment, dans les pays de droit écrit, la disposition de ce Code
« par laquelle il est permis, même au mari qui a aliéné le fonds
« dotal en le qualifiant tel, de le revendiquer sur l'acquéreur,
« sans être tenu envers lui à autre chose qu'à la restitution du
« prix. Or, de cette disposition, il résulte clairement que la
« promesse de garantie apposée à la vente du fonds dotal ne
« donne aucune action à l'acquéreur qui, en achetant, a eu
« connaissance du vice de cette vente. Et il est bien sensible
« que, si une pareille promesse n'est pas obligatoire pour le
« mari, elle ne peut pas l'être davantage pour sa caution; car
« ce n'est pas par l'effet d'une exception personnelle au mari
« que cette promesse est nulle; elle n'est nulle que par un vice
« inhérent à la chose même. Écoutons là-dessus la discussion

le cautionnement est reçu pour une obligation
naturelle et susceptible d'être annulée par une
exception purement personnelle à l'obligé (690).
La sûreté qui résulte pour les acquéreurs des
obligations en question, peut être fournie non
seulement par le mari, soit qu'il se porte caution de la vente consentie par sa femme, soit
qu'il se rende garant de l'aliénation par lui faite
en nom qualifié, ou qu'il promette de la faire

« de l'art. 1560 au Conseil-d'État.... ». Est-il vrai qu'autrefois
la promesse de garantie, apposée à la vente du fonds dotal faite
par le mari en le qualifiant tel, n'était pas obligatoire et n'assu-
jettissait le mari à aucuns dommages et intérêts ? Cela serait-il
vrai aujourd'hui ? Bientôt, nous établirons la négative, et, par
là, nous écarterons la raison de décider de M. Merlin (V. *inf.*,
n.te 691). Quant à la discussion du Conseil-d'État sur l'article
1560, discussion sur laquelle ce jurisconsulte s'appuie pour
prouver que la promesse de garantie du mari est sans force
contre ce dernier, comme elle le serait à l'égard de sa caution,
nous avons déjà eu l'occasion de nous expliquer sur cette discussion et de dire qu'elle ne pouvait conduire à frapper d'une
nullité absolue la vente des biens dotaux (V. *sup.*, n.te 687).

(690) V. Pothier, des Obligations, n. 395; M. Delvincourt,
Cours de Code civil, t. 3, p. 483; C. civ., art. 2012. C'est
ainsi qu'un arrêt de la Cour de cassation, du 30 Novembre
1812, dans Sirey, 1816, 1, 140, a jugé que la nullité de la
vente consentie par un mineur, sans formalités de justice,
n'entraînait pas la nullité du cautionnement d'un tiers.

ratifier par sa femme (691), mais encore par

---

(691) En thèse générale, celui qui s'est porté fort pour un tiers ou qui a promis de faire ratifier, est tenu à la garantie de son propre fait, et, par conséquent, à des dommages et intérêts, si le tiers refuse de tenir l'engagement, et cela, encore que nuls dommages et intérêts n'aient été stipulés (V., contre Boniface, liv. 4, tit. 1, chap. 3, t. 2, p. 191 et suiv., Pothier, des Obligations, n. 75 ; Raviot sur Perrier, quest. 272, t. 2, p. 393, et quest. 69, t. 1, p. 170 ; Boutaric, Inst., p. 450, 451 et 458; Serres, Inst., p. 470 et 471 ; C. civ., art. 1120). — En thèse générale aussi, l'acquéreur qui savait, lors du contrat, que la chose n'appartenait pas au vendeur, n'en a pas moins droit à des dommages et intérêts, lorsque la garantie a été stipulée (V. Pothier, de la Vente, n. 190; Julien, Élémens de Jurisp.^{ce}, p. 301; Poullain-Duparc, Principes du Droit français, t. 8, p. 83 et suiv.; Boutaric, Inst., p. 482; Voet, *ad Pand.*, tit. *de evict. et duplæ stipul.*, n. 32, t. 1, p. 932; de Juin, t. 3, p. 431; Conférences m. s. sur Lapeyrère, let. G, n. 1, v.^{o} *In rigore juris;* consultations de M. Cazalet, de l'année 1780 et du 5 Septembre 1785; M. Merlin, Rép.^{re}, v.^{o} *Vente*, §. 1, art. 1, n. 3, t. 14, p. 480; M. Duranton, Cours de Droit français, t. 16, n. 264; M. Troplong, de la Vente, t. 1, n.ºs 468 et 469). Ces principes fléchissent-ils en matière d'aliénation de biens dotaux ? Quelques auteurs soutenaient, avant le Code, que le mari n'était pas passible des dommages et intérêts résultans de l'éviction du fonds dotal qu'il avait vendu comme tel, quoiqu'il se fût expressément soumis à répondre de l'éviction (V. du Perier et son Annotateur, Max. de Droit, liv. 5, t. 1, p. 525 et 526; Vedel sur Catelan, liv. 5, chap. 46 et 47, t. 2, p. 206; Bonnemant, Max. du Palais, t. 1, p. 183 ; Serres,

cette dernière, dont les biens paraphernaux ré-

Inst., p. 192; Basset, liv. 4, tit. 17, t. 2, p. 269; Boniface, liv. 6, tit. 2, chap. 8, t. 1, p. 377 et suiv.; Janety, Journal du Palais de Provence, t. 6, p. 322; Julien, Élémens de Jurisp.ce, p. 303, n. 14; consultation de MM. Sylvestre, Dalbessard et Grenier, du 31 Mars 1730; arrêt de la Cour de Bordeaux, du 11 Ventose an 11), et cette opinion a eu quelques partisans sous le Code (V. M. Merlin, Rép.re, v.o *Dot*, §. 8, n. 5, t. 4, p. 211; M. Dalloz, Jurisp.ce générale, t. 10, p. 344, n. 37). D'autres auteurs, au contraire, étaient d'avis que le mari était passible des dommages et intérêts de l'acheteur, soit dans le cas où il avait promis la ratification de la femme (V. Lebrun, de la Communauté, liv. 2, chap. 2, sect. 4, n. 29, p. 239 et suiv.; Catelan, liv. 5, chap. 7, t. 2, p. 223 et suiv.; Conférences m. s. sur la Cout.e de Bordeaux, à l'art. 53), soit dans le cas où il s'était obligé à la garantie (V. de Juin, t. 6, p. 192; Dupin sur Ferron, let. E, n. 52, p. 120; Conférences m. s., *sup.*, *ubi* cités deux arrêts du Parlement de Bordeaux, l'un de l'année 1725, et l'autre du 14 Février 1727; M. Laviguerie, Arrêts inédits, v.o *Garantie*, art. 3, *ubi* arrêt du Parlement de Toulouse, du 20 Mars 1776; M. Duport-Lavillette, Quest. de Droit, t. 3, p. 62 et suiv.). Ce dernier sentiment, qu'embrasse M. Duranton, Cours de Droit français, t. 15, n. 524, et qu'ont adopté la Cour de Toulouse, dans un arrêt du 17 Décembre 1818, dans la Jurisprudence inédite de cette Cour, p. 261, et la Cour de Grenoble, dans un arrêt du 6 Mars 1833, rapporté au Mémorial de jurisprudence, t. 26, p. 97, nous paraît d'autant plus devoir être suivi aujourd'hui, que l'opinion contraire repose soit sur la doctrine professée par M. Merlin, et d'après laquelle la promesse de garantie du mari ne serait pas obliga-

pondent des suites de l'engagement par elle pris (692), et, de plus, par les enfans (693) ;

2.° Que l'acquéreur des biens dotaux ne peut faire révoquer l'aliénation, à moins que cette aliénation n'ait été faite par le mari seul, en son propre nom, comme propriétaire des biens dotaux (694).

---

toire pour lui, attendu la nullité radicale dont serait entachée l'aliénation du fonds dotal (V. *sup.* , n.te 689), soit sur des textes de lois romaines, suivant lesquels l'acheteur qui avait acheté *scienter* une chose qui n'appartenait pas au vendeur, n'avait nul droit à des dommages et intérêts ; or, la plus saine partie des auteurs enseignait que ces textes étaient sans application lorsque la garantie avait été stipulée.

(692) V. *infrà*, n.te 762, *ubi* arrêts.

(693) V. *infrà*, n.te 724, *ubi* autorités.

(694) Avant le Code, on faisait assez généralement cette distinction : ou l'acquéreur avait connu la dotalité du fonds aliéné, comme, par exemple, lorsque le mari avait vendu en nom qualifié, et alors cet acquéreur ne pouvait faire révoquer l'aliénation, sous le prétexte que l'aliénation avait été faite contre la prohibition de la loi (V. M. de Bézieux, liv. 5, chap. 2, §. 18, p. 370 et suiv.; Faber, C., liv. 4, tit. 33, *de act. empt.*, *def.* 3, p. 424; Roussilhe, de la Dot, t. 1, p. 453, n. 390; Nouveau Denisart, v.° *Dot*, §. 14, n. 6, t. 7, p. 126; Rép.re de Guyot, v.° *Dot*, §. 9, t. 6, p. 248); ou l'acquéreur avait ignoré la dotalité, comme lorsque le mari avait aliéné le fonds dotal en qualité de propriétaire, et, dans ce cas, la nullité de

LXXXII. *A.* Mais, si l'acquéreur ne peut agir en révocation de l'aliénation, il n'en est pas

la vente pouvait être demandée par cet acquéreur, non à raison de ce que l'aliénation portait sur un fonds dotal, mais parce que c'était un bien n'appartenant pas au vendeur qui se trouvait avoir été aliéné (V. M. de Bézieux, liv. 5, chap. 2, §. 17, p. 369 et suiv.; Fromental, v.º *Dot*, p. 259, 1.ʳᵉ col.; Roussilhe et Denisart, *sup.* ; Rép.ʳᵉ de Guyot, *sup.*, p. 247 et 248.— Boniface, liv. 6, tit. 2, chap. 7, t. 1, p. 376, rapporte un arrêt qui paraît contraire, mais, dans l'espèce de cet arrêt, la femme avait ratifié la vente qui, d'ailleurs, avait été faite dans des circonstances favorables), et parce qu'en droit romain, en matière de vente de la chose d'autrui, l'acquéreur était reçu à invoquer la nullité de la vente, même avant d'être troublé, lorsque le vendeur avait sciemment aliéné la chose d'autrui (V. L. 30, §. 1, ff. *de act. empt. et vend.*, liv. 19, tit. 1; Vedel sur Catelan, liv. 5, chap. 42, t. 2, p. 200 et suiv.; M. Merlin, Quest. de Droit, v.º *Hypothèque*, §. 4 *bis*, t. 6, p. 407). Cette distinction, qu'on suivait au Parlement de Bordeaux (V. Conférences m. s. sur la Cout.ᵉ de Bordeaux, à l'art. 53, note marginale), semble consacrer l'opinion d'après laquelle l'acquéreur doit être recevable à proposer la nullité de la vente faite par le mari comme propriétaire des biens dotaux. Cette opinion rencontre pourtant des objections sous le Code : « Le « mari, dit-on, administre en maître les biens dotaux. Ce genre « de biens ne peut donc être à son égard *la chose d'autrui,* « dans le sens absolu que donne à ces expressions l'art. 1599 « C. civ. Cet article est donc inapplicable, en cas d'aliénation « du fonds dotal, pour autoriser l'acquéreur à agir en révoca- « tion. Le Code, par l'art. 1560, a réglé, d'une manière spé-

ainsi à l'égard du mari. Ce dernier peut, en
effet, faire résilier, pendant le mariage, l'alié-

« ciale, tout ce qui est relatif au sort de l'aliénation faite contre
« la prohibition de la loi. Or, cet article donne bien au mari,
« à la femme ou aux héritiers de cette dernière, le droit de
« demander la nullité de l'aliénation, mais il n'accorde pas le
« même droit à l'acquéreur. Il le lui dénie même, par cela seul
« qu'il laisse au choix du mari, de la femme ou des héritiers de
« celle-ci, de maintenir l'aliénation, ainsi que le prouvent les
« termes suivans de l'article en question..... *La femme ou ses*
« *héritiers* POURRONT *faire révoquer l'aliénation... Le mari*
« *lui-même* POURRA *faire révoquer l'aliénation.* D'ailleurs,
« ajoute-t-on, l'art. 1560 prévoit le cas même où la dotalité a été
« cachée à l'acquéreur, et cet article n'accorde cependant audit
« acquéreur que le droit de demander des dommages et intérêts.
« Enfin, en supposant que l'art. 1599 pût être invoqué pour
« régler le sort de l'aliénation des biens dotaux, il serait tout
« au moins douteux que l'acquéreur du bien d'autrui fût reçu
« à faire autre chose qu'à suspendre le paiement du prix ou à
« demander caution, conformément à l'art. 1563 ». Telles sont
les raisons que nous trouvons indiquées dans un arrêt de la
Cour de Grenoble, du 24 Décembre 1828, rapporté par Sirey,
1829, 2, 150, et surtout dans des consultations de feu M. Denucé, des 8 Mars 1813 et 8 Mai 1818, *ubi* rappelé un arrêt
de rejet, du 11 Décembre 1815, qu'on trouve dans le Recueil
de Sirey, 1816, 1, 161. Quelles réponses ces raisons com-
portent-elles? Nous recherchons d'abord si la vente de la chose
d'autrui peut être annulée sur la demande de l'acquéreur qui
en jouit paisiblement. En droit romain, où la vente de la chose
d'autrui était regardée comme valable, en ce sens qu'elle obligeait

nation que sa femme aurait faite, ou qu'il aurait

---

notamment le vendeur à la garantie de l'éviction soufferte par l'acquéreur (V. L. 28, ff. *de contrah. empt.*, liv. 18, tit. 1; Pothier, de la Vente, n.ᵒˢ 7 et 165; arrêt de rejet, du 12 Août 1812, dans Sirey, 1813, 1, 9), l'affirmative était certaine, comme nous l'avons déjà dit dans le cours de la présente note, lorsque le vendeur avait eu connaissance, au moment de la vente, que la chose appartenait à autrui : la négative avait seulement lieu quand le vendeur avait été de bonne foi lors de la vente, n'importe l'ignorance où l'acquéreur aurait été, au moment du contrat, que la chose n'appartenait pas à son vendeur (V. L. 3, C. *de evict.*, liv. 8, tit. 45; Barthole sur la loi 30, §. 1, ff. *de act. empt. et vendit.*). En droit français, où la vente est déclarée nulle, purement et simplement, l'acheteur ne peut être lié par la vente, encore que le vendeur ait ignoré que la chose par lui vendue comme sienne appartenait à autrui, et il ne saurait être déclaré non recevable à demander la nullité de la vente avant d'être troublé (V., contre l'opinion de M. Toullier, Droit civil, t. 14, p. 263 et suiv., M. Merlin, Quest. de Droit, v.ᵒ *Vente*, §. 11, n. 1, t. 9, p. 509, et v.ᵒ *Hypothèque*, §. 4 *bis*, t. 6, p. 407; M. Delvincourt, Cours de Code civil, t. 3, p. 359, n.ᵗᵉ 2; M. Duranton, Cours de Droit français, t. 15, n. 522 *in fine*, et t. 16, n. 177 et 178; M. Troplong, de la Vente, t. 1, p. 388, et t. 2, p. 625 et suiv.). Que si l'art. 1653 ne parle que du droit qu'a l'acquéreur de suspendre le paiement du prix ou de demander caution, c'est qu'il lui est loisible de s'en tenir à la vente, mais en prenant ses précautions pour ne pas perdre le prix d'achat. Maintenant, puisque l'acheteur de la chose d'autrui est recevable à poursuivre la résolution de la vente, nous nous demandons s'il n'en doit pas être de même à l'égard du

consentie lui-même soit en nom qualifié, soit en

---

mari qui vend comme siens les biens dotaux. Il est d'abord vrai que le mari est maître de la jouissance des biens dotaux (V. *inf.*, n.º XCVII), biens auxquels il ne saurait, dès-lors, être dit entièrement étranger. Mais, lorsque le mari aliène, comme à lui appartenant, les biens dotaux, peut-il être considéré comme s'étant uniquement dépouillé de ses droits de jouissance? La nue propriété des mêmes biens n'était-elle pas, par rapport à lui, la chose d'autrui? N'est-ce pas alors réellement la chose d'autrui qu'il aliène? L'acquéreur n'a-t-il pas, par suite, le droit de revenir contre l'aliénation, aux termes de la disposition générale de l'art. 1599? On allègue que l'art. 1560 ne donne qu'au mari, à la femme ou à ses héritiers le droit de révoquer l'aliénation. Mais ne peut-on pas dire que cet article n'est applicable qu'à l'aliénation faite par la femme ou par le mari en nom qualifié? Qu'alors, en effet, le fonds est vendu, comme dotal, contre la prohibition d'aliéner la dot; qu'au contraire, lorsque le mari aliène l'immeuble dotal, comme un bien à lui propre, c'est la prohibition d'aliéner la chose d'autrui qui est violée, et non la défense d'aliéner le fonds dotal, car cette défense n'est pas fondée sur le défaut de propriété du mari, mais sur la dotalité seule. Voilà, sans doute, de quoi soutenir que l'acquéreur des biens dotaux peut faire rescinder l'aliénation que le mari lui en a consentie *nomine proprio*. Il reste pourtant, contre cette manière de voir, un argument pris au même article 1560 dont nous parlions tout à l'heure. Cet article porte que le mari pourra faire révoquer l'aliénation en demeurant sujet aux dommages et intérêts de l'acheteur, s'il n'a pas déclaré dans le contrat que le bien vendu était dotal. Ici, est prévu le cas où l'acheteur ne serait pas averti de la dotalité, où le mari

son propre nom comme propriétaire des biens

---

aurait aliéné le fonds dotal comme s'il lui appartenait, où il aurait ainsi vendu la chose d'autrui, et cependant le législateur accorde au mari, dans cette hypothèse, le droit de faire résilier le contrat, tandis que le vendeur de la chose d'autrui n'a pas le même droit (V. *inf.*, à la n.^{te} 695). Quant au mari, vendeur, l'aliénation des biens dotaux ne reçoit donc pas l'application des règles suivies en matière de vente de la chose d'autrui. Comment donc ces règles seraient-elles applicables à l'acquéreur des biens dotaux? Nonobstant cela, nous n'en persistons pas moins à penser qu'on doit résoudre affirmativement la question de savoir si l'acquéreur d'un bien dotal peut demander la nullité de l'aliénation faite par le mari, comme propriétaire dudit bien. L'article 1560, en tant qu'il donne au mari le droit de faire révoquer l'aliénation par lui faite, droit, qu'en règle générale, n'a pas le vendeur de la chose d'autrui, cet article, disons-nous, constitue une disposition exorbitante du droit commun (V. *inf.*, n.^{te} 695). Comment donc s'en servir avec succès pour refuser, par voie de conséquence, à l'acquéreur du bien dotal la faculté que, de droit commun, a tout acquéreur de la chose d'autrui de poursuivre la résolution de la vente? Une décision contraire à la nôtre se trouve portée par M. Toullier, Droit civil, t. 14, n. 239 à 248; mais cet auteur n'arrive à la solution qu'il donne qu'en soutenant que la résolution n'appartient pas, en principe, à l'acquéreur d'un bien quelconque ignorant que la chose par lui achetée n'appartenait pas à son vendeur, opinion que nous ne saurions admettre. Au surplus, la plupart des autres auteurs qui ont écrit sous le Code enseignent, comme on le faisait autrefois, que si l'acquéreur d'un bien dotal avait connu la dotalité pour avoir, par exemple,

dotaux (695). Et quoique, ainsi que nous le

acheté de la femme, ou du mari, agissant en nom qualifié, il
ne pourrait faire révoquer l'aliénation, à la différence du cas
où il aurait ignoré la dotalité, le mari ayant aliéné les biens
dotaux comme siens (V. M. Merlin, Nouveau Rép.^{re}, v.^{o} *Dot*,
§. 9, t. 4, p. 221, et Quest. de Droit, v.^{o} *Vente*, §. 11, n. 3,
t. 9, p. 509 et suiv.; M. Delvincourt, Cours de Code civil,
t. 3, p. 342, n.^{te} 6; M. Dalloz, Jurisprudence générale, t. 10,
p. 345, n. 40; M. Duranton, Cours de Droit français, t. 15,
n. 522 et 528; M. Duport-Lavillette, Quest. de Droit, t. 3,
p. 61 et suiv.). La jurisprudence est-elle contraire à cette
doctrine? Déjà, nous avons fait mention d'un arrêt de la Cour
de Grenoble, du 24 Décembre 1828, et d'un arrêt de rejet,
du 11 Décembre 1815. L'un et l'autre de ces arrêts ont déclaré
l'acquéreur non recevable à faire révoquer l'aliénation du fonds
dotal dont la dotalité ne lui avait pas été révélée, et c'est ce qu'a
encore jugé un arrêt de la Cour de Paris, du 26 Février 1833,
dans Sirey, 1833, 2, 230.

(695) La disposition de l'art. 1560, 2.e alinéa, en tant qu'elle
accorde indistinctement au mari le droit d'attaquer l'aliénation
par lui consentie, paraît assez extraordinaire. Lorsque c'est en
nom qualifié, et sans aucune promesse de garantie en son propre nom, que le mari a fait l'aliénation, on trouve bien des
auteurs qui, pour motiver la révocation, expliquent, qu'en ce
cas, le mari agit du chef et en contemplation de sa femme, *non
in suum, sed tantùm in uxoris commodum, contrà suum
veniens factum* (V. Voet, *ad Pand.*, liv. 6, tit. 1, n. 19, t.
1, p. 424; Ranchin, en ses Décisions, let. D, art. 50, p. 158).
Mais le mari n'est-il pas le maître de la jouissance des biens
dotaux (V. *inf.*, n.^{o} XCVII)? Le mari, en aliénant les biens

verrons plus tard, la restitution du prix d'alié-

---

dotaux comme mari, n'est-il pas censé aliéner les droits qu'il
avait, en cette qualtté, sur lesdits biens? Voyons une autre
hypothèse. Lorsque c'est également en nom qualifié, mais avec
promesse de garantie en son propre nom, que le mari a aliéné,
d'autres auteurs lui donnent bien encore le droit de poursuivre
la nullité de l'aliénation (V. du Perier, Max. de Droit, liv. 5,
t. 1, p. 525, et Quest. notables, liv. 1, quest. 9, t. 1, p. 58;
Boutaric, Inst., p. 220; Serres, Inst., p. 192; Boniface, liv. 6,
tit. 2, chap. 11, t. 1, p. 379; Soulatges, des Hypothèques, p.
150). Mais la plupart de ces auteurs ne conviennent-ils pas
eux-mêmes que cela est contraire aux véritables principes du
droit, d'après lesquels celui qui a fait une promesse en son
nom, ne peut venir contre son propre fait ? *Nemo contrà
suum factum venire auditur* (V., sur cette maxime tirée de
la loi 25, ff. *de adopt.*, liv. 1, tit. 7, Faber, C., liv. 2, tit.
36, *def.* 3, n.te 1, p. 161, et liv. 1, tit. 2, *def.* 71, n.te 3, p.
47; M. Merlin, Quest. de Droit, v.º *Appel*, §. 14, art. 1, t.
7, p. 342 et suiv.). Mais ne reste-t-il pas, au surplus, contre le
droit de révocation accordé au mari, les raisons ci-dessus rele-
vées? Une autre hypothèse peut se présenter : c'est celle où le
mari a aliéné, comme à lui propres, les biens dotaux. On trouve
encore des auteurs qui fondent la faculté qu'ils accordent, en ce
cas, au mari, de faire résilier le contrat d'aliénation, sur cette
considération que l'aliénation se trouve faite contre la prohibition de la loi (V. Glose *ad instit.*, liv. 2, tit. 8, *in princip.*,
in v.º *Interdicta;* Bornier sur Ranchin, let. D, art. 50, p. 159;
de Bézieux, liv. 5, chap. 2, §. 17, p. 370; Boucheul, Coutume
de Poitou, art. 230, n. 95, t. 1, p. 780). Mais qu'importe
cela, dès que la nullité de l'aliénation n'est pas absolue, mais

19

nation soit régulièrement imposée au mari, les

---

seulement relative (V. *sup.*, n.º LXXX, al. 2)? Dirait-on que
le mari qui aliène, comme à lui appartenans, les biens dotaux,
vend la chose d'autrui, et qu'aux termes de l'article 1599, la
vente de la chose d'autrui est nulle? Mais celui qui aliène la
chose d'autrui peut-il donc lui-même évincer l'acquéreur? Nullement, parce qu'une garantie est due audit acquéreur par le
vendeur, et que celui qui est tenu de la garantie, ne peut agir
d'éviction, suivant la maxime *quem de evictione tenet actio,
eumdem agentem repellit exceptio* (V. M. Merlin, Quest.
de Droit, v.º *Hypothèque*, §. 4 *bis*, t. 6, p. 407 et suiv.;
Pothier, de la Vente, n. 165; M. Delvincourt, Cours de Code
civil, t. 3, p. 360 et 362, aux notes; M. Troplong, de la
Vente, t. 1, p. 389; arrêt de rejet, du 11 Août 1830, dans
Sirey, 1830, 1, 395). Il nous semble donc difficile de justifier
en principe la disposition de l'art. 1560, 2.ᵉ alinéa. Aussi,
beaucoup d'auteurs refusaient-ils au mari la faculté de poursuivre la nullité de l'aliénation, soit par cette raison « que le
« mari était tenu de donner à son engagement tout l'effet qui
« dépendait de lui, parce qu'il n'était pas dans une incapacité
« absolue de vendre la dot, mais seulement dans le cas de celui
« qui vend ce qui ne lui appartient pas, et qui, sous ce pré-
« texte, ne peut pas demander la nullité de la vente, cette
« nullité n'étant que relative au vrai propriétaire de l'objet
« vendu » (V. Nouveau Denisart, t. 7, p. 125, n. 5; Roussilhe,
de la Dot, t. 1, p. 442, n. 381; M. Duport-Lavillette, Quest.
de Droit, t. 3, p. 57 et suiv.), soit par cet autre motif que « les
« fruits étaient au mari, et que ce dernier avait été le maître de
« préjudicier à son usufruit pendant le mariage » (V. Boucheul,
Coutume de Poitou, art. 230, n. 90, t. 1, p. 780; M. Dumou-

acquéreurs attaqués par lui en délaissement n'en sont pas moins tenus audit délaissement avant toute restitution du prix en question (695 *bis*).

Ce droit de faire révoquer l'aliénation cesse d'appartenir au mari, lorsqu'une séparation de biens est intervenue entre lui et sa femme, auquel cas cette dernière, qui se trouve investie de l'administration de ses biens, peut seule agir en

---

lin, en ses Notes m. s. sur Lapeyrère, let. P, n. 87). Ces raisons avaient fait refuser au mari, dans la jurisprudence du Parlement de Bordeaux, le droit d'exercer la révocation de l'aliénation par lui consentie (V. Conférences m. s. sur la Coutume de Bordeaux, à l'art. 53, note marginale; M. Dumoulin, *loc. sup. cit.*; consultation de M. Cazalet, du mois d'Avril 1777), et telle était, à ce qu'il paraît, la jurisprudence du Parlement de Grenoble (V. M. Duport-Lavillette, Quest. de Droit, t. 3, p. 57 et suiv.). Quoi qu'il en soit, la disposition de l'art. 1560 est formellement contraire à cette manière de voir. On s'aperçoit, par la discussion de cet article au Conseil-d'État, que cette disposition fut justifiée par cette considération que la nullité de l'aliénation était absolue (V. *sup.*, n.te 687): or, il est certain que cette nullité n'est que relative. Comme le mari doit pourvoir à la subsistance de la femme et des enfans, et que la dot est destinée à la leur fournir, il était sage de ne pas permettre au mari de préjudicier à son usufruit pendant le mariage. Il reste, sous le Code, ce motif à la disposition de l'article 1560.

(695 *bis*) V. arrêt de la Cour d'Agen, du 10 Juillet 1833, dans Sirey, 1834, 2, 535.

révocation, ainsi qu'on le verra plus tard (696).
Ce même droit, qui a été accordé au mari pour
mieux pourvoir à la conservation et à la destination de la dot, ne saurait, on le sent bien, être
exercé par les créanciers du mari; c'est un droit
exclusivement attaché à la personne (697).

Le mari qui revendique les biens dotaux par
lui aliénés, est sujet non seulement à la restitution du prix, mais encore aux dommages et intérêts de l'acquéreur, si la dotalité ne se trouve
pas révélée dans le contrat, comme dans le cas,
par exemple, où le mari a aliéné lesdits biens
comme à lui propres. L'acquéreur, au contraire,
n'aura droit qu'à la restitution du prix, et non à
des dommages et intérêts, dans le cas où la dotalité sera manifestée dans le contrat soit par une
déclaration formelle, soit, par exemple, lorsque
l'aliénation aura été faite en nom qualifié (698).

---

(696) V. *inf.*, n.º LXXXVI.

(697) V. C. civ., art. 1166.

(698) V. C. civ., art. 1560, 2.ᵉ alinéa; *inf.*, n.º LXXXVII.
On décidait, avant le Code, que celui qui avait acheté un fonds
dotal, qu'il ne savait pas être tel, pouvait agir contre le mari
pour la restitution du prix et pour les dommages et intérêts
(V. Chabrol, Coutume d'Auvergne, t. 2, p. 220 et suiv.;
Bonnemant, Max. du Palais, t. 1, p. 184, n. 13; Soulatges,
des Hypothèques, p. 151; Janety, Journal du Palais de Provence,

De droit commun, les dommages et intérêts sont
pourtant dus à l'acquéreur, le cas d'éviction ar-

---

t. 1, p. 23, et t. 6, p. 322). On décidait encore que le prix
d'aliénation seulement était dû par le mari, sans dommages et
intérêts, si l'acquéreur avait connu, lors du contrat, que les
biens étaient dotaux, et cela, soit à raison d'une déclaration de
dotalité insérée audit contrat (V. Bonnemant, *sup.*, p. 181, n.
10; Janety, *sup.*, t. 1, p. 23; arrêt de la Cour de Bordeaux, du
18 Août 1806, 1.re sect.)., soit parce que le mari aurait vendu
en nom qualifié (V. Roussilhe, de la Dot, t. 1, p. 450, n.
385; Janety, *sup.*, t. 1, p. 23; Boucheul, Coutume de Poitou,
art. 230, t. 1, p. 780, n. 94; Lapeyrère, let. G, n. 2; Conférences m. s. sur la Coutume de Bordeaux, à l'art. 53; Ferrière,
des Tutelles, p. 268), ou tant en qualité de mari qu'en son
propre nom (V. Conférences m. s., *sup.*), soit par toute autre
voie (V. Boucheul, *sup.*, n. 93). Telle était, au surplus, et
telle est encore la règle suivie en matière de vente de la chose
d'autrui (V. Pothier, de la Vente, n. 187 et 188; Domat, Lois
civiles, liv. 1, tit. 2, sect. 10, n. 30, p. 53; Ferrière, Instit.
coutumières, t. 3, p. 129; Lapeyrère, let. G, n. 1, *in* v.^o
Rigore juris; arrêt de la Cour de Bordeaux, du 23 Mars 1809,
1.re ch.; M. Duranton, Cours de Droit français, t. 16, n. 263;
C. civ., art. 1599). Au sujet de cette règle, on peut élever,
sous le Code, la question de savoir si, dans le cas où le mari
n'aurait pas fait connaître la dotalité, par une déclaration insérée
au contrat ou par la qualité en laquelle il vendait, il ne pourrait
pas s'affranchir de la prestation des dommages et intérêts, en
prouvant que l'acquéreur n'ignorait pas cette dotalité au moment
du contrat. Cette question, que résout affirmativement M. Delvincourt, Cours de Code civil, t. 3, p. 342, n.^{te} 8, ne peut

rivant, bien qu'il n'ait été rien stipulé à ce sujet (699). Mais *legis auxilium frustrà invocat qui*

---

qu'être décidée dans un sens opposé, comme le font M. Dalloz,
Jurisprudence générale, t. 10, p. 344, n. 35, et M. Benoit, de
la Dot, t. 1, n. 267, p. 392 et suiv., pour peu qu'on ait égard
à la discussion de l'art. 1560, 2.ᵉ alinéa, au Conseil-d'État. On
lisait, dans une première rédaction de la disposition que consacre cet article : « Le mari lui-même pourra faire révoquer l'a-
« liénation, pendant le mariage, en demeurant néanmoins sujet
« aux dommages et intérêts de l'acheteur, *pourvu que celui-ci*
« *ait ignoré le vice de l'achat* ». Ces derniers mots furent
supprimés et remplacés par ceux-ci : « *Si le mari n'a pas déclaré*
« *dans le contrat que le bien vendu était dotal* ». Voici, à
cet égard, l'observation du Tribunat, qui donna lieu à cette
suppression : « Ces expressions, *pourvu que celui-ci ait ignoré*
« *le vice de l'achat*, donneraient lieu à des difficultés, ainsi
« que l'expérience l'a appris. Comment savoir si l'acquéreur
« serait, ou non, en état d'ignorance, cette preuve pouvant se
« puiser ailleurs que dans le contrat d'acquisition? Il a paru
« préférable de la faire dépendre du contrat même. C'est encore
« un moyen de détourner le mari du dessein de vendre le bien
« dotal » (V. p. 226, 227, 259 et 260 de la Législ. civile de M.
Locré). D'après cela, il nous paraît impossible de se servir ici,
pour la décision de la question dont il s'agit, de l'art. 1599
duquel il résulte que la vente de la chose d'autrui ne peut
donner lieu à des dommages et intérêts, lorsque l'acheteur n'a
pas ignoré que la chose fût à autrui. La disposition de l'art.
1560, 2.ᵉ alinéa, est spéciale pour la vente des biens dotaux : elle
seule doit servir de règle.

(699) V. C. civ., art. 1626 et 1630.

committit in legem (700). D'ailleurs, celui-là est
censé agir par dol qui contracte contre la prohibition de la loi (701); or, le dol ne peut profiter
à son auteur. Il ne faut cependant pas perdre de
vue que, si, dans la dernière hypothèse ci-dessus
prévue, l'aliénation avait été faite par le mari
avec promesse de garantir la vente ou de la faire
ratifier, l'acquéreur serait fondé à prétendre des
dommages et intérêts (702).

S'il était question d'une aliénation que la
femme aurait faite elle-même sous l'autorisation
de son mari qui, au surplus, ne se serait soumis
à aucune garantie, l'acquéreur, poursuivi par ce
dernier en révocation de l'aliénation, pourrait-il
prétendre contre lui des dommages et intérêts,
au cas où il n'aurait pas été déclaré dans le contrat que le bien vendu était dotal? Cette question

---

(700) V. *Caput bonæ memoriæ Maguntinensi*, 23, *ext.*,
de elect. et elect. potest; L. 37, *in fine*, ff. *de minorib.*,
liv. 4, tit. 4.

(701) *In faciente rem prohibitam à lege, semper præsumitur dolus et malus animus* (V. Barbosa, *Ax. jur.*, ax. 6, n.
2, p. 45). *Malæ fidei namque possessorem esse nullus am-
bigit qui aliquid contrà legum interdicta mercatur* (V. L.
7, C. *de agric. et censit.*, liv. 11, tit. 47).

(702) V. *sup.*, n.te 691.

doit être résolue négativement (703). D'après la maxime *aliud est vendere*, *aliud vendenti consentire* (704), on tient, en effet, que le simple consentement prêté par un tiers à la vente d'une chose appartenante à autrui, n'engendre aucune obligation de garantie de la part de ce tiers (705).

B. La faculté donnée au mari d'agir, pendant le mariage, en révocation de l'aliénation des biens dotaux, lui serait-elle accordée après la dissolution du mariage, s'il se trouvait héritier de sa femme ? Oui, pourvu qu'il eût fait la vente en nom qualifié, sans promettre aucune garantie en son propre nom; mais il en serait autrement si le mari avait vendu en qualité de propriétaire, ou s'il avait promis garantie en son propre nom (706). Que si ce n'était pas par droit de

---

(703) V. arrêt de la Cour de Grenoble, du 14 Mai 1829, dans Sirey, 1832, 2, 151.

(704) V. L. 160, ff. *R. J.*

(705) V. *sup.*, n.te 607, *ubi* autorités.

(706) Parmi les auteurs qui refusent au mari, héritier de sa femme, la faculté d'agir d'éviction, les uns ne font aucune distinction entre les différentes hypothèses ci-dessus prévues (V. M. Delvincourt, Cours de Code civil, t. 3, p. 342, n.te 6, et M. Dalloz, Jurisprudence générale, t. 10, p. 343, n. 34), et les autres ont en vue le cas particulier où le mari a vendu en

succession, mais autrement que le mari fût devenu propriétaire de l'immeuble dotal par lui

---

nom qualifié, purement et simplement (V. Voet, *ad Pand.*,
liv. 6, tit. 1, n. 19, t. 1, p. 425. *Junge a* Sande, *Decis.
frisic.*, liv. 2, tit. 9, *def.* 17, p. 67, et Faber, C., liv. 8, tit.
31, *def.* 2, p. 1018). L'opinion que, dans ce dernier cas,
nous avons émise, contrairement à celle des auteurs précités, est
appuyée par une foule d'autorités (V. Vedel sur Catelan, liv.
5, chap. 46 et 47, t. 2, p. 205 et suiv.; Catelan, liv. 5, chap.
46, t. 2, p. 313 et suiv.; Ferrière, des Tutelles, p. 269; M.
Merlin, Nouveau Répertoire, v.º *Garantie,* §. 6, n. 3, t. 5, p.
464; M. Troplong, de la Vente, t. 1, n. 460), et elle nous semble
devoir être suivie. D'une part, en effet, le mari qui contracte en
nom qualifié, est censé contracter pour et au nom de son
épouse: *Sic dicens se procuratorem, eo ipso censetur facere
in qualitate procuratoris; sic dicens se maritum, censetur
nomine uxoris facere* (V. Dumoulin, Coutume de Paris, tit.
1, de Fiefs, §. 1, glose 1, *in* v.º *Le seigneur féodal,* n.
31, p. 61), et il n'est garant d'aucune éviction: *Quilibet contrahens ex officio, non tenetur de evictione* (V. Boerius,
Decis. 80, p. 163; Dumoulin, *sup.*, glose 8, *in* v.º *Faire les
fruits siens,* p. 214, n. 50), à moins qu'il n'ait fait quelque
promesse de son chef (V. L. 67, ff. *de procur. et defens.*,
liv. 3, tit. 3; Despeisses, tit. du Mandement, sect. 3, n. 4, t.
1, p. 175). Nous disons : *quelque promesse de son chef,*
car, d'après ce principe que *quand oquis contrahit sub aliquâ
qualitate, illa in omnibus partibus contractûs illius debet
intelligi repetita* (V. Mantica, *de tacit. et amb. convent.*,
liv. 3, tit. 6, n. 6, t. 1, p. 85), l'obligation de garantie que le
mari, agissant dans l'acte en nom qualifié, prendrait purement

vendu, on comprend bien que, dans les dernières hypothèses dont nous venons de parler, le mari serait encore non recevable à faire révoquer l'aliénation (707).

LXXXIII. Du principe que la nullité de l'aliénation des biens dotaux n'est pas absolue, mais simplement relative (708), il s'ensuit encore :

3.° Que les enfans, héritiers de la mère, ne peuvent agir en revendication, s'ils ont accepté purement et simplement l'hérédité de leur père (709) (il en serait de même, on le sent

---

et simplement, sans dire que c'est en son propre nom, se réfèrerait uniquement à sa qualité de mari et ne l'engagerait pas personnellement (V. M. Laviguerie, Arrêts inédits, v.° *Garantie*, art. 1; *inf.*, n.ᵗᵉ 711, *in fine*). D'une autre part, la femme, au nom de laquelle l'aliénation est censée faite, ayant la faculté d'agir d'éviction, quoique héritière de son mari (V. *inf.*, n.° LXXXIII, al. 4), ce dernier, comme son héritier, doit avoir le même droit.

(707) V. L. 42, ff. *de usurp. et usucap.*, liv. 41, tit. 3; L. 17, ff. *de fundo dotali*, liv. 23, tit. 5; Pothier, de la Vente, n. 165; M. Merlin, Quest. de Droit, v.° *Hypothèque*, §. 4 *bis*, t. 6, p. 407 et suiv.

(708) V. *sup.*, n.° LXXX, al. 2.

(709) V. du Perier et son Annotateur, liv. 1, quest. 9, t. 1, p. 56, 57 et 59. *Junge* Domat, Lois civiles, liv. 1, tit. 2, sect. 10,

bien, à l'égard de toutes autres personnes qui se
trouveraient tout à la fois héritières de la femme

---

§. 20 et 32, p. 52 et 53; Pothier, de la Vente, n. 167; Despeisses, tit. de l'Achat, sect. 5, n. 20, *septimò*, t. 1, p. 54, et tit.
des Substitutions, sect. 6, art. 3, n. 10, t. 2, p. 155; Lebrun, des
Successions, liv. 4, chap. 2, sect. 4, n. 23 et 29, p. 332 et 334;
Poullain-Duparc, Arrêts du Parlement de Bretagne, t. 5, p.
629 et suiv.; M. Troplong, de la Vente, t. 1, p. 702 et suiv.
Tous ces auteurs, entr'autres, qu'on pourrait nommer, posent
en règle générale que l'héritier de celui qui a vendu, se trouvant,
de son chef ou du chef d'un tiers dont il a hérité, le propriétaire de la chose vendue, ne peut évincer l'acquéreur, quelques
dommages et intérêts qu'il offrît à ce dernier. Cela est fondé sur
ce que *ex quâ personâ quis lucrum capit, ejus factum*
præstare debet (L. 149, ff. R. J.), et sur ce que l'héritier qui
ne fait qu'une personne avec le défunt (Novelle 48 *in princip.*),
ne peut être d'une condition meilleure que celui-ci (L. 175, §.
1, ff. R. J.) : or, la voie de la revendication était fermée au
vendeur (L. 1, *in princip.*, ff. *de except. rei vend.*, liv. 21,
tit. 3). La maxime en question semblait à l'abri de toute controverse, d'autant plus qu'elle s'appuie sur des textes formels
de la loi romaine (V. L. 1, §. 1, ff. *de except. rei vend.*, liv.
21, tit. 3; L. 14, C. *de rei vindic.*, liv. 3, tit. 32), et sur la
jurisprudence des arrêts aussi bien que sur la doctrine des auteurs (V. *inf.*, n.[tes] 711, 712, 713, 714, 715, 718 à 720, *ubi*
autorités). Un auteur moderne, M. Duranton, Cours de Droit
français, t. 16, n. 255, p. 268, a pourtant émis l'opinion que
la voie de la revendication, surtout sous le Code où la vente de la
chose d'autrui est nulle, doit être ouverte à l'héritier du vendeur,
propriétaire de la chose aliénée, à cette seule condition que l'hé-

et du mari). Sur ce point, cependant, il faut
faire les distinctions suivantes : Ou l'aliénation a
été faite par le défunt, *en qualité de mari seule-*
ment, sans promesse de garantie en son propre
nom ; et, dans ce cas, moyennant la restitution
du prix, la revendication est permise aux enfans,
auxquels la qualité d'héritiers ne peut nuire,
puisqu'ils représentent une personne qui n'était
pas personnellement garante de l'aliénation, et

---

ritier paye les dommages et intérêts auxquels aurait été soumis
le vendeur, en cas d'éviction. La loi romaine (la loi 31, C. *de*
evict., liv. 8, tit. 45), suivant ce professeur, l'aurait ainsi décidé à l'égard de l'héritier de celui qui s'était porté caution de la
vente. Nous nous bornons à faire remarquer : 1.º que sous le
Code, comme auparavant, la vente de la chose d'autrui a, contre
le vendeur, les mêmes effets obligatoires que si celui-ci eût été
propriétaire (V. M. Merlin, Quest. de Droit, v.º *Hypothèque,*
§. 4 *bis*, t. 6, p. 408; *sup.*, aux n.tes 694 et 695); 2.º que les
jurisconsultes étaient loin d'être d'accord sur le sens de la loi
31, *sup.* (V. Berthelot, des Évictions, t. 1, p. 102 à 105),
et que Pothier, de la Vente, n. 178, décidait, avec les meilleurs
interprètes du droit romain, avec Cujas, en particulier, que
l'obligation de garantie qu'une personne contractait en se rendant
caution pour le vendeur, passait aux héritiers de la caution,
et que, par conséquent, l'obligation de garantie pouvait leur
être opposée contre les actions qu'ils auraient de leur chef
contre l'acheteur pour lui faire délaisser la chose qui lui avait
été vendue.

qui, par ce motif, si elle se fût trouvée héritière de la femme, eût été recevable à agir elle-même d'éviction (710). Ou l'aliénation a été faite par le mari, *en nom qualifié, mais avec promesse, en son propre nom, de garantir la vente ou de la faire ratifier;* et alors la voie de la revendication est fermée aux enfans qui, en qualité d'héritiers, sont affectés de cette promesse comme l'était lui-même le défunt (711). Peu importe que le

---

(710) V. Boniface, liv. 6, tit. 2, chap. 10, t. 1, p. 378; du Perier et son Annotateur, Quest. notables, liv. 1, quest. 9, t. 1, p. 57 à 59; Roussilhe, de la Dot, t. 1, n. 385; M. Duport-Lavillette, Quest. de Droit, t. 3, p. 60; arrêts du Parlement de Bordeaux, des 10 Août 1752, au rapport de M. de Pichon-Longueville, et 30 Mars 1754, au rapport de M. de Meslon, lesdits arrêts cités au Lapeyrère de M. Dumoulin, let. P, n. 32. *Junge sup.*, n.° LXXXII, let. B, et les autorités suivantes qui portent une décision semblable au sujet des aliénations faites par un père, des biens de ses enfans, en qualité de père et d'administrateur légal, ou par un tuteur, des biens de ses pupilles, *tutorio nomine :* d'Argentré, Coutume de Bretagne, art. 419, glose 3, n. 9, p. 1674; Lapeyrère, let. P, n. 32, et *ibi* Conférences m. s.; arrêts du Parlement de Bordeaux, des 12 Juillet 1720, au rapport de M. de Sabourin, et 25 Mars 1735, au rapport de M. de Conilh, lesquels arrêts sont rappelés par M. Dumoulin dans ses Notes m. s. sur Lapeyrère, let. P, n. 32; Faber, C., liv. 8, tit. 31, *def.* 2, p. 1018; M. Troplong, de la Vente, t. 1, n. 446.

(711) V. du Perier et son Annotateur, Questions notables,

mari durant le mariage et avant toute séparation
de biens eût pu faire révoquer la vente comme

---

liv. 1, quest. 9, tit. 1, p. 57 à 59; Chabrol, Coutume d'Auvergne, chap. 14, art. 3, 13.e quest., t. 2, p. 220; Roussilhe, de la Dot, t. 1, n. 384, p. 446; arrêt de la Cour de Toulouse, du 17 Décembre 1818, dans la Jurisprudence inédite de cette Cour, p. 261; arrêt de la Cour de Grenoble, du 6 Mars 1833, dans le Mémorial de jurisprudence, t. 26, p. 95 et suiv. *Junge sup.*, n.º LXXXII, let. B, et les autorités suivantes qui portent une décision semblable à l'égard des aliénations faites par un père, des biens de ses enfans, en nom qualifié, ou par des tuteurs, des biens de leurs pupilles, *tutorio nomine :* d'Argentré, Coutume de Bretagne, art. 419, glose 3, n. 12 et suiv., p. 1675; Bornier sur Ranchin, let. V, v.º *Rei vindicatio*, art. 10, p. 604; Pothier, de la Vente, n. 168; Poullain-Duparc, Arrêts du Parlement de Bretagne, t. 5, p. 627; Lapeyrère, let. P, n. 32; Conférences m. s. sur Lapeyrère, let. P, n. 32, *ubi* cités deux arrêts du Parlement de Bordeaux, des 14 Février 1724 et 27 Mars 1725; consultation de M. Dalbessard, du 30 Avril 1739. *Nota.* L'Apostillateur de Lapeyrère, v.º *Vente*, t. 2, p. 518, rapporte un arrêt qui admit une fille, héritière de sa mère, à revendiquer des biens que celle-ci avait vendus, comme mère pitoyable, et avec promesse de garantie insérée à la fin du contrat; mais, comme il n'était pas dit que la mère s'obligeait, *en son propre nom*, l'obligation de garantie fut regardée comme se référant à la qualité prise par la mère *initio contractûs.* Dans la Jurisprudence inédite de la Cour de Toulouse, p. 260, il y a un arrêt de cette Cour, du 11 Fructidor an 12, rendu dans le même sens (V. *sup.*, à la n.^{te} 706).

mari, au nom de sa femme (711 *bis*), car, après sa mort et la confusion des personnes et des droits du défunt et des héritiers, ceux-ci ne peuvent plus agir comme administrateurs. Ou l'aliénation a été faite par le mari, *en son propre et privé nom, comme propriétaire ;* et, dans cette hypothèse, la revendication est également interdite aux enfans, à cause de l'exception de garantie dont ils sont tenus du chef de leur auteur (712), quand bien même l'acheteur eût connu, lors de l'aliénation, l'origine des fonds qu'il achetait (713). La même décision aura lieu si le mari a fait l'aliénation simplement, *sans prendre qualité,* car alors il doit être censé avoir aliéné en son propre nom, comme propriétaire (714). Ou l'alié-

---

(711 *bis*) V. *sup.*, n.º LXXXII, let. A.

(712) Ainsi décidé, pour des aliénations faites, des biens de leurs enfans ou pupilles, par des pères ou tuteurs, *nomine proprio,* par les autorités qui suivent : d'Argentré, Coutume de Bretagne, art. 419, glose 3, n. 10, p. 1674 ; Conférences m. s. sur Lapeyrère, let. P, n. 32 ; Julien, Élémens de Jurisprudence, p. 302. V. *sup.*, n.le 709.

(713) V. d'Argentré, Coutume de Bretagne, art. 419, glose 3, n. 10 ; p. 1674 ; consultation de M. Cazalet, de l'année 1783.

(714) *Actus magis proprio quàm alieno nomine intelligitur celebratus* (V. Mantica, *de tacit. et ambig. convent.,*

nation a été faite par le mari, *tant en son propre nom que comme mari,* avec ou sans promesse de garantie ; et, dans ce cas, les enfans sont encore non recevables à la quereller, à raison de leur qualité d'héritiers qui les soumet aux obligations personnelles de leur auteur (715). Or, celui qui contracte, même en nom qualifié, demeure personnellement obligé *si nomine proprio se obli-*

---

liv. 7, quest. 18, n. 6, t. 1, p. 354 ; Mascardus, *de probat.*, conclus. 38, t. 1, p. 92 ; Menochius, *de Præsumpt.*, liv. 3, *præsumpt.* 47, n. 1 et suiv., t. 1, p. 403). *Quoties quisquam in rebus agit, vendit, permutat, contrahit, sine adjectione externæ qualitatis, semper suo nomine contraxisse videtur* (V. d'Argentré, Coutume de Bretagne, art. 419, glose 1, n. 4, p. 1666, et art. 96, n.te 2, n. 3, p. 416).

(715) V. consultation de M. Cazalet, de l'année 1783. *Junge* d'Argentré, Coutume de Bretagne, art. 419, glose 3, n. 11, p. 1675 ; Faber, C., liv. 8, tit. 31, *def.* 2, p. 1018. Un arrêt du Parlement de Bordeaux, du 30 Juillet 1722, rendu en seconde, au rapport de M. de Lafaurie, a pourtant jugé, dans la cause de la dame Couilh contre le sieur Rattier, que le fils, quoique héritier de son père, avait été en droit de revendiquer ses biens vendus par ce dernier *tant en son propre nom qu'en qualité de père et de légal administrateur.* Mais il y avait dans l'espèce de cet arrêt, ainsi que le remarque le jurisconsulte qui l'a recueilli, des circonstances de fraude contre l'acquéreur. A quoi revient ce que dit d'Argentré, Coutume de Bretagne, art. 419, glose 3, n. 23, p. 1679.

gavit (716). Il en sera de même si le mari et la femme avaient été *tous les deux en nom* dans le contrat d'aliénation (717). Maintenant, il nous reste à faire observer qu'encore que le père, à

---

(716) V. Despeisses, tit. du Mandement, sect. 3, n. 4, et titre des Tuteurs et Curateurs, sect. 5, n. 11, 2.ᵉ col. *in fine*, t. 1, p. 175 et 573; Dumoulin, *in rub. de verb. oblig. epit.*, n. 78 et 79, t. 4, p. 145; Ranchin et son Annotateur, v.° *Procurator*, art. 4 et 5, p. 425; Boerius, *Decis.* 283, n. 5 et 6, p. 563 et suiv.; Albert, let. O, chap. 5, p. 314 et suiv.; L. 67, ff. *de procurat. et defens.*, liv. 3, tit. 3.

(717) On trouve dans le Recueil m. s. des Arrêts de Despiau, v.° *Dot*, un arrêt du Parlement de Bordeaux, rendu le 18 Août 1731, à la 2.ᵉ chambre des enquêtes, au rapport de M. Duhamel, et jugeant que le mari ayant vendu, *conjointetement avec sa femme*, un fonds dotal, avec promesse de toute garantie, l'acquéreur *sachant* que le fonds était dotal, les enfans, héritiers du père, avaient été fondés à agir d'éviction, moyennant le remboursement du prix d'aliénation et des frais et loyaux coûts. Mais, d'abord, la connaissance que l'acquéreur pouvait avoir eue de la dotalité, ne pouvait être d'aucune influence dans la cause, cette connaissance ne servant de rien quand il s'agit de repousser celui qui veut user d'éviction et qui représente la personne du vendeur (V. les autorités citées à la n.ᵗᵉ 713). D'un autre côté, quoique le père eût pu, durant le mariage, agir en révocation (V. *sup.*, n.° LXXXII, let. A, al. 1), ses héritiers, à raison des obligations personnelles de leur auteur, dérivant de la vente par lui consentie, ne pouvaient avoir le même droit (V. *sup.*, n.° LXXXIII, al. 2).

raison de l'aliénation par lui faite, fût soumis en son nom personnel à une garantie, l'enfant qui aurait accepté sa succession, n'en serait pas moins recevable à poursuivre les acquéreurs en délaissement dans un cas. Ce cas est celui où l'enfant, héritier du père, serait une fille qui se trouverait mariée sous une constitution qui frapperait de dotalité l'action à elle appartenante, du chef de sa mère décédée, pour rentrer dans le fonds dotal aliéné (717 *bis*). L'addition d'une hérédité n'opère pas, en effet, une exception au principe de l'inaliénabilité des biens dotaux, lesquels ne sauraient, dès-lors, être tenus des dettes et charges de la succession acceptée (717 *ter*).

Si les enfans n'étaient héritiers du père qu'en partie, comme si, par exemple, le père avait laissé des enfans d'un autre mariage, ils ne pour-

---

(717 *bis*) V. arrêt de la Cour de Bordeaux, du 22 Août 1833, 2.ᵉ chambre, au Recueil des Arrêts de cette Cour, an 1833, p. 591.

(717 *ter*) V. *sup.*, n.º LXXVIII, al. 2. — *Nota* que s'il est dit *inf.*, n.º LXXXIII, al. 4, que la femme, héritière de son mari, ne peut agir d'éviction contre les acquéreurs de son fonds dotal vendu par ce dernier, c'est que l'addition d'hérédité a lieu, dans cette hypothèse, après la dissolution du mariage et à une époque, par conséquent, où l'inaliénabilité des biens dotaux de la femme a déjà pris fin.

raient quereller l'aliénation, dans tous les cas
où nous venons de voir qu'ils étaient non recevables à agir d'éviction, même pour les portions
à l'égard desquelles ils ne se trouveraient pas
héritiers (718).

---

(718) La garantie due par le vendeur a pour objet de faire
jouir l'acquéreur, et, par suite, de le défendre de tous troubles
et évictions (V. Pothier, de la Vente, n. 102; C. civ., art. 1626).
C'est là le principal effet de la garantie à laquelle le vendeur est
soumis; la prestation des dommages et intérêts n'est que secondaire : ..... *Quod obligatio defendendi sit principalis, imò
principalior, quia ut est primum caput evictionis, ita est
primaria obligatio quâ tenetur venditor emptori. Obligatio
verò ad interesse et restitutionem pretii, cùm non succedat
nisi in prioris defectum, secundaria est, et potiùs videtur
accessoria. Secundò, quia obligatio defendendi respicit
traditionem ipsam rei venditæ et ipsum habere licere, quod
est principale intentum et finalis causa venditionis et emp-
tionis. Non est ergò accessoria, sed principalis, ut non secundaria, sed primaria obligatio. Et hæc veritas* (V.
Dumoulin, *Extric. labyrint. div. et indiv.*, part. 2, n. 493,
t. 4, p. 478. V., dans le même sens, Pothier, de la Vente,
n. 103). Cette obligation principale de garantie est indivisible,
en telle sorte que chaque héritier du vendeur en est tenu pour
le total (V. L. 2, §. 2, et L. 139 et 85, §. 5, ff. *de verb. oblig.*,
liv. 45, tit. 1; L. 62, §. 1, ff. *de evict.*, liv. 21, tit. 2; Fachin,
Controv. jur., liv. 10, chap. 54, p. 75 et suiv.; M. Delvincourt, Cours de Code civil, t. 3, p. 373, aux notes; C. civ.,
art. 1221, 5.ª), sauf son recours, en cas de condamnation,

De même que les enfans, héritiers purs et simples de leur père, ne peuvent agir d'éviction

---

contre ses cohéritiers (V. les textes ci-dessus). Puisque chaque héritier du vendeur est tenu pour le total de l'obligation en question, il s'ensuit que, quand bien même l'un des héritiers, propriétaire de la chose vendue, ne serait qu'héritier pour partie, il ne pourrait agir d'éviction contre les tiers-détenteurs, d'après la maxime *quem de evictione tenet actio, eumdem agentem repellit exceptio*. Ce point de droit était très-controversé avant le Code. Pothier, de la Vente, n. 173, et des Hypothèques, chap. 2, sect. 1, art. 2, §. 2, t. 5, p. 441, enseignait, en s'appuyant sur la loi *Cùm à matre*, 14, C. *de rei vindic.*, liv. 3, tit. 32, que celui qui n'était qu'héritier en partie du vendeur, ne pouvait être déclaré non recevable dans sa demande en délaissement que pour la part pour laquelle il se trouvait héritier du vendeur, sauf, toutefois, le choix laissé à l'acheteur d'abandonner pour le total la chose par lui acquise, car, n'ayant pas acheté la chose pour en avoir uniquement une partie, il ne pouvait être forcé à la retenir seulement pour une partie. Une foule d'autres auteurs, déterminés par la même loi, portaient la même décision (V. Dumoulin, *sup.*, n. 487 et suiv., p. 476 et suiv.; Fachin, *sup.*, liv. 10, chap. 55, p. 78 et suiv.; d'Argentré, Cout.ᵉ de Bretagne, art. 419, glose 3, n. 23, p. 1679; Despeisses, tit. des Substitutions, sect. 6, art. 3, n. 11, t. 2, p. 155; Lebrun, des Successions, liv. 4, chap. 2, sect. 4, n. 27 à 29, p. 332 à 334; Espiard sur Lebrun, *sup.*, p. 334; A. Sande, *Tract. de prohit. rer. alien.*, *pars tertia*, *cap.* 8, n. 36, p. 71, et *Decis. frisic.*, liv. 4, tit. 9, *def.* 4, p. 199; Lapeyrère, let. G, n. 15, v.ᵒ *Un des cohéritiers*; Conférences m. s. sur Lapeyrère, *loc. sup. cit.*, et let. P, n. 32; Roussilhe,

contre les acquéreurs du fonds dotal, dans tous
les cas où, à raison de l'aliénation par lui faite,

---

de la Dot, t. 1, n. 386). Mais l'opinion contraire ne manquait
pas de partisans, nonobstant la disposition de la L. *Cùm à matre*, *sup.* (V. Berthelot, des Évictions, t. 1, p. 68 et suiv.; Henrys, liv. 4, chap. 6, quest. 31, t. 2, p. 289; Cochin, 46.e consult., t. 2, p. 709 et suiv.; Valla, *de reb. dub.*, *tract.* 9, p. 134
et suiv.; M. Beaune dans ses Notes m. s. sur Lapeyrère, let. H,
n. 22). C'est à ce dernier sentiment que s'est arrêtée la jurisprudence moderne (V. arrêts de rejet, des 19 Février 1811,
5 Janvier 1815 et 11 Août 1830, dans Sirey, 1811, 1, 188;
1815, 1, 231; 1830, 1, 395; arrêt de la Cour de Nancy, du
2 Mai 1833, dans le Traité de la Vente de M. Troplong, t. 1,
p. 696). Les auteurs qui ont écrit depuis la promulgation du
Code n'en controversent pas moins la question qui nous occupe. Les uns la décident comme le font les arrêts précités (V.
M. Delvincourt, *loc. sup. cit.*). Les autres, parmi lesquels nous
remarquons M. Duranton, Cours de Droit français, t. 11,
p. 331 et suiv., et t. 16, n. 255, et M. Troplong, de la Vente,
n. 457, ont une manière de voir opposée. Le premier de ces auteurs allègue que la garantie n'est pas indivisible dans ses effets
et quant aux dommages et intérêts résultans de l'éviction; que,
d'ailleurs, la vente de la chose d'autrui, inefficace pour conférer
la propriété, donne lieu seulement à des dommages et intérêts,
dont chaque héritier, le propriétaire de la chose vendue comme
les autres, est tenu pour sa part. Mais, d'un côté, est-ce que le
principal effet de la garantie n'est pas de faire jouir et de défendre l'acquéreur? Est-ce que l'héritier du vendeur, auquel appartient la chose aliénée, n'est pas en position de procurer à
l'acheteur la possession paisible de cette chose? Est-ce qu'il peut

il était tenu en son nom personnel à une garantie, de même la femme, héritière de son mari,

---

lui être loisible de substituer à son obligation une prestation de dommages et intérêts ? Mais, d'un autre côté, n'est-il pas inexact de prétendre que la vente de la chose d'autrui se résout uniquement en dommages et intérêts à l'égard du vendeur et de ses héritiers ? Cette vente n'emporte-t-elle pas pour eux l'obligation précise et principale de faire jouir l'acquéreur (V. *sup.*, aux n.^{tes} 694, 695 et 709)? Quant à M. Troplong, il emprunte, notamment à Dumoulin et à Pothier, ses raisons de décider, lesquelles consistent à dire : que chaque héritier satisfait à l'obligation de faire jouir, et, par suite, à celle de défendre, en offrant sa part du prix et des dommages et intérêts, et, à plus forte raison, en n'exerçant aucune revendication de la chose vendue pour la portion pour laquelle il est héritier. C'est, comme on s'en aperçoit, dire, en d'autres termes, qu'il n'y a rien d'indivisible dans l'obligation où sont les héritiers du vendeur de faire jouir l'acquéreur et de le défendre de tous troubles. C'est, aussi, admettre que cette obligation s'efface à l'aide d'une prestation de dommages et intérêts. Or, on trouve enseigné, même dans Dumoulin, dans Pothier et dans l'ouvrage de M. Troplong : 1.º que l'obligation de faire jouir et de défendre l'acquéreur est principale, tandis que celle de lui payer des dommages et intérêts n'est que secondaire (V. les autorités citées en tête de la présente note. *Junge* M. Troplong, de la Vente, t. 1, p. 667 et suiv. et 703); 2.º que cette obligation principale est indivisible (V. les autorités citées *sup.* à la présente note). Il est vrai, quant à ce dernier point, que les docteurs suivis par M. Troplong, tout en rendant hommage au principe de l'indivisibilité de cette obligation principale, voulaient que ce principe n'eût d'ap-

ne peut, dans des circonstances semblables, poursuivre en délaissement les mêmes acquéreurs. Ainsi, par exemple, si le mari n'avait consenti la vente qu'en nom qualifié, sans promettre garantie en son propre nom, la revendication sera certainement permise à la femme (719) ; mais il

---

plication qu'au cas où les héritiers du vendeur avaient à défendre l'acquéreur contre la revendication exercée par un tiers, et non à celui où le demandeur en revendication se trouvait un desdits héritiers (V. Dumoulin, *Extric. labyrint. div. et indiv.*, part. 2, n. 487, 491 *in fine*, 496, 503, 505, 511 et 512, t. 4, p. 477, 478, 479, 481 à 484 ; Pothier, de la Vente, n. 104 et 173 ; M. Troplong, *sup.*, p. 659, 660, 668, 670, 700 à 702). Mais faites attention que les docteurs dont il s'agit n'avaient ainsi limité le principe de l'indivisibilité de la garantie que parce qu'ils étaient dominés par la L. *Cùm à matre, sup.*, et pour concilier avec cette loi les divers textes consacrant indistinctement cette indivisibilité. D'autres docteurs, ainsi que nous l'avons déjà vu, se prononçaient pour cette même indivisibilité, nonobstant la disposition de la L. *Cùm à matre*, encore que le demandeur en revendication fût un des héritiers du vendeur. C'est, comme nous l'avons dit plus haut, cette dernière opinion que la jurisprudence moderne a adoptée, et cela, avec d'autant plus de raison, à notre avis, que, sous le Code, la loi *Cùm à matre* ne saurait être d'aucune influence, et que rien, dèslors, n'autorise à limiter dans son application le principe de l'indivisibilité de la garantie.

(719) V. du Perier et son Annotateur, Quest. notables, liv. 1, quest. 9, p. 57 à 59; *sup.*, n.º LXXXIII, al. 2.

en sera autrement si le mari avait vendu en nom qualifié, avec promesse de garantie en son nom (720), ou s'il avait fait l'aliénation, *nomine proprio*, comme propriétaire (721).

Si, au lieu de s'être portés héritiers purs et simples de celui qui avait aliéné les immeubles dotaux, les enfans ou la femme avaient accepté sa succession sous bénéfice d'inventaire, la voie de la revendication leur serait, dans tous les cas, ouverte, sans qu'ils pussent être repoussés par la maxime *quem de evictione tenet actio, eumdem*

---

(720) V. du Perier et son Annotateur, Quest. notables, liv. I, quest. 9, p. 57 à 59; Roussilhe, de la Dot, t. 1, p. 452, n. 388; *sup.*, n.º LXXXIII, al. 2.

(721) V. Despeisses, tit. de la Dot, sect. 3, n. 29, *quintò*, t. 1, p. 510; *sup.*, n.º LXXXIII, al. 2. — M. Dalloz, Jurisp.ce générale, t. 10, p. 345, n. 42, donne indistinctement à la femme, héritière du mari, le droit de revendiquer le fonds dotal, attendu, dit-il, que c'est la vente du bien d'autrui qui a eu lieu; que ce n'est pas comme héritière du vendeur qu'elle revendique, mais *jure suo*, et que, d'ailleurs, le droit que la loi donne à la femme d'agir d'éviction intéresse l'ordre public. Cette opinion ne saurait être vraie que dans le seul cas où le mari ne se trouverait soumis à aucune garantie, et où, par conséquent, la qualité d'héritière ne ferait nul obstacle à la femme. Encore, dans cette hypothèse, la seule raison de décider bonne à invoquer, serait l'absence de toute obligation de garantie de la part du mari, et, par suite, de la part de la femme.

agentem repellit exceptio, en demeurant seulement tenus, sur les biens de la succession, aux
dommages et intérêts résultans pour les acquéreurs de l'éviction des fonds dotaux (722). Un des

---

(722) Quelques auteurs enseignaient, avant le Code, que
l'héritier bénéficiaire était tenu du fait du défunt à concurrence
de ce qu'il profitait des biens de la succession, et qu'il ne pouvait,
dès-lors, être reçu à revendiquer son bien aliéné par le défunt
jusqu'à concurrence de la valeur de l'hoirie. De telle sorte que,
suivant les mêmes auteurs, si l'héritier trouvait dans les biens de la
succession de quoi le récompenser de ce qu'il perdait par l'aliénation, toute revendication lui était interdite (V. du Perier et les
auteurs qu'il cite, Nouvelles Quest. notables, liv. 2, quest. 4, t.
3, p. 140 et suiv.; Espiard sur Lebrun, des Successions, liv. 4,
chap. 2, sect. 4, p. 334; Lépine de Grainville, Recueil d'Arrêts,
p. 202 et précéd.). D'autres auteurs, au contraire, soutenaient
que l'héritier bénéficiaire ne confondait pas *etiam in vindi-
cando,* et qu'il pouvait poursuivre en délaissement les tiers-
détenteurs de ses biens (V. Pothier, des Successions, chap. 3, art.
2, §. 7, p. 149, et de la Vente, n. 174; Furgole, des Testamens, chap. 10, sect. 3, n. 69, t. 3, p. 323; Annotateur de du
Perier, Nouvelles Quest. notables, liv. 2, quest. 4, t. 3, p. 143
et suiv.; Lebrun, des Successions, liv. 3, chap. 4, n. 71, p. 72
et suiv.; Nouveau Denisart, t. 3, p. 396, n. 3). Cette dernière
opinion est celle qu'ont suivie les commentateurs du Code (V.
M. Chabot de l'Allier, des Successions, t. 3, p. 7; M. Toullier,
Cours de Droit français, t. 4, p. 351 et 352; M. Duranton,
Cours de Droit français, t. 7, n. 52, p. 124), et celle à laquelle
on s'était arrêté dans la jurisprudence de notre Parlement,

priviléges du bénéfice d'inventaire est, en effet, de donner à l'héritier l'avantage de ne confondre ni ses biens, ni ses droits personnels avec ceux de la succession (723).

Les enfans qui auraient répudié l'hérédité du père, pourraient-ils, dans quelque circonstance, être non recevables à agir d'éviction? Oui, et cette circonstance serait celle où, lors de la vente des biens dotaux, ils auraient contracté quelque obligation portant garantie de l'aliénation (724).

LXXXIV. L'aliénation des biens dotaux, avons-nous déjà dit, ne produit qu'une nullité

nonobstant le sentiment contraire des auteurs des Conférences m. s. sur Lapeyrère, let. H, n. 22, et de M. Beaune, dans une de ses consultations. Il existe, en effet, sur ce point, un arrêt du Parlement de Bordeaux, du 20 Juillet 1725, rendu à la première des enquêtes, dans la cause de la dame veuve Minvielle contre Dufau, et Salviat, p. 11, rapporte une attestation du barreau, en date du 1.er Août 1691, qui admet à la revendication des acquêts les enfans à qui l'affectation en avait été faite par contrat de mariage, à condition que lesdits enfans répudient l'hérédité de leur père, ou qu'ils ne soient ses héritiers qu'au bénéfice d'inventaire.

(723) V. *sup.*, à la n.te 310.

(724) V. arrêts de rejet, des 11 Mars 1807 et 3 Mars 1825, dans Sirey, 1807, 1, 214, et 1826, 1, 119; *sup.*, n.º LXXXI, 1.º

relative (725). De là, cette nouvelle conséquence :

4.° Que l'aliénation est susceptible de ratification de la part de la femme ou de ses héritiers (726).

A. Cette ratification, on le sent bien, ne peut
régulièrement avoir lieu, **constante matrimonio** (727). La dot n'est-elle pas frappée d'inaliénabilité, pendant le mariage, nonobstant tout
consentement de la femme (728)? N'est-il pas de
principe général qu'un acte, entaché d'une nullité
respective aux intérêts d'une personne, ne peut
être validé par suite d'un nouveau consentement,
qu'autant que ce consentement est donné dans
un tems où il n'est pas sujet au même inconvénient

---

(725) V. *sup.*, n.° LXXX, al. 2.

(726) V. *sup.*, n.te 688.

(727) V. Despeisses, de la Dot, sect. 2, n. 21, t. 1, p. 485
in fine, et p. 486; arrêt de rejet, du 28 Février 1825, dans
Sirey, 1825, 1, 421. — Suivant M. Toullier, Droit civil, t. 14,
n. 233, la ratification pourrait avoir lieu *après la séparation
de biens;* mais ce professeur ne porte cette décision que parce
que, selon lui, la séparation de biens rendrait la dot aliénable,
ce qui n'est pas, comme nous avons eu l'occasion de le démontrer
(V. *sup.*, n.te 502).

(728) V. *sup.*, n.° LXI.

attaché au premier (729)? Mais la ratification est valablement faite après la dissolution du mariage. Dès que la dotalité se trouve évanouie à cette époque, et que la faculté d'aliéner est désormais acquise à la femme, comment cette dernière n'aurait-elle pas le droit de ratifier une aliénation antérieure (730)?

Quoique faite durant le mariage, serait pourtant valable :

1.° La ratification que ferait la femme dans son testament, car le testament a trait à la mort, et ne prend force que lorsque l'inaliénabilité a cessé (731);

---

(729) V. C. civ., art. 1338, al. 2.

(730) V. Chabrol, Coutume d'Auvergne, liv. 14, art. 3, 12.º quest., t. 2, p. 219; Ferrière, Compil. sur la Cout.º de Paris, art. 233, glose 2, n. 38, t. 3, p. 156 *in fine*, et p. 157; Conférences m. s. sur la Coutume de Bordeaux, à l'art. 53; arrêt du Parlement de Bordeaux, du 5 Mai 1763, à l'audience de la grand'chambre.

(731) V. arrêt de la Cour de Bordeaux, du 20 Décembre 1832, 1.ʳᵉ ch., dans S. 1833, 2, 279; *sup.*, n.ᵒˢ II et LIX. — C'est ainsi qu'on tenait à Bordeaux que la ratification faite par la femme, dans son testament, de l'aliénation de ses biens dotaux, valait jusqu'à concurrence de la tierce, dont l'article 60 de notre Coutume permettait de disposer par testament au préjudice des héritiers coutumiers (V. Automne sur l'art. 60 de la Coutume

2.º La ratification qui résulterait soit de la donation faite par la femme, à un de ses enfans et pour son établissement, du prix d'aliénation resté dû par l'acquéreur du fonds dotal (732), soit de l'emploi qu'elle ferait dudit prix, avec l'autorisation de la justice, pour l'une des causes où l'aliénation de la dot est permise sous cette autorisation. Quel obstacle y aurait-il à cette ratification, dès que la donation et l'aliénation dont il vient d'être question peuvent avoir lieu pendant le mariage ?

B. La ratification peut être expresse ou tacite.

Elle est expresse, lorsqu'elle résulte d'un nouvel acte fait pour confirmer le premier ; en un mot, lorsqu'elle a lieu en forme dispositive (733).

Elle est tacite, lorsqu'elle résulte de l'exécution volontaire (734). Personne ne pouvant être contraint d'exécuter un acte nul, l'exécution qui

---

de Bordeaux, n. 70 à 74, p. 300; Lapeyrère, let. F, n. 17, v.º *Si la femme*, et *ibi* Conférences m. s.).

(732) V. Quest. de Droit de M. Duport-Lavillette, t. 3, p. 46 et suiv.

(733) V. Dumoulin, Coutume de Paris, tit. 1, de Fiefs, §. 8, glose 1, *in* v.º *Dénombrement*, n. 89, p. 342; C. civ., art. 1338, 1.ʳᵉ disp.

(734) V. C. civ., art. 1338, 2.ᵉ disp.

est donnée à un tel acte, ne peut absolument avoir d'autre effet que de le ratifier (735). L'exécution volontaire, pour entraîner une ratification tacite, doit être de nature à caractériser bien clairement une approbation (736). Cette approbation, comme toute question de volonté, tombe dans l'arbitrage du juge (737), et, dans le doute, la ratification n'est pas présumée (738).

C. Avant de donner des exemples de ratification tacite, nous avons à rappeler que la femme, devenue veuve, au lieu d'exercer l'action en revendication contre les acquéreurs des biens dotaux, est libre de n'agir qu'en répétition du prix soit contre les héritiers du mari (739) ou sur les

---

(735) V. Voet, *ad Pand.*, liv. 2, tit. 44, t. 1, p. 276, n. 44; M. Proudhon, Cours de Droit français, t. 2, p. 296 et 297.

(736) V. Bersanus, *de pupillis*, chap. 2, quest. 35, n. 15 et 16, p. 190; M. Toullier, Droit civil, t. 8, p. 781 et 782, n. 506; arrêt de la Cour de Nîmes, du 17 Mai 1821, dans le Mémorial de jurisprudence, t. 4, p. 202.

(737) V. Bersanus, *de pupillis*, chap. 2, quest. 35, n. 2, p. 189.

(738) V. Bersanus, *de pupillis*, chap. 2, quest. 35, n. 16, p. 190.

(739) V. du Perier, Quest. notables, liv. 3, quest. 1, t. 1, p. 249 et suiv.

biens de ce dernier (740), soit contre les tiers-acquéreurs (741). Il est, en effet, permis à chacun de
renoncer à un droit introduit en sa faveur (742),
et la nullité de l'aliénation des fonds dotaux ne
regarde que l'intérêt privé de la femme.

Si donc, par exemple, la femme s'est conten-
tée de réclamer le prix d'aliénation aux héritiers
du mari (et, à moins qu'on ne prouvât que ce
prix a tourné à son profit, elle aura le droit de
le demander en entier, bien que l'aliénation eût
été faite par elle et par son mari, ou même,
lorsque le mari n'ayant paru au contrat que pour
autoriser son épouse, le contrat énoncerait que
la femme seule a reçu, et non le mari) (743),

---

(740) V. Despeisses, tit. de la Dot, sect. 3, n. 30, *tertiò*,
t. 1, p. 509; Boucheul, Cout.ᵉ de Poitou, art. 230, t. 1,
p. 782, n. 109; du Perier et son Annotateur, Quest. notables,
liv. 3, quest. 1, t. 1, p. 253 et 255; Fromental, v.º *Dot*,
p. 258, 2.ᵉ col.; Béchet sur l'Usance de Saintes, art. 61, p. 166;
Lapeyrère et son Apostillateur, let. P, n. 104, et *ibi* Conférences m. s.; M. Duport-Lavillette, Quest. de Droit, t. 3,
p. 69 et suiv.

(741) V. Automne sur l'art. 53 de la Cout.ᵉ de Bordeaux,
n. 53 et précéd., p. 246.

(742) V. L. 29, C. *de pact.*, liv. 2, tit. 3.

(743) V. Despeisses, tit. de la Dot, sect. 3, n. 30, *tertiò*,
t. 1, p. 509 *in fine*, et p. 510.—Toutes les fois, en effet, que
le mari et la femme interviennent dans un contrat quelconque,

si, disons-nous, la femme a réclamé aux héritiers du mari le prix d'aliénation et si elle l'a reçu, l'aliénation se trouvera ratifiée : comment ne pas vouloir l'existence d'une vente dont on reçoit librement le prix (744)? Il en sera de même si

---

y fut-il dit qu'ils ont reçu conjointement, c'est toujours le mari qui, *ut potentior*, est censé avoir touché l'argent (V. Lapeyrère, let. P, n. 125; Dupin sur Ferron, let. P, n. 131, et let. D, n. 91; Boerius, *Decis.* 23, p. 44 et suiv.; Faber, C., liv. 4, tit. 14, *def.* 22, p. 314, et liv. 5, tit. 7, *def.* 8, p. 513; Fontanella, *de pact. nupt.*, clause 7, glose 2, part. 14, n. 19 et suiv., p. 425, et glose 3, part. 13, n. 33 à 38, p. 574; Ranchin, let. P, v.º *Præsumptio*, art. 4, part. 1, conclus. 440, p. 413 et 414; Matthæus de Afflictis, *Decis.* 209, p. 277), et cela, quand bien même le mari n'eût paru au contrat que pour l'autorisation de son épouse, et que le contrat portât que la femme seule a reçu (V., contre l'opinion de l'Apostillateur de Lapeyrère, let. P, n. 125, et de Menochius, *de Præsumpt.*, liv. 3, *præsumpt.* 23, n. 11, t. 1, p. 350, M. Dumoulin en ses Notes m. s. sur Lapeyrère, *sup.*, *ubi* cité un arrêt du Parlement de Bordeaux rendu en thèse, le 24 Mars 1749, en seconde, au rapport de M. Delpy de Laroche, en faveur de Rose Cassin. MM. Martignac et Ravez, dans des consultations que nous avons sous les yeux, ont suivi le sentiment de M. Dumoulin.

(744) Telle est la règle générale en matière de vente de la chose d'autrui : *Qui rei propriæ venditæ pretium recipit, venditionem ipsam approbasse et ratificasse præsumitur* (V. Menochius, *de Præsumpt.*, liv. 3, *præsumpt.* 75, t. 1,

la femme n'avait reçu des héritiers du mari
qu'une partie du prix seulement. La réception

---

p. 442; Mascardus, *de probat.*, conclus. 1262, t. 4, p. 7,
n. 36 et 37). Cette règle s'applique naturellement à la femme
qui reçoit le prix de vente de ses biens dotaux (V. Conférences
m. s. sur la Cout.ᵉ de Bordeaux, à l'art. 53; M. Merlin, Nouveau Rép.ʳᵉ, v.ᵛ *Dot*, §. 8, n. 2, t. 4, p. 208; d'Argentré,
Cout.ᵉ de Bretagne, art. 419, glose 1, 13.ᵉ cas, p. 1669),
quoi qu'en aient pu penser certains auteurs (V. Faber, C.,
liv. 5, tit. 15, *def.* 5, p. 552, cité par Fromental, v.º *Dot*,
p. 258, 2.ᶜ col.). L'application de la même règle se trouve faite,
dans les livres, au mineur qui reçoit, à sa majorité, le prix
d'aliénation de ses biens vendus sans formalités par son tuteur:
il ne peut plus attaquer la vente qui est consommée par cet acte
d'exécution (V. Voet, *ad Pand.*, liv. 27, tit. 9, n. 14, t. 2,
p. 249, et liv. 2, tit. 4, n. 44, t. 1, p. 276; M. Proudhon,
Cours de Droit français, t. 2, p. 298; arrêt de la Cour de
cassation, du 14 Thermidor an 9, rapporté dans Sirey, t. 1,
1.ʳᵉ part., p. 473, et dans les Quest. de Droit de M. Merlin,
v.º *Mineur*, §. 3, t. 3, p. 440, et cité par M. Toullier, Droit
civil, t. 8, p. 784 et 785). Quelques anciens auteurs soutenaient, il est vrai, que la réception par le mineur, devenu
majeur, soit du prix d'aliénation, en tout ou en partie, soit
des intérêts de ce prix, n'emportait aucune ratification (V. Rebuffe, *Præm.*, glose 6, n. 73, t. 1, p. 25; Legrand, Cout.ᵉ
de Troyes, tit. 2, art. 21, glose 4, n. 65, p. 89; Faber, C.,
liv. 5, tit. 39, *def.* 1, p. 577; Despeisses, tit. des Restitutions,
sect. 2, n. 24, t. 1, p. 816 et 817; Catelan, liv. 5, chap. 13,
t. 2, p. 243; d'Olive, liv. 4, chap. 15, p. 447). Pourquoi cela?
Parce que, d'après eux, il n'y avait que la ratification *expresse*

d'une partie du prix suppose, en effet, tout aussi
bien que la réception du prix entier, la renonciation tacite à se prévaloir du vice de l'acte, et

---

qui pût exclure le mineur du bénéfice de la restitution, l'exécution donnée par un mineur, après sa majorité, à l'acte passé
en minorité, venant uniquement, à les entendre, *in conse-
quentiam prioris actûs,* et n'induisant ainsi rien de nouveau
(V. Lapeyrère, let. M, n. 40 ; Conférences m. s. sur ce numéro,
et sur la let. D, n. 46, v.º *Les actes faits en conséquence ;*
Conférences m. s. sur le Code Justinien, liv. 5, tit. 74, à la loi
3, §. *Cùm autem ;* Catelan et Despeisses, *sup. ;* Raviot sur
Perrier, quest. 246, n. 18, et quest. 324, n. 19, t. 2, p. 257
et 631 ; Lapeyrère, let. D, n. 46, v.º *Les actes faits en
conséquence*). Cette ancienne doctrine, suivant laquelle il ne
résultait aucune ratification de l'exécution donnée par le mineur,
devenu majeur, à un acte passé en minorité, se trouvait abandonnée lors de la promulgation du Code civil (V. Bourjon,
Droit commun, t. 2, p. 599, n. 84 ; Valin, Cout.ᵉ de la Rochelle, art. 24, t. 1, p. 603, n. 156 à 160 ; Voet et arrêt de
cassation cités à la présente note). Elle n'était plus appliquée, et
elle ne serait applicable aujourd'hui qu'au cas de l'acceptation
d'une succession en minorité, auquel cas, les actes postérieurs
à l'exécution primitive qui a eu lieu pendant la minorité, lorsqu'ils ne sont que la suite de cette exécution, ne font nul obstacle à la restitution, lors même qu'ils sont faits par le mineur
devenu majeur (V. Bourjon, *sup.,* n. 85 à 87 ; Valin, *sup.,*
n. 156 à 158 ; Lebrun, des Successions, liv. 4, chap. 2, sect. 2,
n. 61, p. 299 ; M. Proudhon, Cours de Droit français, t. 2,
p. 298 et 299 ; M. Toullier, Droit civil, t. 8, p. 782 et suiv.).

le consentement à ce qu'il soit exécuté (745).

---

(745) Nous avons ici principalement en vue le cas où, sans aucun recours à la justice, la femme aurait reçu en partie le prix de vente de ses biens dotaux. C'est ainsi qu'on décide, dans une hypothèse analogue, que, si le mineur, parvenu à sa majorité, touche une partie du prix de ses biens vendus sans formalités, ou rembourse une partie des sommes par lui empruntées en minorité, il y a ratification de sa part (V. Valin, Cout.ᵉ de la Rochelle, art. 24, t. 1, p. 603 et 604, n. 159 et 160; Domat, Lois civiles, part. 1, liv. 4, sect. 2, n. 31, p. 334; M. Merlin, Nouveau Rép.ʳᵉ, v.º *Mineur*, §. 9, n. 13, t. 8, p. 229; M. Delvincourt, Cours de Code civil, t. 2, p. 812, n.ᵗᵉ 3; L. 7, §. 16, ff. *ad L. C. Maced.*, liv. 4, tit. 6. — *Nota*. Suivant Despeisses, tit. des Restitutions, sect. 2, n. 24, t. 1, p. 816 et 817, et Catelan, liv. 5, chap. 13, t. 2, p. 243, la réception ou le paiement d'une partie du prix n'induirait pas de ratification; mais il faut faire attention que ces deux auteurs partageaient l'opinion dont nous avons parlé à la note précédente, opinion suivant laquelle il aurait fallu une ratification *expresse* pour exclure le mineur du bénéfice de la restitution). Aussi trouve-t-on, sous le Code, érigé en maxime, que l'exécution volontaire entraîne une ratification tacite, bien que cette exécution n'ait été que partielle (V. Rép.ʳᵉ de M. Favard, t. 1, p. 79; M. Duranton, Traité des Contrats, t. 4, p. 364 et 72), à quoi revient, par argument, la disposition de l'art. 892 C. civ., et cette réflexion de Voet, *ad Pand.*, liv. 27, tit. 9, n. 24, t. 2, p. 249, que l'aliénation, au regard du tiers-détenteur, ne saurait être confirmée en partie, et en partie infirmée. La décision que nous avons portée touchant la ratification attachée à la réception par la femme d'une partie du prix de vente des im--

La ratification tacite aura encore lieu si, dans
l'ordre ouvert pour la distribution du prix des
biens du mari, la femme, devenue veuve, a
requis collocation, et, par suite de sa collocation,
a été remplie, en tout (746) ou seulement en
partie (747), de sa créance à raison de la vente
de ses biens dotaux.

---

meubles dotaux, nous semble donc pleinemeut justifiée. Il n'y
aurait qu'un seul cas où la femme, nonobstant la réception d'une
partie du prix de vente, pourrait peut-être agir en révocation
contre les acquéreurs du fonds dotal : ce serait celui où elle
n'aurait reçu qu'en se réservant tous ses droits contre lesdits
acquéreurs. Encore ces derniers n'opposeraient-ils pas sans
raison à la femme, qu'en principe, les réserves ou protestations
qui sont démenties par l'acte même qui les accompagne, doivent
être réputées non écrites : *Protestatio, actui contraria, tollit
protestationis effectum* (V. les autorités citées par M. Merlin,
Nouveau Rép.re, v.º *Bénéfice d'inventaire*, n. 26, t. 15,
p. 63 ; Lebrun, des Successions, liv. 3, chap. 8, sect. 2, n. 27,
p. 192 ; Pothier, des Successions, chap. 3, art. 1, §. 1, p. 131 ;
du Perier et son Annotateur, liv. 2, quest. 6, p. 153), et qu'elles
ne peuvent être de quelque effet qu'à l'égard des actes qui, par
leur nature et leur objet, n'ont rien d'incompatible avec elles.

(746) V. Duport-Lavillette, Quest. de Droit, t. 3, p. 52 et
suiv.

(747) Sur la question de savoir si la femme, après avoir
poursuivi en justice sa collocation sur les biens de son mari,
peut encore, en cas d'insuffisance desdits biens, attaquer en
délaissement les acquéreurs du fonds dotal, Ferrière, sur l'ar-

La ratification tacite existera également si, dans
le cas où le prix aurait été stipulé payable sous

---

ticle 232 de la Coutume de Paris, t. 3, p. 319, n. 10, et Guérin
cité par Boucheul, Coutume de Poitou, art. 230, n. 111, t. 1,
p. 782, étaient d'avis de l'affirmative : « L'action personnelle
« contre les héritiers du mari et l'action réelle contre les dé-
« tenteurs tendent, disaient-ils, à diverses fins et contre di-
« verses personnes. La femme n'a agi en remplacement que dans
« la croyance de le trouver sur les biens de son mari, et elle ne
« peut être désintéressée que par la récompense ou par le délais-
« sement de ses héritages ». Les Conférences m. s. sur la Coutume de Bordeaux, à l'art. 53, adoptent cette manière de voir
qu'elles appuient : 1.º des lois 60, ff. *de oblig. et act.*, liv. 44,
tit. 7, et 130, ff. *R. J.*, liv. 50, tit. 17 ; 2.º de la loi unique,
§. 4, ff. *Quod legatorum*, liv. 43, tit. 3 ; 3.º de la loi 18, §. 1,
ff. *Commod.*, liv. 13, tit. 6. Ces textes, à ce qu'il nous semble, ne viennent nullement à l'appui de l'opinion en question.
La loi 43, §. 1, ff. *R. J.*, et la loi 53, ff. *de oblig. et act.*,
contiennent ce principe que, dans le concours de plusieurs actions pour la même chose, il faut en choisir une : *Quoties con-
currunt plures actiones ejusdem rei nomine, una quis ex-
periri debet.* C'est à ce principe que la loi unique, §. 4, ff. *Quod
legatorum*, apporte une modification : elle statue que, si entre
deux actions différentes qui, dans un cas donné, peuvent appartenir à une personne, cette personne ne sait pas bien celle
qu'elle peut être en droit d'intenter, elle aura la faculté de les
exercer toutes les deux à la fois, en les subordonnant l'une à
l'autre, et en protestant à l'avance de s'en tenir en définitive à
l'action au moyen de laquelle elle pourra obtenir ce qui lui est
dû : *Quoties incertum est quœ potior actio teneat... duas*

un terme qui ne serait venu à échéance qu'après

---

dictamus, protestati ex alterá nos velle consequi quod nos contingit. Ce n'est pas là disposer (comme l'entendent les Conférences) que quand on a deux actions, si on s'aperçoit qu'on n'a pas à espérer un grand succès de celle qu'on a prise, il est permis de recourir à l'autre. A l'égard de la loi 18, §. 1, ff. *Commod.*, elle porte que celui à qui appartient et l'action du dépôt et l'action de la loi *Aquilia*, s'il a exercé une de ces actions, ne peut plus revenir à l'autre. ... *Si qua earum (actionum) actum fuerit, aliæ tolluntur.* Ce n'est pas dire (comme le prétendent les Conférences), qu'on peut revenir à l'une de ces actions, lorsque celle qu'on a prise n'a pas eu un plein succès. Enfin, les lois 6o, ff. *de oblig. et act.*, et 13o, ff. *R. J.*, statuent que, dans le concours d'actions pénales pour la même chose, l'une ne détruit pas l'autre : *Nunquam actiones pœnales, de eádem pecuniá concurrentes, alia aliam consumit... Nunquam actiones, præsertim pœnales, de eádem re concurrentes, alia aliam consumit.* Ces lois ne disent pas, indistinctement et pour toutes sortes d'actions, que l'exercice de l'une n'empêche pas l'exercice de l'autre : elles ne disposent de la sorte qu'à l'égard des actions pénales (V. Pothier, *Pand.*, liv. 44, tit. 7, sect. 3, *de actionum concursu*, t. 3, p. 271 et suiv ; Voet, *ad Pand.*, liv. 44, tit. 7, n. 16 et suiv., t. 3, p. 887 et suiv., *ubi* distinction entre les actions pénales et les autres actions). Voilà pour une première opinion, à laquelle manquent évidemment les lois romaines dont on l'appuie. Suivant une autre opinion, la femme, par cela seul qu'elle aurait demandé collocation, ne pourrait plus révoquer l'aliénation du fonds dotal (V. Despeisses, tit. de la Dot, sect. 3, n. 3o, *tertiò*, t. 1, p. 5o9; Bonnemant, Max. du Pa-

la dissolution du mariage , la femme avait reçu ce

---

lais, t. 1, p. 179, *ubi* cité Boniface (*), liv. 6, tit. 2, chap. 5 ,
t. 1, p. 374 et 375). Cette opinion a pour fondement, dans les
auteurs qui la professent, ce brocard de droit : *Electâ und viâ,
non datur recursus ad alteram.* La première opinion que
nous avons rappelée suppose, au contraire, que, dans le concours de plusieurs actions, la variation est permise. Il convient
donc de dire un mot sur ce point. D'un côté, Dantoine, dans
ses Règles de Droit civil, p. 178, examinant, sur la loi 43, §. 1 ,
ff. *R. J.*, la question de savoir si l'on peut varier après avoir
fait choix d'une action, s'exprime dans les termes suivans :
« Pour résoudre cette difficulté, il faut distinguer : ou l'on a
« surmonté dans la première action, ou l'on a succombé. Si l'on
« a surmonté, l'action dont on s'est servi ayant eu son effet, il
« est certain qu'elle détruit l'autre, parce qu'on ne peut pas de-
« mander deux fois le paiement de la même dette, lorsqu'elle
« est une fois dûment acquittée, outre que le jugement rendu
« serait même une exception péremptoire contre celui qui a
« obtenu gain de cause, s'il osait renouveler sa demande par
« une seconde action. Ainsi, l'équité et la force de la chose
« jugée seraient également de l'obstacle à son intention. Si, au
« contraire, on a succombé dans la poursuite de la première
« action, ou si l'on s'aperçoit que l'on n'a pas lieu d'en espérer
« un grand succès, il est permis, en l'abandonnant, de recourir
« à la seconde, surtout lorsqu'en poursuivant la première, on
« a pris la précaution de conclure qu'on n'entendait pas se dé-
« partir des autres moyens de droit que l'on peut avoir ». D'un
autre côté, M. Toullier, Cours de Droit civil, t. 10, p. 249 et

---

(*) L'arrêt que rapporte Boniface , *sup.*, ne fut pas déterminé par
le choix qu'aurait fait la femme d'une première poursuite en collocation, mais par le choix que, dans l'espèce, elle avait fait du prix, et
par la confirmation par elle faite de la vente dans son testament.

prix, en tout ou en partie, des mains des acquéreurs

---

suiv., n. 170 et suiv., enseigne que la règle *Electâ unâ viâ, non datur regressus ad alteram*, n'a lieu, en droit français, que dans le cas où l'exception de la chose jugée s'opposerait à la seconde action, conformément à l'art. 1351 C. civ. Tel serait notre sentiment à cet égard; mais tel n'est pas l'avis de M. Merlin qui, dans une dissertation insérée aux Quest. de Droit, v.° *Option*, §. 1, t. 6, p. 620 et suiv., et p. 629 et suiv., soutient, qu'en thèse générale, et dans notre jurisprudence, la variation n'est plus permise après le choix que le demandeur a fait entre deux actions, quand même ces actions n'eussent pas été ouvertes contre les mêmes parties. Si l'on suivait cette doctrine de M. Merlin, il faudrait décider, comme le font Despeisses et Bonnemant, *loc. sup. cit.*, que la femme, par suite du choix qu'elle aurait fait d'une demande en collocation, se serait rendue non recevable à inquiéter les acquéreurs de ses fonds dotaux. Mais, en écartant cette doctrine, ne resterait-il pas une autre raison de décider pour faire déclarer la femme non recevable à agir en revendication contre lesdits acquéreurs? Ne pourrait-on pas dire qu'en requérant collocation sur les biens de son mari, la femme a exécuté le contrat de vente; qu'on trouve, en effet, érigé en maxime que la seule demande du prix emporte ratification tacite : *ex petitione pretii alienatæ rei, ratificatio alienationis inducitur* (V. Barsanus, *de pupillis*, chap. 2, quest. 35, n. 13, p. 190; Mascardus, *de probat.*, conclus. 1262, t. 4, p. 7, n. 42; Montanus, *Tract. de tutore*, p. 191, n. 540; Voet, *ad Pand.*, liv. 2, tit. 4, t. 1, p. 276, n. 44)? En raisonnant sous ce nouveau point de vue, voici quel serait notre sentiment. Nous ne pensons pas d'abord que la femme, par la seule demande en collocation, pût être censée avoir voulu ratifier la vente de ses biens dotaux; car, enfin, l'exécution volontaire, pour fonder une ratification, doit être telle qu'elle manifeste bien clairement l'intention d'ap-

de son fonds dotal (748). Il en sera de même si,

---

prouver l'acte auquel une nullité est attachée (V. *sup.* , n.º LXXXIV, let. B, al. 2). Or, la femme peut ne s'être présentée à l'ordre que dans l'espoir d'être remplie de ses droits, et de ne pas être obligée d'en venir à une action en révocation. Si, donc, la femme s'était désistée de sa demande en collocation, ou bien, si, persistant dans cette demande, elle n'avait obtenu aucune collocation, l'action en révocation lui resterait ouverte, parce que nulle ratification n'y ferait obstacle, et parce que, d'un autre côté, le choix de la demande en collocation n'y apporterait encore aucun empêchement. Mais si une collocation avait été prononcée au profit de la femme, et si, par suite de cette collocation, elle avait touché une partie de la créance résultant pour elle, contre son mari, de la vente de ses biens dotaux, nous ne voyons pas comment elle pourrait ne pas être considérée comme ayant exécuté cette vente ; car la réception par la femme d'une partie du prix d'aliénation de son fonds dotal, emporte une ratification tacite, ainsi que nous l'avons dit (V. *sup.* , n.º LXXXIV, let. C, al. 2). — Remarquons, en finissant, que les autorités par nous citées en tête de la présente note (Ferrière et Guérin) n'ont rien de contraire à ce qui vient d'être dit. Ces auteurs ne s'occupent, en effet, que du cas où la femme, après avoir commencé à agir contre les héritiers du mari, *abandonne cette action,* en cas d'insuffisance des biens de celui-ci, pour attaquer en revendication les acquéreurs du fonds dotal, et, sur ce point, leur opinion est la nôtre ; mais ils ne prévoient nullement le cas où la femme, après une collocation prononcée à son profit, aurait touché une partie des sommes à elle dues à raison de la vente de ses biens dotaux.

(748) V. *sup.*, n.º LXXXIV, let. C, al. 2.

dans la même hypothèse d'une vente à terme ou d'une vente moyennant une rente viagère, la femme, depuis sa viduité, avait perçu seulement les intérêts du prix ou les arrérages de la rente, car rien ne pouvait obliger la femme à recevoir ces intérêts ou ces arrérages, qui n'étaient dus qu'en vertu du contrat d'aliénation, et qu'elle n'a pu, dès-lors, toucher sans exécuter le contrat (749).

_____

(749) Les intérêts d'un prix de vente représentent sans doute les fruits des fonds vendus, car ils naissent de la jouissance qu'a l'acheteur de ces fonds, et de cette règle d'équité qui ne lui permet pas d'avoir tout à la fois cette jouissance et celle du prix de vente (V. L. 34, ff. *de usur. et fruct.*, liv. 22, tit. 1; L. 13, §. 20 et 21, ff. *de act. empt. et vend.*, liv. 19, tit. 1; L. 5, *C. eod.*, liv. 4, tit. 19; Pothier, de la Vente, n. 283 et 285; C. civ., art. 1652); mais ces intérêts ne sont dus cependant que par suite du contrat de vente (V. L. 13, §. 19 et 20, ff. *de act. empt. et vend.*, liv. 19, tit. 1). Si, donc, la femme touche les intérêts du prix de vente de ses immeubles dotaux, ce ne peut être qu'en exécution du contrat d'aliénation qui se trouve par là consommé. Et peu importe qu'on lise dans quelques auteurs (V. Legrand, Coutume de Troyes, tit. 2, art. 21, glose 4, n. 66, p. 89; d'Olive, liv. 4, chap. 15, p. 447; Despeisses, tit. des Restitutions, sect. 2, n. 24, t. 1, p. 816 et 817; Catelan, liv. 5, chap. 13, t. 2, p. 243) que nulle ratification ne peut s'induire de la réception d'intérêts d'un prix de vente, car le sentiment de ces auteurs repose sur cette ancienne doctrine d'après laquelle la vente des fonds dotaux, comme celle des biens des mineurs, n'aurait pu être con-

D. Dans les diverses hypothèses qui viennent d'être rappelées, il n'a été question que de l'exé-

---

firmée que par une ratification *expresse* (V. *sup.*, n.ᵗᵉ 744).
Il se présente pourtant, contre l'opinion par nous émise, cette
objection que la femme ne doit être censée avoir reçu les
intérêts que pour empêcher l'acquéreur de jouir, à son détriment, de la chose et du prix (V. Rebuffe, *Tract. de restit.*,
art. 2, glose *ult.*, n. 5, t. 1, p. 422 ; Despeisses, tit. de la Dot,
sect. 3, n. 29, p. 507 ; Faber, C., liv. 5, tit. 15, *def.* 5, p. 582 ;
Rousseau de Lacombe, v.º *Dot*, sect. 6, n. 2, p. 179 ; Conférences m. s. sur la Coutume de Bordeaux, à l'art. 53). Mais
est-ce que jamais l'acquéreur peut jouir de la chose et du prix
au préjudice de la femme? N'est-il pas tenu, sur la demande
en révocation, et, au moins à partir du jour de cette demande, à la restitution des fruits par lui perçus (V. *inf.*, n.º
LXXXVIII)? La femme pouvait donc, sans être exposée à aucun dommage, se dispenser de recevoir les intérêts en question.
En recevant ces intérêts, sans avoir, pour le faire, d'autre titre
que l'acte de vente, elle n'a donc pu que ratifier cet acte. Mais,
dit-on encore, un acte entaché, dès sa naissance, d'un vice radical, n'est pas susceptible d'être ratifié (V. M. Benoit, de la
Dot, t. 1, p. 367 et suiv.). Cette nouvelle objection tombe devant le principe que nous avons posé et développé (V. *sup.*,
n.º LXXX, al. 2), que la nullité de l'aliénation des biens dotaux n'est que relative. Enfin, ajoute-t-on : « Une femme serait
« bien à plaindre si, pour conserver le droit d'attaquer la vente
« de ses biens dotaux, elle était obligée de se priver, dès le
« premier moment de sa viduité, des intérêts du prix de cette
« vente. Ces intérêts ne sont pour elle que le remplacement des
« revenus des mêmes biens ; et quoi de plus juste que, ne pou-

cution donnée par la femme, après sa viduité, au contrat de vente de ses biens dotaux. On sent

---

« vant jouir de ceux-ci, elle jouisse au moins de ceux-là! Dé-
« clarerait-on non recevable à réclamer contre l'échange de
« son fonds dotal, la femme qui, dans la première année de sa
« viduité, aurait perçu les fruits de l'immeuble qu'elle aurait
« reçu en contre-échange pendant le mariage? Eh bien! c'est ici
« la même chose » (V. M. Merlin, Nouveau Répertoire, v.º
Dot, §. 8, n. 2, t. 4, p. 208; M. Dalloz, Jurisprudence générale, t. 10, p. 346, n. 46). Remarquons que, suivant ce
nouveau point de vue, ce serait seulement aux intérêts reçus ou
aux fruits perçus, *dès le premier moment de la viduité,*
pendant la première année de la viduité, qu'on ne devrait
pas attacher une ratification de l'aliénation des biens dotaux.
Par là, on désapprouve l'arrêt de la Cour de cassation, du 23
Messidor an 4 (rapporté au Répertoire, *sup.*, sous cette date,
et dans Sirey, t. 1, 1.re part., p. 90, sous la date du 23 Messidor an 2), qui ne vit aucune ratification dans la perception,
pendant plusieurs années, des arrérages d'une rente dont le capital formait le prix d'aliénation des biens dotaux. Par là, aussi,
on reconnaît bien implicitement, qu'en principe, la perception
des intérêts est un acte d'exécution, ainsi que nous l'avons
énoncé, de même que la perception des fruits est un acte de la
même nature, comme l'enseignent les docteurs (V. là-dessus,
Bersanus, *de pupillis*, chap. 2, quest. 35, n. 8 et 9, p. 189;
Mascardus, *de probat.*, conclus. 1262, t. 4, p. 7, n. 44 .
Maintenant ce principe doit-il fléchir dans l'hypothèse d'une réception d'intérêts *dans le premier moment de la viduité?*
Nous ne le pensons pas, car, enfin, il y a, selon nous, dans la
perception de ces intérêts, un acte absolument contraire à la voie

que, si la femme n'était que *séparée de biens*, la
réception, en tout ou en partie, du prix d'aliénation du fonds dotal, ne pourrait comporter aucune ratification dans aucune des hypothèses en
question, et, par exemple, dans celle où la
femme aurait produit et aurait été colloquée dans
l'ordre ouvert sur les biens de son mari (750).

---

de la nullité ouverte contre l'aliénation, et qui n'a pu être fait
citrà jus et nomen ratificationis. Or, un acte de cette nature
doit emporter une ratification tacite. Nous ne saurions, toutefois, nous dissimuler que la femme, par un tel acte, manifeste
beaucoup moins l'intention de ratifier que lorsqu'elle reçoit
tout ou partie du prix de vente. Aussi, comme pour entraîner
une ratification tacite, l'exécution doit être de nature à caractériser bien clairement l'approbation (V. *sup.*, n.º LXXXIV,
let. B, al. 2), nous admettrions ici les réserves ou protestations
que la femme, en recevant lesdits intérêts, aurait faites de se
pourvoir en nullité de la vente ou de ne pas approuver ladite
vente, de même que toutes les circonstances qui pourraient
aider à démontrer que la femme n'a pas eu l'intention de ratifier.

(750) On peut à cette occasion élever la question de savoir
s'il peut appartenir à la femme, pendant la durée du mariage,
de requérir collocation sur les biens de son mari, à raison du
prix d'aliénation du fonds dotal. Différens arrêts se sont prononcés affirmativement sur cette question (V. arrêt de cassation,
du 24 Juillet 1821, dans Sirey, 1821, 1, 422; arrêt de rejet,
du 27 Juillet 1826, dans Sirey, 1827, 1, 246; arrêt de la
Cour de Rouen, du 28 Mars 1823, dans Sirey, 1824, 2, 10;

E. La ratification, pour le dire en passant, ne

---

arrêt de la Cour d'Aix, du 1.er Février 1826, dans Sirey, 1828, 2, 47; arrêt de la Cour de Bordeaux, du 28 Mai 1830, dans Sirey, 1830, 2, 246). D'autres arrêts ont adopté une opinion contraire (V. arrêt de la Cour de Nîmes, du 29 Août 1826, dans Sirey, 1828, 2, 48; arrêts de la Cour de Grenoble, des 8 Mars et 31 Août 1827, dans Sirey, 1827, 2, 175, et 1828, 2, 173; arrêts de la même Cour, des 28 Décembre 1825 et 3 Juillet 1828, dans le Mémorial de jurisprudence, t. 12, p. 226, et t. 18, p. 246; arrêt de la Cour de Poitiers, du 14 Décembre 1830, dans Sirey, 1831, 2, 215; arrêt de la Cour de Montpellier, du 7 Janvier 1831, dans Sirey, 1831, 2, 214). Cette dernière opinion, que nous allons examiner, a pour elle le suffrage de plusieurs auteurs (V. M. Grenier, des Hypothè- ques, t. 1, p. 562 et suiv.; M. Benoît, de la Dot, t. 1, p. 369 et suiv.; M. Bellot, du Contrat de mariage, t. 4, p. 164 et suiv.). On dit pour l'étayer : 1.º que la femme, à raison de ses biens dotaux aliénés, n'a aucune hypothèque légale sur les biens de son mari, soit d'après la loi romaine, soit d'après les dispo- sitions du Code civil; 2.º que le principe de l'inaliénabilité, que la séparation de biens laisse dans toute sa force, disparaî- trait tout à fait si la femme, durant le mariage, avait la faculté de se faire allouer, dans la distribution des biens du mari, le prix de vente des fonds dotaux; 3.º que la collocation de la femme ne pourrait avoir lieu qu'au détriment des créanciers du mari. Il faut apprécier ces divers motifs. Est-il vrai, en premier lieu, que la loi romaine ne donnait à la femme, sur les biens de son mari, aucune hypothèque pour ses fonds dotaux aliénés? Si l'on ne consultait que la loi 30, *C. de jur. dot.*, liv. 5, tit. 12, l'existence de cette hypothèque sur les biens du mari

forme pas un contrat nouveau ; elle rétroagit au

devrait être déniée, car ce n'est que *sur les biens dotaux eux-mêmes* aliénés par le mari, que cette loi concède une hypothèque (V., sur cette loi, Cujas, *Recit. ad Cod.*, t. 4, p. 488 et 489); mais il est d'autres textes qui établissent formellement l'hypothèque sur les biens du mari, à raison de l'aliénation du fonds dotal. La loi unique, C. *de rei ux. act.*, liv. 5, tit. 13, s'exprime, en effet, de la manière suivante : *Ut plenius dotibus subveniatur, quemadmodùm in administratione pupillarium rerum... tacitas hypothecas inesse accipimus, ità et in hujusmodi actione damus... hypothecam... ex parte mariti pro restitutione dotis* (§. 1, *Dict. leg.*). *Cùm autem hypothecam ei etiam ex hâc lege donavimus, sufficiens habet remedium mulier, etsi maritus fundum alienare voluerit. Sed et ne consensu mulieris hypothecæ ejus minuantur, necessarium est, et in hâc parte mulieribus subveniri : hoc tantummodò addito, ut fundum dotalem... nec consentiente muliere, maritus possit... alienare* (§. 15, *Dict. leg.*). Voilà bien une hypothèque sur les biens du mari, établie par cette loi, et cette hypothèque, qui se trouve reconnue dans une foule de textes, et notamment dans la loi 12, C. *Qui potior.*, liv. 8, tit. 18, n'a pas lieu seulement pour la dot mobilière, mais pour toute espèce de dot. C'est la remarque de Cujas sur le §. 15 de la loi unique, C. *de rei ux. act.* : *Data autem est* (dit-il au t. 4, p. 534) *mulieri, ut docuit hæc constitutio in principio, pro fundo dotali et* PRO DOTE TOTA, QUACUMQUE IN RE CONSISTAT, *tacita hypotheca, et in rebus ipsis dotalibus, et in omnibus rebus mariti. Beneficio tacitæ hypothecæ, alienatum vel obligatum fundum dotalem, etiamsi ipsa consenserit, vel quo is fundus ei salvus sit, l ona*

contrat primitif, en d'autres termes, elle opère

---

omnia mariti persequi potest, nec si consenserit aliena-
tioni vel obligationi tacita hypotheca solvitur, quâ ei
nexus est fundus dotalis. On voit, d'après cela, que, nonobstant le principe de l'inaliénabilité des fonds dotaux, tel que
le posait la loi unique, *sup.*, l'hypothèque sur les biens du
mari n'en appartenait pas moins à la femme pour recouvrer le
prix des mêmes fonds qui auraient été aliénés contre la prohibition de la loi. On sent, au surplus, que cette hypothèque
n'était pas devenue sans objet par l'inaliénabilité dont furent
frappés les biens dotaux. L'action en revendication contre les
tiers-détenteurs ne pouvait-elle pas se trouver stérile ou inefficace, entre les mains de la femme, dans beaucoup de circonstances? N'était-ce pas dans le seul intérêt de la femme que la
prohibition d'aliéner la dot avait été portée, et ne devait-il pas
lui être loisible de ne faire nul usage de cette action en revendication, et de s'en prendre aux biens de son mari pour recouvrer le prix de vente du fonds dotal? La jurisprudence suivie
notamment au Parlement de Bordeaux était, en tout point,
conforme à ce que nous avons dit jusqu'ici. La femme, d'après
cette jurisprudence, avait, sur les biens de son mari, une
hypothèque, à la date de son contrat de mariage, à raison de
l'aliénation de ses fonds dotaux (V. Ferron cité par Dupin,
dans sa Conférence, let. H, n. 22, et let. F, n. 18; Salviat,
p. 216 *in fine;* Apostillateur de Lapeyrère, let. P, n. 104;
Conférences m. s. sur Lapeyrère, let. F, n. 17, v.° *La femme*
qui a approuvé, et let. H, n. 46. *Junge* Fontanella, *de pact.*
nupt., clause 7, glose 2, part. 3, n. 25 et 26, p. 426; Tonduti, Quest. et Résol. civ., part. 2, chap. 156, n. 1 et 2, t. 1,
p. 131), et elle pouvait, à son choix, agir en revendication

34

ut ex tunc. Ceci est toujours vrai *relativement à*

---

contre les tiers-détenteurs, ou poursuivre, par voie hypothécaire, son indemnité sur les biens de son mari (V. les autorités
citées à la n.^te 740, *sup.*). Nous pensons donc, contre le sentiment exprimé par des auteurs modernes (V. M. Grenier, des
Hypothèques, t. 1, p. 567 et suiv.; M. Benoit, de la Dot, t. 1,
p. 370 et suiv.), que la loi romaine donnait à la femme, sur
les biens de son mari, une hypothèque pour ses biens dotaux
aliénés. Nous pensons aussi, contrairement à ce que nous trouvons enseigné dans quelques livres (V. M. Grenier, *sup.*, p.
572; M. Benoit, *sup.*, p. 378; M. Bellot, du Contrat de
mariage, t. 4, p. 170), que cette hypothèque doit aussi, d'après
les dispositions du Code civil, appartenir à la femme mariée. La
dot est, en effet, le bien que la femme apporte au mari pour
soutenir les charges du mariage (V. C. civ., art. 1540); or,
suivant les art. 2121, 2135, 2.° et 2195, une hypothèque est
accordée à la femme à raison de sa dot, et cela, sans aucune
distinction entre la dot mobilière et la dot immobilière. Comment distinguer là où la loi ne distingue pas ? On allègue que
les biens dotaux sont inaliénables. Mais cette inaliénabilité
n'existait-elle pas en droit romain ? L'hypothèque, nonobstant
cette inaliénabilité, n'avait-elle pas été donnée à la femme, sur
les biens de son mari, à raison de ses fonds dotaux aliénés
contre la prohibition de la loi ? Était-ce sans motifs que le législateur romain avait accordé à la femme le secours de cette hypothèque ? Les raisons de décider ne sont-elles pas les mêmes sous
le Code qu'autrefois ? N'est-il pas constant, par exemple, que
la prohibition d'aliéner la dot est relative aux intérêts de la
femme, que l'aliénation ne peut produire qu'une nullité respective, que la femme ne saurait être réduite à l'exercice de la

la femme qui ratifie, soit qu'elle ait concouru au

---

seule action en revendication, et qu'il doit dépendre d'elle de délaisser cette action pour poursuivre son indemnité sur les biens de son mari? Cette faculté qui, sans aucun doute, appartient à la femme une fois le mariage dissous (V. les autorités citées à la n.^{te} 740, *sup.*), lui appartient-elle également, pendant la durée du mariage, dans le cas d'une séparation intervenue entre elle et son mari? La femme séparée de biens a, suivant l'art. 1560 C. civ., le droit de faire révoquer l'aliénation des biens dotaux; elle a aussi, suivant les art. 2121, 2135, 2.° et 2195 C. civ., une hypothèque, pour son fonds dotal aliéné, sur les immeubles de son mari. D'après cela, la question que nous venons de poser semblerait se décider d'elle-même. La solution de cette question exige pourtant quelques développemens et nécessite quelques explications. Tant que le mariage dure, et nonobstant toute séparation de biens, les immeubles dotaux sont inaliénables (V. *sup.*, n.° LVIII, al. 4). Si, donc, une aliénation a eu lieu contre la prohibition de la loi, l'aliénation est viciée de nullité, et cette nullité, qui est bien susceptible d'être couverte une fois le mariage dissous, ne peut, *durante matrimonio*, être effacée du consentement de la femme, à raison du principe de l'inaliénabilité qui subsiste toujours dans toute sa force (V. *sup.*, n.° LXXXIV, let. A, al. 1). Mais de ce que la femme est dans l'impossibilité, pendant l'existence du mariage, de couvrir la nullité résultante de la vente du fonds dotal, et de renoncer, d'une manière valable, à l'action révocatoire qui lui est ouverte par sa séparation de biens, s'ensuit-il qu'elle ne puisse, aussi long-tems que le mariage subsiste, faire usage de son hypothèque et requérir collocation sur son mari? Nullement, car autrement il faudrait méconnaître l'hy-

contrat d'aliénation, soit qu'elle y ait été étran-

---

pothèque qui est accordée à la femme, et le droit, attaché à cette hypothèque, d'intervenir dans un ordre pour y demander collocation. Toutefois, comme ce n'est qu'à la dissolution du mariage que la femme peut être en état de valider l'aliénation de son fonds dotal, et comme, jusque-là, il n'est pas en son pouvoir d'opter pour le prix d'aliénation de manière à se fermer tout recours contre les tiers-détenteurs dudit fonds, la collocation qu'a droit d'obtenir la femme ne devra porter nulle atteinte à ce recours, et elle ne deviendra irrévocable qu'autant, qu'à la dissolution du mariage, la femme jugera convenable de s'y tenir et d'en recevoir le montant. Il n'y aura donc rien de définitif dans la collocation à prononcer. Aussi doit-on ordonner, en pareille hypothèse, que les sommes allouées resteront entre les mains des acquéreurs des biens du mari, ou ne passeront entre les mains de la femme qu'à la charge par elle de fournir des sûretés, de donner caution, par exemple, et c'est ce qu'ont décidé les arrêts rappelés en tête de la présente note. Par ce moyen, on conserve à la femme l'exercice de toutes les actions qui naissent pour elle de l'aliénation de ses biens dotaux, en même tems qu'on pourvoit à ce qu'elle ne puisse, durant le mariage et pendant que le principe de l'inaliénabilité est en vigueur, disposer du prix de vente de ses biens. Par ce moyen aussi, les intérêts des créanciers du mari se trouvent ménagés, car on empêche que le montant de la collocation ne puisse être dissipé à leur détriment à l'époque où la femme voudrait prendre la voie de la revendication contre les acquéreurs du fonds dotal. Tel est, au surplus, l'opinion émise sur ce point par M. Merlin, Quest. de Droit, v.º *Remploi*, §. 9, n. 2, t. 9, p. 69 et suiv., par M. Dalloz, Jurisp.ce générale, t. 10, p. 345 et

gère pour n'y avoir parlé par elle-même ou par procureur (751). Mais *en ce qui touche l'intérêt des tiers*, il ne peut en être ainsi qu'autant que la femme aura été partie dans l'aliénation, objet de sa ratification postérieure. A la vérité, des autorités semblent établir indistinctement *qu'à l'égard des tiers*, la ratification n'a jamais lieu que *ut ex nunc* (752); mais d'autres autorités qui

---

suiv., n. 45, et par M. Troplong, des Hypothèques, t. 2, p. 459 à 491). Le droit de requérir collocation appartiendrait-il à la femme durant le mariage, mais dans l'absence de toute séparation de biens? V. *inf.*, n.º CXLI, al. 1.

(751) V. L. 25 *in fine*, C. *de donat. int. vir. et ux.*, liv. 3, tit. 16; L. 16, §. 1, ff. *de pign. et hyp.*, liv. 20, tit. 1; Brunemann sur cette dernière loi, p. 579, n. 3; Barbosa, *Axiom. jur.*, axiom. 197, n. 17, p. 119; M. Toullier, Cours de Droit français, t. 8, n. 514, p. 794 et suiv. — *Nota.* Une exception se trouve faite pour les actes nuls (V. Surdus, *Decis.* 245, n. 5, 6, 7, 9, 13, p. 455 et 456; Barbosa, *sup.*); mais cette exception doit être limitée aux actes nuls d'une nullité radicale, et ne saurait atteindre les actes nuls d'une nullité relative (V. M. Toullier, Droit civil, *sup.*, n. 515, 517, 521, 522, p. 795 et suiv., et p. 803 et suiv., qui, au n.º 517, applique le principe de la rétroactivité aux nullités qu'il nomme *absolues*, quoique prononcées pour l'intérêt des particuliers. V. *sup.*, n.te 688).

(752) V. *Caput ratihabitionem de R. J.*, in-6.º; Barbosa, *Axiom. jur.*, axiom. 197, n. 17, p. 119; Mornac, *ad L.* 16,

nous paraissent préférables, ne dénient à la ratification l'effet rétroactif que pour les actes ou
nuls d'une nullité absolue (753) ou *étrangers à
la personne qui ratifie* (754), et elles reconnaissent

---

§. 1, ff. *de pign. et hyp.*, t. 1, p. 1160, let. B; Despeisses,
tit. des Restitutions, sect. 2, n. 24, t. 1, p. 816, 2.ᵉ col.; Serres sur l'art. 5 de l'ord.ᶜᵉ des Donations, p. 28; M. Grenier,
des Hypothèques, t. 1, p. 72, n. 42. V. encore, C. civ., art.
1338, al. dernier, et, sur cet article, M. Jaubert, dans son
rapport au Tribunat, ainsi que les observations du Tribunat.

(753) V. Grivel, en ses Décisions, décis. 105, n. 19 et 20,
p. 319 et 318; M. Merlin, Quest. de Droit, v.° *Hypothèque*,
§. 4, t. 6, p. 373; M. Toullier, Droit civil, t. 7, n. 563, p.
738 et suiv., et t. 8, n. 522, p. 803 et suiv.; M. Troplong,
des Hypothèques, t. 2, p. 240 à 244.

(754) V. M. Merlin, Quest. de Droit, v.° *Hypothèque*,
§. 4, t. 6, p. 373 et 374; d'Héricourt, Vente d'immeubles,
p. 219, n. 8; Anne Robert, liv. 3, chap. 17, p. 497; Journal
du Palais, de Guéret et Blondeau, t. 1, p. 11, 5.ᵉ col.; ancien
Denisart, v.° *Ratification*, t. 4, p. 127, n. 7; M. Troplong,
des Hypothèques, t. 2, p. 240 à 244. — D'après ce principe,
on décidait anciennement : 1.° à l'égard d'une hypothèque con-
cédée sur nos biens, sans mandat de notre part, que notre
ratification, survenue postérieurement, n'avait pas d'effet rétroactif au préjudice des tiers auxquels, dans le tems intermé-
diaire, nous avions nous-même conféré une hypothèque sur les
mêmes biens (V. Pothier, de l'Hypothèque, chap. 1, sect. 2,
n. 2, p. 429, et Cout.ᵉ d'Orléans, Introd. au tit. 20, sect. 2,
§. 2, n. 24, p. 741 et suiv.; Valin, Cout.ᵉ de la Rochelle, t. 3,

que la ratification doit rétroagir à l'égard des.

---

p. 372, n. 34; Basnage, des Hypothèques, p. 5 *in fine ;* d'Héricourt, *sup.*, n. 12, p. 224); 2.º à l'égard de la vente d'un propre de la femme, faite, sans mandat, par le mari, qui s'était porté fort pour elle, qu'il n'y avait ouverture aux retraits et aux lods que du jour de la ratification seulement (V. Legrand, Cout.ᵉ de Troyes, tit. 9, art. 144, n. 14 à 17, 2.ᵉ part., p. 229; Guyot, Traité des Fiefs, chap. 12, n. 34, t. 3, p. 506, et n. 36, p. 507; Molières-Fonmaur, Traité des Lods et Ventes, n. 427, p. 351 et suiv.; Boucheul, Cout.ᵉ de Poitou, art. 319, n. 2 et 3, t. 2, p. 441). D'après le même principe, la Cour de cassation a jugé que la ratification, faite par une femme, d'une cession de droits successifs consentie par son mari, sans sa procuration, ne comportait aucun effet rétroactif (V. arrêt de rejet, du 12 Décembre 1810, dans Sirey, 1811, 1, 80). Elle a encore jugé, dans une espèce où la femme avait ratifié une obligation souscrite par son mari, qui s'était porté fort pour elle, que cette ratification ne pouvait avoir d'effet rétroactif à l'égard des tiers qui avaient acquis une hypothèque depuis la date de cette obligation, et qui avaient inscrit la même hypothèque antérieurement à la ratification (V. arrêt de rejet, du 24 Janvier 1825, dans Sirey, 1826, 1, 38). Elle s'est enfin prononcée de nouveau contre la rétroactivité de la ratification dans une espèce où il s'agissait de biens d'une femme, aliénés par le mari comme siens, et où les enfans de la femme, qui, elle morte, avaient ratifié l'aliénation, prétendaient, à raison de cette aliénation, exercer sur un immeuble du mari par lui vendu avant la ratification, une hypothèque légale au préjudice de l'acquéreur (V. arrêt de rejet, du 6 Juillet 1831, dans Sirey, 1831, 1, 307).

actes dont la nullité n'est que respective (755),

---

(755) V. M. Toullier, Cours de Droit français, t. 7, n. 564, p. 739 et suiv., et t. 8, n. 522, p. 804 et suiv.; Grivel, en ses Décisions, décis. 105, n. 20 et précéd., p. 319 et précéd. — C'est, par application de ce principe, qu'on décidait avant le Code : 1.º qu'il y avait lieu aux retraits et aux lods, en vente faite par un mineur, sans formalités de justice, du jour de la vente, et non du jour de la ratification (V. Molières-Foumaur, des Lods et Ventes, n. 429 et 430, t. 1, p. 353 et 354; Boucheul, Cout.ᵉ de Poitou, art. 319, n. 5, t. 2, p. 441); 2.º que l'hypothèque consentie par un mineur remontait, au préjudice des créanciers intermédiaires, au jour de l'obligation passée en minorité, par l'effet de la ratification du mineur devenu majeur (V. Pothier, Traité de l'Hypothèque, chap. 1, sect. 2, §. 2, p. 428, et Cout.ᵉ d'Orléans, Introduction au tit. 20, sect. 2, §. 2, n. 24, p. 742; Valin, Cout.ᵉ de la Rochelle, t. 3, p. 372, n. 34, et t. 1, p. 606, n. 169 et 170; d'Héricourt, Vente d'immeubles, chap. 11, sect. 2, n. 7, p. 218; Soulatges, des Hypothèques, p. 126 et suiv.; Journal du Palais, de Guéret et Blondeau, t. 1, p. 10 et suiv.; M. Merlin, Quest. de Droit, v.º *Hypothèque*, §. 4, n. 2, t. 6, p. 373 et précéd.) (*). D'après le même principe, on décide, sous le Code : 1.º que l'hypothèque dont il vient d'être parlé doit prendre date du

---

(*) D'autres auteurs professaient une opinion contraire (V. Poullain-Duparc, Principes du Droit français, t. 7, p. 193 et suiv., et Cout.º de Bretagne, t. 1, p. 522, n.º 5; Basnage, des Hypothèques, p. 4, 2.ᵉ col., et p. suiv.; Legrand, Cout.ᵉ de Troyes, tit. 9, art. 144, glose 9, n.º 21, p. 230; Ferrière, Compil. sur la Cout.ᵉ de Paris, art. 239, glose 2, n.º 32, p. 513 et suiv.

et auxquels celui qui ratifie n'a pas été étranger,
c'est-à-dire, auxquels il a parlé par lui-même
ou par procureur (756).

---

jour de l'inscription du contrat primitif, et non pas seulement
du jour de l'inscription prise sur la ratification (V. M. Toullier,
Droit civil, t. 7, n. 565, p. 742 et suiv., et t. 8, n. 524,
p. 807; M. Merlin, *sup.*, n. 3, p. 374, et n. 6, p. 379) (*);
2.º que la ratification, par un individu devenu majeur, d'une
vente d'immeubles par lui consentie, sans formalités, pendant
sa minorité, a effet rétroactif au jour du contrat de vente, et,
dès-lors, rend l'acquéreur préférable à un tiers qui aurait
acquis les mêmes biens dans l'intervalle de la première vente à
la ratification et depuis la majorité du vendeur (V. arrêt de
la Cour de Riom, du 28 Mars 1833, dans Sirey, 1833, 2,
344).

(756) V. les autorités citées en tête de la n.te 754. — On
décidait, en conséquence, anciennement : 1.º qu'il y avait lieu
aux retraits et aux lods du jour de la vente, et non pas seulement du jour de la ratification (V. Anne Robert, liv. 3, chap.
17, p. 493 et suiv.; Molières-Fonmaur, Traité des Lods et
Ventes, n. 428, t. 1, p. 353; Boucheul, Cout.e de Poitou,
art. 319, n. 4, t. 2, p. 441); 2.º à l'égard d'un contrat passé
au nom d'un tiers en vertu de sa procuration, que l'hypothèque
avait lieu du jour du contrat (V. Boucheul, *sup.*, n. 7, t. 2,
p. 441; ancien Denisart, v.º *Ratification*, t. 4, p. 127,
n. 7).

(*) M. Grenier, des Hypothèques, n.º 44, t. 1, p. 74 et suiv., conteste cet effet rétroactif.

LXXXV. La ratification dont il vient d'être parlé, fait obstacle à la révocation de l'aliénation des biens dotaux.

Cette révocation, comme nous avons déjà eu l'occasion de le dire, ne peut encore avoir lieu, soit lorsque les enfans se trouvent garans de l'aliénation, comme héritiers de leur père (757), ou pour l'avoir cautionnée (758), soit lorsque la femme est tenue de la même obligation de garantie en qualité d'héritière de son mari (759). *Quid*, si le mari avait fait à sa femme, sous la condition de ne pas inquiéter les acquéreurs des biens dotaux, un legs qu'elle aurait accepté? Pourrait-elle agir en révocation? Non. Comment lui serait-il permis, en effet, de séparer la libéralité de la charge qui y est attachée? L'acceptation du legs ne forme-t-elle pas une espèce de quasi-contrat qui la lie? La condition de ne pas inquiéter les acquéreurs n'est-elle pas licite dans un testament? La prohibition d'aliéner la dot n'avait-elle pas cessé à l'époque où, par son acceptation de la disposition testamentaire faite

---

(757) V. *sup.*, n.° LXXXIII, al. 2 et 3.
(758) V. *sup.*, n.° LXXXIII, al. 6.
(759) V. *sup.*, n.° LXXXIII, al. 4.

par son mari, la femme a rendu la vente inattaquable (760)?

LXXXVI. Hors les cas qui viennent d'être
signalés au numéro précédent, et sauf celui de
la prescription dont il sera parlé plus tard, l'action en révocation de l'aliénation des biens dotaux est ouverte. Cette révocation peut être exercée par la femme, mais seulement après la
dissolution du mariage ou la séparation de biens,
que ce soit elle-même, ou son mari, ou tous les
deux conjointement qui aient été en nom dans le
contrat d'aliénation (761).

---

(760) Une foule d'autorités attestent que la femme, qui a
accepté le legs à elle fait par son mari à la charge de respecter
l'aliénation des biens dotaux, est non recevable à se pourvoir
contre cette aliénation (V. L. 77, §. 5, ff. *de leg.* 2.º, liv. 31,
liv. 2, et Cujas sur cette loi, OEuv. posth., *Resp.* Papin, t. 1,
p. 325; Roussilhe, de la Dot, t. 1, p. 452, n. 389; Despeisses,
tit. de la Dot, sect. 3, n. 30, *quintò*, t. 1, p. 510). Un auteur
moderne (M. Benoit, de la Dot, t. 1, p. 386, n. 262) s'est
élevé contre cette décision, en considérant comme radicale la
nullité de l'aliénation des biens dotaux. C'est là une erreur que
nous avons déjà relevée (V. *sup.*, n.te 687). Quant à la nécessité pour la femme d'exécuter la charge attachée au legs, V.
Furgole, des Testamens, chap. 7, t. 2, p. 10.

(761) V. C. civ., art. 1560. — M. Toullier, Droit civil, t. 14,
n. 228, estime que la femme, pourvu qu'elle soit autorisée de

Quoique la femme possédât des paraphernaux, elle n'en aurait pas moins le droit de se pourvoir

---

son mari ou de la justice, peut, durant le mariage *et dans l'absence de toute séparation de biens*, agir en révocation de ses biens dotaux aliénés. D'après ce jurisconsulte, il faudrait une loi expresse pour défendre à la femme l'exercice de l'action en révocation, loi qui n'existerait pas, l'art. 1560 signifiant seulement que la femme ne peut intenter cette action pendant le mariage, seule et sans autorisation. Cette opinion ne nous parait pas admissible en présence des termes dans lesquels est conçu l'art. 1560. Cet article, prévoyant le cas où l'aliénation du fonds dotal aurait eu lieu hors les cas d'exception prévus par la loi, porte que : « La femme ou ses héritiers pourront « faire révoquer l'aliénation *après la dissolution du mariage*, « sans qu'on puisse leur opposer aucune prescription pendant « sa durée. La femme aura le même droit *après la séparation* « *de biens* ». Cet article, comme on le voit, n'accorde, pendant la durée du mariage, qu'à la femme *séparée de biens*, la faculté d'agir en révocation, faculté qu'elle ne peut, au surplus, exercer qu'avec l'autorisation de son mari ou de la justice, conformément aux art. 215 et 218 C. civ. En disposant de la sorte, l'art. 1560 ne refuse-t-il pas évidemment à la femme non séparée de biens la faculté d'exercer l'action en révocation, quelque autorisation de son mari ou de la justice qu'elle pût avoir ? N'est-ce pas parce que la femme ne peut agir que nulle prescription ne court contre elle ? Est-ce que, d'ailleurs, dans l'ancien droit, l'exercice de l'action en révocation fut jamais accordé à la femme qui n'était pas séparée de biens ? M. Toullier cite, à l'appui de son sentiment, un arrêt de la Cour de Grenoble, du 13 Février 1824, que rapporte M. Sirey, 1826, 2,

en révocation, et cela, dans le cas même où elle
se serait expressément rendue garante, sur ses

---

40. Mais, dans l'espèce de cet arrêt, l'action avait été intentée
au nom du mari et en celui de la femme. Pour accueillir,
comme le fit l'arrêt, l'action en révocation, ne suffisait-il pas
que cette action fût exercée au nom du mari, qui, lui, est investi par la loi du droit de faire révoquer l'aliénation *pendant
le mariage* (V. art. 1560, 2.ᵉ disp.)? — Le droit accordé aujourd'hui à la femme de faire révoquer l'aliénation, *une fois le
mariage dissous*, lui appartenait aussi avant le Code (V. L.
30, C. *de jur. dot.*, liv. 5, tit. 12; Despeisses, tit. de la Dot,
sect. 3, n. 29, p. 507 et 508, et n. 30, *octavò*, p. 510; Annotateur de Despeisses, *sup.*, n. 30, *undecimò*, p. 511, 2.ᵉ col.
in fine; de Bézieux, p. 370, 1.ʳᵉ col. *in fine;* Boucheul,
Cout.ᵉ de Poitou, art. 230, n. 89, t. 1, p. 780). D'après
certains auteurs, le même droit devait appartenir à la femme,
au cas d'une séparation de biens (V. L. 29, C. *de jur. dot.*,
liv. 5, tit. 12; du Perier et son Annotateur, t. 1, p. 525 et
suiv., et t. 2, p. 364; Cormis, t. 2, p. 1517 et suiv.; Nouveau
Denisart, t. 7, p. 125 et 126, n. 4 et 5; Duport-Lavillette,
Quest. de Droit, t. 3, p. 57 et suiv.). Telle était l'opinion suivie
au Parlement de Toulouse (V. Serres, Inst., p. 192; Fromental, v.º *Dot*, p. 258. Ce dernier auteur, pour le faire remarquer en passant, rappelle que, par arrêt du 4 Juillet 1722,
rapporté par Vedel sur Catelan, liv. 4, chap. 45, t. 2, p. 88
et 89, il fut jugé qu'une femme qui avait vendu son fonds dotal
du consentement de son mari et après sa séparation de biens,
était non recevable à attaquer la vente du vivant de son mari.
Cet arrêt, que n'approuve pas Fromental, peut être étayé d'un
autre arrêt dans le même sens, sous la date du 25 Juin 1762,

paraphernaux, de l'aliénation du bien dotal ;
mais, dans cette dernière hypothèse, la femme
serait tenue, sur ses paraphernaux, au paiement
du prix de vente par elle reçu et à la prestation
des dommages et intérêts de l'acquéreur (762).

---

qu'on trouve dans le Recueil d'Aguier, t. 2, p. 278. L'opinion,
que ces arrêts sembleraient consacrer, n'est pas celle qui avait
prévalu au Parlement de Toulouse, comme on le verra par les
arrêts cités *infrà*, n.^{te} 806). Au Parlement de Bordeaux, on
décidait que la femme avait le droit, *après la dissolution du
mariage, et non du vivant du mari, quoique séparée de
biens d'avec lui*, de faire révoquer l'aliénation de son fonds
dotal, encore qu'elle fût entrée dans la vente (V. arrêt du Parlement de Bordeaux, du 5 Mai 1736, en seconde, au rapport
de M. Leblanc de Mauvesin ; Salviat, p. 221 et 503 ; consultation de M. Cazalet, du mois d'Avril 1777 ; autre consultation
du même jurisconsulte, du mois de Janvier 1786, dans laquelle
il reconnaît que, dans la jurisprudence de notre Parlement, la
femme séparée de biens ne pouvait pas faire révoquer la vente,
jurisprudence qui lui semble vicieuse). Dans notre jurisprudence, la femme, qui avait fait elle-même la vente du fonds
dotal, ou qui y était entrée, devait attaquer le contrat par des
lettres de rescision (V. Brillon, Dictionnaire des Arrêts, t. 1,
p. 821 ; Conférences m. s. sur la Cout.^{e} de Bordeaux, à l'art.
53). Notre usage à cet égard n'était pas observé dans d'autres
Parlemens (V. Chabrol, Cout.^{e} d'Auvergne, chap. 14, art. 3,
1.re quest., t. 2, p. 192 ; Basset, liv. 4, tit. 5, t. 1, p. 288).

(762) V. Roussilhe, de la Dot, t. 1, p. 438 ; arrêt de rejet,
du 5 Mai 1818, dans Sirey, 1818, 1, 387 ; arrêt de la Cour

Si la femme avait contracté une société d'acquêts avec son mari, et qu'à la dissolution de cette société par la mort naturelle ou civile du mari, ou par la séparation de biens, elle eût accepté cette société, son acceptation ne ferait nul obstacle à l'action en révocation par elle intentée contre les tiers-détenteurs de son fonds dotal aliéné par le mari (763).

---

de Grenoble, du 16 Janvier 1828, dans Sirey, 1828, 2, 315; arrêt de la Cour de Toulouse, du 4 Mai 1832, dans le Mémorial de jurisprudence, t. 25, p. 38; M. Dalloz, Jurisprudence générale, t. 10, p. 343, n. 41; Duranton, Cours de Droit français, t. 15, n. 530. — *Nota.* On trouve dans les Arrêts inédits de M. de Laviguerie, v.° *Garantie*, art. 2, un arrêt du Parlement de Toulouse, du 9 Mai 1781, jugeant que la femme était garante, sur ses paraphernaux, de l'aliénation du fonds dotal, et qu'à raison de ladite garantie et de l'existence des paraphernaux, les héritiers de la femme étaient non recevables à faire révoquer l'aliénation. Cet arrêt ne saurait être suivi.

(763) Parmi les anciens auteurs qui ont examiné la question sous le régime de la communauté, il en est qui enseignaient que : « La qualité de commune faisait participer la femme à toutes les « obligations contractées par son mari durant la communauté, « et, par suite, à l'obligation de garantie de l'héritage que son « mari avait contractée envers l'acheteur durant la communauté, « en le lui vendant; que la femme, comme commune, était ainsi « tenue pour moitié de l'obligation de garantie, et qu'elle de- « vait être exclue pour moitié de la revendication de son héri- « tage, à moins qu'elle n'offrit d'abandonner et de compter de

Les créanciers de la femme pourront-ils être

« tous les biens qu'elle avait eus de la communauté... et de se
« décharger de cette manière des dettes et des obligations de la
« communauté, desquelles elle n'était tenue que jusqu'à con-
« currence des biens qu'elle en avait » (V. Pothier, du Contrat de vente, n. 179, et des Hypothèques, chap. 2, sect. 1,
art. 2, §. 5; Prévôt de la Jannès, Principes de la Jurisprudence
française, t. 2, p. 22). D'autres auteurs, au contraire, accordaient à la femme le droit de revendication pour le total, en,
par elle, remboursant aux tiers-détenteurs la moitié du prix de
vente dont la communauté, à laquelle elle prenait part, se trouvait avoir profité. Ils disaient : « La femme n'est pas tenue des
« faits de son mari, et elle ne le représente pas comme un hé-
« ritier représente son auteur... Le contrat est étranger à la
« société, et ce n'est pas le cas de dire que le fait d'un associé
« est celui de l'autre... Les propres de la femme étant inalié-
« nables sans son consentement, le mari n'a pu les vendre
« comme chef de la communauté, et assujettir ainsi sa femme
« à l'obligation de garantie envers l'acquéreur. Cette obligation
« concerne le mari seul; la communauté n'en doit pas être
« chargée, et elle ne peut être tenue, en cas d'éviction, que de
« rendre le prix qu'elle a reçu ». (V. Pothier, de la Communauté, n. 253; M. Merlin, Nouveau Répertoire, v.° *Communauté*, §. 3, n. 4, t. 2, p. 559; Valin, Coutume de la Rochelle, t. 1, p. 497 et suiv., n. 43 et suiv., et p. 512, n. 36;
Renusson, de la Communauté, 1.re part., chap. 6, n. 69 à 64,
p. 39, et 2.e part., chap. 6, n. 46 à 41, p. 162 et précéd. ; Lebrun, de la Communauté, liv. 2, chap. 3, n. 38 et 39, p. 261
et 262, et liv. 3, chap. 2, sect. 1, dist. 1, n. 10 à 13, p. 339
et 340; Boucheul, Coutume de Poitou, art. 230, n. 100, t. 1,

reçus à faire révoquer l'aliénation des biens do-

---

p. 781; Duplessis, de la Communauté, t. 1, p. 395 à 397;
Bourjon, Droit commun, 4.e part. de la Communauté, chap. 2,
sect. 3, n. 10 à 12, t. 1, p. 573; Poullain-Duparc, Principes
du Droit français, t. 5, p. 99; Béchet sur l'Usance de Saintes,
art. 61, p. 162). Tous les auteurs qui viennent d'être cités, à
l'exception de Pothier, de Duplessis et de M. Merlin, voulaient
pourtant que la femme demeurât tenue aux suites de l'obligation
de garantie, c'est-à-dire, aux dommages et intérêts résultans de
l'éviction, et tel était aussi le sentiment de Ferrière, Compil. sur
la Coutume de Paris, art. 226, glose unique, n. 8, t. 3, p. 237,
et des Annotateurs de Duplessis, t. 1, p. 395. Des deux opinions rappelées plus haut, la dernière a l'assentiment de quelques auteurs modernes (V. M. Delvincourt (*), Cours de Code
civil, t. 2, p. 844 et 845 aux notes, et M. Duranton, Cours de
Droit français, t. 14, n. 321); mais d'autres auteurs la re-
jettent (M. Toullier, Droit civil, t. 12, n. 226, p. 355 et suiv.;
M. Dalloz, Jurisprudence générale, t. 10, p. 200, n. 15; M.
Troplong, de la Vente, t. 1, n. 463; arrêt de la Cour d'Amiens,
du 18 Juin 1814, dans Sirey, 1815, 2, 40). Quant à nous,
quoique nous n'adoptions pas toutes les raisons alléguées pour
la soutenir, elle nous semble devoir être suivie, surtout sous le
régime dotal embrassé par les époux en contractant une société
d'acquêts. La dot reste, en effet, inaliénable, nonobstant la stipulation d'une semblable société (V. sup., n.º LXI, al. 3).
Comment donc l'acceptation de cette société, de la part de la
femme, serait-elle un obstacle à la revendication ? D'abord, si la
société d'acquêts s'est dissoute par la séparation de biens, la

---

(*) V. pourtant ce que dit cet auteur, t. 3, p. 264, n.le 3.

taux ? La question que nous venons de poser,

_____

femme est certainement hors d'état de se fermer la voie de la revendication au moyen de son acceptation, puisque, au moment de cette acceptation, sa dot est toujours frappée d'inaliénabilité (V. *sup.*, n.º LVIII, al. 4), et que, pendant la durée du mariage, la femme, sauf les cas d'exception prévus par la loi, ne peut prendre aucun engagement ni faire aucun acte qui soit de nature à préjudicier à sa dot (V. *sup.*, n.ᵛˢ LXII, LXIII, let. B, C; LXXVIII). Que si l'acceptation de la femme avait eu lieu, une fois la société dissoute par la mort naturelle ou civile du mari, cette acceptation, quoique faite dans un tems où le principe de l'inaliénabilité se trouve évanoui, ne pourrait s'opposer au recours contre les tiers-détenteurs que tout autant qu'elle serait considérée comme une ratification tacite de l'aliénation. Or, c'est ce qu'il n'est pas possible de prétendre, car rien, dans l'acceptation de la femme, ne peut manifester l'intention de vouloir approuver l'aliénation du fonds dotal. L'acceptation s'explique par le droit qu'a la femme, aux termes de son contrat de mariage, de prendre part à l'émolument de la société d'acquêts. Faudrait-il, pour qu'elle pût exercer ce droit, qu'elle commençât par faire le sacrifice de son fonds dotal ? Mais alors que deviendrait la prohibition d'aliéner la dot, que deviendrait même le pacte d'association aux acquêts inséré dans le traité nuptial, puisque, si la femme voulait profiter de cette association, elle devrait respecter l'aliénation de ses biens dotaux, et que, si elle voulait rentrer dans la propriété desdits biens, elle serait obligée de renoncer à la société d'acquêts ? Tout en refusant cependant d'attacher une ratification à l'acceptation faite par la femme de sa société conjugale, dissoute par la mort du mari, nous devons reconnaître que cette acceptation

semblerait devoir être décidée d'une manière

(de même que celle intervenue après une séparation de biens)
aura pour effet d'obliger la femme à faire raison à l'acquéreur
de ses fonds dotaux, et pour une moitié, du prix de vente qui
était entré dans la société, prix dont elle se trouve ainsi profiter, puisqu'elle prend part à la moitié de l'actif social. Cela
n'est qu'une conséquence du principe en vertu duquel la femme
est tenue de rembourser aux acquéreurs de ses fonds dotaux le
prix par eux payé, toutes les fois que ce prix a tourné à son
profit (V. *inf.*, n.º LXXXVII). Au sujet de la question qui
nous occupe, voici ce qu'on lit dans Lapeyrère, let. F., n. 20 :
« La femme, quoique commune, n'est pas obligée à la garantie
« de son fonds aliéné par son mari, si ce n'est que le prix
« fût tourné au profit de la communauté, et qu'elle voulût re-
« tenir les biens de la communauté ». Dans l'opinion de Lapeyrère, l'action révocatoire devrait donc être fermée à la femme
dans tous les cas où le prix de vente aurait tourné au profit de la
communauté dont la femme voudrait retenir les biens. Mais les
auteurs des Conférences m. s. sur Lapeyrère, *loc. sup. cit.*,
font, à ce sujet, l'observation suivante : « Cette décision est
« bonne : elle est fondée sur la doctrine expresse de Chopin.
« Il est pourtant nécessaire de remarquer que, quoique le prix
« fût tourné au profit de la communauté, la femme serait fon-
« dée à revendiquer son fonds dotal vendu par son mari sans son
« consentement, car le mari, quoique maître de la commu-
« nauté, n'a point droit de vendre l'héritage de sa femme sans
« son consentement, et s'il le fait, et que le prix ait tourné au
« profit de la communauté, l'obligation qu'il a contractée à cet
« égard devient une dette de la communauté. Ainsi, la veuve qui
« veut profiter de la communauté, et la partager avec les héri-

affirmative à l'égard de tous créanciers indis-

« tiers du mari, est tenue de restituer la moitié du prix de
« vente, et, outre cela, la moitié des dommages et intérêts.
« Et, pour lors, la femme sera parfaitement en droit de reven-
« diquer son fonds dotal ». Ainsi donc, quoique le prix d'aliénation d'un fonds dotal fût tourné au profit de la communauté,
la femme n'en devrait pas moins être reçue à revendiquer pour le
total ledit fonds vendu par le mari, en remboursant à l'acquéreur
la moitié du prix de vente. Cette revendication, au surplus, a été accueillie par un arrêt de l'ancien Tribunal d'appel de Bordeaux,
en date du 11 Ventose an 11. Cet arrêt que nous nous réser-
vions de citer ici, est conçu dans les termes suivans : « Attendu
« que rien n'est plus certain en droit que l'inaliénabilité des
« fonds dotaux; que, pendant le mariage, les biens constitués
« en dot sont hors du commerce, et leur vente spécialement
« prohibée, et que les ventes consenties malgré cette prohibi-
« tion sont nulles; que si les femmes, associées aux acquêts avec
« leurs maris, ne pouvaient pas quereller les ventes faites par
« ceux-ci de leurs fonds dotaux, sans répudier l'émolument de
« leur société, elles ne pourraient jamais jouir, en même
« tems, des avantages que la loi leur assure et de ceux qu'elles
« doivent trouver dans la stipulation de la société insérée en
« leur faveur dans leurs contrats de mariage; qu'en consé-
« quence, la jurisprudence les a toujours admises à revendi-
« quer leurs fonds dotaux aliénés par leurs maris, sans renoncer
« à leurs sociétés; qu'on a bien cherché à établir le système
« contraire par l'opinion de Pothier, dans son Traité de la
« Vente, mais que cet estimable auteur a reconnu son erreur en
« exprimant une opinion contraire dans son Traité dé la Com-
« munauté, et que la jurisprudence particulière des ci-devant

tinctement, un droit transmissible aux héritiers

« Parlemens de Bordeaux et de Toulouse était exactement con-
« forme à ce principe ». Nous n'avons, nous, découvert aucun
monument de la jurisprudence alléguée dans l'arrêt précité ;
mais nous nous sommes assuré que le sentiment des anciens
jurisconsultes de notre barreau était en parfaite harmonie avec
la jurisprudence attestée par le même arrêt. Indépendamment
des décisions ci-dessus rappelées des auteurs des Conférences
m. s. sur Lapeyrère, nous pouvons invoquer, en effet, les notes
m. s. des anciens avocats sur le n.º 20 de la lct. F de Lapeyrère
et une consultation délibérée par M. Lisleferme, le 12 Mai 1770.
Ce sentiment, que nous partageons pleinement, nous paraît devoir l'emporter sur celui des auteurs cités en tête de la présente
note, suivant lesquels la femme, comme associée, devait participer à l'obligation de garantie résultante de l'aliénation faite
par son mari. La femme, avons-nous dit plus haut, doit faire
raison à l'acquéreur de son fonds dotal, et pour une moitié, du
prix de vente qui est entré dans la société. Devra-t-elle également payer à cet acquéreur la moitié des dommages et intérêts
résultans de l'éviction ? A cet égard, il convient de distinguer :
ou le mari, lors de l'aliénation par lui consentie, a fait connaître
que le bien vendu était dotal, ou il a gardé le silence sur ce
point. Dans le premier cas, notre question devient sans objet,
puisque le mari ne se trouve assujetti à aucuns dommages et
intérêts (V. *sup.*, n.º LXXXII, lct. A, al. 3). Dans le second
cas où le mari est soumis à des dommages et intérêts (V. même
numéro), nous pensons que la femme sera tenue à la moitié des
dommages et intérêts, et, sur ce point, nous partageons l'opinion émise par plusieurs des auteurs cités dans le cours de la
présente note.

n'étant pas, en général, un droit exclusivement attaché à la personne (764), et tout créancier pouvant exercer les droits et actions de son débiteur, à l'exclusion de ceux exclusivement attachés à la personne (765). Nous pensons, toutefois, qu'il y a lieu à distinguer, et que s'il s'agissait de créanciers dont les créances ne pussent affecter les biens dotaux, tels sont, par exemple, les créanciers envers lesquels la femme se serait obligée, *constante matrimonio*, sans l'intervention de la justice et hors les cas où il est permis à la femme d'obliger ses biens dotaux, ces créanciers seraient non recevables à agir en révocation, attendu leur défaut d'intérêt, les biens dotaux n'ayant jamais été et ne pouvant jamais être le gage de leurs créances (766).

---

(764) V. M. Merlin, Quest. de Droit, v.º *Hypothèque*, §. 4, n. 4, t. 6, p. 374 et suiv. *Junge* n.º LXXXVI, al. 5 et 6.

(765) V. Poullain-Duparc, Principes du Droit français, t. 7, p. 282, n. 135; C. civ., art. 1166.

(766) On trouve posé en maxime, dans quelques décisions judiciaires, et à l'égard de tous créanciers indistinctement, que les créanciers de la femme n'ont pas qualité pour demander la nullité de l'aliénation des biens dotaux (V. arrêt du Parlement de Grenoble, du 7 Juin 1684, rapporté par Chorier, Jurisprudence de Guy-Pape, liv. 4, sect. 2, art. 11, p. 222; arrêt de la Cour de Nîmes, du 2 Avril 1832, dans Sirey, 1832, 2, 519).

Le mari, qui se trouverait héritier de sa femme, aurait, comme nous avons déjà eu l'occasion de le dire, le droit de faire révoquer l'aliénation, encore qu'il l'eût lui-même consentie, pourvu cependant qu'il ne l'eût faite qu'en nom qualifié et sans promettre aucune garantie en son propre nom (767).

A l'égard de tous autres héritiers de la femme, ils pourront également agir en révocation (768), quand même la femme eût été en nom dans le contrat de vente (769), et encore que l'aliénation

---

(767) V. *sup.*, n.º LXXXII, let. B.

(768) V. L. 13, §. 3, ff. *de fundo dotali*, liv. 23, tit. 5; Bonnemant, Max. du Palais, t. 1, p. 179; C. civ., art. 1560. — Dans la jurisprudence du Parlement de Bordeaux, pour ne rappeler que celle-là, les enfans, en cas de dissolution du mariage par le prédécès de la femme, n'étaient pas fondés à attaquer, *pendant la vie du père*, les aliénations par lui faites des biens dotaux. C'était un effet de la puissance paternelle. Aussi les enfans émancipés pouvaient-ils agir en révocation (V. Salviat, p. 221, 222 et 503; Lapeyrère, let. F, n. 51, et *ibi* Conférences m. s.; Despeisses, tit. de la Dot, sect. 3, t. 1, p. 513).

(769) V. Montvallon, des Successions, chap. 3, art. 20, t. 1, p. 169, où il est dit que : « L'héritier peut venir contre le « fait du défunt, quand le défunt aurait pu venir lui-même « contre son propre fait », ce que nous avons eu l'occasion de faire remarquer (*sup.*, n.º LXXXIII, al. 2, et n.le 710).

se fût opérée par suite d'une expropriation forcée
dirigée contre la femme, *durante matrimonio*,
à raison d'une dette contractée pendant le mariage (770).

LXXXVII. La femme qui poursuit la révocation de l'aliénation de ses biens dotaux, n'est
nullement tenue à la restitution du prix de vente,
quoiqu'elle eût consenti la vente conjointement

V. encore l'Apostillateur de Lapeyrère, let. F, n. 17, v.º *Le
10 Juillet* 1666, où on lit ceci : « Le 10 Juillet 1666, il a
« été jugé, au rapport de M. du Mirat, que le fils, quoique
« héritier de sa mère, était recevable à faire rescinder la vente
« qu'elle avait faite, autorisée de son mari, sur le fondement
« qu'elle n'avait pas renoncé à la loi *Julia*, ff. *de fundo dotali*,
« et le fils fut reçu à rendre le prix de la vente ». Les Conférences m. s. sur Lapeyrère, *loc. cit.*, remarquent avec raison
que l'arrêt eût été bon, quand bien même la femme eût renoncé
à la loi *Julia*. C'est ce que dit aussi Boucheul, Coutume de
Poitou, art. 230, n. 63, t. 1, p. 776, et l'on trouve dans le
Recueil d'Arrêts d'Expilly, chap. 123, p. 590, un arrêt du 4
Août 1600, par lequel la vente d'un fonds dotal faite par la
femme autorisée de son mari, avec renonciation à la loi *Julia*,
fut cassée sur la poursuite des enfans de la femme, comme ses
héritiers.

(770) V. arrêt de la Cour de Pau, du 5 Mars 1833, dans le
Mémorial de jurisprudence, t. 26, p. 339, et dans Sirey, 1833,
2, 423; *sup.*, n.º LXII.

avec son mari, ou sous l'autorisation de son mari, présent au contrat, et qu'il fût dit dans le contrat que le prix a été payé à tous les deux ou à la femme : on présume que le mari, *ut potentior*, a pris l'argent (771). La restitution du prix ne pourrait être imposée à la femme qu'autant que ce prix aurait tourné à son profit, ce qui ne se présume pas, et ce dont l'acquéreur doit faire la preuve (772). Mais le mari, qui aura fait la vente, sera tenu à la restitution du prix, quand même l'acquéreur eût connu, lors du contrat, que les biens étaient dotaux (773), à moins, toutefois, que, dans cette hypothèse, le mari n'eût stipulé qu'il ne serait soumis à aucune garantie (774). Que si l'acquéreur avait acheté à ses périls et risques, le mari ne serait en-

---

(771) V. Despeisses, tit. de la Dot, sect. 3, n. 29, t. 1, p. 508; Bonnemant, Max. du Palais, t. 1, p. 179, n. 3; Boucheul, Coutume de Poitou, art. 252, t. 1, p. 903, n. 85; Conférences m. s. sur la Coutume de Bordeaux, à l'art. 53; M. Toullier, Droit civil, t. 14, n. 234; arrêt de la Cour de Riom, du 16 Août 1824, dans Sirey, 1827, 1, 14; *sup.*, n.to 743.

(772) V. Boucheul, Conférences m. s., et M. Toullier, cités à la note qui précède; Pothier, du Droit de propriété, n. 353.

(773) V. *sup.*, n.° LXXXII, let. A, al. 3; C. civ., art. 1630, 1.°

(774) V. C. civ., art. 1629.

core tenu à aucune restitution du prix (775).

LXXXVIII. La restitution des fruits est-elle due à la femme par l'acquéreur évincé? Les fruits perçus pendant le mariage, lorsque aucune séparation de biens n'est intervenue entre les époux, ne sont pas sujets à restitution. Ces fruits, dans l'absence de toute aliénation, auraient, en effet, appartenu au mari (776). A l'égard des fruits perçus après la dissolution du mariage ou la séparation de biens, il faut distinguer : si l'acquéreur a ignoré les vices de son contrat d'acqui-sition, c'est-à-dire, s'il n'a pas su, en achetant, que les biens étaient dotaux, il ne doit les fruits que du moment où les vices de son contrat lui sont connus (777). Si, au contraire, l'acquéreur

---

(775) V. C. civ., art. 1629.

(776) V. Nouveau Denisart, v.º *Dot*, §. 14, n. 16, t. 7, p. 128; Coquille, Coutume de Nivernois, chap. 23, art. 4, t. 2, p. 216; Legrand, Coutume de Troyes, tit. 5, art. 81, glose 4, n. 17, p. 328; Roussilhe, de la Dot, t. 1, n. 402.

(777) Anciennement, comme aujourd'hui, il était de prin-cipe général que le possesseur de bonne foi faisait les fruits siens, pendant tout le tems que sa bonne foi avait duré (V. L. 48, *in princip.*, ff. *de acq. rer. dom.*, liv. 41, tit. 1; Domat, Lois civiles, liv. 3, tit. 5, sect. 3, n. 5, p. 272; Apos-tillateur de Lapeyrère, let. P, n. 51, et *ibi* Conférences m. s.;

a su qu'il achetait un fonds dotal, il devra les
fruits du jour du décès du mari, ou, en cas d'une

C. civ., art. 549). Mais aujourd'hui, ce possesseur cesse d'être
de bonne foi, et, par conséquent, de faire les fruits siens, *dès
que les vices de son titre d'acquisition lui sont connus*, ce dont
on ne peut juger que par les circonstances, qui tombent dans
l'arbitrage du juge (V. C. civ., art. 550, et la discussion du
Conseil-d'État sur cet article), tandis qu'anciennement, il ne
cessait d'être de bonne foi et de gagner les fruits *qu'au moment
de l'interpellation judiciaire* (V. Pothier, du Droit de propriété, n. 341 et 342; Apostillateur de Lapeyrère, let. P, n.
51; M. Merlin, Nouveau Répertoire, v.° *Fruits*, n. 4, t. 5, p.
397). Aussi décidait-on, avant le Code, à l'égard des biens
dotaux aliénés, que l'acquéreur ne devait compte des jouissances
que du jour de la demande (V. Chabrol, Coutume d'Auvergne, chap. 14, art. 3, 11.e quest., p. 219, *ubi* arrêt dans une
espèce où l'acquéreur avait acheté *du mari et de la femme*,
circonstance qui ne parut pas suffisante pour condamner l'acquéreur à la restitution des fruits, depuis le décès du mari, parce
qu'il avait dû penser que le fonds, s'il appartenait à la femme,
lui était adventif). — *Nota*. Roussilhe, de la Dot, t. 1, p.
465, n. 402, enseignait que la restitution des fruits, à partir
du décès du mari ou de la séparation de biens, était due même
par l'acquéreur de bonne foi; et, à l'appui de son opinion, il
citait l'arrêt du 22 Décembre 1645, rapporté par Boniface, liv.
6, tit. 2, chap. 9, t. 1, p. 378. Les auteurs du Nouveau Denisart, v.° *Dot*, §. 14, n. 16, t. 7, p. 128, disaient, à leur tour,
qu'on trouvait en faveur de cette opinion l'arrêt du 22 Décembre
1645, recueilli par Boniface, *sup.*, et d'autres arrêts semblables dans Louet, let. D, som. 12. Ils ne pensaient pourtant pas

séparation de biens obtenue par la femme, du jour de la séparation (778).

LXXXIX. L'acquéreur, évincé par la femme, a des répétitions à exercer soit contre cette dernière, soit contre le mari, à raison des constructions, plantations et ouvrages par lui faits au fonds dotal. Voyons, d'abord, quelles sont les obligations de la femme à cet égard. Si le mari a consenti la vente du fonds dotal, comme d'un bien à lui propre, les obligations de la femme consistent à rembourser, à son choix, à l'acquéreur, ou la valeur des matériaux et du prix de la main-d'œuvre, ou une somme égale à celle dont le

---

que cette jurisprudence dût être suivie. Mais comment se fait-il que Roussilhe ait étayé son opinion de l'arrêt du 22 Décembre 1645? Dans l'espèce de cet arrêt, une pièce de vigne avait été vendue *comme dotale*, de telle sorte que l'acquéreur ne pouvait alléguer sa bonne foi. Comment se fait-il, d'un autre côté, que les auteurs du Nouveau Denisart, ordinairement si exacts, aient parlé de cet arrêt et de plusieurs autres qu'aurait recueillis Louet, *sup.*? Louet, *sup.*, t. 1, p. 405, n. 22, rapporte uniquement, d'après Boniface, l'arrêt cité par ce dernier.

(778) V. Chabrol, Coutume d'Auvergne, chap. 14, art. 3, 11.e quest., t. 2, p. 218 et suiv.; Boniface, liv. 6, tit. 2, chap. 9, t. 1, p. 378; Fromental, v.º *Dot*, p. 263; Roussilhe, de la Dot, t. 1, p. 465, n. 402; Nouveau Denisart, v." *Dot*, §. 14, n. 16, t. 7, p. 128.

fonds dotal a augmenté de valeur (779) Si la
vente a été faite par le mari, avec déclaration

---

(779) Telle est la décision que porte l'art. 555, al. dernier, à
l'égard de tout possesseur de bonne foi. Avant le Code, les
améliorations (*) résultantes des constructions, plantations et
ouvrages faits sur le fonds d'autrui, étaient restituables à tout
acquéreur de bonne foi, à concurrence seulement de ce dont
ledit fonds avait été fait meilleur, et suivant l'estimation qui
s'en devait faire au tems du délaissement. Cela avait lieu, si les
deniers déboursés pour améliorer excédaient l'amélioration, car,
si l'amélioration était plus considérable que ce qu'il en avait
coûté pour la faire, ce n'était que le prix employé qui devait
être remboursé. Quant aux réparations (**), le montant intégral
de tout ce qu'elles avaient coûté était également dû à l'acquereur
de bonne foi (V., sur tout cela, Pothier, du Droit de propriété,
n. 344, 345 et 346; Basset, liv. 2, tit. 34, chap. 7, t. 1, p.
189; Leprêtre, 2.ᵉ cent., chap. 95, p. 573 et 574; Lapeyrère,
let. P, n. 53, et *ibi* Conférences m. s.; Répertoire de Guyot, t.
13, p. 207, 2.ᵉ col. *in fine*; M. Proudhon, de l'Usufruit, t. 4,
n. 1691 et 1692). Les décisions étaient les mêmes à l'égard de
l'acquéreur du fonds dotal, qui ne l'avait pas su tel (V. Boniface, liv. 9, tit. 2, chap. 2, t. 4, p. 628; Bonnemant, Max. du
Palais, t. 1, p. 179, n. 3; Dupin sur Ferron, let. R, n. 97, p.
294; M. Duport-Lavillette, Quest. de Droit, t. 3, p. 67 et
suiv. — *Nota*. La Coutume d'Auvergne n'allouait pas les

(*) et (**) V. *sup.*, n.ᵗᵉˢ 330 et 332 *ubi* indiquée la différence entre
les améliorations et les réparations. Sur la matière des améliorations et
des réparations, on ne consultera pas sans fruit Peregrinus, *de fideic.*,
art. 50, p. 705 à 727.

dans le contrat que l'immeuble était dotal, la
femme ne sera tenue envers l'acquéreur qu'au

---

améliorations faites au fonds dotal, V. Chabrol sur cette Cout.ᶜ,
t. 2, p. 236 *in fine*). L'acquéreur du fonds dotal était-il obligé
de souffrir, sur le prix des améliorations à lui dû, la déduction
des fruits qui étaient provenus desdites améliorations et qui avaient
augmenté le revenu du fonds? Était-il, au moins, tenu de souffrir la déduction des fruits du fonds même, considérés à part et
abstractivement aux améliorations? Ces deux questions étaient
agitées anciennement à l'égard de tout possesseur de bonne foi.
La dernière était décidée affirmativement (V. Voet, *ad Pand.*,
liv. 6, tit. 1, *de rei vindic.*, n. 38, t. 1, p. 431; Pothier, du
Droit de propriété, n. 349; M. Merlin, Nouveau Répertoire,
v.ᵘ *Amélioration*, n. 5); mais la première était controversée
(V. Voet et les autorités qu'il cite, *sup.*, n. 39, p. 432;
Peregrinus, *de fideic.*, art. 50, n. 69, p. 722; Basset, liv. 2,
tit. 34, chap. 5, t. 1, p. 189; Dumoulin, Coutume de Paris,
tit. 1, de Fiefs, §. 1, glose 5, *in* v.º *Le fief*, n. 99, p. 171;
A Sande, *Decis frisic.*, liv. 3, tit. 15, *def.* 3, p. 130; Domat, Lois civiles, liv. 1, tit. 2, sect. 10, n. 17, p. 52; M.
Merlin, *sup.*, n. 2). Sur l'une et sur l'autre question, la négative
nous semble devoir être adoptée aujourd'hui, et cela, d'après
les articles 555 et 549 C. civ. qui allouent au possesseur de
bonne foi, et les fruits par lui perçus, et le remboursement de
ses améliorations, sans parler du tout de compensation à subir
(V. M. Duranton, Cours de Droit français, t. 3, p. 38 et suiv.).
Au surplus, l'acquéreur du fonds dotal, à raison de ses améliorations, devra jouir du droit de rétention, car ce droit est
accordé à tout possesseur de bonne ou de mauvaise foi pour
réparations ou améliorations (V. Peregrinus, *de fideic.*, art.

remboursement de la valeur des matériaux et du prix de la main-d'œuvre, sans égard à la plus ou moins grande augmentation de valeur que le fonds a pu recevoir (780). Il en sera de même,

---

5o, n. 55, p. 718; Apostillateur de Lapeyrère, let. P, n. 52, et *ibi* Conférences m. s.; Domat, Lois civiles, liv. 1, tit. 2, sect. 10, n. 16, p. 51; M. Merlin, Nouveau Répertoire, v.º *Privilége de créance*, sect. 4, §. 5, n. 2 et 3, t. 10, p. 32; Prost de Royer, Dict.ʳᵉ des Arrêts, t. 4, p. 449; M. Toullier, Droit civil, t. 3, p. 107, n. 130; C. civ., art. 867 et 1948; arrêt de la Cour d'Agen, du 10 Juillet 1833, dans Sirey, 1834, 2, 535).

(780) Telle est la règle consignée dans l'art. 555, 3.ᵉ alinéa, du Code civil, à l'égard de tout possesseur de mauvaise foi. Le possesseur de mauvaise foi, à qui on allouait sans difficulté, avant le Code, les réparations par lui faites au fonds d'autrui (V. Pothier, du Droit de propriété, n. 344 et n. 345 *in princip.*; M. Merlin, Nouveau Répertoire, v.º *Amélioration*, n. 2 et 4, et v.º *Possession*, §. 5, t. 9, p. 420), avait aussi, d'après l'opinion qui avait prévalu, quoiqu'on y admît des tempéramens, la répétition de ses améliorations (V. Coquille, Quest. et Réponses sur les articles des Coutumes, t. 2, p. 257; Serres, Inst., p. 121 et suiv., Boutaric, Inst., p. 153; Dupin sur Ferron, let. R, n. 90 et 101, p. 293 et 295; M. Merlin, Nouveau Répertoire, v.º *Amélioration*, n. 2 et 4; Pothier, du Droit de propriété, n. 350; M. Proudhon, de l'Usufruit, t. 5, p. 430 et suiv., n. 2620, 2621). On portait la même décision à l'égard de celui qui avait acquis sciemment un fonds dotal (V. Boniface, liv. 6, tit. 4, chap. 1, t. 4, p. 341. *Junge* Bonnemant, Max.

si c'est la femme qui a fait la vente, ou seule, ou conjointement avec son mari, lorsque la dotalité se trouvera révélée dans le contrat (781). Voici pour les obligations de la femme. Passons à celles du mari. Lorsque le mari aura vendu, comme sien, le bien dotal, l'acquéreur sera en droit de lui réclamer non seulement l'augmentation de valeur résultante des constructions, plantations et ouvrages faits sur le fonds dotal, augmentation de valeur dont il n'aurait pas été rempli par la femme (782) ; mais encore la plus value provenant de toute autre cause (783). Lorsque le mari aura consenti la vente du fonds dotal comme tel, l'acquéreur, qui aura connu le

---

du Palais, t. 1, p. 179, n. 3, et Dupin sur Ferron, let. R, n. 97, p. 294, qui ne font aucune distinction entre l'acquéreur de bonne ou de mauvaise foi). Nous avons fait mention, à la note précédente, du droit de rétention accordé au possesseur de mauvaise foi à raison des réparations par lui faites.

(781) V. C. civ., art. 555, al. dernier.

(782) V. Domat, Lois civiles, liv. 1, tit. 2, sect. 10, n. 16 et 18, p. 51 et 52; Pothier, de la Vente, n. 133 à 135; C. civ., art. 1634. — Si la femme avait opté de payer à l'acquéreur le prix des matériaux et de la main-d'œuvre (V. *sup.*, n.º LXXXIX), et que l'augmentation de valeur excédât ce prix, la différence entre le prix payé et la plus value reconnue serait à la charge de la femme (V. Pothier, de la Vente, n. 134).

(783) V. Pothier, de la Vente, n. 132; C. civ., art. 1633.

danger de l'éviction, n'aura aucune répétition à exercer contre le mari, à moins que ce dernier ne se fût expressément soumis à la garantie (784). Enfin, lorsque le mari aura fait la vente conjointement avec sa femme, et que l'acquéreur, par une déclaration insérée au contrat, aura connu la dotalité, nul recours encore à exercer contre le mari, à moins d'une obligation de garantie de sa part (785), sauf à l'acquéreur son

---

(784) Dans les dommages et intérêts dus à l'acquéreur évincé, viennent les dépenses faites pour améliorations (V. L. 9, C. *de evict.*, liv. 8, tit. 45). Or, nous avons vu ci-dessus (n.° LXXXII, let. A, al. 3) qu'il n'était pas dû de dommages et intérêts à celui qui avait acheté sciemment le fonds dotal, à moins d'une stipulation expresse de garantie. Aussi la loi 3, §. 4, C. Comm. *de leg.*, liv. 6, tit. 43, décide-t-elle que l'acquéreur qui savait que la chose n'appartenait pas au vendeur, ne peut exercer contre celui-ci aucune répétition pour améliorations. M. de Bézieux, liv. 5, chap. 2, §. 17, p. 371, dit pourtant, *per transennam* à la vérité, que l'acquéreur d'un fonds dotal, par lui su tel, était en droit de prétendre contre le mari le remboursement des réparations utiles et nécessaires. Remarquez que la décision de la loi 3, *sup.*, n'avait lieu que de l'acquéreur au vendeur, car, à l'égard de celui qui agissait en éviction, l'acquéreur conservait le droit d'exiger le remboursement des dépenses faites pour améliorations (V. Dumoulin, Cout.ᵉ de Paris, tit. 1, de Fiefs, §. 1, glose 5, *in* v.° *Le fief*, n. 83, p. 167).

(785) V. *sup.*, n.ᵉ précédente. On trouve dans Boniface, liv.

droit de répétition contre la femme qui, profitant des travaux exécutés sur son fonds, en doit la valeur, comme nous l'avons dit plus haut.

SECTION TROISIÈME.

De l'imprescriptibilité de la Dot, et des cas où la prescription peut avoir lieu.

XC. La dot mobilière, en matière de prescription, ne reçoit pas l'application des mêmes règles que la dot immobilière.

Voyons, d'abord, quelles règles régissent la dot immobilière.

XCI. En principe, les immeubles dotaux sont imprescriptibles pendant le mariage, soit que la femme ait été en nom dans le contrat d'aliénation, soit que le mari l'ait consenti

---

6, tit. 2, chap. 8, t. 1, p. 378, un arrêt que rappelle M. de Bézieux, liv. 5, chap. 2, §. 17, p. 370, par lequel un mari, qui avait vendu, conjointement avec sa femme, un fonds dotal, en le qualifiant tel, et en s'obligeant personnellement à la garantie, fut condamné envers l'acquéreur évincé au remboursement des réparations utiles et nécessaires.

seul (786). Comment la prescription aurait-elle lieu ? D'un côté, la prescription emporte une

---

(786) V. Serres, Inst., p. 192; Domat, Lois civiles, liv. 3, tit. 7, sect. 5, n. 7, p. 309; Chabrol, Coutume d'Auvergne, t. 2, p. 746; Dupin sur Ferron, let. F, n. 119, et let. P, n. 122; Roussilhe, de la Dot, t. 2, n. 431; Coquille, Coutume de Nivernois, des Droits appartenans à gens mariés, art. 4, p. 216; Lebrun et ses Annotateurs, de la Communauté, liv. 3, chap. 2, sect. 1, dist. 1, n. 16, 24 et 29, p. 341, 343 et 345; Renusson, de la Communauté, 2.ᵉ part., chap. 7, p. 169 et 174; C. civ., art. 1561 et 2255. — Dans la jurisprudence du Parlement de Bordeaux, nulle prescription ne courait également contre la femme, à raison de l'aliénation de ses immeubles dotaux, quand bien même elle eût elle-même consenti l'aliénation, ainsi que cela fut jugé, dans cette dernière hypothèse, par trois arrêts de notre Parlement, des 12 Juillet 1727, 24 Mars 1738 et... 1745, et que le décide Salviat, p. 501 et 503 (V., dans le même sens, Lebrun et Renusson, *sup.*, et Dunod, des Prescriptions, p. 255). Des auteurs de notre ressort enseignaient pourtant que la prescription courait contre les femmes, lorsque le mari n'était pas garant (V. Lapeyrère et son Apostillateur, let. P, n. 87, v.º *La prescription*, que cite M. Merlin, en ses Quest. de Droit, v.º *Prescription*, §. 6, art. 4, t. 4, p. 81; Faulte sur Maurice Bernard, p. 173 *in notis;* Conférences m. s. sur Lapeyrère, *loc. sup. cit.*); mais ce n'est qu'à l'égard des biens paraphernaux de la femme, que la doctrine de ces auteurs peut être reçue. Quant à ces biens, il était vrai de dire que la prescription courait ou ne courait pas, selon que le mari était, ou non, garant (V. Salviat, p. 501; consultation de M. Cazalet, du mois d'Août 1786). D'après cela, on ne saurait

aliénation, et l'aliénation est défendue (787).
D'un autre côté, la femme, pendant le mariage
(si, du moins, aucune séparation n'est intervenue entre elle et son mari), n'a pas la liberté d'a-
gir contre les détenteurs des biens dotaux (788) :
or, celui qui ne peut agir, ne peut être soumis
à la prescription (789).

Le principe de l'imprescriptibilité des immeu-

---

suivre l'arrêt de la Cour de Limoges, du 26 Mars 1819, rapporté dans Sircy, 1820, 2, 75, lequel arrêt décide que, dans la
jurisprudence du Parlement de Bordeaux, la prescription courait pendant le mariage, à l'égard des biens dotaux aliénés,
lorsque le mari n'avait contracté dans l'acte aucune obligation
personnelle.

(787) *Alienationis verbum etiam usucapionem continet.
Vix est enim ut non videatur alienare qui patitur usucapi*
(L. 28, *in princip.*, ff. *de verb. signif.*, liv. 50, tit. 16).
*Lex Julia quæ vetat fundum dotalem alienari, pertinet
etiam ad hujusmodi adquisitionem* (L. 16, ff. *de fundo
dotali*, liv. 23, tit. 5). *Res quæ non possunt ex dispositione
legis alienari, non possunt usucapi* (Barthole, *ad* L. 2, C.
de usucap. pro empt. vel transact., liv. 7, tit. 26).

(788) V. Despeisses, tit. de la Dot, sect. 3, n. 88, t. 1, p.
536; C. civ., art. 1549, 2.e al., et 1560, 1.er al.

(789) *Contrà non valentem agere, non currit præscriptio*
(V. les lois 1, C. *de annal. except.*, liv. 7, tit. 40, et 1, ff.
de divers. temp. præscrip., liv. 44, tit. 3, d'où cette maxime
est tirée).

bles dotaux comporte cependant des exceptions dont nous allons parler.

XCII. *Première exception.* — Les immeubles dotaux sont prescriptibles, si la prescription a commencé avant le mariage célébré (790), sauf

---

(790) V. L. 16, ff. *de fundo dotali*, liv. 23, tit. 5; Despeisses, tit. de la Dot, sect. 3, n. 29 et 88, t. 1, p. 508 et 537; Aguier, Recueil d'Arrêts notables, t. 1, p. 118; Dupin sur Ferron, let. P, n. 122; Apostillateur de Lapeyrère, let. P, n. 87, v.º *Nota que*, p. 329, et *ibi* Conférences m. s.; M. Merlin, Quest. de Droit, v.º *Prescription*, §. 6, art. 3, t. 4, p. 79; arrêt de la Cour de Bordeaux, du 7 Juin 1834, 2.ᵉ ch., au Recueil des Arrêts de cette Cour, an 1834, p. 313; C. civ., art. 1561, al. 1. — *Nota.* 1.º Roussilhe, de la Dot, t. 1, n. 436, était d'avis que, quoique, à raison de la minorité de la femme à l'époque de son mariage, la prescription n'eût pas commencé contre elle, toutefois la prescription ne laissait pas d'avoir cours, pendant le mariage, au profit des personnes qui s'étaient emparées, avant le mariage, des fonds faisant partie de sa constitution. L'Apostillateur de Lapeyrère, *loc. sup. cit.*, exigeait, au contraire, et avec raison, que la prescription eût commencé contre la femme *majeure*, avant son mariage, pour qu'elle pût s'accomplir *constante matrimonio*; 2.º au Parlement de Provence, la prescription, quoique commencée avant le mariage, ne courait pas durant le mariage (V. Bonnemant, Max. du Palais, t. 1, p. 250, n. 7; Annotateur de du Perier, Quest. notables, liv. 1, quest. 11, t. 1, p. 69; Boniface, liv. 9, tit. 1, chap. 7, t. 4, p. 600 et suiv.), et cette jurisprudence n'était pas particulière à ce Parlement (V. Cha-

la responsabilité du mari qui, par sa négligence, aurait laissé accomplir la prescription pendant le mariage (791). Remarquez là-dessus : 1.º que la femme ne pourrait être relevée de la prescription, quoique le mari se trouvât insolvable, et que le recours contre lui devînt ainsi illusoire et sans effet (792); 2.º que si, avant que la prescription eût rempli son cours, la femme venait à décéder, laissant des enfans mineurs pour lui succéder, la prescription resterait sus-

---

brol, Cout.ᵉ d'Auvergne, t. 2, p. 748|); 3.º d'après la loi 16, ff. *de fundo dotali*, liv. 23, tit. 5, la prescription, pour avoir cours pendant le mariage, devait avoir commencé avant la dot constituée, *antequàm constitueretur dotalis fundus*. C'était donc, en droit romain, du jour du traité nuptial que la prescription ne courait pas, à moins qu'elle n'eût commencé auparavant.

(791) V. L. 16, ff. *de fundo dotali*, liv. 23, tit. 5; Despeisses, tit. de la Dot, sect. 3, n. 22, 29 et 88, t. 1, p. 504, 508, 509 et 537; Fromental', v.º *Dot*, p. 259; Boniface, liv. 6, tit. 12, chap. 2, t. 4, p. 369 et suiv.; Dunod, des Prescriptions, p. 253 et suiv.; Lebrun, de la Communauté, liv. 3, chap. 1, sect. 1, dist. 1, n. 28, p. 344; C. civ., art. 1562, al. 2.

(792) V. Serres, Inst., p. 193; Fromental, v.º *Dot*, p. 259; Astruc, des Prescriptions, p. 298 et 299; M. Merlin, Quest. de Droit, v.º *Prescription*, §. 6, art. 3, t. 4, p. 79 et suiv., contre l'opinion des auteurs des Conférences m. s. sur Lapeyrère, let. P, n. 87, v.º *Nota que*.

pendue pendant la minorité desdits enfans (793).

XCIII. *Seconde exception.* — Quoique la

---

(793) La prescription ne court pas, en effet, contre les mineurs (C. civ., art. 2252), encore qu'elle ait commencé à courir contre un majeur (V. Pothier, de la Prescription, n. 9). — Autrefois, quoiqu'il fût certain que la prescription ne courait pas contre les enfans, tandis qu'ils étaient sous la puissance paternelle, pour les biens à eux appartenans dont le père avait l'usufruit (V. Dunod, des Prescriptions, part. 3, chap. 2, p. 248 et précéd.; du Perier, Quest. notables, liv. 4, quest. 14; Despeisses, tit. de la Prescription, n. 28, t. 1, p. 791, 2.e col.; Salviat, p. 396 et 221; Apostillateur de Lapeyrère, let. P, v.º *Nota que*, p. 324, et *ibi* Conférences m. s.; Lapeyrère, let. F, n. 51, et *ibi* Conférences m. s.; M. Merlin, Nouveau Répertoire, v.º *Prescription*, sect. 1, §. 7, art. 2, quest. 4, t. 9, p. 539 et suiv.), on n'en jugea pas moins au Parlement de Toulouse que la prescription du fonds dotal, qui avait commencé avant le mariage, courait, après la mort de la femme, contre ses enfans, encore qu'ils fussent impubères et en la puissance de leur père (V. Serres, Inst., p. 193; Catelan, liv. 7, chap. 15, t. 2, p. 501; Soulatges, des Hypothèques, p. 153). Vedel sur Catelan, liv. 7, chap. 15, t. 2, p. 319 et suiv., n'approuvait pas cette décision, et il pensait que la prescription, commencée sur la tête de la mère, devait demeurer suspendue pendant la pupillarité des enfans, quoiqu'ils fussent en la puissance de leur père, leur tuteur naturel. Il y a, dans ce sens, un arrêt de l'ancien Tribunal d'appel de Toulouse, en date du 16 Pluviose an 12 (V. Jurisprudence inédite de la Cour de Toulouse, p. 383).

prescription comporte une aliénation (794), et quoique le fonds dotal demeure inaliénable, nonobstant toute séparation de biens (795), toutefois, comme la femme séparée acquiert, avec le droit de jouir de ses biens, celui d'agir en revendication contre les tiers-détenteurs (796), il n'était pas possible que la prescription ne courût pas contre elle. Aussi trouve-t-on érigé en maxime que les immeubles dotaux sont prescriptibles après la séparation de biens (797), ce qui doit

---

(794) V. *sup.*, n.° XCI.

(795) V. *sup.*, n.° LVIII, al. 4.

(796) V. *sup.*, n.° LXXXVI.

(797) V. C. civ., art. 1561, al. 2; *sup.*, n.te 502. — Au Parlement de Bordeaux, où la femme séparée de biens n'avait pas la faculté d'exercer des poursuites en revendication contre les tiers-détenteurs des fonds dotaux (V. *sup.*, n.te 761), on tenait que nulle prescription ne pouvait courir contre elle, *constante matrimonio*, en faveur desdits tiers-détenteurs (V. Salviat, p. 503 et suiv.; Apostillateur de Lapeyrère, let. P, n. 87, v.° *Le contraire se juge à présent*, p. 329, et let. S, n. 27, v.° *Nota*, et *ibi* Conférences m. s.; *inf.*, n.te 806). C'était aussi ce qu'on jugeait au Parlement de Normandie (V. M. Merlin, Quest. de Droit, v.° *Prescription*, §. 6, art. 5, t. 4, p. 82 et 83) et en Auvergne (V. Chabrol, Coutume d'Auvergne, t. 2, p. 760). Mais la jurisprudence était différente au Parlement de Paris (V. Roussilhe, de la Dot, t. 2, n. 431) et partout où la femme était reçue à agir en révoca-

avoir lieu, non seulement dans le cas où la prescription aura commencé avant le mariage, mais encore dans celui où ce sera pendant le mariage que lesdits immeubles auront passé entre les mains des tiers-détenteurs (798). Une modification doit pourtant être admise ici : la prescription ne courra pas contre la femme, quoique séparée de biens, dans toutes les circonstances où son action réfléchirait contre son mari (799); elle ne

---

tion après sa séparation, comme à Toulouse, par exemple (V. sup.¹, n.ᵗᵉ 761, et inf., n.ᵗᵉ 806).

(798) V. C. civ., art. 1561, al. 2; M. Delvincourt, Cours de Code civil, t. 3, p. 344, n.ᵗᵉ 12.

(799) V. C. civ., art. 2256, 2.°; arrêt de rejet, du 28 Février 1825 (V. S. 1825, 1, 421); arrêt de rejet, du 11 Juillet 1826 (V. S. 1827, 1, 287); arrêt de cassation, du 18 Mai 1830 (V. S. 1830, 1, 266); arrêt de rejet, du 7 Juillet 1830 (V. S. 1831, 1, 68); arrêt de la Cour de Nîmes, du 7 Mai 1829 (V. S. 1829, 2, 273; M. Dalloz, Jurisprudence générale, t. 11, p. 276 et suiv., n. 19). Il est bien peu de cas où, à raison de l'aliénation du fonds dotal, l'action de la femme contre les tiers-détenteurs dudit fonds ne réfléchira pas contre le mari. Supposons, par exemple, que le mari ait simplement paru au contrat pour l'autorisation de son épouse. Si, plus tard, cette dernière agit d'éviction, il sera tenu envers les acquéreurs à la restitution du prix de vente (en thèse générale, du moins. — V. sup., n.° LXXXVII) : la prescription ne courra donc pas, nonobstant la séparation de biens, puisque l'action de la

prendra alors cours qu'après la dissolution du mariage (800).

XCIV. *Troisième exception.* — Les immeubles dotaux qui ont été déclarés aliénables par le

femme contre les tiers-détenteurs réfléchirait contre le mari, et c'est ce qu'ont jugé les arrêts, plus haut rappelés, des 11 Juillet 1827 et 7 Mai 1829. Il en sera de même, à plus forte raison, si le mari et la femme avaient vendu conjointement (c'est le cas de l'arrêt du 7 Juillet 1830 ci-dessus) ; si le mari s'était porté garant (c'est le cas de l'arrêt du 28 Février 1815 précité). Mais si, par exemple, le mari avait aliéné le fonds dotal, en le qualifiant tel, et en stipulant qu'il ne serait soumis à aucune garantie (V. *sup.*, n.º LXXXVII), la prescription courrait contre la femme séparée, car son action ne pourrait réfléchir contre son mari. — *Nota.* D'après le droit commun des pays coutumiers, la prescription courait contre la femme séparée, encore que son action pût réfléchir contre son mari (V. Renusson, de la Communauté, 2.ᵉ part., chap. 7, n. 12 et précéd., p. 169 et précéd.).

(800) Dans ces divers cas, il sera vrai de dire, à l'égard des femmes séparées de biens, ce que disaient certains auteurs d'une manière générale, à savoir, que la prescription ne court pas, pendant le mariage, lorsque le mari est garant (V. Boucheul, Coutume de Poitou, art. 230, n. 147, 151 et 155, t. 1, p. 788 et 789 ; M. Merlin, Quest. de Droit, v.º *Prescription*, §. 6, art. 3, t. 4, p. 81). Dans les hypothèses contraires, il sera encore vrai de dire, à l'égard des femmes séparées, ce qu'enseignaient indistinctement d'autres auteurs, c'est à savoir, que

contrat de mariage, sont soumis à la prescription, *constante matrimonio*, pourvu cependant que, si la faculté d'aliéner a été assortie de quelques conditions, ces conditions aient été accomplies; car, dans le cas contraire, les biens dotaux seraient restés inaliénables, comme si la faculté d'aliéner n'avait pas été insérée au contrat de mariage (801), et la prescription ne pourrait prendre cours, dès-lors, qu'après la dissolution du mariage, ou à partir de la séparation de biens, si l'action de la femme ne devait pas réfléchir contre le mari (802).

XCV. *A.* A part les exceptions dont il vient d'être question, la prescription ne court, au préjudice de la femme ou de ses héritiers, qu'après le mariage dissous. Mais par quel laps de tems,

---

la prescription court, lorsque le mari n'est pas garant (V. les autorités citées à la n.te 786, *sup.*).

(801) V. C. civ., art. 1561, al. 1, et *sup.*, n.° LXVII.

(802) V. *sup.*, n.os XCI et XCIII. *Junge* arrêt de rejet, du 18 Mai 1830 (V. S. 1830, 1, 266), décidant, dans une espèce où l'aliénation du fonds dotal avait été permise à la charge du remploi des deniers provenans de la vente, que la responsabilité du mari se trouvait engagée par le défaut du remploi stipulé, et que, par conséquent, nulle prescription n'avait pu courir contre la femme, quoique séparée de biens.

à partir de cette époque, la prescription s'accomplira-t-elle ? Pour répondre à cette question, il convient de distinguer entre l'aliénation faite par le mari seul, et celle consentie par la femme, soit seule, soit conjointement avec son mari.

Et, d'abord, quant à l'aliénation faite par le mari seul, ce dernier peut l'avoir consentie soit en son propre et privé nom, comme propriétaire du fonds dotal, soit en qualité de mari. Dans la première hypothèse, les tiers-détenteurs des fonds dotaux, comme tous acquéreurs de bonne foi et à juste titre, en prescriront la propriété par dix ou vingt ans, suivant que la femme aura été présente ou absente, et sans préjudice des suspensions ou interruptions telles que de droit (803). Dans la dernière hypothèse, les ac-

---

(803) V. C. civ., art. 2265 et 2266 ; M. Duranton, Cours de Droit français, t. 15, p. 604. — Il était de jurisprudence au Parlement de Bordeaux que, lorsque le mari avait vendu, comme à lui appartenant, le fonds dotal, la femme devait agir en revendication dans les trente ans, à partir du décès du mari, passé lequel délai les tiers-détenteurs se trouvaient, par la prescription, à l'abri de tout recours (V. Salviat, p. 503 ; arrêt de l'ancien Tribunal d'appel de Bordeaux, du 4 Prairial an 13, 1.re sect.). Telle était aussi, à ce qu'il paraît, la jurisprudence du Parlement de Toulouse (V. Fromental, v.º *Dot*, p. 259 ; Despeisses, tit. de la Dot, sect. 3, n. 29, t. 1, p. 507 ; Aguier,

quéreurs du mari, ayant connu les vices de leur

---

t. 1, p. 119 *in fine*, et p. suiv.) et du Parlement de Grenoble
(V. arrêt de la Cour de Grenoble, du 20 Janvier 1834, dans le
Mémorial de jurisprudence, t. 28, p. 380). Remarquez au
sujet de ce délai de trente ans dont il vient d'être question :
1.º que, dans les pays de droit écrit, les tiers-acquéreurs avaient
besoin de trente ans pour prescrire contre le propriétaire,
quoiqu'ils fussent de bonne foi, *et putarent venditorem domi-
num esse* (V. Apostillateur de Lapeyrère, let. P, n. 83, v.º *Si le
créancier*, et n. 86, n.te C, vers la fin; Serres, Inst., p. 156;
Julien, Élémens de Jurisprudence, p. 181, n. 4), à la différence de ce qui s'observait dans presque tous les pays de coutume, où la prescription s'accomplissait par une possession de
dix ans entre présens et de vingt ans entre absens, accompagnée
de titre et de bonne foi, et où ce n'était qu'à défaut de titre et
de bonne foi, que la prescription trentenaire était exigée (V.
Bourjon, Droit commun, tit. de la Prescription, chap. 1 et 2,
t. 1, p. 1083 et suiv., 1086 et suiv.); 2.º que la prescription
trentenaire serait la seule dont les tiers-détenteurs, qui auraient
acquis en pays de droit écrit, pourraient exciper aujourd'hui,
encore qu'ils eussent possédé plus de dix ans sous l'empire du
Code civil (V. arrêt de cassation, du 10 Mars 1828, dans
Sirey, 1828, 1, 129; arrêt de la Cour de Paris, du 25 Février 1826, dans Sirey, 1828, 2, 142; arrêt de la Cour de
Grenoble, du 20 Janvier 1834, dans le Mémorial de jurisprudence, t. 28, p. 380, et dans Sirey, 1834, 2, 617;
arrêts de la Cour de Bordeaux, des 8 Mai 1833, première chambre, et 28 Juin 1834, deuxième chambre, au
Journal des Arrêts de cette Cour, an 1833, p. 332
et suiv., et an 1834, p. 375; M. Merlin, Nouveau Ré-

titre d'acquisition, ne pourront prescrire que par

---

pertoire, v.º *Prescription*, sect. 1, §. 3, n. 11, t. 17, p. 406 et 407). — Quelle était, sur la question à laquelle se rapporte la présente note, le sentiment des auteurs étrangers aux Parlemens de Bordeaux, de Grenoble et de Toulouse? Les uns enseignaient indistinctement que le fonds dotal n'était pas susceptible de la prescription de dix ou vingt ans, mais seulement de celle de trente (V. du Perier, Nouvelles Questions notables, liv. 4, quest. 17, t. 3, p. 421, et Maximes de Droit, liv. 5, t. 1, p. 568; Boniface, liv. 6, tit. 2, chap. 3, t. 1, p. 374; Janety, Journal du Palais de Provence, t. 1, p. 21; Boucheul, Coutume de Poitou, art. 230, n. 149, t. 1, p. 788; M. Merlin, au Répertoire de Guyot, v.º *Prescription*, sect. 1, §. 6, dist. 1, t. 13, p. 318; Pothier, de la Prescription, n. 11), et, pour le dire en passant, c'est ce que dit, sous le Code, M. Toullier, Droit civil, t. 14, n. 232 et 233. Les autres portaient la même décision, en ayant particulièrement en vue soit le cas où la femme aurait été en nom dans le contrat d'aliénation (V. Boniface, liv. 8, tit. 3, chap. 14, t. 1, p. 484; Julien, Statuts de Provence, t. 2, p. 578; Chabrol, Coutume d'Auvergne, t. 2, p. 193, 195, 158 et 219), soit celui où le mari aurait fait la vente en donnant, ou non, connaissance aux acquéreurs de la dotalité des biens (V. Chabrol, Coutume d'Auvergne, t. 2, p. 219 et 746; Roussilhe, de la Dot, t. 1, n. 398 et 399). Toute cette doctrine nous a paru inapplicable, sous l'empire du Code, à l'aliénation consentie par le mari seul, comme propriétaire du fonds dotal, seule hypothèse dont nous nous occupions actuellement, et que doit régir l'art. 2265 C. civ. Nous verrons plus tard si quelque chose de cette doctrine est susceptible d'application à d'autres hypothèses. — On décide, par les mêmes rai-

le laps de tems imposé aux acheteurs de mauvaise foi, c'est-à-dire, par trente ans (804); mais, dans

---

sons qui nous ont déterminé, que lorsqu'un tuteur vend, comme sienne, la chose du mineur, l'acheteur prescrit par dix ans entre présens et vingt ans entre absens, conformément à l'art. 2265 C. civ. (V. M. Duranton, des Obligations, t. 4, p. 53). Dans notre usage, trente ans étaient, à la vérité, donnés au mineur pour agir (V. Apostillateur de Lapeyrère, let. P, n. 68, v.º *Par arrêt;* arrêt de l'ancien Tribunal d'appel de Bordeaux, du 14 Floréal an 9); mais nous avons déjà dit que, chez nous, tout ce tems était nécessaire pour prescrire contre le propriétaire, quelque bonne foi qu'eût l'acquéreur.

(804) V. C. civ., art. 2262 ; M. Duranton, Cours de Droit français, t. 15, p. 604. *Junge* les autorités qui, dans la note précédente, tiennent que le fonds dotal n'est prescriptible que par trente ans, soit indistinctement, soit pour le cas où l'acquéreur a eu, par le contrat, connaissance de la dotalité par une déclaration du mari. — C'est ainsi que la plupart des anciens auteurs, n'appliquant l'art. 134 de l'ordonnance de 1539 qu'aux aliénations faites par les mineurs *eux-mêmes* (V. Ferrière, Traité des Tutelles, p. 227 ; Meslé, Traité des Minorités, p. 270, 271, 488 et suiv.; Valin, Cout.e de la Rochelle, t. 1, p. 605 ; Bonnemant, Max. du Palais, t. 1, p. 348, n. 6; Janety, Journal du Palais de Provence, t. 3, p. 316 et suiv.; M. Merlin, au Rép.re de Guyot, v.º *Nullité*, §. 7), accordaient aux mineurs pour se pourvoir contre les aliénations de leurs biens faites sans formalités par leurs tuteurs, *tutorio nomine,* non pas seulement les dix ans à partir de leur majorité, déterminés par l'art. 134 ci-dessus, mais le délai de trente ans, nécessaire à l'acquéreur pour pouvoir prescrire (V. Bonnemant,

la même hypothèse, ceux à qui lesdits acquéreurs
du mari auront transmis le fonds dotal, n'auront

---

sup., n. 5; Chabrol, Coutume d'Auvergne, t. 2, p. 157; M.
Lavignerie, Arrêts inédits, v.º *Aliénation*, art. 2). De nos
jours et dans la même hypothèse, on n'applique également l'art.
1304 C. civ. qu'au cas où c'est le mineur *lui-même* qui a aliéné
pendant sa minorité, et l'on décide aussi que, lorsque la vente a
été faite par le tuteur, *tutorio nomine*, sans observer les formalités voulues, l'acquéreur, comme constitué en mauvaise foi,
a besoin de trente ans pour prescrire, conformément à l'article
2262 C. civ. (V. M. Duranton, Cours de Droit français, t. 12,
n. 545, t. 3, n. 598, et t. 10, n. 282). Anciennement, la
jurisprudence des arrêts n'était pas bien d'accord avec la doctrine des auteurs sur ce point de droit. A Bordeaux, par
exemple, les mineurs n'avaient que dix ans pour se pourvoir
contre la vente de leurs immeubles faite sans formalités par
leurs tuteurs, *tutorio nomine* (arrêts des années 1727, 1729
et 1732, rappelés aux Conférences m. s. sur le Code Justinien,
liv. 5, tit. 71, lois 2 et 11, et liv. 7, tit. 35, loi 3; arrêts des
21 Août 1734 et... Août 1737, cités par M. Dumoulin, dans ses
Notes m. s. sur Lapeyrère, let. M, n. 40, p. 244; Conférences
m. s. sur Lapeyrère, let. P, n. 68, v.º *Par arrêt;* Apostillateur
de Lapeyrère, let. P, n. 68, v.º *Par arrêt*, in fine; Salviat,
p. 373; consultation de feu M. Denucé, du 12 Février 1808;
arrêt de la Cour de Bordeaux, du 17 Juillet 1821), et telle
paraît avoir été celle du Parlement de Toulouse (V. de Juin,
t. 3, p. 462, *ubi* arrêt du 4 Juin 1714, contraire à un précédent arrêt du 6 Mai 1705, rapporté par le même auteur, t. 3,
p. 183; Aguier, t. 2, p. 19, *ubi* arrêt du 31 Juillet 1730),
jurisprudence qui n'avait pas l'assentiment des jurisconsultes

besoin que de la prescription de dix ans, s'ils sont de bonne foi (805).

A l'égard des ventes dans lesquelles la femme aura été en nom, il ne peut être question de la prescription ordinaire à l'effet d'acquérir, mais seulement de l'espèce de prescription ouverte pour se libérer de l'action en nullité de l'aliénation faite par la femme de ses biens dotaux. Cette action en nullité, d'après une disposition du Code, commune à toutes les actions en nullité, ne dure que dix ans. C'est donc par l'expiration de ce délai que les tiers-acquéreurs seront à l'abri de tout recours de la part de la femme (806).

de ce dernier Parlement (V. M. Laviguerie, Arrêts inédits, v.º *Aliénation*, art. 2). Quant à la jurisprudence moderne, des arrêts ont jugé conformément à la doctrine des auteurs (V., entr'autres arrêts, un arrêt de la Cour de Bordeaux, du 10 Juillet 1829), mais d'autres arrêts l'ont abandonnée (V., entr'autres arrêts, un arrêt de rejet, du 14 Novembre 1826, dans Sirey, 1827, 1, 306).

(805) V. Roussilhe, de la Dot, t. 1, p. 563, n. 400, et t. 2, p. 17, n. 432; C. civ., art. 2265.

(806) V. C. civ., art. 1304; M. Delvincourt, Cours de Code civil, t. 3, p. 344, n.te 12, et p. 341, n.te 4; M. Toullier, Droit civil, t. 14, n. 232 et 233; M. Duranton, Cours de Droit français, t. 15, n. 526 et 529; arrêt de la Cour de Nîmes, du 7 Mai 1829, dans le Mémorial de jurisprudence, t. 19, p. 38; arrêt de la Cour de Montpellier, du 28 Février

B. Nous avons à placer ici quelques observations :

1834, dans le même Mémorial, t. 29, p. 101, contre le sentiment de M. Benoit, de la Dot, t. 1, p. 362, suivant lequel la
prescription ne s'acquerrait que par trente ans.—Dans la jurisprudence du Parlement de Bordeaux, lorsque la vente avait été
faite par la femme, ou seule ou conjointement avec son mari,
la revendication devait être exercée dans les dix ans, à partir du
décès du mari, passé lequel délai, les tiers-détenteurs ne pouvaient plus être inquiétés (V. Salviat, p. 503 et 438. *Junge*
n. tes 761 et 797, *sup.*). Il en était de même au Parlement de
Toulouse (V. arrêts de ce Parlement, des 9 Juillet 1704 et 31
Août 1730, rapportés par M. de Juin, t. 3, p. 150, et t. 5,
p. 108, lesquels arrêts se trouvent cités aux Questions de Droit
de M. Merlin, v.° *Prescription*, §. 6, art. 4, t. 4, p. 82; Fromental, v.° *Dot*, p. 259; Despeisses, tit. de la Dot, sect. 3,
n. 88, t. 1, p. 537). Faites attention que, dans le cas d'une
séparation de biens intervenue entre les époux, il y avait, entre
la jurisprudence du Parlement de Bordeaux et celle du Parlement de Toulouse, la différence que voici : Au Parlement de
Toulouse, les dix ans couraient *du jour de la séparation de
biens* (V. arrêts de la Cour de Nimes, du 15 Avril 1823, et
de la Cour de Toulouse, du 5 Juin 1827, dans le Mémorial
de jurisprudence, t. 6, p. 349, et t. 15, p. 95. *Junge, inf.*,
n. te 818), car, dans la jurisprudence de ce Parlement, la
femme, une fois séparée de biens, pouvait agir en revendication
(V. *sup.*, n. te 761). Au Parlement de Bordeaux, au contraire,
où la femme, quoique séparée de biens, ne pouvait agir (V.
sup., n. te 761), les dix ans ne couraient jamais que *du jour
du décès du mari.*

En premier lieu, dans les cas où, d'après ce que nous avons dit au n.º XCIII, la prescription peut courir à partir de la séparation de biens, ce sera à compter de la même époque que les délais dont il vient d'être question auront cours (807);

En second lieu, si la femme vient à décéder laissant des enfans mineurs, la minorité de ces enfans suspendra le cours soit du délai fixé pour l'exercice de l'action en nullité résultante de l'aliénation faite par la femme du fonds dotal, ou seule ou conjointement avec son mari (808), soit du

---

(807) En sera-t-il ainsi, même à l'égard des ventes dans lesquelles la femme aura été en nom? Oui, car le législateur, après avoir posé en maxime que nulle prescription ne peut courir durant le mariage à raison de l'aliénation faite ou par la femme, ou par le mari, ou par tous les deux conjointement (V. C. civ., art. 1560, 1.re disp.), établit une exception pour le cas de la séparation de biens (V. C. civ., art. 1561, 2.e disp.), sans limiter cette exception aux ventes souscrites par le mari seul. Nous nous écartons ici du sentiment de M. Duranton, Cours de Droit français, t. 15, n. 529; mais nous pensons avec cet auteur, *sup.*, n. 526, et contrairement à l'avis de M. Toullier, Droit civil, t. 14, n. 233, que si la femme avait consenti l'aliénation, *sans être autorisée de son mari*, la nullité résultante du défaut d'autorisation ne pourrait être couverte que par le laps de dix ans *à partir du mariage dissous*, et cela, d'après le texte précis de l'art. 1304, 2.e disp.

(808) Les auteurs décident, en effet, que la prescription de

délai par lequel celui qui tient le fonds dotal du mari ayant agi seul, en son propre nom ou en nom qualifié, prescrit, comme tout possesseur d'un fonds acquis *a non domino,* la propriété à lui transmise (809) ;

---

dix ans qui, à l'égard d'une action en nullité, a commencé à courir contre quelqu'un, est suspendue par la minorité de son héritier (V. Bouvot, Quest. notables, 2.e part., v.º *Tems de restitution,* quest. 1, t. 1, p. 242 et suiv.; M. Merlin, Quest. de Droit, v.º *Rescision,* §. 5, t. 9, p. 136 et suiv., et Nouveau Rép.re, v.º *Rescision,* n. 5 *bis,* t. 15, p. 634 et suiv.; Laplace, Max. journalières du Palais, p. 517 ; M. Proudhon, Cours de Droit français, t. 1, p. 303, contre l'opinion de M. Toullier, Droit civil, t. 7, n. 615, et de M. Duranton, Cours de Droit français, t. 12, n. 548).

(809) V. C. civ., art. 2252 C. civ., suivant lequel la prescription ne court pas contre les mineurs. — Disons en passant, qu'en thèse générale, la prescription de droit civil dormait en faveur des pupilles, quoique pourvus de tuteurs, encore qu'elle eût commencé contre leurs auteurs en majorité (V. Dunod, des Prescriptions, part. 3, chap. 1, p. 235 *in fine,* et p. 236; de Juin, t. 5, p. 461 et suiv.; M. Merlin, Nouveau Rép.re, v.º *Prescription,* sect. 1, §. 7, art. 2, quest. 1, t. 9, p. 530). Cette prescription était-elle également suspendue par la minorité? Dans la jurisprudence du Parlement de Bordeaux, elle dormait pendant la minorité de même que pendant la pupillarité, encore qu'elle eût commencé à courir sur la tête d'un majeur (V. Apostillateur de Lapeyrère, let. P, n. 68, et *ibi* Conférences m. s.; Salviat, p. 375 et 374, *ubi* attestation;

En troisième lieu, si la femme a laissé tout à la fois des enfans mineurs et des enfans majeurs, la prescription sera acquise aux tiers-détenteurs, malgré la minorité de quelques-uns des enfans, pour les portions afférentes à ceux d'entre les enfans majeurs qui ne se seraient pas pourvus dans les délais déterminés soit pour mettre obstacle à la prescription ordinaire, soit pour exercer l'action en nullité. Le mineur ne relève, en effet, le majeur que dans les choses indivisibles (810), or, il n'y a rien d'indivisible dans des biens-fonds (811), ni, par conséquent, dans les actions accordées pour y rentrer (812).

Laplace, Max. journalières du Palais, p. 453; M. Merlin, *sup.*, quest. 2, t. 9, p. 534 et suiv.}; mais cette jurisprudence, qui ne se trouvait pas conforme aux dispositions du droit civil, n'était pas celle de beaucoup de Parlemens (V. Dunod, *sup.*, p. 236 et suiv.; M. Merlin, *sup.*, p. 531 et suiv.).

(810) V. Pothier, des Obligations, n. 681, et de la Prescription, n. 148; Auroux des Pommiers, Cout.e de Bourbonnais, tit. 3, art. 24, p. 73; Laplace et son Annotateur, Max. du Palais, p. 375 et 517; M. Merlin, Nouveau Rép.re, v.o *Prescription*, sect. 1, §. 7, art. 2, quest. 2, n. 10, t. 9, p. 538, et v.o *Rescision*, n. 6 *bis*, t. 15, p. 635 et suiv.; Quest. de Droit, v.o *Prescription*, §. 14, t. 4, p. 92.

(811) V. Boucheul, Cout.e de Poitou, art. 372, n. 213, t. 2, p. 594; Pothier, de la Prescription, n. 13.

(812) V. Pothier, de la Vente, n. 337; Chabrol, Cout.e

XCVI. Ce sont les seuls immeubles dotaux que la loi déclare imprescriptibles pendant le mariage (813). Tout ce qui a été dit jusqu'ici touchant cette imprescriptibilité est donc inapplicable :

1.º Aux créances qui auraient été constituées en dot, ou qui résulteraient de la constitution de dot. A l'égard de ces créances, la prescription court pendant le mariage, avant comme depuis la séparation de biens, encore qu'elle n'ait pas commencé auparavant (814), sauf la responsabilité du mari qui, par sa négligence et avant toute séparation de biens, aurait laissé s'accomplir la prescription (815), mais sans que l'insol-

---

d'Auvergne, t. 2, p. 728; arrêt de rejet, du 5 Décembre 1826, dans Sirey, 1827, 1, 311.

(813) V. C. civ., art. 1561.

(814) V. Serres, Inst., p. 192 et 193; Catelan, liv. 4, chap. 45, t. 2, p. 113; Fontanella, *de pact. nupt.*, clause 5, glose 1, part. 2, n. 62 et suiv., t. 2, p. 259; Astruc, des Prescriptions, p. 297; Fromental, v.º *Dot*, p. 259; Boniface, liv. 2, tit. 2, chap. 1, t. 5, p. 200 et suiv.; Chabrol, Cout.ᵉ d'Auvergne, t. 2, p. 760 et 761; M. Merlin, Quest. de Droit, v.º *Prescription*, §. 6, art. 4, t. 4, p. 79 et 80; Roussilhe, de la Dot, t. 2, p. 20; Maleville, Analyse raisonnée, t. 3, p. 328.

(815) V. Bonnemant, Max. du Palais, t. 1, p. 240, n. 1 à 3; Fontanella, *de pact. nupt.*, clause 5, glose 1, part. 2, n.

vabilité du mari puisse autoriser la femme à exercer un recours contre les débiteurs, comme s'ils n'avaient pas prescrit (816);

2.° A l'hypothèque que la femme peut avoir sur les biens d'un tiers à raison de ses créances dotales (817). Mais *quid* à l'égard de l'hypothèque que la loi lui accorde sur les biens de son mari? Cette hypothèque, au cas qu'elle n'ait pas été purgée, est-elle prescriptible, durant le mariage, de la part des tiers-acquéreurs desdits biens? On décide, avec raison, qu'elle est imprescriptible,

---

64, t. 2, p. 259; Rousseau de Lacombe, v.° *Dot*, sect. 4, n. 4, p. 178; Chabrol, Cout.ᵉ d'Auvergne, t. 2, p. 751 et suiv.; Roussilhe, de la Dot, t. 2, n. 441 et 442; M. Merlin, Quest. de Droit, v.° *Prescription*, §. 6, art. 4, t. 4, p. 79 et 80; C. civ., art. 1562.

(816) V. Astruc, des Prescriptions, p. 299 et suiv.; Vedel sur Catelan, liv. 4, chap. 45, t. 2, p. 86 et suiv.; de Juin, t. 3, p. 44 et suiv.; Serres, Inst., p. 193; Despeisses, tit. de la Dot, sect. 3, n. 30, *nonò*, t. 1, p. 510; M. Merlin, Quest. de Droit, v.° *Prescription*, §. 6, art. 4, t. 4, p. 79 et 80. — *Nota.* Le Parlement de Provence jugeait le contraire (V. Bon- nemant, Max. du Palais, t. 1, p. 250, n. 4; du Perier et son Annotateur, Quest. notables, liv. 3, quest. 5, t. 1, p. 293 et suiv.; Julien, Statuts de Provence, t. 2, p. 505, n. 5), et, en Auvergne, on se décidait comme en Provence (V. Chabrol, Cout.ᵉ d'Auvergne, t. 2, p. 744, 752, 754, 755 et 759).

(817) V. Bonnemant, Max. du Palais, t. 1, p. 250.

constante matrimonio, et cela, nonobstant toute séparation de biens, parce que la femme, qui ne saurait agir sans que son action réfléchisse contre son mari, n'est pas censée pouvoir agir (818).

---

(818) V. Lebrun, de la Communauté, liv. 3, chap. 2, sect. 2, dist. 5, n. 102, p. 5o5; Annotateur de Lebrun, *sup.*, liv. 3, chap. 2, sect. 1, dist. 1, n. 29, 3.º, p. 345; M. Tarrible, au Rép.ʳᵉ de M. Merlin, v.º *Inscription hypothécaire*, §. 3, n.º I, 2.º, et n.º II, t. 6, p. 189 et 191; M. Dalloz, Jurisp.ᶜᵉ générale, t. 9, p. 425, n. 28; arrêt de cassation, du 24 Juin 1817, dans Dalloz, *sup.*, t. 11, p. 277, n.ᵗᵉ 11, et dans Sirey, 1817, 1, 3o4; arrêt de la Cour de Bordeaux, du 16 Mars 1821, rendu contrairement à une consultation délibérée, le 4 Juillet 1820, par MM. Delvincourt, Pardessus et Lacalprade; M. Troplong, des Hypothèques, t. 4, n. 883; *sup.*, n.º XCIII. — Au Parlement de Bordeaux, on jugeait également que la prescription de dix ans en faveur des acquéreurs des biens du mari ne courait pas contre la femme, pendant le mariage, quoiqu'elle fût séparée de biens (V. Lapeyrère, let. P, n. 87, v.º *Nota : le contraire se juge à présent*, p. 329; Conférences m. s. sur Lapeyrère, *sup.*, v.º *La femme mariée;* arrêt du Parlement de Bordeaux, du 27 Août 1745, en 1.ʳᵉ, au rapport de M. de Baritault fils, en faveur du sieur Pichard de S.ᵗᵉ-Marthe contre le sieur Betberer. *Junge, sup.*, n.ᵗᵉ 797). Au Parlement de Toulouse, cette prescription ne courait pas pendant le mariage, à moins qu'une séparation ne fût intervenue entre le mari et la femme (V. Serres, Inst., p. 160 et 566; Vedel sur Catelan, liv. 7, chap. 22, t. 2, p. 326 et suiv.; Catelan, liv. 7, chap. 22, t. 2, p. 5o9; Soulatges, des Hypo-

ARTICLE QUATRIÈME.

Des Droits et des Obligations qui résultent pour le mari de la Constitution de Dot.

XCVII. Le mari administre la dot comme sa propre chose, sans être astreint à rendre compte, comme un administrateur ordinaire ; en

---

thèques, p. 314; M. Merlin, Quest. de Droit, v.º *Hypothèque*, §. 13, art. 8, t. 2, p. 708. *Junge, sup.*, n.te 797). C'est cette jurisprudence du Parlement de Toulouse que Roussilhe avait, sans doute, en vue, lorsqu'il disait, dans son Traité de la Dot, t. 2, p. 433 : « Lorsque le mari a aliéné ses biens depuis son « mariage, les acquéreurs ne peuvent prescrire l'hypothèque « de la dot de la femme pendant que le mariage dure, et ce « n'est que du jour de la séparation ou du décès du mari qu'elle « commence à courir ».—Au sujet de la prescription de dix ans dout il vient d'être fait mention, nous rappellerons que, quoique, dans le ressort du Parlement de Bordeaux, le tiers-acquéreur ne prescrivit que par le laps de trente ans contre le propriétaire (V. *sup.*, n.te 803), il n'avait, toutefois, besoin que d'une possession de dix ans entre présens et vingt ans entre absens pour prescrire, contre les créanciers du vendeur, les hypothè-

un mot, il est maître de la jouissance de la dot,
dont la propriété reste à la femme (819).

---

ques dont étaient grevés les fonds par eux acquis (V. Salviat,
p. 401 à 404 ; M. Merlin, Quest. de Droit, v.º *Hypothèque*,
§. 13, n. 3, t. 2, p. 706).

(819) V. Boucheul, Cout.ᵉ de Poitou, art. 230, t. 1, p. 769,
n. 15; Legrand, Coutume de Troyes, tit. 7, art. 136, glose
unique, n. 2, p. 170; Nouveau Denisart, t. 7, p. 121, n. 1;
C. civ., art. 1549, 1.ʳᵉ disp.; *inf.*, n.ᵒˢ CVIII et CXV.—Dans
la jurisprudence du Parlement de Bordeaux, le mari avait également l'administration des biens dotaux pendant le mariage et
la jouissance des fruits et revenus (V. art. 42 de la Cout.ᵉ de
Bordeaux, et *ibi* Commentaire des frères Lamothe; attestation
du barreau de Bordeaux de l'année 1713, dans Salviat, p. 197).
— *Nota.* Plusieurs textes de lois romaines qualifiaient le mari
de propriétaire de la dot : *Dos est in bonis mariti* (V. L. 21,
§. 4, ff. *ad municip.*, liv. 50, tit. 1 ; L. 7, §. 3, ff. *de jur. dot.*,
liv. 23, tit. 3 ; L. 23, C. *de jur. dot.*, liv. 5, tit. 12 ; Instit., liv. 2,
tit. 8 *in princip.*), et c'est ce qu'enseignaient différens auteurs
(V. Vinnius, Inst., liv. 2, tit. 4, *in princip.*, p. 245, n. 6, et
liv. 2, tit. 8, *in princip.*, n. 2, p. 294 et suiv.; Pothier, de la
Puissance du mari sur la personne et sur les biens de la femme,
n. 8; Dumoulin, Cout.ᵉ de Paris, tit. 12, p. 1715, cité par M.
Merlin, Nouveau Rép.ʳᵉ, v.º *Dot*, §. 7, n. 2; Roussilhe, de la
Dot, t. 1, p. 10). Les lois romaines ne qualifiaient ainsi le mari
de propriétaire de la dot que par considération de ses droits d'administration et de jouissance, et des actions dépendantes de la dot
dont il avait l'exercice : *Dicitur maritus dotis dominus juris
fictione, propter usumfructum, exercitium actionum et ad-
ministrationem rerum dotalium quam lex ei concedit cons-*

Tout cela est vrai en règle générale, et abstraction faite des cas d'exception où la dot passe

---

lante matrimonio (*) (V. Perezius, *ad Cod.*, liv. 5, tit. 12,
t. 1, p. 371 et 372, n. 1 et 2. *Junge* Fontanella, *de pact. nupt.*,
clause 6, glose 1, part. 1, n. 32 et 33, p. 257; Schneidewin,
Inst., liv. 2, tit. 8, n. 5 et 6, p. 233; A Sande, *Tract. de
prohib. rer. alien.*, *pars prima*, *cap.* 10, n. 1, p. 39;
Domat, Lois civiles, tit. des Dots, sect. 1, n. 4, p. 107). Mais
ce n'était là qu'une fiction et une subtilité du droit, car la propriété des biens dotaux résidait réellement sur la tête de la
femme : *Eædem res (dotales) ab initio uxoris fuerint, et
naturaliter in ejus permanserint dominio. Non enim quod
legum subtilitate transitus earum in patrimonium mariti
videatur fieri : ideò rei veritas deleta vel confusa est*
(L. 30, C. *de jur. dot.*, liv. 5, tit. 12. *Junge* les lois 75,
ff. *de jur. dot.*, liv. 23, tit. 3, et 78, §. 9, ff. *ad S. C.
Trebell.*, liv. 36, tit. 1). *Dos ipsius filiæ patrimonium* (L.
3, §. 5, ff. *de minorib.*, liv. 4, tit. 4). *Uxor domina est
rerum dotalium naturaliter, maritus civiliter et dotis causâ*
(V. Cujas, OEuv. posth., *Resp.* Papin, t. 1, p. 511 et 525, et
Resp. Jul. Pauli, t. 2, p. 6. *Junge* Fontanella, *de pact. nupt.*,
clause 5, glose 8, part. 13, n. 19 et suiv., p. 198; Julien,

(*) Certains docteurs, pour concilier les divers textes de lois romaines, dont les uns investissaient le mari de la propriété des biens
dotaux, tandis que les autres accordaient cette propriété à la femme,
certains docteurs, disons-nous, distinguaient de quelle manière le mariage avait été contracté, *utrùm coemptione an usu tantùm*. Le
lecteur qui serait curieux de connaître les élémens de cette conciliation,
les trouvera dans le Trésor de Meerman, t. 2, p. 64 et suiv.

en propriété au mari. Ces cas d'exception nous occuperont plus tard.

Le droit d'administration et de jouissance dont il vient d'être question, appartient au mari seul, nonobstant tout pacte au contraire (820), sauf, toutefois, la faculté laissée aux époux de convenir, par contrat de mariage, que la femme touchera annuellement, sur ses seules quittances, une partie de ses revenus pour son entretien et ses besoins personnels (821).

XCVIII. En vertu de ce droit, le mari est d'abord investi de toutes les actions relatives à la jouissance de la dot (822).

XCIX. Il a seul, par conséquent, l'action pour se faire payer de la dot contre ceux qui s'en trouvent débiteurs pour l'avoir constituée ou au-

---

Élémens de Jurisprudence, p. 51, n. 16; Lebrun, de la Communauté, liv. 2, chap. 2, sect. 4, n. 3 et 4, p. 228).

(820) V. *sup.*, n.º XVIII, 1.ʳᵉ et 2.ᵉ exception.

(821) V. C. civ., art. 1549, 3.ᵉ disp.

(822) V. Nouveau Denisart, t. 7, p. 121, n. 1; Domat, Lois civiles, liv. 1, tit. 10, sect. 1, n. 4, p. 107; Despeisses, tit. de la Dot, sect. 1, n. 1, t. 1, p. 473. *Junge* Code Frédéric, part. 1, liv. 2, tit. 4, art. 1, §. 65, n.º V.

trement (823), et comme il peut seul demander
la dot, lui seul aussi peut en faire quittance valable (824). Faites attention : 1.º que, si le mari

---

(823) V. L. 5, C. *de dot. promiss.*, liv. 5, tit. 11; L. 2,
C. *de oblig. et act.*, liv. 4, tit. 10; Faber, C., liv. 5, tit. 7,
def. 31, p. 59; Fontanella, *de pact. nupt.*, clause 6, glose 1,
part. 1, n. 3 et suiv., et n. 33 et suiv., t. 2, p. 248 et 250;
Despeisses, tit. de la Dot, sect. 2, n. 1 et 8, t. 1, p. 473 et
477; Domat, Lois civiles, liv. 1, tit. 10, sect. 1, n. 4, p. 107;
Roussilhe, de la Dot, t. 1, n. 227 et 229; Nouveau Denisart,
t. 7, p. 113, §. 10, n. 1; Salviat, p. 195; C. civ., art. 1549,
al. 2. *Junge* arrêt de la Cour de Limoges, du 4 Février 1822,
dans Sirey, 1822, 2, 247, et M. Toullier, Droit civil, t. 14,
n. 139 et 140.—*Nota.* Un arrêt de la Cour de Riom, du 21
Février 1809, dans Sirey, 1810, 2, 72, a jugé que le mari
n'avait pas le droit, pour obtenir le paiement de la dot constituée en argent à sa femme, de faire vendre les immeubles paraphernaux échus à celle-ci dans la succession du constituant.
Cet arrêt est critiqué à juste titre par les auteurs (V. M. Benoit, de la Dot, t. 1, n. 114; M. Toullier, Droit civil, t. 14,
n. 147; M. Duranton, Cours de Droit français, t. 15, n. 379).
Comment la femme, qui succède aux obligations du constituant
envers le mari, pourrait-elle n'être pas tenue, sur ses biens,
de l'exécution de ces obligations?

(824) V. Despeisses, tit. de la Dot, sect. 2, n. 8, t. 1, p. 477
et suiv.; Henrys, au Supplément, liv. 2, chap. 1, n. 6, t. 4,
p. 661; Bouvot, Quest. notables, v.º *Dot*, quest. 4, t. 2, p.
313; Roussilhe, de la Dot, t. 2, n. 649; Salviat, p. 195; M.
Toullier, Droit civil, t. 14, n. 158.

est mineur, l'assistance de son curateur lui sera
nécessaire soit pour agir en justice contre les débiteurs de la dot qui consistera en un capital mobilier, soit pour recevoir ce capital et en donner
décharge (825); 2.º que les quittances sous seing
privé données par le mari, font foi de leur date

---

(825) V. C. civ., art. 482 et 476 combinés; M. Dalloz, Jurisp.ᶜᵉ
générale, t. 10, p. 306, n. 10. — Avant le Code, on décidait
assez généralement que le mari, quoique mineur, pouvait seul
recevoir la dot et en donner quittance (V. Despeisses, tit. de la
Dot, sect. 2, n. 15, t. 1, p. 481; Vedel sur Catelan, liv. 5,
chap. 26, t. 2, p. 173; Catelan, liv. 5, chap. 26, t. 2, p. 272;
Bonnemant, Max. du Palais, t. 1, p. 169, n. 5; de Bézieux,
liv. 5, chap. 1, §. 11, p. 352, 1.ʳᵉ col.; Boucheul, Coutume
de Poitou, art. 228, n. 19, t. 1, p. 745; Valin, Coutume de
la Rochelle, art. 24, n. 212, t. 1, p. 616; Brodeau sur Louet,
let. M, som. 9, t. 2, p. 138, n. 7; Nouveau Denisart, t. 7,
p. 113, n. 3; Roussilhe, de la Dot, t. 2, n. 650), ce qui
pouvait d'autant moins souffrir de difficulté pour les pays où
le mariage émancipait, que le mineur émancipé était partie
capable pour recevoir et quittancer, sans assistance de curateur,
tous capitaux mobiliers (V. Bourjon, Droit commun, t. 1, p.
73, n. 15 et 19; Valin, *sup.*, n. 211, p. 616). Au Parlement
de Bordeaux, on jugeait que le mari mineur n'était pas capable
de recevoir, seul et sans caution, la dot de la femme (V. Apostillateur de Lapeyrère, let. D, n. 135, v.º *Par arrêt de l'année* 1676, et let. P, n. 135, v.º *Mari mineur;* Salviat, p. 204).
On tenait aussi que le mariage n'émancipait pas (V. Salviat, p.
396, *ubi* attestation, et p. 227).

contre la femme, même séparée, jusqu'à preuve de fraude et de simulation (825 *bis*).

Cette action en paiement, le mari peut l'exercer, encore qu'il se trouve insolvable, sans que les débiteurs puissent exiger, audit cas, avant de payer, que le mari fasse emploi ou donne caution (826). Peu importe à cet égard que la femme,

---

(825 *bis*) V. C. civ., art. 1322; arrêt de rejet, du 28 Novembre 1833, dans Sirey, 1833, 1, 830. V. encore, par analogie, arrêts de la Cour de Bordeaux, des 25 Juillet 1826, 22 et 24 Janvier 1827, dans Sirey, 1827, 2, 41 et 65; 1828, 2, 41; arrêt de la Cour de Paris, du 7 Janvier 1834, dans Sirey, 1834, 2, 239.

(826) V. L. 2, C. *Ne fidej. vel mand. dentur*, liv. 5, tit. 20; Faber, C., liv. 5, tit. 7, *def.* 4 et 30, p. 512 et 519; Despeisses, tit. de la Dot, sect. 2, n. 15, t. 1, p. 481 et 482; Boucheul, Coutume de Poitou, art. 228, t. 1, p. 745, n. 20; Vedel sur Catelan, liv. 5, chap. 26, t. 2, p. 173, et liv. 4, chap. 45, p. 87; Fromental, v.º *Dot*, p. 248; Bonnemant, Max. du Palais, t. 1, p. 169, n. 5; Boniface, liv. 6, tit. 3, chap. 4, t. 1, p. 381, et liv. 5, tit. 6, chap. 1, t. 4, p. 284; Janety, Journal du Palais de Provence, t. 3, p. 212; Roussilhe, de la Dot, t. 2, n. 650; C. civ., art. 1550.—*Nota* : 1.º que, dans la jurisprudence du Parlement de Bordeaux, le mari n'était également tenu, envers les débiteurs, à aucun emploi, bail de caution ou autre sûreté (arrêts du Parlement de Bordeaux, des 7 Juin 1714, 19 Juin 1747 et 11 Mars 1766; Lapeyrère, let. D, n. 123; le même et son Apostillateur, let. D, n. 135; Dupin sur Ferron, let. M, n. 33, p. 216; attestation du 1.ᵉʳ

qui se serait constituée elle-même, eût été mineure à l'époque de son mariage (327). Mais le mari, si telle avait été la stipulation du contrat

---

Août 1691, dans Salviat, p. 203 et 204), et cela, quoiqu'il eût épousé une femme ayant des enfans d'un premier lit (V. Apostillateur de Lapeyrère, let. N, n. 32, et *ibi* Conférences m. s.), circonstance qui ne laissait pas d'avoir déterminé des arrêts à ordonner un bail de caution (V. Lapeyrère, let. N, n. 32. *Junge* de Bézieux, liv. 5, chap. 1, §. 11, p. 352, 2.e col., et p. précéd.; Bonnemant, Max. du Palais, t. 1, p. 169, n. 3); 2.° que, dans l'opinion de quelques auteurs, le mari, qui était devenu insolvable postérieurement à la constitution faite par le père, la mère ou tout autre ascendant de la fille dotée, pouvait être tenu de fournir caution pour la réception de la dot (V. Lapeyrère, let. N, n. 123, que cite Salviat, p. 204; Despeisses, tit. de la Dot, sect. 2, n. 15, t. 1, p. 482; Bonnemant, Max. du Palais, t. 1, p. 170, n. 6; Faber, C., liv. 5, tit. 14, *def.* 4, p. 549 et suiv., et liv. 5, tit. 7, *def.* 30, p. 519). Cette distinction n'est pas faite par l'art. 1550.

(327) V. Despeisses, tit. de la Dot, sect. 2, n. 15, t. 1, p. 481; de Bézieux, liv. 6, chap. 1, §. 11, p. 352, 1.re col.; Basset, liv. 4, tit. 8, chap. 2, t. 1, p. 293 et 294; du Perier, aux arrêts du Parlement d'Aix, t. 2, p. 522; Fromental, v.^o *Dot*, p. 248; Albert, let. C, chap. 6, p. 67; Journal du Palais, de Guéret et Blondeau, t. 1, p. 925. La jurisprudence du Parlement de Bordeaux était conforme à la doctrine de ces auteurs (V. Salviat, p. 204; arrêt du 13 Mars 1745, en grand'chambre, au profit de Dufour; arrêt du 1.er Avril 1745, en grand'chambre, en faveur de Tailhasson; arrêt du 7 Septembre 1746, rendu à la chambre du conseil, au profit de Jeannel).

de mariage, serait tenu de faire emploi, de donner caution, ou de fournir toute autre sûreté convenue (828), sans, toutefois, que l'obligation

---

(828) V. C. civ., art. 1550. *Junge* arrêt de la Cour de Toulouse, du 26 Mars 1811, dans la Jurisprudence inédite de cette Cour, p. 419, et arrêt de la Cour de Caen, du 18 Février 1828, dans Sirey, 1831, 2, 186. Dans l'espèce du premier de ces arrêts, il s'agissait de deniers dotaux dus par un tiers : l'arrêt juge que ce dernier pouvait se refuser au paiement des sommes par lui dues tant qu'on ne satisferait pas à l'emploi qui en avait été stipulé par contrat de mariage. Dans l'espèce du second desdits arrêts, une somme se trouvait due par un acquéreur qui s'était obligé de la payer au futur époux de la fille du vendeur, et cette somme avait été constituée à ladite fille, lors du mariage par elle contracté, avec cette clause, qu'à l'époque du paiement de la même somme, le futur époux donnerait une affectation hypothécaire équivalente sur ses biens personnels : l'arrêt décide que la somme ne pouvait être exigée de l'acquéreur que lorsque les garanties hypothécaires stipulées lui seraient données. La Cour de Paris, par arrêt du 4 Juin 1831, dans Sirey, 1831, 2, 211, a décidé, au contraire, que l'obligation imposée au mari de faire emploi, était étrangère à un tiers-débiteur, et, dans l'espèce, à l'acquéreur d'un bien dont une partie du prix, aux termes du contrat de mariage de la fille du vendeur, devait servir au paiement de la dot de cette fille, et être employée en acquisition d'immeubles ou en placement par privilége ou première hypothèque sur immeubles. Ce dernier arrêt a le suffrage de M. Duranton, Cours de Droit français, t. 15, n. 487, lequel décide, en conséquence, que la déclaration portée dans le contrat de mariage que les deniers

de donner caution , par exemple , emporte celle

---

dotaux seront employés en achat d'héritages , n'impose nullement aux débiteurs de ces deniers l'obligation d'en surveiller
l'emploi , et que , dès-lors , ces débiteurs ne peuvent se refuser
à payer sur le prétexte qu'il ne leur est pas justifié d'un emploi.
Cela est vrai, ajoute M. Duranton, même à l'égard de ceux qui ont
constitué les deniers en dot à la femme. Cette doctrine, que ne
partage pas M. Toullier , Droit civil , t. 14, n.ºs 153 et 154, et
qui est contraire à ce que nous avons déjà eu l'occasion de dire
(V. *sup*. , n.^{te} 123 ; V. encore, *sup*. , n.° LXVII, let. C, al.
dern.) et à ce que nous allons dire eu parlant de notre ancienne
jurisprudence , ne nous semble pas devoir être suivie. Venons à
l'ancienne jurisprudence que nous venons d'annoncer. Au Parlement de Bordeaux, on tenait que , s'il avait été convenu, dans
le contrat de mariage, que le mari ferait emploi ou donnerait
caution , les débiteurs ne pouvaient être forcés de se libérer
qu'autant que les sûretés stipulées leur étaient données , et que ,
s'ils payaient sans les exiger , ils étaient responsables de l'insolvabilité du mari et tenus de payer une seconde fois (V. attestation du barreau de Bordeaux, du 9 Avril 1691, rappelée par
Salviat, p. 203; Faulte sur Maurice Bernard, p. 613 ; Apostillateur de Lapeyrère, let. D , n. 135, v.° *Nota aussi*). L'autorité
d'une foule d'auteurs vient à l'appui de cette jurisprudence, qui
n'était pas particulière au Parlement de Bordeaux (V. Faber, C.,
liv. 5, tit. 7, *def*. 19, p. 515 et suiv. , et liv. 5, tit. 14, *def*.
1 , n.^{te} 7, p. 549; Bonnemant, Max. du Palais, t. 1, p. 168 et
169; Basset, liv. 4 , tit. 8, chap. 2, t. 1 , p. 294; Chabrol, Coutume d'Auvergne, t. 2, p. 190; Vedel sur Catelan, liv. 5, chap.
26, t. 2, p. 174; Fromental, v.° *Dot*, p. 248, 2.e col. ; M. Laviguerie, Arrêts inédits, v.° *Remploi*, t. 2, p. 149 et suiv.), et

de faire emploi, et *vice versâ* (829). Il en sera de même, dans l'absence de toute stipulation à ce sujet, si les débiteurs, poursuivis par le mari, ne se trouvaient tenus de payer, d'après le titre constitutif de leurs dettes, que moyennant emploi, bail de caution ou autre sûreté (830).

Le mari, qui peut recevoir et quittancer les sommes dotales, a le même droit à l'égard des deniers provenans du rachat des rentes faisant partie de la dot (831). *Quid*, s'il était question

---

que ne contrariaient que quelques opinions isolées (V. de Juin, t. 6, p. 3; Roussilhe, de la Dot, t. 1, n. 185, et t. 2, n. 642; Nouveau Denisart, t. 7, p. 117, n. 3).

(829) V. Bouvot, Quest. notables, 1.re part., v.º *Deniers dotaux*, quest. 1, t. 1, p. 79 et suiv.

(830) V. un arrêt du Parlement de Bordeaux, du 17 Novembre 1727, en grand'chambre, cité par Salviat, p. 205, et jugeant qu'une somme due par un tiers pour prix de vente, et laissée entre les mains de ce tiers avec convention qu'il la garderait jusqu'à ce que le vendeur trouvât un emploi valable ou fournît bonne et suffisante caution, ne pouvait être exigée par le mari de la fille du vendeur, à laquelle la constitution en avait été faite postérieurement à la vente, qu'en, par le mari, faisant emploi ou donnant caution.

(831) Avant le Code, la question de savoir si le mari pouvait recevoir seul le rachat des rentes appartenantes à sa femme, ne laissait pas d'être controversée (V. Valin, Coutume de la Rochelle, t. 1, p. 496 et p. précéd. et suiv., n. 42 et précéd. ;

du prix de vente d'immeubles extradotaux sur lesquels reposerait la dot en argent de la femme (831 *bis*)? Comme cette dot aurait pu être reçue et quittancée par le mari, on semblerait autorisé à décider qu'il ne peut qu'en être de même à l'égard du prix de vente dont il s'agit, jusqu'à concurrence du moins du montant de la dot. Nous pensons toutefois que l'intervention de

---

Lebrun, de la Communauté, liv. 2, chap. 2, sect. 4, n. 20 et suiv., p. 232 et suiv.); mais l'affirmative de cette question avait fini par prévaloir (V. Despeisses, tit. de la Dot, sect. 3, n. 29, t. 1, p. 508, 2.e col.; Fromental, v.o *Dot*, p. 262, 2.e col.; Auroux des Pommiers, Coutume de Bourbonnais, tit. 21, art. 235, n. 25, 1.re part., p. 380; Pothier, du Contrat de constitution de rente, n. 183; Coutume d'Orléans, Introd. au tit. 10, chap. 8, §. 2, n. 155, de la Puissance du mari sur la personne et sur les biens de la femme, n. 96, et des Obligations, n. 514; Roussilhe, de la Dot, t. 2, n. 652; M. Merlin, Nouveau Répertoire, v.o *Dot*, §. 7, n. 4, t. 4, p. 201 et suiv.), et c'est celle que les rédacteurs du Code ont consacrée en donnant au mari, par l'art. 1549, al. 2, le droit de recevoir le remboursement des capitaux indistinctement. Aussi n'y a-t-il, sur ce point, aucun dissentiment parmi les auteurs modernes (V. M. Delvincourt, Cours de Code civil, t. 3, p. 333, n.te 1; M. Dalloz, Jurisprudence générale, t. 10, p. 306, n. 9; M. Duranton, Cours de Droit français, t. 15, n. 404).

(831 *bis*) V. *sup.*, n.os XLVIII, let. C, 6.o, XLIX, let. B, 1.o, LIII, al. 1.

la femme dans l'acte de paiement serait ici nécessaire, et cela, à raison de sa qualité de vende-
resse. Faites attention qu'au cas d'un emploi de
la dot ou de toute autre sûreté stipulée dans le
contrat de mariage, les acquéreurs auront le droit
de ne se libérer que moyennant que le vœu du
contrat soit rempli. Faites attention, de plus,
que si c'étaient des valeurs ou deniers représentant des fonds dotaux qui reposassent sur les
immeubles dont la femme aurait consenti la
vente (831 ter), il y aurait encore lieu à emploi,
et dans l'hypothèse où les fonds dotaux auraient
été déclarés aliénables à la charge d'emploi, et
dans celle où nulle stipulation d'aliénabilité
ne serait intervenue dans le contrat de mariage.

Comme le mari a le droit de passer quittance
de la dot, il doit avoir celui d'opposer en compensation d'une dette qui lui est propre une
créance dotale à la femme, car la compensation
a le même effet qu'une quittance (832). Il en

(831 ter) V. sup., n.ᵒˢ XLVIII, let. C, 6.ᵒ, LIII, al. 2.
(832) Nous trouvons enseigné : que des mandataires ou des
tuteurs ayant qualité pour recevoir ce qui est dû à leurs man-
dans ou mineurs, peuvent l'opposer en compensation de ce
qu'ils doivent personnellement (V. Voet, ad Pand., liv. 16,

scrait autrement si, aux termes du contrat de
mariage, le mari était tenu à quelque emploi ou

---

tit. 2, n. 8, t. 1, p. 727; Valin, Coutume de la Rochelle, t. 3,
p. 296, n. 33; Faber, C., liv. 4, tit. 23, *def.* 17, p. 377;
Chorier sur Guy-Pape, p. 259, art. 29, n.^te A; M. Toullier,
Droit civil, t. 7, p. 531, n. 40); que, surtout, il en doit être
ainsi à l'égard des mandataires *in rem suam : In rem suam
procurator datus... si vice mutuâ conveniatur, æquitate
compensationis utetur* (V. L. 18, ff. *de compens.*, liv. 16,
tit. 2, et sur cette loi, Cujas, Observ., liv. 24, chap. 37, t. 2,
p. 709 et 710, et Pothier, dans ses Pandectes, liv. 16, tit. 2,
art. 3, §. 5, p. 15, n.^te 6, t. 1, p. 409). Or, le mari, quant au
recouvrement des sommes dotales dues, est constitué mandataire
in rem suam (V. *sup.*, n.^te 541). Donc, il doit avoir le droit
d'opposer lesdites sommes en compensation de ce qu'il doit lui-
même à ceux qui s'en trouvent débiteurs. Telle est, au surplus,
l'opinion qu'appuient différentes autorités (V. du Perier et son
Annotateur, Quest. notables, liv. 3, quest. 5, t. 1, p. 293 et
suiv.; Roussilhe, de la Dot, t. 1, n. 233; arrêt de la Cour de
Grenoble, du 13 Décembre 1823, rapporté dans Dalloz, Jurisprudence générale, t. 10, p. 303 et suiv., n. 5; M. Duranton, Cours de Droit français, t. 12, p. 525, n. 415). *Nota :*
1.º du Perier et son Annotateur, *loc. sup. cit.*, apportaient
à leur sentiment cette modification que, dans le cas où le mari
deviendrait insolvable, la femme aurait un recours contre les
débiteurs de la dot, comme si la compensation n'avait pas eu
lieu. Ils le décidaient ainsi par analogie de ce qui s'observait au
Parlement de Provence, où celui qui s'était libéré par prescription n'en demeurait pas moins soumis à un recours de la part

bail de caution, car avec la compensation dispa-
raîtraient les précautions sans lesquelles le mari
ne peut pas plus exiger les deniers dotaux que le
débiteur desdits deniers ne peut s'en libérer valablement (833).

Le mari a-t-il le droit d'accorder des délais
aux débiteurs de la dot? Oui; mais dans le cas
où lesdits débiteurs deviendraient, plus tard,

---

de la femme, en cas d'insolvabilité du mari (V, *sup.*, n.^{te} 816).
Nous avons déjà vu que, sous le Code, les débiteurs de la dot
sont absolument et irrévocablement libérés par la prescription,
nonobstant toute insolvabilité du mari (V. *sup.*, n.^{o} XCVI, 1.º).
Ainsi, manque le fondement sur lequel reposait la modification
en question, laquelle ne saurait ainsi être accueillie de nos
jours. 2.º Au Parlement de Bordeaux, on déniait au mari le
droit d'opposer la compensation, par la raison qu'il n'était pas
dominus proprietarius dotis, mais seulement *dominus uti-
lis* (V. arrêt du Parlement de Bordeaux, du 30 Mars 1713,
que rappellent Lapeyrère, let. C, n. 75, v.^{o} *Compensation*, et
Laplace, Max. du Palais, v.^{o} *Compensation*, max. 2, p. 102;
consultation de M. Dalbessard, du 26 Mars 1731). Mais, pour
n'être pas propriétaire de la dot, quoique consistant en sommes
dues (V. *sup.*, n.^{os} XCVII, et CXV, al. dern.; n.^{tes} 541 et
819), le mari, dans son intérêt propre, n'en était pas moins
investi, comme aujourd'hui, du droit d'exiger et de quittancer
lesdites sommes, et c'est de ce droit que nous semble découler
celui d'opposer la compensation.

(833) V. *sup.*, n.^{te} 828.

insolvables, la responsabilité du mari se trouverait engagée (833 *bis*).

C. Le mari a encore le plein et libre exercice des actions possessoires qui regardent les
biens dotaux, soit en demandant, soit en défendant (834).

CI. Le mari peut aussi, dans son intérêt
propre, et sans préjudice des droits de la femme,
exercer seul, soit en demandant, soit en défen-

(833 *bis*) V. Faber, C., liv. 5, tit. 9,$\frac{u}{1}$*def.*, 2, p. 534; *inf.*,
n.º CXII, let. A, al. dern.

(834) V. Legrand, Coutume de Troyes, art. 19, glose 1,
n. 12, p. 67; Roussilhe, de la Dot, t. 1, n. 224; M. Merlin,
Nouveau Répertoire, v.º *Puissance maritale*, sect. 2, art. 3,
§. 3, n. 1, t. 10, p. 333; M. Pigeau, Procédure civile, t. 1,
p. 85. C'est ainsi que, sous le régime de la Communauté, le
mari exerce seul les actions possessoires qui regardent les biens
personnels de la femme (V. C. civ., art. 1428, 2.ᵉ disp.; Auroux des Pommiers, Coutume de Bourbonnais, p. 379, n. 15;
Boucheul, Coutume de Poitou, art. 228, n. 5, t. 1, p. 743;
Ferrière, Compil. sur la Coutume de Paris, art. 233, t. 3, p.
345 et 346). C'est ainsi encore que l'exercice des mêmes actions est accordé à un usufruitier quelconque (V. M. Proudhon, de l'Usufruit, t. 1, n. 32, et t. 3, n. 1259 et suiv.; M.
Toullier, Droit civil, t. 3, n. 418; M. Merlin, Quest. de Droit,
v.º *Usufruit*, §. 7 *bis*, t. 9, p. 488).

dant, toutes les actions pétitoires pour les immeubles dotaux (835), c'est-à-dire, les actions
réelles en revendication soit de la propriété de

---

(835) D'après les principes du droit romain, le mari seul
avait les actions au pétitoire relatives aux biens dotaux (V. L. 9,
C. *de rei vindic.*, liv. 3, tit. 32; L. 11, C. *de jur. dot.*,
liv. 5, tit. 12). Dans la jurisprudence du Parlement de Bordeaux, on s'écartait de ces principes : le mari ne pouvait, d'a-
près cette jurisprudence, agir seul au pétitoire, soit en demandant, soit en défendant (V. Salviat, p. 196; attestation du
barreau de Bordeaux, du 30 Juin 1673, syndics MM. Poite-
vin et Borie, rappelée au Répertoire de M. Merlin, v.° *Puissance maritale*, sect. 2, art. 3, §. 3, t. 10, p. 334, ainsi que
dans Salviat, *sup.*). Dans les pays de communauté, où l'administration de tous les biens personnels de la femme appartenait
au mari, ce dernier n'avait pas également le droit d'intenter ou
de soutenir seul au pétitoire les actions relatives aux mêmes
biens (V. Valin, Coutume de la Rochelle, t. 1, p. 490 et suiv.,
n. 19, et p. 495, n. 36; Lebrun, de la Communauté, liv. 2,
chap. 2, sect. 4, n. 38 et 61, p. 243 et 250; Renusson, de la
Communauté, 1.re part., chap. 8, n. 2 et 6, p. 51; Brodeau
sur Louet, let. M, som. 1, n. 3, t. 2, p. 91, et som. 25, n. 4,
p. 185; Boucheul, Coutume de Poitou, art. 228, n. 10, t. 1,
p. 744; Legrand, Coutume de Troyes, art. 136, n. 3, p. 170;
Répertoire de M. Merlin, *sup.*, n. 3 et suiv., p. 334 et suiv.).
C'est vraisemblablement en écrivant sous l'influence du droit
commun des pays de communauté et de la jurisprudence de
notre Parlement, que des auteurs enseignaient, à l'égard des
biens dotaux, que l'exercice des actions pétitoires relatives à ces

ces immeubles, soit d'un droit réel sur les mêmes
immeubles.

---

biens appartenait exclusivement à la femme (V. Roussilhe, de
la Dot, t. 1, n. 217 et 219; Nouveau Denisart, v.º *Dot*, §. 13,
n. 2, t. 7, p. 121 et suiv.). La doctrine de ces auteurs s'écartait
des principes du droit romain. Domat, plus fidèle à ces principes, professait dans ses Lois civiles, liv. 1, tit. 10, sect. 1, n.
4, p. 107, que le mari exerçait, de son chef, comme mari, les
droits et les actions dépendantes de la dot, et qu'il pouvait agir
seul en justice pour recouvrer le fonds dotal contre les tierces
personnes qui en étaient les détenteurs ou les débiteurs. C'est
à ce passage de Domat que paraît avoir été empruntée la disposition de l'article 1549, al. 2, qui porte que le mari a seul le
droit de poursuivre les débiteurs et les détenteurs des biens dotaux. L'interprétation de cet article a donné lieu, sous le Code,
à de nouvelles controverses sur les droits du mari, relativement
aux actions pétitoires pour les biens dotaux. Parmi les jurisconsultes modernes, les uns, en effet, ont voulu que le mari
eût seul le droit d'exercer ces actions (V. Répertoire de M. Merlin, *sup.*, n. 8, p. 336; M. Delvincourt, Cours de Code civil,
t. 3, p. 332, n.ᵗᵉ 9; M. Toullier, Droit civil, t. 12, n. 390,
p. 567 et suiv.; M. Dalloz, Jurisprudence générale, t. 10, p.
302, n. 3; M. Duranton, Cours de Droit français, t. 15, n. 395
et 398). Les autres ont prétendu que le mari ne peut pas agir
seul au pétitoire; que c'est seulement le détenteur annal qu'il
peut poursuivre seul, aux termes de l'article 1549, al. 2; en
d'autres termes, qu'il n'a que l'exercice de l'action possessoire
(V. M. Pigeau, Procédure civile, t. 1, p. 85; M. Carré, Lois
de l'organisation et de la compétence des Juridictions civiles,

Ainsi, par exemple, il serait recevable à pro-

---

t. 1, p. 245 et 356, et p. 357 *in notis*). Pour nous, il nous a semblé que le mari, comme maître de la jouissance des biens dotaux, avait, comme tout usufruitier, un droit réel dans les biens soumis à son droit de jouissance; que, dès-lors, il pouvait, dans son intérêt propre, ainsi que tout usufruitier en a la faculté, suivre ces biens en quelques mains qu'ils passent, en d'autres termes, poursuivre les détenteurs des mêmes biens, comme le dit l'art. 1549, 2.e disp., qui statue, d'une manière générale, à l'égard de tous détenteurs indistinctement (V. M. Proudhon, de l'Usufruit, t. 3, n. 1234; M. Toullier, Droit civil, t. 3, p. 331). Mais si, dans son intérêt, le mari peut seul exercer une action en revendication contre les tiers-possesseurs des fonds dotaux, et, par contre, défendre seul aussi aux demandes en délaissement des mêmes biens, il ne saurait, en procédant ainsi en justice, compromettre en rien les droits de la femme en qui réside la propriété des fonds dotaux. De là, la conséquence que, pour que le jugement à intervenir puisse lier la femme aussi bien que le mari, il sera nécessaire de mettre l'un et l'autre en cause; que si le mari s'était seul porté à agir, ou s'était seul présenté pour défendre, l'exception de la chose jugée ne pèserait que sur lui, et la femme aurait toujours la voie de la tierce-opposition (V. M. Proudhon, *sup.*, n. 1240 à 1242, et t. 1, p. 40 et précéd.). A quoi revient ce que disent quelques auteurs, et ce qu'ont jugé plusieurs arrêts, au sujet des biens personnels de la femme mariée en communauté, que le mari, dans son intérêt et à raison de son droit de jouissance, peut seul agir au pétitoire; que, cependant, la femme, qui n'aurait pas été partie dans l'instance, ne serait pas liée par le jugement obtenu contre son mari; qu'il convient donc de mettre la femme

poser les actions confessoires et négatoires (836).

en cause (V. Ferrière, Compil. sur la Coutume de Paris, art.
233, t. 3, p. 347; Poullain-Duparc, Principes du Droit français, t. 5, 'n. 121 et 122, p. 96 et 97; M. Toullier, Droit civil,
t. 12, n. 384 à 396, p. 559 et suiv.; M. Carré (*), Lois de
l'organisation et de la compétence des Jurisdictions civiles, t. 2,
p. 353 et suiv., n.le 200; arrêts de la Cour de cassation, des 14
Novembre 1831 et 15 Mai 1832, dans Sirey 1832, 1, 388 et
390). Remarquons en finissant qu'il résultait bien du texte des
lois romaines citées en tête de la présente note (comme il semblerait résulter de la lettre de l'article 1549, al. 2) que le mari
avait le droit d'agir seul, et à l'exclusion de sa femme, dans la
poursuite contre les tiers-possesseurs des immeubles dotaux.
Mais Domat, *loc. sup. cit.*, a soin de faire observer que la
disposition des lois romaines s'écartait de l'usage suivi en
France, usage suivant lequel, encore que le mari eût la faculté
d'agir seul, la femme n'en conservait pas moins le droit d'agir
elle-même.

(836) V., là-dessus, M. Toullier, Droit civil, t. 3, n. 418;
M. Proudhon, de l'Usufruit, t. 1, p. 36, *in fine*, et p. 37, et
t. 3, p. 212 et 233 et suiv.; M. Dalloz, Jurisp.ce générale,
t. 10, p. 305, n. 5 et 6.—La Cour de Bordeaux, dans un arrêt
du 16 Mars 1827, 2.e ch., rapporté par Sirey, 1828, 2, 49,
tout en reconnaissant que le mari pourrait, d'après l'art. 1549,
al. 2, exercer seul *en demandant* l'action confessoire ou néga-

---

(*) Cet auteur, tout en discutant l'opinion de M. Toullier, reconnaît
que le mari qui agirait seul, ne pourrait être déclaré non recevable par
défaut de qualité; mais il voudrait que ce fût au mari à mettre en cause
la femme, sur la réquisition qui lui en serait faite.

CII.   En sa qualité de maître de la jouissance des biens dotaux, le mari peut encore poursuivre

---

toire, a jugé qu'il était sans qualité *pour défendre* seul à l'action qu'un tiers avait dirigée contre lui pour faire déclarer le fonds dotal grevé d'un droit de servitude. Elle a, en conséquence, relaxé le mari comme n'ayant pas été valablement assigné. « La faculté d'agir contre les débiteurs de la dot, dit « l'arrêt en question, dérive de la responsabilité imposée au « mari par l'art. 1562, d'où résulte la nécessité de lui laisser « la plus grande liberté pour intenter, même sans le consente- « ment de la femme, toutes les actions attachées à la propriété « de la dot; mais ce motif n'existe pas, lorsqu'il ne s'agit que « de défendre aux actions immobilières dirigées contre le fonds « dotal. Ces actions ne peuvent, en effet, avoir d'autre but que « de diminuer la dot, et, dès-lors, aux termes du droit com- « mun, elles doivent être dirigées contre la femme dûment au- « torisée par son mari ou par la justice ». Si la faculté d'agir ne prenait sa source que dans la disposition de l'art. 1562, suivant lequel « le mari est tenu, à l'égard des biens dotaux, « de toutes les obligations de l'usufruitier, et responsable de « toutes prescriptions acquises et détériorations survenues par « sa négligence », la faculté de défendre devrait, à bien plus forte raison, dériver de la même disposition. Mais c'est princi- palement de la jouissance qu'a le mari des biens dotaux que vient la faculté d'agir au pétitoire que lui donne l'art. 1549, 2.º disp., faculté qui entraine celle d'y défendre, car, ainsi que le fait remarquer M. Merlin, Nouveau Répertoire, v.º *Puissance paternelle*, sect. 2, art. 3, §. 3, n. 8, t. 10, p. 336, le droit de plaider en défendant est renfermé dans le droit de plaider en demandant, comme le moins l'est dans le

un partage des mêmes biens conforme à la nature
de son droit de jouissance, c'est-à-dire, un partage provisionnel (837). Mais le partage définitif
desdits biens, que le mari le provoque ou qu'il
y soit provoqué, ne peut s'opérer qu'avec le concours de la femme en qui réside le droit de propriété (838). Dans cette hypothèse d'un partage

plus. Or, maintenant, et pour en revenir à l'espèce de l'arrêt
de la Cour de Bordeaux, le tiers qui prétendait une servitude
sur le fonds dotal, menaçait par là de retrancher au mari une
partie de sa jouissance. Le mari avait donc intérêt et qualité
pour défendre à cette action. Sans doute que le jugement qui
aurait statué sur la servitude réclamée, n'aurait pas lié la femme;
sans doute que c'était une raison pour que le tiers qui réclamait
la servitude, mît la femme en cause (V. à la note précédente);
mais ce ne pouvait être un motif pour déclarer le mari sans
qualité pour défendre à l'action dirigée contre lui.

(837) V. C. civ., art. 818, al. 1; M. Proudhon, de l'Usufruit, t. 3, n. 1245, p. 221 et 222; Chabot de l'Allier, des
Successions, t. 3, p. 86; M. Pigeau, Procédure civile, t. 2,
p. 705, §. 2, n. 3; M. Duranton, Cours de Droit français,
t. 7, n. 125 et 126, p. 216 et suiv.

(838) V. C. civ., art. 818, al. 1; M. Proudhon, de l'Usufruit, t. 3, n. 1245, p. 221 et 222; Chabot de l'Allier, des
Successions, t. 3, p. 86; M. Duranton, Cours de Droit français, t. 7, n. 125 et 126, et t. 15, n. 396; M. Toullier, Droit
civil, t. 14, n. 156, 157 et 215; arrêt de la Cour de Toulouse,
du 1.er Pluviose an 10, dans la Jurisprudence inédite de cette
Cour, p. 208; arrêt de la Cour d'Agen, du 24 Février 1809,

définitif provoqué par les cohéritiers ou copro-

cité par M. Dalloz, Jurisprudence générale, t. 10, p. 304.—
Chez les Romains, le partage, qui était considéré comme une
aliénation (V. *sup.*, à la n.te 626), n'était pas indistinctement
autorisé à l'égard du fonds dotal. Était-il provoqué par les cohéritiers ou copropriétaires de la femme? On le regardait comme
une aliénation nécessaire, et, dès-lors, il était permis (V. L. 2,
C. *de fundo dotali*, liv. 5, tit. 23; Voet, *ad Pand.*, liv. 23,
tit. 5, t. 2, p. 120, n. 2; Pothier, dans ses Pandectes, liv. 23,
tit. 5, art. 2, n. 9, t. 2, p. 36; Despeisses, tit. de la Dot,
sect. 3, n. 30, *sextò*, t. 1, p. 510; Dupin sur Ferron, let. F,
n. 117, et let. P, n. 11; *sup.*, n.te 620). Était-il provoqué
par le mari? On le considérait comme une aliénation pleinement volontaire et libre, et il était prohibé (V. L. 2, C. *de
fundo dotali*, liv. 5, tit. 23, et Godefroy sur cette loi; L. 18,
§. 2, ff. *de cast. pecul.*, liv. 49, tit. 17; Voet et Despeisses,
plus haut cités; n.te 620, *sup.*), quand bien même la femme
eût concouru dans la demande en partage, l'aliénation volontaire du fonds dotal étant défendue aux deux époux conjointement aussi bien qu'à l'un d'eux (V. *sup.*, n.º LXI). Suivant
les principes du droit français, le partage du fonds dotal est
indistinctement permis, que le mari y soit provoqué ou qu'il
le provoque lui-même (V. C. civ., art. 818 et 1558, al. 6);
mais, comme nous l'avons décidé, le mari ne peut y procéder
seul, d'une manière définitive, sans le concours de sa femme.
C'est ainsi qu'à l'égard des biens personnels de la femme commune, les anciens jurisconsultes professaient que le partage
définitif ne pouvait s'en opérer avec le mari seul (V. Pothier,
des Successions, chap. 4, §. 2, p. 170, et Cout.e d'Orléans,
Introd. au titre 10, n. 154; Valin, Cout.e de la Rochelle, t. 1,

priétaires de la femme, le mari, toujours en sa

---

p. 492, n. 26 et 27; Ferrière, Compilat. sur la Cout.ᵉ de Paris,
t. 3, p. 238, n. 10; Boucheul, Cout.ᵉ de Poitou, art. 230,
n. 78, t. 1, p. 778), et la doctrine de ces auteurs se trouvait
adoptée pour les biens dotaux proprement dits (V. Chabrol,
Cout.ᵉ d'Auvergne, t. 2, p. 208 et suiv.; Roussilhe, de la Dot,
t. 1, n. 217 à 219) (*). La raison de décider était, en effet, la
même pour les biens dotaux que pour les biens personnels de
la femme. Quoique le partage ne soit pas, en droit français,
une vraie aliénation, il n'est cependant pas un acte d'administration : c'est un acte qui touche au droit de propriété : c'est
une espèce d'aliénation du droit que le cohéritier avait sur les
effets de la succession non tombés dans son lot (V. *sup.*, à la
n.ᵗᵉ 626, *ubi* autorités). Comment donc le mari, qui n'était
qu'investi de l'administration et de la jouissance des biens dotaux,
aurait-il eu, sur ces biens, d'autres droits que ceux qui lui étaient
conférés comme administrateur et usufruitier des biens personnels de la femme commune? Comment, en ce qui touche l'action
en partage, aurait-il pu l'exercer seul pour les biens dotaux, et
en être empêché à l'égard des biens personnels de son épouse?
Aussi, avons-nous vu que, de nos jours, la disposition de l'art.
818 C. civ. est appliquée tant aux biens personnels de la femme
mariée en communauté qu'aux biens apportés en dot par une

(*) M. de Juin, en son Recueil d'Arrêts, t. 6, p. 85, rapporte bien
un arrêt du Parlement de Toulouse, du 29 Août 1736, par lequel ce
Parlement se prononça pour la validité d'un partage de biens dotaux fait
par le mari seul, comme mari et maître des cas dotaux de sa femme;
mais on voit, par ce que dit M. de Juin, que des circonstances particulières déterminèrent les juges.

qualité de maître de la jouissance des biens do-

femme mariée sous le régime dotal. Il existe pourtant des autorités qui confèrent au mari seul, sous l'empire du Code, l'exercice de l'action en partage des biens dotaux, tant en demandant
qu'en défendant (V. arrêt de la Cour d'Aix, du 9 Janvier 1810,
dans Sirey, 1811, 2, 468; M. Delvincourt, Cours de Code
civil, t. 2, p. 44 et p. 349, n.te 10; M. Benoit, de la Dot,
t. 1, p. 143 et suiv.; M. Dalloz, Jurisprudence générale, t. 10,
p. 303 et suiv.; M. Duport-Lavillette, Quest. de Droit, t. 5,
p. 73 et suiv.). A l'appui de cette dernière opinion, on dit que
l'art. 818 n'a trait qu'aux partages à effectuer sous le régime
de la communauté; que l'on conçoit bien, dans ce cas, la nécessité du concours de la femme, puisque ses biens personnels
ne sont pas frappés d'inaliénabilité, et qu'il est dans l'ordre de
faire intervenir au partage celle qui a seule le droit d'aliéner.
Mais est-ce que, sous le régime dotal, le principe de l'inalié--
nabilité ne reçoit pas une exception au cas de partage, et comment la femme, qui reste investie de la propriété du fonds
dotal, pourrait-elle être plus écartée du partage sous ce régime
que sous celui de la communauté? On dit encore que, sous le
régime de la communauté, le mari n'a pas l'exercice des actions
pétitoires, comme sous le régime dotal. D'où l'on conclut que,
sous le premier de ces régimes, il ne saurait procéder seul au
partage des biens personnels de son épouse, et que, sous le
second régime, il doit en être différemment, la faculté donnée
au mari d'exercer les actions pétitoires entraînant nécessairement pour lui le droit de consommer seul un partage définitif
des biens dotaux. A cet égard, nous ne pouvons que renvoyer
à ce que nous avons dit plus haut (V. n.° CI, et n.te 835),
que c'est uniquement dans son intérêt propre, et sans préjudice

taux, a un intérêt direct d'assister au partage : aussi doit-il être mis en cause (839).

Comme la licitation équipolle à un partage (840), il est évident que, s'il y avait lieu à licitation, elle ne pourrait également s'opérer sans le concours de la femme, qui y serait partie essentielle (841).

Quant aux formalités que peuvent exiger le

---

des droits de sa femme, que le mari peut exercer seul les actions pétitoires pour les immeubles dotaux. Aussi ne lui dénions-nous pas le pouvoir de faire seul, dans cet intérêt, un partage des biens dotaux ; mais, à notre avis, ce partage ne sera que provisionnel.

(839) V. C. civ., art. 818, 2.ᵉ al. ; M. Proudhon, de l'Usufruit, t. 3, n. 1254, p. 232 et précéd.

(840) V. *sup.*, à la n.ᵗᵉ 626.

(841) M. Delvincourt, Cours de Code civil, t. 3, p. 338, n.ᵗᵉ 11, est d'une opinion contraire ; mais c'est ce que décidaient, à l'égard des biens dotaux, Roussilhe, de la Dot, t. 1, n. 407, et à l'égard des biens personnels de la femme mariée en communauté, les auteurs qui suivent : Lebrun, de la Communauté, liv. 2, chap. 2, sect. 4, n. 45, p. 246 ; Boucheul, Coutume de Poitou, art. 230, n. 78, t. 1, p. 778 ; Pothier, Cout.ᵉ d'Orléans, Introd. au tit. 10, n. 154 ; Bourjon, Droit commun, 3.ᵉ part. de la Communauté, chap. 2, sect. 6, n. 28 et 29, t. 1, p. 576 ; Ferrière, Compilat. sur la Cout.ᵉ de Paris, t. 3, p. 238, n. 10 ; Valin, Cout.ᵉ de la Rochelle, t. 1, p. 493, n. 28.

partage ou la licitation, nous avons déjà eu à nous en expliquer (842).

CIII. Comme l'action en bornage touche essentiellement au droit de propriété, et n'est pas une simple action possessoire, le mari n'est également partie capable pour l'intenter ou y défendre seul que dans son intérêt propre et pour l'exercice de son droit de jouissance. Afin que le bornage puisse être définitif, la femme doit être mise en cause (843).

CIV. Le mari n'étant investi que de l'administration et de la jouissance des fonds dotaux, ne peut être habile à transiger sur lesdits fonds que dans les limites de ce droit d'administration et de jouissance, tant qu'il lui appartient (844). Ce qui vient d'être dit de la transaction s'applique au compromis (845).

---

(842) V. *sup.*, n.º LXXI.

(843) V. M. Proudhon, de l'Usufruit, t. 3, p. 218 et suiv.; Nouveau Denisart, t. 3, p. 655.

(844) V. *sup.*, n.º LXIV, lct. C.

(845) V. arrêt de la Cour de Toulouse, du 4 Janvier 1817, dans le Mémorial de jurisprudence, t. 3, p. 270; arrêt de la Cour de Montpellier, du 27 Juillet 1825, dans Sirey, 1826, 2, 191.— Dans une espèce où des arbitres avaient reçu mission

CV. Comme pour faire la remise d'une ser-

de décider si un sentier placé entre deux vignes, dont l'une était dotale à la femme, devait être fourni en commun ou pris seulement sur l'une des vignes, un arrêt de la Cour de Riom, du 8 Juin 1809 (V. Sirey, 1810, 2, 235), a jugé que le compromis passé à ce sujet par le mari faisait loi pour lui, quoiqu'il ne liât pas sa femme; que le mari était, dès-lors, non recevable à l'attaquer, et que la femme elle-même ne pouvait être recevable à le faire annuler quant à présent, mais seulement à la dissolution du mariage : « Attendu, porte l'arrêt, « que le mari a l'administration et l'usufruit des biens dotaux « de sa femme, et qu'à raison de ce, il peut compromettre « avec des tiers, sans nuire aux intérêts de cette dernière qui, « à la dissolution du mariage, pourra exercer toutes les actions « qu'elle jugera à propos contre les actes qu'aura faits son mari « à son préjudice ». Cet arrêt, que quelques auteurs approuvent (V. M. Toullier, Droit civil, t. 12, n. 398, p. 575), mais que d'autres auteurs combattent (V. M. Carré, Lois de l'organisation et de la compétence des Juridictions civiles, t. 2, p. 242 et suiv., et p. 357; M. Bellot, du Contrat de mariage, t. 4, p. 465 et suiv.), est-il conforme aux principes? Le mari, comme nous avons déjà eu l'occasion de le dire, peut, dans son intérêt propre, intenter seul toutes les actions réelles en revendication soit de la propriété d'immeubles dotaux, soit d'un droit réel sur les mêmes immeubles, et les jugemens qui interviennent ont force de chose jugée contre lui, quoiqu'ils ne lient pas sa femme, si elle n'a pas été partie aux procès. Il semble donc que le mari doive avoir le même droit de passer un compromis que de plaider en justice réglée, et que les effets du compromis doivent être les mêmes que ceux des jugemens qui ont mis fin

vitude, il faut être propriétaire du fonds domi-

aux instances engagées. Il semble, en un mot, que l'arrêt précité soit à l'abri de toute critique. Telle n'est pourtant pas notre
manière de voir. Le mari, comme administrateur des biens dotaux et comme ayant le droit de jouir, a, sans doute, des droits
à lui propres, et s'il soumet spécialement ces mêmes droits à un
compromis, il se trouvera assurément lié par le compromis.
Mais de ce que le mari a l'administration et la jouissance des
biens dotaux, ce ne peut être une raison pour qu'il ne puisse
demander la nullité d'un compromis par lui passé sur une contestation relative au fond du droit de propriété des immeubles
dotaux. Pour compromettre sur un objet, il faut en avoir la
libre disposition (C. Pr., art. 1003). Or, le mari, loin d'avoir
la libre disposition des biens dotaux et des droits réels relatifs à
ces mêmes biens, ne peut, en aucune manière, les aliéner (C.
civ., art. 1554). Il ne peut, dès-lors, en faire l'objet d'un compromis, puisque compromettre, c'est aliéner (V. *sup.*, n.º LXIV,
let. D). D'un autre côté, pour être habile à compromettre sur
une contestation, il faut qu'elle ne soit pas sujette à communication au ministère public (C. Pr., art. 1004) : or, les causes des
femmes mariées sous le régime dotal sont communicables, lorsqu'il s'agit de la dot (C. Pr., art. 83, 6.º). Voilà des raisons de
décider contre le système embrassé par l'arrêt de la Cour de
Riom. On allègue, à la vérité, que la communication au ministère public dont il vient d'être question, ne saurait être exigée
qu'à l'égard des femmes qui sont *elles-mêmes* parties dans les
procès qui les concernent. En admettant, pour un moment,
que l'art. 83, 6.º, C. Pr., dût s'entendre ainsi, toujours resterait-il, contre le système suivi par l'arrêt précité, cette raison
que, lorsque le mari aliène directement le fonds dotal, la loi

nant, et qu'il ne suffit pas d'avoir la jouissance de
ce fonds (846), le mari ne saurait faire la remise
des servitudes dues aux immeubles dotaux (847).

---

l'autorise à demander lui-même la révocation de l'aliénation
(C. civ., art. 1560), et ne le repousse pas, sous le prétexte
qu'ayant, à raison de son droit de jouissance, des droits distincts
de ceux de sa femme, il aurait pu préjudicier à cette jouissance,
sans nuire aux intérêts de cette dernière qui, à la dissolution du
mariage seulement, aurait droit de se plaindre et de faire tomber
l'aliénation. S'il en est ainsi à l'égard de l'aliénation directe des
immeubles dotaux, comment en serait-il autrement pour l'aliénation indirecte qui résulte du compromis ? Maintenant, et
pour en revenir à l'interprétation qu'on fait de l'article 83, 6.º,
il nous semble que les motifs du législateur, en exigeant la communication au ministère public des causes concernant la dot
des femmes mariées sous le régime dotal, ont été de veiller à la
conservation de la dot et de donner un appui au principe de
l'inaliénabilité. Ces motifs militent avec une égale force, soit que
la femme se trouve elle-même partie, soit que le mari soit seul
en cause. Dans ce dernier cas, comme dans le premier, il y a
lieu, selon nous, à communication, et le compromis ne saurait,
par conséquent, être permis et se trouver valable, même à
l'égard du mari, nonobstant son droit de jouissance sur les
biens dotaux.

(846) V. L. 14, §. 1, ff. *de servit.*, liv. 8, tit. 1; Lalaure,
des Servitudes, p. 79 *in fine*.

(847) V. L. 6, ff. *de fundo dotali*, liv. 23, tit. 5; Lalaure,
des Servitudes, p. 68; M. Merlin, Nouveau Rép.ʳᵉ, v.º *Dot*,
§. 7, n. 7, t. 4, p. 204.

Le mari ne peut également imposer de servitude sur le fonds dotal, puisqu'il n'est pas propriétaire de ce fonds (848). Il ne pourrait constituer une servitude sur ledit fonds, même avec le consentement de la femme, à raison de l'inaliénabilité des immeubles dotaux (849).

CVI. L'expropriation du fonds dotal, dans le cas où elle peut avoir lieu, peut-elle être poursuivie sur le mari seul ? Non, car le mari n'est pas propriétaire du fonds dotal, et une expropriation ne peut être faite *super non domino*. Est-ce à dire que les poursuites en saisie immobilière doivent s'exercer contre la femme seule ? Nullement. Le mari doit être également compris dans la poursuite, et cela, non seulement à raison de l'autorisation maritale nécessaire à la femme, mais encore à raison du droit de jouissance qu'a le mari des biens dotaux (851).

---

(848) V. L. 5, ff. *de fundo dotali*, liv. 23, tit. 5 ; Cæpola, *de servit. urb. præd.*, chap. 4, n. 10 et 11, p. 33 et suiv.

(849) V. *sup.*, n.º LXIV, let. B.

(850) V. *sup.*, n.ᵒˢ LXXV et LXXVI.

(851) V., sur tout cela, d'Héricourt, de la Vente d'immeubles par décret, chap. 4, n. 11, p. 57 ; Brodeau sur Louet, let. M, som. 25, t. 2, p. 185 A ; Renusson, de la Communauté, 1.ʳᵉ part., chap. 8, n. 9, p. 52 ; Roussilhe, de la Dot,

CVII. L'administration et la jouissance qu'a le mari des immeubles dotaux, lui donnent un double titre pour en consentir seul des baux à ferme ou à loyer, en, par lui, se conformant aux prescriptions de la loi suivant lesquelles les baux des maisons et ceux des héritages ruraux ne peuvent être passés pour plus de neuf ans, ni, en cas d'un bail préexistant, être consentis plus de deux ou trois ans avant l'expiration dudit bail, selon qu'il s'agit de maisons ou de biens ruraux. Ces baux, ainsi passés par le mari, sont obligatoires pour la femme, même après la cessation de la jouissance et de l'administration du mari. Que si les baux ont été ou consentis pour plus de neuf ans, ou faits pour un tems n'excédant pas neuf années, mais plus de deux ou trois ans (suivant qu'il est question de maisons ou d'héritages ruraux) avant l'expiration du bail courant, ils sont encore obligatoires à l'égard de la femme, savoir, dans la dernière hypothèse, à condition que leur exécution ait commencé avant que la jouissance

---

t. 1, p. 259 et 473; M. Duranton, Cours de Droit français, t. 15, n. 397; C. civ., art. 2208. — M. Delvincourt, Cours de Code civil, t. 3, p. 412, n.te 6, est d'avis que la poursuite en ex ropriation forcée des immeubles dotaux doit être faite contre le mari seul. Nous ne saurions souscrire à ce sentiment.

du mari ait pris fin, et, dans la dernière hypothèse, sous cette modification que le preneur
n'aura droit que d'achever la période de neuf ans
(la première ou toute autre) dans laquelle il se
trouvera à la cessation de la jouissance maritale (852).

Plaçons ici deux remarques :

La première, que si, dans la passation des

---

(852) V., sur tout cela, C. civ., art. 1429 et 1430, dont les
dispositions, aux termes de l'art. 595, sont applicables à tout
usufruitier, et, par conséquent, au mari, ainsi que l'enseigne,
du reste, M. Merlin, Nouveau Répertoire, v.° *Dot*, §. 11,
n. 11, *in fine*, t. 4, p. 227. — Avant le Code, on tenait également, et que le mari avait le droit de passer des baux des biens
de sa femme, et que la femme était obligée, après la cessation de
la jouissance du mari, d'entretenir les baux faits par ce dernier
(V. Valin, Cout.ᵉ de la Rochelle, art. 22, §. 1, n. 46 et suiv.,
t. 1, p. 498 et suiv.; Lebrun, de la Communauté, liv. 2, chap. 2,
sect. 4, p. 244 et suiv.; Pothier, du Louage, n. 306; Vedel sur
Catelan, liv. 5, chap. 63, t. 2, p. 229; Roussilhe, de la Dot,
t. 2, n. 520. Sur ce dernier point, des dissentimens s'étaient
pourtant élevés (V. Despeisses et les auteurs qu'il cite, titre du
Louage, sect. 5, n. 1, 4.°, t. 1, p. 122; M. Merlin, *sup.*);
mais l'opinion contraire, qui paraît avoir prévalu, avait été
adoptée par la jurisprudence du Parlement de Bordeaux (V.
Salviat, p. 72 et suiv.; Automne, Conférence du Droit romain,
ad L. 25, §. 4, ff. *Solut. mat.*, t. 1; p. 428, *ubi* deux anciens arrêts du Parlement de Bordeaux; autre arrêt du 5 Février 1755, en grand'chambre).

baux, les limites légales avaient été dépassées, et que le preneur ne pût continuer sa jouissance pendant la durée fixée par lesdits baux, des dommages et intérêts lui seraient dus par le mari, dans le cas où ce dernier aurait agi *nomine proprio*, comme propriétaire, et aurait tu sa qualité de mari (853) ;

La seconde, que les loyers et fermages ne peuvent jamais être acquis au mari qu'au prorata de la durée de sa jouissance, et qu'ainsi, pour tout le tems écoulé après que cette jouissance a cessé, ils appartiennent à la femme qui a droit d'en être remboursée par le mari ou ses héritiers, ou d'en être payée par les fermiers et locataires (854).

---

(853) V. Lebrun, de la Communauté, liv. 2, chap. 2, sect. 4, n. 42, p. 245 ; Valin, Coutume de la Rochelle, t. 1, p. 499 ; n. 53 ; Roussilhe, de la Dot, t. 2, n. 521 ; M. Proudhon, de l'Usufruit, t. 3, n. 1220 ; M. Toullier, Droit civil, t. 12, n. 406.

(854) V. L. 25, §. 4, ff. *Solut. matrim.*, liv. 24, tit. 3 ; *inf.*, n.º CVIII, let. B, al. 1. *Junge* arrêt de la Cour de Bordeaux, du 2 Février 1832, rapporté au Journal des Arrêts de cette Cour, an 1832, p. 71. Dans l'espèce de cet arrêt, le prix du bail à loyer d'un immeuble dotal avait été fixé, en faveur de la femme, en un intérêt dans une société commerciale. Au cas où la société ne vînt pas à prospérer (ce qui arriva) et où le mari décédât avant l'expiration du bail à loyer (ce qui arriva

CVIII. *A.* Comme maître de la jouissance de la dot à raison des charges du mariage dont il est tenu, le mari, à partir de la célébration du mariage et tant que le mariage dure, a droit de percevoir les fruits des biens dotaux (855), et

---

aussi), la femme, par l'effet d'une semblable location, se trouvait ainsi exposée à ne retirer aucun revenu de son bien. A la mort de son mari, la femme demanda la nullité du bail à loyer à raison de l'aléat qui y était attaché et auquel le mari, comme administrateur, n'avait pu la soumettre. Elle réclama, de plus, le paiement d'une somme déterminée pour les loyers courus depuis le décès du mari. La Cour, par l'arrêt précité, fit droit des conclusions de la femme. *Nota.* La Cour d'Agen, par arrêt du 21 Novembre 1829, dans Sirey, 1832, 2, 583, a jugé qu'une délégation de fermages, faite par un mari à des tiers, devait sortir à effet, même après la séparation de biens obtenue par la femme, et pour les fermages échus postérieurement à cette séparation. Mais, dans l'espèce de cet arrêt, le mari se trouvait créancier de sa femme de sommes majeures pour avoir payé des dettes antérieures au mariage dont les biens dotaux étaient grevés, et c'est pour se rembourser de ces sommes qu'il avait affermé un domaine de son épouse, sous cette condition que le fermier verserait annuellement le prix du bail entre les mains des créanciers personnels du mari, auxquels ce dernier déclara le déléguer. L'arrêt de la Cour d'Agen n'est ainsi, comme il est facile de s'en apercevoir, qu'un arrêt d'hypothèse.

(855) V. L. 7 *in princip.*, ff. *de jur. dot.*, liv. 23, tit. 3; L. 20, C. *de jur. dot.*, liv. 5, tit. 12; Fontanella, *de pact. nupt.*, clause 6, glose 2, part. 1, n. 2 et suiv., et part. 2, n. 2,

cela, nonobstant tout pacte au contraire (856),
et sans être soumis, lors de la dissolution du
mariage, à aucune restitution, quand même les
fruits perçus proviendraient d'un droit d'usufruit
ou d'une pension viagère apportés en dot (857).

Le mot FRUITS, *lato sensu,* comprend tout ce
qui naît et renaît de la chose, et tout ce qu'on
perçoit à l'occasion de la chose successivement
et périodiquement. En d'autres termes, il ne
s'entend pas seulement des seules productions de
la terre, mais des différentes espèces de revenus
qu'on peut retirer de la chose, de quelque nature qu'ils puissent être (858).

B. Le droit du mari, relativement aux fruits,
s'exerce donc sur toute espèce de fruits (859) :

---

p. 275 et suiv., et p. 280; C. civ., art. 1549; *sup.*, n. 1, al. 2.

(856) V. *sup.*, n.º XCVII, al. 3.

(857) V. *inf.*, n.º CXXX, al. 2 et 3.

(858) V. Domat, Lois civiles, liv. 5, tit. 5, sect. 3, n. 3,
p. 272 ; Dumoulin, Coutume de Paris, tit. 1 de Fiefs, §. 1,
glose 8, *in* v.º *Faire les fruits siens,* n. 1, p. 193.

(859) *Omnia quæ fructuum nomine continentur, ad lucrum domini pertineant,* dit la loi unique, §. 9, C. *de rei
ux. act.,* liv. 5, tit. 13. V. encore L. 59, §. 1, ff. *de usuf.
et quemad.,* liv. 7, tit. 1; Roussilhe, de la Dot, tit. 1, n. 334;
C. civ., art. 582.

Sur les fruits civils (qui sont ceux qu'on perçoit à l'occasion de la chose, et qui sont les revenus de cette chose) (860), comme les loyers des
maisons (861), le prix des baux à ferme (862), les
intérêts des sommes exigibles (863) et les arrérages des rentes (864). Ces fruits, comme on le
sait, *tempus successivum habent et quotidiè de-
beri incipiunt,* ou, pour parler le langage de la
loi, sont réputés s'acquérir jour par jour, et cela,
nonobstant les termes convenus pour le paie-

---

(860) V. Dantoine, Règles du Droit civil, p. 248; Pothier,
du Douaire, n. 203.

(861) V. L. 39, ff. *de leg.* 1.°, liv. 30, tit. 1; L. 36, ff. *de
usur. et fructib.*, liv. 22, tit. 1; C. civ., art. 584 et 582.

(862) V. L. 29, ff. *de hæred. petit.*, liv. 5, tit. 3; C. civ.,
art. 584 et 582.

(863) V. L. 34, ff. *de usur. et fruct.*, liv. 22, tit. 1; C. civ.,
art. 584 et 582. — De là, cette décision de la loi romaine, que
si la femme apportait en dot une somme que lui devait son mari,
ou dont un tiers était débiteur envers elle, les intérêts de cette
somme, courus pendant le mariage, n'étaient pas dotaux, c'est-
à-dire, restituables par le mari (V. L. 77, ff. *de jur. dot.*,
liv. 23, tit. 3; Cujas, *ad §. Mulier leg.* 69, ff. *de jur. dot.*,
comm. in lib. IV Resp. Papin., OEuv. posth., t. 1, p. 155
et suiv.; Despeisses, tit. de la Dot, sect. 2, n. 2, t. 1,
p. 474).

(864) V. Pothier, du Douaire, n. 203; C. civ., art. 588,
584 et 582.

ment (865). De là vient que le mari les fait siens
à proportion de la durée du mariage (866) ;

Sur les fruits industriels, que donne la culture,
et sur les fruits naturels, tels que les produits
spontanés de la terre (867), le produit et le croît
des animaux (868). Ces fruits naturels et industriels, qui sont ceux que la chose produit et repro-

---

(865) V. Renusson, de la Communauté, 2.ᵉ part., chap. 4,
n. 20, p. 147; Nouveau Denisart, v.º *Fruits en matière civile*, §. 3, n. 2, 4 et 5, t. 9, p. 113; C. civ., art. 586, et sur
les questions de détail auxquelles cet article peut donner lieu,
M. Proudhon, de l'Usufruit, t. 2, n. 586 et suiv. — Cet auteur
(t. 2, n. 911, et t. 5, n. 2702) signale quelques espèces de
fruits civils qui ne peuvent s'acquérir tous les jours dans une
proportion égale, et qu'il nomme, pour cela, *fruits civils irréguliers*. Mais, comme le dit lui-même cet auteur, ce sont là
des cas singuliers qui ne prouvent rien contre la règle générale
hors laquelle ils se trouvent placés par leur nature particulière.
— Avant le Code, les fermages n'étaient réputés dus et échus
que du moment où avait été faite la récolte des fruits, et ils appartenaient à l'usufruitier qui décédait postérieurement à cette
récolte, quoiqu'avant le terme fixé pour le paiement des fermages (V. L. 58, ff. *de usuf. et quemadm.*, liv. 7, tit. 1; Lebrun, des Successions, liv. 2, chap. 7, sect. 1, n. 12, p. 448;
Nouveau Denisart, v.º *Fruits en matière civile*, §. 3, n. 3,
t. 9, p. 112; M. Proudhon, de l'Usufruit, t. 2, n. 908 et 909).
(866) V. Serres, Inst., p. 127; C. civ., art. 586.
(867) V. C. civ., art. 583 et 582.
(868) V. L. 10, §. 3, ff. *de jur. dot.*, liv. 23, tit. 3; L. 7,

duit (869), le mari les fait siens, quand même ils seraient pendans par branches ou par racines au moment de la célébration du mariage (870), à la charge par lui de faire raison à la femme des frais de culture et de semences (871), car il n'y a réellement de fruits que déduction faite des impenses (872). Quant aux fruits naturels et in-

---

§. 9, ff. *Solut. matrim.*, liv. 24, tit. 3; Roussilhe, de la Dot, t. 1, n. 336; C. civ., art. 583 et 582.

(869) V. Pothier, du Douaire, n. 195; Barbosa, *de Appell. verb. jur. signif.*, appell. 103, n. 1, p. 210.

(870) V., contre l'opinion de Bouhier, Coutume de Bourgogne, chap. 76, n. 26 et 61, t. 2, p. 636 et 642; L. 27, ff. *de usuf. et quemadm.*, liv. 7, tit. 1; L. 7, *in princip.*, et §. 1, ff. *Solut. matrim.*, liv. 24, tit. 3; M. Proudhon, de l'Usufruit, t. 5, n. 2709; M. Toullier, Droit civil, t. 14, n. 300; C. civ., art. 585, al. 1. — *Quid*, si le mariage vient à se dissoudre avant l'année à partir de la célébration? V. *inf.*, n.º CIX, let. B, al. 3.

(871) V. L. 7, *in princip.*, ff. *Solut. matrim.*, liv. 24, tit. 3; Despeisses, tit. de la Dot, sect. 3, n. 18, t. 1, p. 502.

(872) *Fructus intelliguntur deductis impensis quæ quærendorum, cogendorum, conservandorumque eorum gratiá fiunt*, dit la loi 36, §. 5, ff. *de hæredit. petit.*, liv. 5, tit. 3. — *Impensarum ratio*, dit, d'un autre côté, la loi 51 *in princip.*, *famil. ercisc.*, liv. 10, tit. 2, *habere debet, quia nullus casus intervenire potest qui hoc genus deductionis impediat.* V. encore L. 46, ff. *de usur. et fruct.*, liv. 22, tit. 1; L. 7, *in princip.*, et §. 16, ff. *Solut. matrim.*, liv. 24, tit. 3.

dustriels pendans par branches ou par racines à la dissolution du mariage, quoiqu'ils ne puissent être réputés échus durant le mariage à raison de leur adhérence au sol (873), ils ne laissent pas de céder pour une portion au profit du mari, ainsi qu'on le verra ci-après (874).

C. Si, comme nous venons de le dire, le droit de jouissance du mari porte sur tout ce qui est fruit ou revenu, il en est autrement à l'égard de tout ce qui n'est pas de la nature des fruits et revenus (875).

D. D'après cela, tombent dans la jouissance du mari, par exemple :

Les coupes de bois taillis qui sont de véritables fruits, *fructus plurium annorum* (876).

---

(873) V. Lebrun, des Successions, liv. 2, chap. 7, sect. 1, n. 1, p. 446 ; Nouveau Denisart, v.° *Fruits en matière civile*, §. 3, n. 1, t. 9, p. 112 ; M. Proudhon, de l'Usufruit, t. 2, n. 906, et t. 3, n. 1145.

(874) V. *inf.*, n. CX, let. A, al. 1.

(875) V. Domat, Lois civiles, liv. 1, tit. 10, sect. 1, n. 24, p. 109.

(876) V. L. 7, §. 12, ff. *Solut. matrim.*, liv. 24, tit. 3 ; Domat, Lois civiles, liv. 1, tit. 10, sect. 1, n. 24, p. 109 ; Pothier, du Douaire, n. 197, et de la Communauté, n. 204 *in*

Les futaies mises en coupes réglées dont le produit constitue un revenu (877) ;

Le produit des mines et des carrières en exploitation lors du mariage, lequel produit, à raison de cette exploitation commencée, est mis au rang des revenus de l'héritage (878) ;

Les arbres qu'on peut tirer d'une pépinière : c'est une branche de revenu (879) ;

---

fine ; Roussilhe, de la Dot, t. 1, n. 334; C. civ., art. 590, et sur cet article, M. Proudhon, de l'Usufruit, t. 3, p. 147 et suiv.

(877) V. Nouveau Denisart, v.º *Fruits en matière civile,* §. 2, n. 1, t. 9, p. 97 et suiv.; M. Merlin, Nouveau Rép.re, v.º *Usufruit,* §. 4, n. 4, t. 14, p. 379, 1.re col.; M. Proudhon, de l'Usufruit, t. 3, n. 1164 et 1167; C. civ., art. 591, et, pour le commentaire de cet article, M. Proudhon, *sup.,* n. 1180 et suiv.

(878) Plusieurs auteurs enseignaient, avant le Code, que toutes les fois que l'exploitation d'une carrière se trouvait commencée lors de l'ouverture de l'usufruit, l'usufruitier avait le droit d'en continuer l'exploitation à son profit (V. Nouveau Denisart, v.º *Carrières,* §. 2, n. 4, t. 4, p. 226 et 227). Cette opinion a été consacrée par l'art. 598, al. 1, du Code civil. V., pour le commentaire de cet article, M. Proudhon, de l'Usufruit, t. 3, n. 1200 et suiv.

(879) V. L. 7, §. 12, ff. *Solut. matrim.,* liv. 24, tit. 3; L. 9, §. 6, ff. *de usuf. et quemadm.,* liv. 7, tit. 1; Domat, Lois civiles, liv. 1, tit. 10, sect. 1, n. 24, p. 109; Roussilhe, de la Dot, t. 1, n. 335; C. civ., art. 590, al. 2.

Les produits annuels et périodiques des arbres qui sont utiles par leurs branches ou leur écorce, tels que les saules, les aunes, les bouleaux, les peupliers, l'arbre à liége (880).

· Mais, au contraire, ne tombent pas, comme fruits, dans la jouissance du mari, par exemple :

· Le trésor découvert pendant la durée du mariage (881);

Le produit des mines et carrières qui n'étaient pas en exploitation lors du mariage (882);

---

(880) V. L. 40, §. 4, ff. *de contrah. empt.*, liv. 18, tit. 1; L. 9, §. 7, ff. *de usuf. et quemadm.*, liv. 7, tit. 1; L. 59, §. 2, ff. *eod.* ; C. civ., art. 593.

(881) V. L. 7, §. 12, ff. *Solut. matrim.*, liv. 24, tit. 1; Nouveau Denisart, v.° *Fruits en matière civile*, §. 2, n. 5, t. 9, p. 101; Pothier, du Douaire, n. 196; C. civ., art. 598, al. 2.

(882) En droit romain, les produits de certaines carrières étaient considérés comme des fruits, et, en cette qualité, ils étaient alloués au mari, à la différence des produits d'autres carrières qu'on ne regardait pas comme fruits, et qui, dès-lors, faisaient partie de la dot (V. L. 7, §. 14, ff. *Solut. matrim.*, liv. 24, tit. 3; L. 8, ff. *eod.*; L. 7, §. 13, ff. *eod.*; L. 18, ff. *de fundo dotali*, liv. 23, tit. 5; L. 32, *de jur. dot.*, liv. 23, tit. 3; Domat, Lois civiles, liv. 1, tit. 10, sect. 1, n. 25, p. 110; Pothier, de la Communauté, n. 97). En droit français, les auteurs s'accordaient à ne considérer comme fruits que les matières tirées des carrières qui se trouvaient tellement abondantes qu'elles paraissaient, en quelque sorte, inépuisables (V.

Les futaies non emménagées en coupes réglées (883);

E. C'est, avons-nous dit ci-dessus, à partir
de la célébration du mariage, qu'a lieu la jouissance du mari.

Cette jouissance (hors le cas où la constitution
de dot comprendrait tous les biens de la femme)
ne peut, dès-lors, avoir pour objet les fruits,
revenus, intérêts et arrérages échus ou perçus
avant le mariage célébré (884), et le mari qui,

Nouveau Denisart, v.º *Carrières*, §. 2, n. 1 et 2, t. 4, p. 225
et 226; Pothier, *sup.*, et du Douaire, n. 195; Roussilhe, de
la Dot, t. 1, p. 381 et suiv.). L'art. 598, al. 2, C. civ. ne fait
pas la distinction dont il vient d'être parlé.

(883) V. L. 7, §. 12, ff. *Solut. matrim.*, liv. 24, tit. 3;
L. 8, ff. *de fundo dotali*, liv. 23, tit. 5; L. 11, ff. *de usuf.
et quemadm.*, liv. 7, tit. 1; L. 32, ff. *de jur. dot.*, liv. 23,
tit. 3; Nouveau Denisart, v.º *Fruits en matière civile*, §. 2,
n. 1, t. 9, p. 97 et suiv., et v.º *Futaie*, §. 2, n. 3, p. 134;
Domat, Lois civiles, liv. 1, tit. 10, sect. 1, n. 24, p. 109;
Roussilhe, de la Dot, t. 1, n. 335, al. 2; C. civ., art. 592,
et, pour le commentaire de cet article, M. Proudhon, de l'Usufruit, t. 3, n. 1194 et suiv.

(884) V. L. 7, §. 1, et L. 47, ff. *de jur. dot.*, liv. 23, tit.
3; L. 38, §. 12, ff. *de usur. et fruct.*, liv. 22, tit. 1; L. 7,
§. 4, ff. *Solut. matrim.*, liv. 24, tit. 3; Domat, Lois civiles,
liv. 1, tit. 10, sect. 1, n. 21, p. 109.

par une cause quelconque, les aurait reçus ou recueillis, en devrait la restitution à la femme, lors de la dissolution du mariage (885), à moins, toutefois, d'une stipulation contraire insérée au traité nuptial (886).

Cette même jouissance ne peut, d'un autre côté, avoir pour objet les fruits ou revenus échus ou perçus postérieurement à la dissolution du mariage (887).

CIX. *A.* Les fruits de la dot sont dévolus au mari à titre onéreux pour le support des charges du mariage (888). Pendant tout le tems

---

(885) V. L. 38, §. 12, ff. *de usur. et fructib.*, liv. 22, tit. 1; Bouvot, Quest. notables, 2.ᵉ part., t. 1, p. 93; Despeisses, tit. de la Dot, sect. 3, n. 18, t. 1, p. 501; Nouveau Denisart, v.º *Dot*, §. 7, n. 3, t. 7, p. 133; Roussilhe, de la Dot, t. 1, n. 337 et 338.

(886) V. L. 7, §. 1, ff. *de jur. dot.*, liv. 23, t. 3; Domat, Lois civiles, liv. 1, tit. 10, sect. 1, n. 21, p. 109; Despeisses, tit. de la Dot, sect. 3, n. 18, t. 1, p. 501.

(887) V. *L. unic.*, §. 7, C. *de rei ux. act.*, liv. 5, tit. 13; L. 7, §. 10, ff. *Solut. matrim.*, liv. 24, tit. 3. V. *inf.*, n.ᵒˢ CIX, let. B, et CX, let. A, *ubi* exception pour les fruits de la dernière année.

(888) V. M. Proudhon, de l'Usufruit, t. 1, n. 282; *sup.*, n.º III.

que ces charges durent, le mari ne peut donc
être privé des fruits des biens dotaux (889).

Aussi, s'il s'est écoulé, à partir de la célébration du mariage, une année entière ou plusieurs
années révolues, le mari profite de tous les fruits
échus ou perçus pendant tout ce tems (890). Que
s'il s'est écoulé, à partir de la même époque,
moins d'une année ou plusieurs années dont la
dernière n'est pas révolue, le mari, dans la première hypothèse, aura droit aux fruits de l'année
au prorata de la durée du mariage, et, dans la
seconde hypothèse, il prendra, dans les fruits
de la dernière année, une part proportionnelle à
la durée du mariage pendant la dernière année :
« A la dissolution du mariage, dit l'article 1571
« C. civ., les fruits des immeubles dotaux se

---

(889) V. M. Proudhon, de l'Usufruit, t. 2, p. 485, et t. 5,
p. 512.

(890) Supposons un mariage célébré le 1.er Octobre, et
dissous, à pareil jour de l'année suivante. Le mari qui, dans
cet intervalle de tems, et par le jeu des saisons, aura perçu
deux vendanges sur la vigne dotale de son épouse, pourrait-il
les garder toutes les deux, comme appartenant l'une et l'autre à
une seule année écoulée totalement dans le mariage ? M. Proudhon, de l'Usufruit, t. 5, n. 2713, enseigne la négative, contre
l'opinion de Cujas, *ad* §. Papin. *leg.* 7, ff. *Solut. matrim.*,
comm. in lib. XI Quæst. Papin., OEuv. posth., t. 1, p. 278.

« partagent entre le mari et la femme ou leurs
« héritiers, à proportion du tems qu'il a duré
« pendant la dernière année. L'année commence
« à partir du jour où il a été célébré (891) ».

---

(891) V., pour les questions de détail auxquelles peut donner
lieu cet article 1571, M. Proudhon, de l'Usufruit, t. 5, n.
2695, et M. Benoit, de la Dot, t. 1, n. 190 et suiv. — Avant le
Code, la même règle était observée en pays de droit écrit, sauf
que l'année commençait au jour même que le fonds dotal avait
été livré, et si la tradition en avait été faite avant les noces,
l'année ne se comptait que du jour de la célébration du mariage
(V. L. 5, 6, 7, 11, 31 §. 4, ff. *Solut. matrim.*, liv. 24,
tit. 3; L. 78, §. 2, ff. *de jur. dot.*, liv. 23, tit. 3; *L. unic.*,
§. 9, C. *de rei ux. act.*, liv. 5, tit. 13; Serres, Inst., p. 127;
Chabrol, Cout.e d'Auvergne, chap. 14, art. 10, t. 2, p. 270;
Fontanella, *de pact. nupt.*, clause 6, glose 2, part. 2, n. 40
et suiv., t. 2, p. 285 et suiv.; Boucheul, Cout.e de Poitou,
art. 230, t. 1, p. 769, n. 18; Roussilhe, de la Dot, t. 1, n.
341 et 343; Apostillateur de Lapeyrère, let. F, n. 65, n.te *e*,
et *ibi* Conférences m. s.; M. Merlin, Nouveau Rép.re, v.o *Dot*,
§. 13, n. 1, t. 4, p. 229). L'article 1571 porte, sans distinction
aucune, que l'année commence à partir du jour où le mariage a
été célébré. De telle sorte que, si le mari n'avait commencé à
jouir du bien dotal que postérieurement à la célébration du
mariage (ce qui aurait lieu, par exemple, dans l'hypothèse
d'une constitution de biens présens et à venir et d'une succession échue à la femme durant le mariage), le jour de la célébration du mariage devrait toujours servir de point de départ
pour le partage des fruits de la dernière année.

B. Il convient de remarquer au sujet de la disposition de l'article 1571 précité :

En premier lieu, qu'il n'y aurait pas lieu au partage en question si, dans leur contrat de mariage, les époux avaient stipulé que les fruits céderaient en entier au profit de l'un des époux (892), ou bien s'ils étaient convenus qu'il y aurait entr'eux une société d'acquêts (893) ;

---

(892) V. L. 31, ff. *de pact. dotal.*, liv. 23, tit. 4 ; Despeisses, tit. de la Dot, sect. 3, n. 18, t. 1, p. 502 ; M. Proudhon, de l'Usufruit, t. 2, n. 987, p. 547, et t. 5, n. 2699, p. 518.

(893) Les effets de la société d'acquêts, aux termes de l'art. 1581 C. civ., sont réglés comme il est dit aux art. 1498 et 1499, relatifs à la communauté conventionnelle réduite aux acquêts. D'un autre côté, suivant l'art. 1528 C. civ., la communauté conventionnelle reste soumise aux règles de la communauté légale pour tous les cas auxquels il n'y a pas été dérogé par le contrat. Dans la communauté légale, tombent tous les fruits, revenus, intérêts et arrérages, de quelque nature qu'ils soient, échus ou perçus pendant le mariage, et provenans des biens appartenans aux époux lors de sa célébration (V. C. civ., art. 1401, 2.º), et cette communauté est tenue de toutes les charges du mariage (V. C. civ., art. 1409, 5.º). Il en doit donc être de même à l'égard de la communauté conventionnelle réduite aux acquêts, et, par suite, de la société d'acquêts, puisque nulle dérogation n'a été apportée sur ce point aux règles de la communauté. Aussi tenait-on pour maxime dans le ressort du Parlement de Bordeaux, comme dans les autres pays où les sociétés d'acquêts étaient en usage, que les fruits et

En second lieu, que, dans l'absence de pa-

revenus des biens des époux tombaient dans les sociétés d'acquêts stipulées entr'eux (V. le Traité de la Société d'acquêts, art. 84. *Junge*| attestation du barreau de Bordeaux, du 18 Août 1770 (*), et A Sande, *Decis. frisic.*, liv. 2, tit. 2, *def.* 2, p. 36), et telle était la règle posée par la loi romaine pour toute société : *In societatibus, fructus communicandi sunt*, disait, en effet, la loi 38, §. 9, ff. *de usur. et fruct.*, liv. 22, tit. 1. Cela posé, et dès que les fruits quelconques, échus ou perçus durant la société d'acquêts, font partie de l'actif de cette société, en compensation des charges qui pèsent sur elle, il s'ensuit que ces fruits, s'il s'en trouve en nature à la dissolution

(*) Cette attestation, que nous avons omise dans le Traité de la Société d'acquêts, et qu'on ne trouve dans aucun ouvrage imprimé, est conçue dans les termes suivans : « Nous syndics, définiteurs et anciens « avocats du Parlement de Bordeaux, certifions et attestons à tous ceux « qu'il appartiendra, qu'il est de jurisprudence certaine dans les pays de « droit écrit du ressort de la Cour, que la société d'acquêts, stipulée « dans les contrats de mariage entre les conjoints, comprend tout ce « qui provient du travail, de l'industrie et des soins des deux conjoints, « *ainsi que les fruits et les revenus de tous leurs biens propres* « *et de ceux qui leur sont donnés à l'un ou à l'autre pendant le* « *mariage, quoique ces mêmes biens n'entrent pas dans la so-* « *ciété d'acquêts.* Tel est l'usage constamment suivi dans le ressort, « et qui n'a jamais varié.... A Bordeaux, le 18 Août 1770. — *Signés*, « Learthaud, 1.er syndic, Despiau, de Cazalet, Fourcade, Deserhainde, « Tournaire, Bouquier, de Brezets, Laval, Peyraud, Desèze, Dubouilh, « Lalanne, Duranteau, Bouan, Lagrange, Buhan, Valen, Bourgade « jeune, Grangeneuve, Dubergier, Lamothe, Mérignac, Forest, Bro- « chon, Monnerie, Garat ».

reilles stipulations, le partage doit porter sur

---

de la société, devront, en vertu de la stipulation de cette société, se partager par moitié entre les époux, de même que se partagent entr'eux également, aux termes de l'art. 1498, les acquisitions provenantes des économies faites sur les fruits et revenus de leurs biens. Audit cas d'une société d'acquêts stipulée, l'art. 1571 C. civ., relatif au partage des fruits des biens dotaux pour la dernière année du mariage, ne peut donc recevoir d'application. Comment, avec cet article, le mari ou la femme pourrait-il avoir une part égale dans lesdits fruits? Comment, d'ailleurs, lorsque la stipulation de la société d'acquêts doit affecter également les biens de chaque époux, sous le rapport des fruits et des revenus, serait-il possible d'appliquer aux fruits des biens de la femme d'autres règles que celles applicables aux biens du mari? Une difficulté reste relativement aux fruits des biens dotaux pendans par branches ou par racines au moment de la dissolution de la société. Ces fruits se partageront-ils conformément à l'art. 1571, ou bien resteront-ils en totalité à la femme? Puisque ces fruits ne tombent pas dans la communauté légale (V., par argument, art. 1401, 2.°) ni, par conséquent, dans la société d'acquêts, il semble, au premier aperçu, que la stipulation d'une semblable société ne peut apporter le moindre obstacle à l'application de l'art. 1571. Tel n'est pourtant pas notre avis. En établissant entr'eux une société d'acquêts, les époux sont censés avoir adopté toutes les règles qui régissent une semblable société, règles qui sont les mêmes que celles de la communauté légale, sauf les modifications reçues. Or, comme, dans la communauté légale, les fruits naturels et industriels, pendans par branches ou par racines au moment où elle prend fin, appartiennent exclusivement au propriétaire du fonds (V.

tous les fruits quelconques, passés, présens et futurs de la dernière année (894) ; et, par con-

---

Pothier, de la Communauté, n. 209; M. Proudhon, de l'Usufruit, t. 5, n. 2685; C. civ., art. 585, al. 2), on est conduit à décider que le mari ne saurait avoir une part quelconque sur les fruits en question des biens dotaux. C'est, au surplus, ce qu'enseignait Béchet sur l'Usance de Saintes (art. 16, p. 38 et suiv.), pays régi par le droit écrit, à raison de la communauté admise par cette usance, et Pothier, du Contrat de société, n. 158, décidait, d'une manière générale et à l'égard de toute société, que les fruits perçus depuis le jour de la dissolution de la société appartenaient en entier à celui des ci-devant associés qui était propriétaire du fonds, quand même ces fruits, au tems de la dissolution de la société, se trouvassent pendans par racines et prêts à couper. Faisons observer en finissant : 1.º que la femme, associée aux acquêts, devrait faire raison à la société par elle acceptée de la moitié des frais de labour, travaux et semences faits au fonds dotal (V. Béchet et Pothier, *sup.*; M. Proudhon, de l'Usufruit, t. 5, n. 2685 et suiv.; M. Toullier, Droit civil, t. 12, n. 124 et suiv.; *sup.*, n.ᵗᵒ 872); 2.º que s'il s'agissait de coupes de bois qui n'auraient pas été faites sur les biens dotaux durant la société, une récompense serait due par la femme au mari, et cela, nonobstant la disposition de l'art. 590 C. civ., car c'est à titre onéreux que la société d'acquêts a la jouissance des biens des époux (V. C. civ., art. 1403, al. 2; M. Proudhon, de l'Usufruit, t. 5, n. 2688 et suiv.).

(894) *In divisionem, venire non tantùm fructus perceptos vel pensiones locationum quas maritus accepit, quæ pro fructibus accipiuntur in jure, sed et pendentes, stantes, et omnem omnimodò spem futurorum fructuum, futuro-*

séquent, sur les fruits qui étaient pendans au jour du mariage, au cas que le mariage se fût dissous avant l'année (894 *bis*);

En troisième lieu, que, pour les fruits naturels et industriels de la dernière année, il en est comme à l'égard des fruits civils (895), lesquels, ainsi qu'on l'a vu plus haut, ne sont jamais acquis au mari qu'à proportion de la durée de sa jouissance (896);

---

rumque pensionum, *habitá ratione proportionis in quo di-vortium factum est* (Cujas, *ad* §. Papin. *leg.* 7, ff. *Solut. matrim., comm. in lib. XI Quæst.* Papin., OEuvr. posth., t. 1, p. 277 *in princip.* — V., dans le même sens, M. Proudhon, de l'Usufruit, t. 5, n. 2697.

(894 *bis*) V. L. 7 *in princip.*, et §. 1, ff. *Solut. matrim.*, liv. 24, tit. 3; M. Proudhon, de l'Usufruit, t. 5, n. 2710 et 2711; M. Toullier, Droit civil, t. 14, n. 301; M. Duranton, Cours de Droit français, t. 15, n. 450.

(895) V. Roussilhe, de la Dot, t. 1, n. 344; M. Proudhon, de l'Usufruit, t. 2, p. 485 *in fine*, et t. 5, p. 518 et 529 et suiv.

(896) V. *sup.*, n.º CVIII, let. B, al. 2. — A l'égard des fruits civils irréguliers, comme ils ne s'acquièrent pas jour par jour dans une proportion égale (V. *sup.*, n.te 865), il deviendra nécessaire d'attendre la dernière année du mariage pour connaitre le montant des produits, et calculer là-dessus la part afférente au mari (V. M. Proudhon, de l'Usufruit, t. 5, p. 2702 et suiv., *ubi* développemens).

En quatrième lieu, qu'au partage des fruits qui ne se recueillent pas tous les ans, comme les coupes de bois, toute la période de tems nécessaire pour les obtenir ne doit être comptée que pour une année (897);

En cinquième lieu, que les frais de labours, travaux et semences doivent être prélevés, avant tout partage, par celui des époux qui les aurait avancés; et, dans le cas où les dépenses faites pour une espèce de fruits ne pourraient se payer sur les fruits de ladite espèce, elles se prendront sur les autres fruits de l'année (898).

---

(897) *Si in multis annis semel tantùm fructus percipitur, plures anni unius tantùm vicem representabunt* (Godefroy, ad *L.* 7, §. 7, ff. *Solut. matrim.*, liv. 24, tit. 3). D'après cela, si les coupes de bois avaient lieu tous les dix ans, et que depuis une coupe précédemment faite, le mariage eût duré quinze ans, le mari aurait droit à la valeur de toute la coupe et à la moitié du produit d'une autre coupe (V. M. Proudhon, de l'Usufruit, t. 5, p. 571, 572 et p. précéd.

(898) V. L. 7 *in princip.*, et L. 8, §. 1, ff. *Solut. matrim.*, liv. 24, tit. 3; Despeisses, tit. de la Dot, sect. 3, n. 18 et 24, t. 1, p. 501, 502 et 506; M. Proudhon, de l'Usufruit, t. 5, p. 517. — *Nota.* M. Maleville, Analyse raisonnée, t. 3, p. 334, dit qu'il y avait dans le projet de l'art. 1571 que les fruits se partageraient *déduction préalablement faite des frais de culture et de semences*, et que cette addition fut retranchée sans discussion, probablement parce que les fruits de la der-

CX. *A.* Il résulte de la disposition précitée de l'article 1571 :

Qu'à la différence d'un usufruitier ordinaire, qui n'a aucun droit aux fruits naturels et industriels à percevoir une fois son usufruit fini, tels sont les fruits qui se trouvent pendans par branches ou par racines à la cessation de l'usufruit (899), le mari prendra, dans les fruits en question, lorsqu'ils se récolteront, une part proportionnelle à la durée du mariage pendant la dernière année (900);

---

nière année représentent ceux de la première que le mari prend aussi sans déduction. Il n'est pas exact de prétendre que le mari prend les fruits de la première année sans déduction (V. *sup.*, n.te CVIII, let. B, alin. dernier). Si, donc, le retranchement de l'addition en question a eu lieu, ce n'est pas par le motif allégué, mais vraisemblablement par cette raison que la déduction des impenses étant de droit, d'après la maxime *Non intelliguntur fructus, nisi deductis impensis* (V. *sup.*, n.te 872), il devenait surabondant d'en faire l'objet d'une disposition spéciale.

(899) V. L. 8 *in fine*, ff. *de ann. leg. et fideicom.*, liv. 33, tit. 1; L. 13, ff. *Quib. mod. ususf. vel usus amit.*, liv. 7, tit. 4; Inst., §. 36 du tit. 1 du liv. 2; C. civ., art. 585, al. 2.

(900) V. Boucheul, Coutume de Poitou, art. 230, t. 1, p. 769, n. 18; Bouhier, Coutume de Bourgogne, chap. 76, n. 31 et n. 61 à 64, t. 2, p. 637, 642 et 643; Chabrol, Coutume d'Auvergne, chap. 14, art. 10, t. 2, p. 270; M. Merlin,

Que, toujours à la différence d'un usufruitier
ordinaire, qui ne peut rien réclamer à raison des
coupes soit de taillis, soit de futaies, qu'il n'aurait pas faites, et qu'il aurait pu faire pendant la
durée de son usufruit (901), le mari aura un
droit proportionnel à la durée du mariage sur
les coupes qu'il n'aurait pas faites, pour ne
l'avoir pas voulu, et même pour ne l'avoir pu,
l'époque de la coupe n'étant pas encore arrivée à
la dissolution du mariage (902);

Nouveau Répertoire, v.º *Usufruit*, §. 4, n. 2, t. 14, p. 378;
M. Proudhon, de l'Usufruit, t. 2, p. 485, et t. 5, p. 512, 516
in fine, 535, et n.ᵒˢ 2697 et 2700. — Supposons, par exemple,
que le mariage ait été célébré le 31 Mai, et que, dans la même
année ou après plusieurs années, le mari soit mort le 31 Août,
ses héritiers auront, lors de la récolte, le quart des fruits encore
sur pied, de la dernière année, en récompense des charges du
mariage par lui supportées pendant la quatrième partie de l'année, c'est-à-dire, depuis le 31 Mai jusqu'au 31 Août.

(901) V. C. civ., art. 590, al. 1.

(902) V. L. 7, §. 7, ff. *Solut. matrim.*, liv. 24, tit. 3;
Roussilhe, de la Dot, t. 1, n. 341; M. Delvincourt, Cours de
Code civil, t. 3, p. 348; M. Proudhon, de l'Usufruit, t. 5,
n. 2735 et suiv. V. encore, et par analogie, dans les Arrêts
inédits de M. Laviguerie, t. 1, p. 157, une consultation du
1.ᵉʳ Octobre 1782 décidant, par application des mêmes principes, que l'héritier du grevé avait un droit proportionnel à la
durée de la vie du grevé, sur une coupe de bois taillis exstante
lors de l'ouverture du fidéicommis.

Qu'enfin, à la différence d'un usufruitier ordinaire, qui fait siens tous les fruits naturels et industriels recueillis pendant toute la durée de son usufruit, tant ceux de la dernière année que ceux des années précédentes, le mari, à l'égard des fruits de l'année qui précède la dissolution du mariage, ne les fait siens que dans la proportion du tems que le mariage a duré cette dernière année (903).

B. Les différences qui viennent d'être signalées entre la jouissance du mari et celle d'un usufruitier ordinaire, s'expliquent naturellement par l'affectation des fruits de la dot aux charges

---

(903) V. Fontanella, *de pact. nupt.*, clause 6, glose 2, *pars* 2, n. 46 et 47, t. 2, p. 286; Chabrol, Coutume d'Auvergne, chap. 14, art. 10, t. 2, p. 270; Despeisses, tit. de la Dot, sect. 3, n. 18 et 24, t. 1, p. 502, 505 et suiv.; M. Proudhon, de l'Usufruit, t. 2, p. 485, et t. 5, p. 515, 533 *in fine,* et 534 et suiv.—Ainsi, à supposer que le mariage ait été célébré le 1.er Septembre 1800, et qu'il ait duré dix ans révolus, et huit mois de la onzième année, en d'autres termes, qu'il ait été dissous le 1.er Mai 1811, le mari retiendra d'abord, comme le ferait un usufruitier ordinaire, tous les fruits par lui perçus pendant les dix premières années. Mais pour les fruits de la onzième année, il n'en prendra que les deux tiers, n'ayant supporté les charges du mariage, pour l'année qui a précédé la dissolution, que durant les deux tiers de la même année.

du mariage, affectation par suite de laquelle le mari doit avoir les fruits aussi long-tems que les charges en question subsistent, comme en être privé dès le moment qu'elles prennent fin (904).

Ces différences ne sont pas, au surplus, les seules qu'on puisse remarquer. En voici d'autres :

La mort de la femme, qui, en même tems qu'elle détruit le mariage et en fait évanouir les charges, force le mari de restituer la dot, la mort de la femme, disons-nous, met nécessairement fin à la jouissance du mari (905). Mais la jouissance d'un usufruitier ordinaire ne s'éteint nullement par la mort du nu-propriétaire.

L'usufruit ordinaire est susceptible d'être hypothéqué par celui à qui il appartient, d'être par lui cédé à titre gratuit ou onéreux, et d'être saisi par ses créanciers (906). Mais il en est autrement du droit de jouissance du mari, ce droit étant un attribut de la puissance maritale, et se trouvant d'ailleurs frappé d'inaliénabilité (907).

Enfin, un usufruitier ordinaire ne peut, à la

---

(904) V. Fontanella, *de pact. nupt.*, clause 6, glose 2, part. 2, n. 46 et 47, p. 286; *sup.*, n.º CIX, let. A.

(905) V. *inf.*, n.º CXIII.

(906) V. C. civ., art. 2118, 2.º; 593 et 2204, 2.º

(907) V. *sup.*, n.º LXIII, let. D, al. dernier.

cessation de son usufruit, réclamer aucune indemnité pour les améliorations par lui faites,
encore que la valeur de la chose en fût augmentée (908). Le mari, au contraire, ainsi que nous
le verrons plus tard, est en droit de répéter la
plus value résultante des améliorations par lui
faites (909).

CXI. Pour avoir quelques caractères à elle
propre et la distinguant d'un usufruit ordinaire,
la jouissance qu'a le mari des biens dotaux de son
épouse, ne le constitue pas moins usufruitier des
mêmes biens. L'usufruit est, en effet, le droit de
jouir des choses dont un autre a la propriété,
comme le propriétaire lui-même. Or, ce droit
de jouir des biens dotaux est accordé par la loi
au mari. Comment donc refuserait-on à ce dernier la qualité d'usufruitier, puisqu'il en a tous
les droits, à quelques exceptions près (910)?

---

(908) V. C. civ., art. 599, al. 2.

(909) V. *inf.*, n.º CXII, let. C, al. dernier.

(910) Par la constitution de l'usufruit, la pleine propriété
reçoit, au profit d'une tierce personne, la séparation de l'un
des droits qui la composent : *Ususfructus à proprietate separationem recipit* (Inst., liv. I, tit. 4, §. I), c'est-à-dire, du
droit qu'avait le propriétaire de percevoir lui-même tous les
fruits et tous les émolumens de sa chose. L'usufruitier, à qui

CXII. A l'égard des biens dotaux, le mari

passe ce droit, se trouve investi du domaine utile de la chose, d'un droit réel par conséquent (V. Nouveau Denisart, v.° *Droit réel*, t. 7, p. 316; Heineccius, *Elem. jur. secund. ord. instit.*, §. 331, 332, 334 et 337), et de toutes les actions relatives à ce droit réel (V. Heineccius, *sup.*, n. 1128 et 1135; L. 5, §. 1, ff. *Si ususf. petet.*, liv. 7, tit. 6). Tout cela est également vrai à l'égard de la jouissance qu'a le mari, aux termes de la loi, des biens dotaux de son épouse. Par la constitution de dot, en effet, la femme se dépouille du droit, qu'elle puisait dans son plein domaine, de percevoir tous les fruits et émolumens de ses biens. Elle transfère ce droit à son mari qui, acquérant la faculté de percevoir par lui-même et en son nom toute l'utilité des biens dotaux, acquiert, par là, avec le domaine utile desdits biens, et un droit réel et les actions en dépendant. En d'autres termes, le mari, par la constitution de dot, est fait véritable usufruitier des choses dotales. M. Toullier, Droit civil, t. 14, n. 132 à 138 inclusivement, conteste cette assertion : « Le principe fondamental de l'usufruit, dit-il, est d'être « un démembrement de la propriété, autrement un droit réel. « Or, ce droit n'est pas conféré par la loi, puisque l'article « 1562 porte que *le mari est tenu*, *à l'égard des biens do-* « *taux*, *de toutes les obligations de l'usufruitier :* d'où la « conséquence qu'il n'en a pas *les droits.* Ce même droit ne « résulte pas du contrat de mariage, puisque la femme n'aban- « donne que la perception des fruits ». Mais, d'abord, qu'est-ce que cet abandon de jouissance, si ce n'est l'aliénation, de la part de la femme, de l'un des droits dépendans de son plein domaine, et l'attribution au mari du domaine utile et d'un droit réel, si ce n'est, en un mot, la constitution d'un usufruit sur

n'est pas seulement investi des droits d'un

les biens dotaux ? N'est-ce pas créer un usufruit que d'accorder à quelqu'un le droit de percevoir, annuellement et par ses mains, les fruits d'un fonds ? (V. L. 20, ff. *de usuf. et quem-adm.*, liv. 7, tit. 1). Aussi nous avons eu l'occasion de montrer que les droits du mari sur les biens dotaux ne se résolvaient pas en une simple créance ; qu'à quelques exceptions près, le mari avait tous les droits d'un usufruitier (V. *sup.*, n.os XCVIII et suiv.), comme le reconnaît M. Merlin, Nouveau Répertoire, v.º *Dot*, §. 7, n. 6, t. 4, p. 204) ; que, notamment, l'exercice des actions pétitoires lui appartenait (V. *sup.*, n.º CI). Aussi nous verrons plus tard que le mari est soumis aux mêmes obligations qu'un usufruitier (V. *inf.*, n.º CXII). M. Toullier ajoute « qu'il n'est jamais venu dans la pensée soit des juriscon-« sultes romains, soit des auteurs français antérieurs au Code, « de dire que le droit du mari était un usufruit, autrement un « droit réel ». Mais si les jurisconsultes romains ne considéraient pas le droit du mari comme un usufruit, ce n'est pas qu'ils déniassent que la constitution de dot ne transmit au mari un droit réel sur les biens dotaux. Loin de là, ils regardaient le mari comme ayant la pleine propriété des biens dotaux, et cela, précisément à raison de toutes les actions dépendantes de la dot dont il avait l'exercice, et des droits d'administration et de jouissance dont il était revêtu (V. *sup.*, n.te 8 et 9). Quant aux auteurs français antérieurs au Code, ils reconnaissaient, pour la plupart, dans le mari un usufruitier des biens dotaux (V. Lebrun, de la Communauté, liv. 2, chap. 2, sect. 4, n. 4 et précéd., p. 228 ; Serres, Inst., p. 126 ; Boutaric, Inst., p. 156), et c'est aussi comme usufruit que les auteurs qui ont écrit sous le Code considèrent le droit de jouissance attribué au mari (V.

usufruitier : il en a encore toutes les obliga-

M. Proudhon, de l'Usufruit, t. 1, p. 115, *in fine*, et p. 116, ainsi que les n. 118 et 125; t. 4, n. 1767, et t. 5, n. 2684; M. Merlin, *sup.*, et v.° *Usufruit*, §. 4, n. 2, t. 14, p. 378; M. Siméon, Discours au Corps législatif sur la loi relative au contrat de mariage, p. 471 du t. 13 de la Législ. civile de M. Locré). Et comment pourrait-on refuser au mari la qualité d'usufruitier, puisqu'il en a toutes les obligations, et qu'en général, il en a tous les droits? Il est vrai qu'un usufruit ordinaire est susceptible d'hypothèque et d'expropriation, et que l'usufruit du mari ne saurait en être l'objet. Mais pourquoi en est-il ainsi à l'égard de l'usufruit du mari? Est-ce parce qu'il ne constituerait pas un démembrement de la propriété, un droit réel? Nullement. C'est à raison de l'inaliénabilité du domaine dotal, inaliénabilité qui frappe non seulement la nue propriété, mais encore l'usufruit (V. *sup.*, n.° LXIII, let. D, al. dern.) qui est un démembrement du domaine, et qui en est comme une portion (*). C'est ainsi que la loi et les auteurs reconnaissent un

---

(*) *Ususfructus... pars dominii est* (L. 4, ff. *de usuf. et quemadm.*, liv. 7, tit. 1). L'usufruit, considéré en soi et comme séparé du fonds, n'est certes pas une portion matérielle dudit fonds (V. Cujas, *in lib. 2 Pauli ad edict.*, t. 2, OEuvr. posth., p. 22 et suiv. ; Henrys, liv. 3, chap. 3, quest. 21, t. 1, p. 726 ; M. Merlin, Quest. de Droit, v.° *Usufruit*, §. 8, t. 9, p. 490). Mais, fictivement parlant, et eu égard à tout l'émolument de la chose qu'il absorbe au profit d'un tiers, l'usufruit peut être dit avec justesse une portion du domaine, le domaine cessant d'être plein et entier entre les mains du propriétaire, quand la nue propriété est séparée de l'usufruit (V. Dumoulin, Cout.° de Paris, tit. 2 de Censive, §. 78, glose 1, v.° *Acheté à prix d'argent*, n. 143, p. 1469; M. Proudhon, de l'Usufruit, t. 1, n. 5 *in fine*).

tions (911), sauf qu'il n'est pas tenu, comme un usufruitier ordinaire, de donner caution, s'il n'y a pas été assujetti par contrat de mariage (912).

A. Le mari étant tenu, à l'égard des biens dotaux, des mêmes obligations d'un usufruitier ordinaire, est, entr'autres obligations, soumis à celles-ci :

Il doit veiller soigneusement à la conservation des biens dotaux (913);

---

usufruit dans le droit de jouissance accordé au père sur les biens de ses enfans (V. C. civ., art. 384, 389, 579 et 601 *junct.*; M. Merlin, Nouveau Répertoire, v.º *Usufruit paternel*), quoique ce droit, comme un attribut de la puissance paternelle, soit tenu pour inaliénable, et non susceptible d'être hypothéqué ou exproprié (V. M. Duranton, Cours de Droit français, t. 4, n. 486). Sous le rapport de l'hypothèque et de l'expropriation dont elle n'est pas passible, la jouissance qu'a le mari des biens dotaux, n'a donc pas toute l'étendue d'un usufruit ordinaire, mais elle n'en constitue pas moins un droit d'usufruit soit qu'elle porte sur des immeubles, soit qu'elle porte sur des meubles.

(911) V. frères Lamothe, Commentaire sur la Coutume de Bordeaux, t. 1, p. 192, n.te 6; C. civ., art. 1562, al. 1.

(912) V. C. civ., art. 601, et *sup.*, n.º XCIX, al. 2.

(913) *Tueri res dotales vir debet* (L. 15, ff. *de imp. in reb. dot. fact.*, liv. 25, tit. 1). *Omnem rei curam suscipit… Fructuarius custodiam præstare debet* (L. 1, §. 7, et L. 2, ff. *Ususf. quemad. caveat*, liv. 7, tit. 8).

Il doit, à cet effet, les maintenir en bon état de culture (914), et y faire les réparations d'entretien nécessaires (915), le tout, à ses frais (916);

Il doit également faire les diligences convenables contre tous détenteurs et débiteurs des biens dotaux, soit pour arrêter le cours des prescriptions (917), soit pour avoir lesdits biens ou s'en faire payer (918);

En un mot, le mari doit jouir en bon père de famille (919), obligation par suite de laquelle il

---

(914) V. Inst., liv. 2, tit. 1, n. 38; L. 9 *in princip.*, ff. *de usuf. et quemadm.*, liv. 7, tit. 1; Domat, Lois civiles, liv. 1, tit. 9, sect. 3, n. 2, p. 114.

(915) V. Roussilhe, de la Dot, t. 1, p. 395 et 396; C. civ., art. 605, al. 1, et 606, al. dernier.

(916) V. L. 3, §. 1, et L. 12, 15 et 16, ff. *de imp. in reb. dot. fact.*, liv. 25, tit. 1; Domat, Lois civiles, liv. 1, tit. 9, sect. 3, n. 14, p. 115; Roussilhe, de la Dot, t. 2, n. 542; Nouveau Denisart, t. 7, p. 134, n. 6.

(917) V. Lebrun, de la Communauté, liv. 2, chap. 2, sect. 4, n. 47, p. 247.

(918) V. Domat, Lois civiles, liv. 1, tit. 9, sect. 3, n. 2, p. 114.

(919) V. Dupin sur Ferron, let. M, n. 39, p. 217; C. civ., art. 601. — Plusieurs textes de lois romaines n'exigent du mari que la même diligence qu'il avait accoutumé d'avoir pour ses propres affaires (V. L. 24, §. 5, ff. *Solut. matrim.*, liv. 24, tit. 3; L. 17 *in princip.*, ff. *de jur. dot.*, liv. 23, tit. 3; L.

demeure tenu non seulement de son dol, mais encore de sa faute (920), et responsable, en

---

11, C. *de pact. convent.*, liv. 5, tit. 14). De là, on décidait que, si le mari apportait à ses affaires le soin extraordinaire que les personnes les plus attentives donnent aux leurs, il devait ce soin extraordinaire aux choses dotales (V. Brunemann, *ad L.* 17, *sup.*). Que si le mari avait de la négligence pour ses affaires, cette négligence qu'il apportait dans l'administration et la jouissance des biens dotaux, était-elle pour lui un motif d'excuse? Non, car, disait-on, *in diligentiâ, ea sufficit quàm in rebus nostris adhibemus; in negligentiâ, non item* (V. Godefroy et la Glose sur le §. 5 de la loi 24, ff. *Solut. matrim.;* Dupin sur Ferron, let. M, n. 39, p. 217). Le Code civil, imposant au mari l'obligation de jouir en bon père de famille, c'est-à-dire, avec ce soin et cette précaution que le commun des hommes apportent ordinairement à leurs affaires (V. M. Proudhon, de l'Usufruit, t. 3, n. 1510 et 1469), il en résulte que, pour être dans l'habitude d'apporter, dans la conduite de ses affaires, une diligence égale à celle des personnes les plus attentives, le mari ne saurait être tenu d'une semblable diligence à l'égard des biens dotaux. Il en résulte encore que, si le mari n'avait nul soin de ses affaires, en d'autres termes, s'il n'y donnait pas cette attention que le commun des hommes donnent aux leurs, ce ne pourrait être un motif pour le mettre à l'abri de toute responsabilité, au cas qu'il usât d'une pareille négligence à l'égard des biens dotaux.

(920) *In rebus dotalibus, non solùm dolum, sed et culpam maritus præstat.* L. 18, §. 1, ff. *Solut. matrim.*, liv. 24, tit. 1. — V., dans le même sens, lois 66 et 25, §. 1, *eod.;* L. 17, ff. *de jur. dot.*, liv. 23, tit. 3; L. 23, ff. *R. J.*, liv.

conséquence, de toutes les pertes, ainsi que de

5o, tit. 17; L. 11, C. *de pact. convent.*, liv. 5, tit. 14; L. 5,
§. 2, ff. *Commod. vel contrà*, liv. 13, tit. 6. — On distinguait,
en droit romain, trois espèces de fautes : la faute lourde, *lata
culpa* ; la faute légère, *levis culpa*, et la faute très-légère, *levis-
sima culpa*. La première, qui était assimilée au dol, *magna
culpa dolus est* (L. 226, ff. *de verb. signif.*, liv. 5o, tit.
16), avait lieu lorsqu'on n'apportait pas aux affaires d'autrui
le soin que les personnes les moins habiles et les moins avisées
ne manquent pas ordinairement de prendre, et dont tout le
monde est capable : *lata culpa est nimia negligentia, id est
non intelligere quod omnes intelligunt* (V. L. 213, §. 2, et
226, ff. *de verb. signif.*, liv. 5o, tit. 16; Pothier, Observations
générales sur le Traité des Obligations, à la suite dudit Traité,
t. 1, p. 455; Nouveau Denisart, v.° *Faute*, t. 8, p. 441, n.
3). La seconde, qu'on opposait à la diligence commune, consistait à ne pas apporter aux affaires dont on était chargé, le
soin que le commun des hommes donnent ordinairement aux
leurs (*) (V. Pothier, *sup.* ; Pufendorf, Droit de la nature et des
gens, liv. 1, chap. 7, §. 16, p. 157). La troisième résultait de l'omission des soins que les personnes les plus vigilantes et les plus
exactes apportent à leurs affaires : elle était opposée à la diligence

---

(*) C'est là, pour parler le langage des docteurs, la faute légère dans
le sens abstrait, *in abstracto*. Quant à la faute légère dans le sens concret, *in concreto*, c'était, d'après les mêmes docteurs, celle qui consistait dans l'omission des soins ordinaires qu'avait coutume d'apporter à
sa chose celui avec lequel on contractait (V. Heineccius, *Elem. jur.
civ. sec. ord. inst.*, §. 787, n.te *a*, t. 3, p. 165 et suiv. ; M. Duranton, Cours de Droit français, t. 10, n.° 400).

toutes les détériorations et les prescriptions qui

---

très-exacte (V. Pothier et Pufendorf, *sup.*). Les auteurs ne s'accordent pas sur la question de savoir si cette distinction des
fautes en lourde, légère et très-légère se trouve consacrée par
le Code civil (V. M. Toullier, Droit civil, t. 6, n. 332 et suiv.;
M. Troplong, de la Vente, t. 1, n.os 363 et suiv.; M. Proudhon,
de l'Usufruit, t. 3, n. 1501 à 1507, et M. Duranton, Cours de
Droit français, t. 10, n. 398 et suiv.). Cela rappelé, nous remarquons d'abord, qu'en droit romain, le mari, à l'égard des
biens dotaux, n'était pas seulement tenu de sa faute lourde, mais
encore de sa faute légère (*) (V. Brunemann et la Glose *ad L.*
17, ff. *de jur. dot.* ; Godefroy, *ad L.* 66, ff. *Solut. matrim.* ; Glose *ad L.* 24, §. 5, ff. *eod.*), et même de sa faute
très-légère, *si in suis rebus diligentissimus erat* (V. Brunemann et la Glose *ad L.* 17, ff. *de jur. dot.* ; *sup.*, n.te 919).
Quid, en droit français? Le mari, sur qui pèse l'obligation de
jouir en bon père de famille, c'est-à-dire, avec les soins ordinaires que tout père de famille bien réglé a coutume d'apporter
à ses affaires (V. *sup.*, n.te 919), est, sans contredit, tenu de la
faute légère que caractérise l'inaccomplissement de cette obligation (V. Roussilhe, de la Dot, t. 2, n. 567 et n. 574 *in fine;*
M. Proudhon, de l'Usufruit, t. 3, n. 1510 et 1512). Quant à
la faute très-légère, on ne saurait l'y soumettre à raison de la
coutume où il pourrait être d'être très-surveillant et très-exact

---

(*) Dans le sens concret (V. *sup.*), car la loi romaine n'exigeant du
mari, pour les biens dotaux, que la même diligence qu'il montrait pour
les siens propres (V. *sup.*, n.te 919), l'omission de cette diligence à
l'égard des biens dotaux ne pouvait constituer que la faute légère *in
concreto.*

pourraient en résulter (921). Ainsi, par exemple, il serait tenu de l'insolvabilité des débiteurs de la dot, s'il s'était contenté de recevoir des intérêts, au lieu d'exiger le capital, quand il pouvait le faire (922).

---

dans ses affaires, puisque, ainsi que nous avons eu l'occasion de le dire ci-dessus, ce ne pourrait être un motif pour qu'il dût cette extrême diligence aux biens dotaux. Pour soumettre le mari à la faute très-légère, il resterait pourtant la doctrine de M. Proudhon, de l'Usufruit, qui, tout en enseignant, contre l'opinion de M. Toullier, Droit civil, t. 6, n. 232 et suiv., qu'en règle générale et d'après les principes du Code, nul ne peut être tenu que de sa faute lourde ou légère (V. t. 3, n. 1507 et précéd., et n. 1512 et précéd.), n'en estime pas moins que, par exception à cette règle, un usufruitier doit être tenu de sa faute très-légère (V. t. 3, n. 1542 et 1511); mais M. Troplong, de la Vente, t. 1, n. 364, 369, 397 et 399, est d'avis que le Code exclut *indistinctement* toute recherche et toute responsabilité de la faute très-légère.

(921) V. Domat, Lois civiles, liv. 1, tit. 9, sect. 3, n. 2, p. 114 ; Despeisses, tit. de la Dot, sect. 3, n. 22, t. 1, p. 503 et 504 ; Cormis, Recueil de Consultations, t. 1, p. 1375 ; Roussilhe, de la Dot, t. 2, n. 567 et 570 ; L. 71 et 33, ff. *de jur. dot.*, liv. 23, tit. 3 ; L. 11, C. *de pact. convent.*, liv. 5, tit. 14 ; L. 20, §. 2, ff. *de pact. dotal.*, liv. 23, tit. 4 ; arrêt de la Cour d'Aix, du 24 Août 1829, dans Sirey, 1829, 2, 293 ; C. civ., art. 1562.

(922) V. L. 7, ff. *de jur. dot.*, liv. 23, tit. 3 ; Domat, Lois civiles, liv. 1, tit. 9, sect. 3, n. 5, p. 114.

B. Le mari est encore assujetti, comme un usufruitier ordinaire :

1.º Au paiement des contributions et de toutes autres charges annuelles affectant la jouissance comme charges des fruits (923);

2.º Au paiement des arrérages et intérêts des rentes et dettes passives antérieures au mariage, lorsque ce sont des biens en général que le mari a reçus en dot. Pour lors, en effet, d'après la maxime ***Non dicuntur bona, nisi deducto œre alieno***, ces biens ne peuvent se concevoir en fonds et fruits que sous la déduction des dettes, en capitaux, intérêts et arrérages, déduction que le mari est tenu de souffrir, pour le tout ou proportionnellement, suivant que la constitution embrassera tous les biens, ou seulement une quote-part des biens (924). Que si la constitution

---

(923) V. L. 13, ff. *de impens. in reb. dot. fact.*, liv. 25, tit. 1 ; Domat, Lois civiles, liv. 1, tit. 9, sect. 3, n. 15, p. 115; Despeisses, tit. de la Dot, sect. 3, n. 76, 7.º, t. 1, p. 533; Roussilhe, de la Dot, t. 1, n. 349; C. civ., art. 608. — Quelles sont les charges qu'on peut considérer comme charges des fruits ? V. M. Proudhon, de l'Usufruit, t. 4, n. 1789 et suiv., et n. 1866 et suiv.

(924) Dans un usufruit ordinaire, les arrérages des rentes passives et les intérêts des capitaux sont mis à la charge de l'usufruitier, ou pour le tout ou pour une quote-part propor-

de dot ne portait que sur un objet individuel,
les intérêts ou arrérages en question ne pourraient
être considérés comme une charge de l'usufruit
du mari, et les créanciers, privés de toute action
personnelle contre lui, ne pourraient qu'agir
hypothécairement, si l'objet donné en dot se
trouvait grevé de leur hypothèque (925);

tionnelle, suivant que l'usufruit est ou universel ou à titre universel (V. ancien Denisart, v.º *Usufruit*, n. 36 et 37, t. 4,
p. 894; M. Proudhon, de l'Usufruit, t. 4, n. 1797, 1812,
1821; C. civ., art. 612 et 871). A l'égard de l'usufruit du
mari, il ne peut qu'en être de même (V. Roussilhe, de la Dot,
t. 1, n. 349 et 358; frères Lamothe, Commentaire sur la Coutume de Bordeaux, t. 1, p. 292, n.te 7; M. Duranton, Cours
de Droit français, t. 15, n. 465). Mais faites attention que si,
durant la jouissance du mari, les intérêts et arrérages qui sont
une charge de cette jouissance, n'avaient pas été payés, les
créanciers auraient le droit d'en répéter le montant contre la
femme, qui n'a jamais cessé d'être personnellement obligée envers eux, sauf, en ce cas, le recours de la femme contre son
mari ou les héritiers de ce dernier (V. arrêt de la Cour de Grenoble, du 7 Août 1820, au Traité de la Dot de M. Benoit, t. 1,
n. 187; M. Duport-Lavillette, Questions de Droit, t. 3, p. 13
et suiv.; Apostillateur de Lapeyrère, let. V, n. 88, v.º *La*
femme est tenue envers les créanciers, t. 2, p. 536 *in fine*,
et, par argument, L. 58, §. 2, ff. *ad S. C. Trebell.*, liv. 36,
tit. 1.—V. encore M. Proudhon, de l'Usufruit, t. 4, n. 1799,
v.º *Mais il faut prendre garde*.

(925) Telle est la règle à l'égard de tout usufruitier (V. M.

3.º Au paiement des frais des procès qui concernent uniquement la jouissance (926). Ainsi, lorsque, dans de semblables procès, le mari aura ou obtenu gain de cause ou succombé, il devra, en sa qualité d'usufruitier, supporter seul et sans aucun recours contre sa femme, soit les dépens non recouvrés sur sa partie adverse, soit les dépens prononcés contre lui (927). Le mari est-il également tenu des frais des procès n'ayant pas uniquement trait à sa jouissance ? Non. Aussi, s'il avait fait les avances des frais de ces procès, intentés ou soutenus contre un tiers qui aurait succombé, le remboursement, au cas qu'il n'eût pu les recouvrer, lui en serait dû à la dissolution du mariage, encore que la femme n'eût pas été partie dans les procès (928). Aussi, il ne serait

---

Proudhon, de l'Usufruit, n. 1797, 1831 et suiv.; C. civ., art. 611 et 871.

(926) V. C. civ., art. 613; M. Proudhon, de l'Usufruit, t. 4, n. 1750 et suiv., et notamment n. 1779.

(927) V. M. Proudhon, de l'Usufruit, t. 4, n. 1778 et 1779.

(928) V. M. Proudhon, de l'Usufruit, t. 4, n. 1778 et 1763. — L'art. 51 de la Cout.ᵉ de Bordeaux avait une disposition ainsi conçue : « Si le mari poursuit... par justice les « droits et successions de sa femme, il recouvrera les frais et « mises qu'il y aura faites, après le décès d'icelle », et la plu-

nullement passible, sur ses propres biens, des dépens auxquels la femme aurait été condamnée, et cela, quoique cette dernière eût procédé sous son autorisation (929) (à moins qu'elle ne fût

---

part des auteurs enseignaient également que tous les frais faits pour la défense des biens dotaux ou pour le recouvrement des dettes et choses dotales, devaient être remboursés au mari, à moins que ces frais ne fussent tout à fait modiques (V. frères Lamothe, Coutume de Bordeaux, t. 1, p. 308; Lapeyrère, let. D, n. 31 ; Dupin sur Ferron, let. M, n. 37 et 38, p. 216; Despeisses, tit. de la Dot, sect. 3, n. 75 et n. 76 *tertiò*, t. 1, p. 531 et 532; Faber, C., liv. 5, tit. 8, *def.* 27, p. 533, et liv. 5, tit. 7, *def.* 52, p. 524; Fontanella, *de pact. nupt.*, clause 7, glose 3, *pars* 12, n. 34 et 35, t. 2, p. 567; Annotateur de du Perier, Max. de Droit, liv. 5, t. 1, p. 515, contre l'opinion de Valin, Coutume de la Rochelle, t. 1, p. 487 et suiv., n. 5 et 7). D'après ces mêmes auteurs, le mari avait même le droit de répéter les dépens auxquels il avait été condamné en qualité de mari (frères Lamothe et Annotateur de du Perier, *sup.* ; de Bézieux, liv. 3, chap. 2, §. 4, p. 184 *in fine*; Despeisses, tit. de la Dot, sect. 3, n. 75, t. 1, p. 531), à moins pourtant qu'il n'eût entrepris légèrement et injustement les procès par lui perdus (V. frères Lamothe, Lapeyrère et de Bézieux, *sup.*; Boniface, liv. 6, tit. 12, chap. 13, t. 4, p. 370).

(929) V. M. Proudhon, de l'Usufruit, t. 4, n. 1780, et M. Carré, Lois de la Procédure civile, n. 548, t. 1, p. 303 et suiv., contre l'opinion de M. Merlin, v.º *Autorisation maritale*, sect. 7 *bis*, n. 2, t. 16, p. 100.

associée aux acquêts) (930); mais au cas de ladite autorisation, les fruits des biens dotaux seraient, au préjudice du mari, soumis à l'exaction des dépens (931). Dans tout cela, nous n'avons en vue que les procès en matière civile. A l'égard des procès en matière criminelle ou de police, nous rappellerons ce que nous avons déjà eu l'occasion de dire (932), c'est à savoir que la jouissance du mari ne peut recevoir d'atteinte des amendes ou réparations prononcées contre la femme.

C. Indépendamment des obligations plus haut énumérées, il en est d'autres qui, pour ne pas concerner un usufruitier ordinaire, n'en pèsent pas moins sur le mari.

Le mari, en compensation des fruits de la dot qu'il fait siens, est, en effet, tenu de toutes les charges du mariage (933). Les frais de der-

---

(930) V. M. Proudhon, Cours de Droit français, t. 1, p. 273, et de l'Usufruit, t. 4, n. 1776; C. civ., art. 1419.

(931) V. M. Proudhon, de l'Usufruit, t. 4, n. 1779; frères Lamothe, Cout.ᵉ de Bordeaux, t. 1, p. 292, n.ᵗᵉ 7. — Quant à la question de savoir si les adjudications prononcées contre la femme peuvent être exécutoires sur la pleine propriété des biens dotaux, V. *sup.*, n.º LXXVIII, al. 6.

(932) V. *sup.*, n.ᵗᵉ 675.

(933) V. *sup.*, n.ᵒˢ III et CIX.

nière maladie de la femme font partie de ces charges : aussi ne peuvent-ils être l'objet d'aucune déduction sur la dot (934). Les frais funéraires,

---

(934) V. L. 13, C. *de negot. gest.*, liv. 2, tit. 19; Despeisses, tit. du Mariage, sect. 5, n. 1 *secundò*, t. 1, p. 327; Ranchin, v.º *Maritus*, art. 1, p. 343; Catelan, liv. 6, chap. 25, t. 2, p. 430; Roussilhe, de la Dot, t. 2, n. 559. — Au Parlement de Provence, on accordait au mari la répétition des frais de dernière maladie dans quelques circonstances particulières, et notamment lorsque cette maladie avait traîné en longueur (V. de Bézieux, p. 372; Boniface, t. 1, p. 384 et suiv., et t. 4, p. 298; Bonnemant, Max. du Palais, t. 1, p. 233 et suiv., n. 9; du Perier, t. 2, p. 473). Dans cette dernière hypothèse, les frais de dernière maladie étaient anciennement alloués au mari au Parlement de Bordeaux (V. Apostillateur de Lapeyrère, let. C, n. 17, v.º *Par autre arrêt;* let. V, n. 63, v.º *Les frais de dernière maladie;* let. M, n. 8, v.º *Le mari,* et *ibi* Conférences m. s.). Plus tard, la jurisprudence de notre Parlement changea. Il paraît, toutefois, que, pour priver le mari de la répétition des frais en question, toujours dans la même hypothèse, on exigea qu'il y eût des enfans du mariage (V. arrêt du Parlement de Bordeaux, du 3 Avril 1775, au Lapeyrère de M. Dumoulin, let. M, n. 8, v.º *Le mari*). Il paraît même, d'après des consultations délibérées par MM. Dumoulin, Beaume et Dalbessard (V. Lapeyrère de Dumoulin, *sup.*), que, lorsque la femme avait des biens paraphernaux, les frais dont il s'agit, s'ils étaient encore dus, devaient se payer sur lesdits biens. On peut voir dans Fontanella, *de pact. nupt.*, clause 6, glose 2, part. 3, n. 4 et suiv., t. 2, p. 308 et suiv., d'au-

au contraire, qui n'ont lieu qu'après que le mariage a pris fin, ne sont pas une charge du mariage, et c'est pour cela que le mari, lorsqu'il restitue la dot, est en droit de les déduire (935).

Le mari est encore tenu, et cela, en qualité d'administrateur des biens dotaux, d'y faire faire toutes les grosses réparations qu'ils peuvent demander, ces réparations étant nécessaires pour la conservation des biens (936). Mais, à la dissolution du mariage, le mari répétera le montant des impenses par lui faites dans cet objet (937).

---

tres distinctions auxquelles avait donné lieu la question qui fait l'objet de la présente note.

(935) V. Sentences de Paul, liv. 1, tit. 23, §. 11; L. 13, C. *de neg. gest.*, liv. 2, tit. 19; L. 18, ff. *de relig. et sumpt. fun.*, liv. 11, tit. 7; Fontanella, *de pact. nupt.*, clause 6, glose 2, part. 3, n. 19 et suiv., t. 2, p. 309; Roussilhe, de la Dot, t. 2, n. 559; M. Merlin, Nouveau Répertoire, v.º *Dot*, §. 3, n. 4, t. 4, p. 229.

(936) V. M. Proudhon, de l'Usufruit, t. 4, n. 1618, et t. 5, n. 2662. — En quoi consistent les grosses réparations? V. C. civ., art. 606, et, sur cet article, M. Proudhon, de l'Usufruit, t. 4, n. 1625 et suiv.

(937) V. Domat, Lois civiles, liv. 1, tit. 9, sect. 3, n. 14, p. 115; Despeisses, tit. de la Dot, sect. 3, n. 75, t. 1, p. 531; Lapeyrère, let. F, n. 70, et *ibi* Conférences m. s. — La loi romaine disait que les impenses nécessaires diminuaient la dot de plein droit (V. L. 1, §. 5, C. *de rei ux. act.*, liv. 5, tit. 13; L. 5,

Que si le mari, qui n'est pas tenu d'améliorer,
avait cependant fait des améliorations sur le fonds

§. 2, ff. *de pact. dotal.*, liv. 23, tit. 4; L. 1, §. 4, et L. 5, ff. *de dot. præleg.*, liv. 33, tit. 4); mais elle avait soin d'avertir elle-même qu'il ne fallait pas entendre par là que les fonds cessassent d'être dotaux à concurrence des impenses : *Quod dicitur necessarias impensas dotem minuere, non eò pertinet ut si fortè fundus in dote sit, desinat aliquá ex parte dotalis esse* (L. 56, §. 3, ff. *de jur. dot.*, liv. 23, tit. 3. — V., dans le même sens, L. 5 *in princip.*, ff. *de imp. in reb. dot. fact.*, liv. 25, tit. 1). Les interprètes du droit faisaient la même remarque : *Si fundus fuerit in dotem... fundus per impensas necessarias non minuitur, vel non absumitur, neque ullá ex parte fundus desinit esse dotalis, sed retentio tantùm fundi marito hæredive competit, donec impensarum nomine ei satisfiat* (Cujas, *Recit. solemn. ad L.* 1, tit. 4, *de dote præleg.*, *lib.* 33 *Digest.*, OEuv. posth., t. 3, p. 1538; *Observ. lib.* 23, chap. 12, t. 2, p. 667, *in fine*, et 668). *Et si maritus tantùm impenderit in dotem quanti ager est, non tantùm is fundus possit alienari, nec omnimodo desinat esse dotalis, sed tantùm vir consequatur ut, nisi reddatur impensa, possit eum retinere* (V. Pothier, *ad Pand.*, liv. 25, tit. 1, t. 2, p. 76, n.te C, et *ad L.* 56, §. 3, ff. *de jur. dot.*). Quelles étaient, en droit romain, les impenses nécessaires? En consultant à cet égard les lois 1, §. 3; 3 *in princip.*, 4 et 14 *in princip.*, ff. *de imp. in reb. dot. fact.*, liv. 25, tit. 1, on voit, qu'au nombre des impenses classées par ces lois parmi les nécessaires, il en est beaucoup qui, aujourd'hui, ne seraient considérées que comme des dépenses d'entretien, puisque, d'après les principes

dotal, le remboursement lui en serait dû à la cessation de son usufruit (938), encore que la

du Code, tout ce qui n'est pas regardé comme grosses réparations, n'est que réparation d'entretien (C. civ., art. 606). D'après cela, ce ne peut être qu'aux grosses réparations que sont susceptibles d'être appliquées aujourd'hui les dispositions des lois romaines touchant les impenses necessaires.

(938) C'est ce qu'on décidait avant le Code (V. L. 7 , §. 1 ff. *de imp. in reb. dot. fact.* , liv. 25, tit. 1; L. 7 , §. 16, ff. *Solut. matrim.* , liv. 24, tit. 3; L. 18, *in princip.* , ff. *de fundo dotali,* liv. 23, tit. 5; Domat, Lois civiles, liv. 1, tit. 9, sect. 3, n. 16, p. 115; Boucheul, Coutume de Poitou, art. 230, n. 27, t. 1, p. 771; Fontanella, *de pact. nupt.* , clause 7, glose 3, part. 12, n. 32, t. 2, p. 567; Roussilhe, de la Dot, t. 1, n. 350, p. 397, et n. 351, p. 398; art. 51 de la Coutume de Bordeaux et Commentaire des frères Lamothe sur cet article; Lapeyrère, let. F, n. 70, et *ibi* Conférences m. s.). Sous le Code, la même opinion est suivie, nonobstant la disposition du second alinéa de l'article 599 C. cív., par le motif que la jouissance qu'a le mari des biens dotaux est à titre onéreux, et que, dès-lors, cette jouissance ne saurait être assimilée à celle d'un usufruitier ordinaire (V. M. Proudhon, de l'Usufruit, t. 5, p. 476; M. Merlin, Nouveau Répertoire, v.° *Dot,* §. 13, n. 3 *in fine,* t. 4, p. 229; M. Toullier, Droit civil, t. 14, n. 324; M. Duranton, Cours de Droit français, t. 15, n. 463; M. Duport-Lavillette, Quest. de Droit, t. 2, p. 511 et suiv. ; arrêt de la Cour de Caen, du 5 Décembre 1826, dans Sirey, 1827, 2, 161).—Les améliorations qui se trouvent souvent désignées dans les livres sous le nom d'*impenses utiles,* de *réparations utiles,* s'entendent de tout ouvrage qui, fait dans le fonds

femme n'eût donné aucun consentement (939).
Ces améliorations ne se remboursent qu'eu égard
à ce dont la valeur du fonds se trouve augmentée,
lorsque cette plus value est moins estimée que
ce qu'elle a coûté (940); et, dans le cas con-

---

ou ajouté au fonds, en augmente la valeur et le prix, sans avoir
été nécessairement entrepris, comme les réparations, pour réta-
blir ou entretenir l'héritage, ou pour le conserver et en prévenir la perte (V. M. Proudhon, de l'Usufruit, t. 3, n. 1437
et suiv., et t. 4, n. 1612 et suiv.). Ainsi, par exemple, élever
des bâtimens, défricher une terre inculte, planter en vigne ou
en bois une terre nue, c'est faire des améliorations (V. Pothier,
de la Communauté, n. 273). Au sujet de la complantation de
la vigne, nous remarquons, qu'autrefois, dans l'opinion de
certains auteurs, cette complantation, quoique constituant une
amélioration, ne pouvait donner lieu à aucune répétition, lorsque le mari en avait joui long-tems (V. Lapeyrère et son Apostillateur, let. F, n. 70; Valin, Coutume de la Rochelle, t. 2,
p. 604 et suiv., n. 113). Cette opinion, que repoussaient, au
surplus, d'autres auteurs (V. Lebrun, de la Communauté, liv. 3,
chap. 2, sect. 1, dist. 7, n. 6, p. 425, 2.ᵉ col.; Roussilhe, de
la Dot, t. 2, n. 544), semble d'autant moins pouvoir être accueillie aujourd'hui qu'elle avait pour unique fondement le
grand rapport de la vigne. Les tems sont bien changés !

(939) V. L. 1, §. 5, C. *de rei ux. act.*, liv. 5, tit. 13;
Domat, Lois civiles, liv. 1, tit. 9, sect. 3, n. 16, p. 115; du
Perier, Max. de Droit, t. 1, p. 508 *in fine*, et p. 509; M.
Proudhon, de l'Usufruit, t. 5, p. 476; M. Toullier, Droit
civil, t. 14, n. 326.

(940) V. Roussilhe, de la Dot, t. 1, p. 398; Despeisses,

traire, le mari répète le montant de ses impenses (941).

D. A ce qui vient d'être dit touchant les grosses réparations et les améliorations faites au fonds
dotal, il faut ajouter les décisions suivantes :

---

tit. de la Dot, sect. 3, n. 76, t. 1, p. 532; Boucheul, Cout.ᵉ
de Poitou, art. 230, n. 34, t. 1, p. 772; frères Lamothe,
Commentaire sur la Cout.ᵉ de Bordeaux, t. 1, p. 308 *in fine*,
et p. 309; Conférences m. s. sur Lapeyrère, let. F, n. 70; Lapeyrère, let. P, n. 53, et *ibi* Conférences m. s. *Junge* les divers
auteurs modernes cités à la n.ᵗᵉ 938. — D'après M. Proudhon,
de l'Usufruit, t. 5, p. 475, le mari aurait le droit de répéter
le coût des améliorations, si elles avaient été faites du consentement de la femme, et ce serait seulement dans le cas où la femme
n'aurait pas été consultée, que la mieux value de la chose améliorée serait due. Mais comment la femme, qui, par le consentement à une aliénation de ses biens dotaux, ne saurait se nuire,
pourrait-elle préjudicier à sa dot en consentant, sous l'influence
maritale, à des améliorations sur ses biens? Comment pourrait-
elle être tenue de souffrir, sur ses biens dotaux, la déduction
de toutes les sommes déboursées, quoique les améliorations ne
procurassent qu'une plus value bien inférieure à ce qu'elles
auraient coûté?

(941) V. Despeisses, tit. de la Dot, sect. 3, n. 76, t. 1, p.
532; Boucheul, Coutume de Poitou, art. 230, t. 1, p. 772,
n. 34; Conférences m. s. sur Lapeyrère, let. F, n. 70; Lapeyrère, let. P, n. 53, et *ibi* Conférences m. s.; frères Lamothe,
Commentaire sur la Cout.ᵉ de Bordeaux, t. 1, p. 309.

La première, que le mari conserverait toujours le droit d'être remboursé des réparations, quoique la chose réparée eût péri par un cas fortuit (942). *Secùs,* à l'égard des améliorations qui, n'étant dues en principe que jusqu'à concurrence de la mieux value qui en résulte au tems de la cessation de l'usufruit du mari, ne peuvent plus former un objet de répétition, lorsque, à la même époque, la chose améliorée se trouve avoir été détruite par cas fortuit (943);

La seconde, que si une société d'acquêts avait

---

(942) V. L. 4, ff. *de imp. in reb. dot. fact.,* liv. 25, tit. 1; L. 38 *in fine,* ff. *de hæred. petit.,* liv. 5, tit. 3; L. 10, §. 1, ff. *de negot. gest.,* liv. 3, tit. 5; Despeisses, tit. de la Dot, sect. 3, n. 75, t. 1, p. 531; Domat, Lois civiles, liv. 1, tit. 9, sect. 3, n. 18, p. 116; Dupin sur Ferron, let. R, n. 92, p. 293; Roussilhe, de la Dot, t. 2, n. 548; Pothier, de la Communauté, n. 635; M. Proudhon, de l'Usufruit, t. 4, n. 1696.

(943) V. Valin, Cout.^e de la Rochelle, t. 2, p. 605, n. 115; Renusson, de la Communauté, 2.e part., chap. 3, n. 13, p. 130; Pothier, de la Communauté, n. 636; M. Proudhon, de l'Usufruit, t. 4, n. 1696. — Une opinion contraire est professée par Domat, Lois civiles, liv. 1, tit. 9, sect. 3, n. 18, p. 116, Lebrun, de la Communauté, liv. 3, chap. 2, sect. 1, dist. 7, n. 19, p. 429, Despeisses, tit. de la Dot, sect. 3, n. 75 *secundò,* t. 1, p. 531, *in fine,* et 532, et Roussilhe, de la Dot, t. 2, n. 549, *ubi tamen* distinction.

été stipulée entre les époux, les réparations et améliorations formeraient des acquêts (944), et, dès-lors, le mari n'aurait de répétition à exercer que pour une moitié (945), à moins que son contrat de mariage ne lui assurât la totalité desdits acquêts au cas de prédécès de la femme (946), ou bien encore, à moins que cette dernière ne vînt à renoncer à la société (947);

La troisième, que le mari, jusqu'à son remboursement effectif, peut retenir la possession de la chose réparée (948) ou amélio-

---

(944) V. Dupin sur Ferron, let. A, n. 3r, p. 11; Automne sur l'art. 5r de la Cout.ᵉ de Bordeaux, p. 232, 234 et 235, n. 6, 18 et 33; Bouvot, Quest. notables, 2.ᵉ part., t. r, p. 140 *in princip.*

(945) V. frères Lamothe, Commentaire sur la Coutume de Bordeaux, t. 2, p. 308 *in fine;* Conférences m. s. sur Lapeyrère, let. D, n. 31; C. civ., art. 1437.

(946) V. Conférences m. s. sur la Coutume de Bordeaux, à l'art. 51.

(947) V. Bourjon, Droit commun, 7.ᵉ part. de la Communauté, chap. 1, sect. 3, dist. 2, n. 14 et 18, t. 1, p. 645 et 646; Duplessis, de la Communauté, p. 454.

(948) V. L. 5 *in princip.*, ff. *de imp. in reb. dot. fact.,* liv. 25, tit. 1; L. 56, §. 3, ff. *de jure dot.,* liv. 23, tit. 3; Leprêtre, 2.ᶜ cent., chap. 93, p. 573; M. Proudhon, de l'Usufruit, t. 5, n. 2626. *Junge, sup.*, n.ᵗᵉˢ 937 et 779. — N'y aurait-il pas quelque cas où la femme, sans remboursement

rée (949). Que s'il la quitte avant d'être remboursé, il lui restera la voie de l'action personnelle contre la femme ou les héritiers de celle-ci pour se faire payer (950).

E. Jusqu'ici, il n'a été question que des impenses pour réparations ou améliorations aux biens dotaux. A l'égard des impenses de pur agrément (951) dont il nous reste à parler, elles

---

préalable des impenses, pourrait être admise à rentrer en possession du fonds dotal ? V. M. Proudhon, *sup.*, t. 5, n. 2627, et Pothier, du Droit de propriété, n. 347.

(949) Ce droit de rétention pour améliorations au fonds dotal n'avait pas lieu en droit romain (V. L. 7, §. 1, ff. *de imp. in reb. dot. fact.*, liv. 25, tit. 1; Fontanella, *de pact. nupt.*, clause 7, glose 3, part. 12, n. 36, p. 567; Despeisses, tit. de la Dot, sect. 3, n. 76, *quintò*, t. 1, p. 533); mais il est dans l'esprit du Code civil (V. art. 867 et 1673), et, de plus, il découle de la doctrine des auteurs (V. Lebrun, de la Communauté, liv. 3, chap. 2, sect. 1, dist. 7, n. 16, p. 429. *Junge* les autorités citées à la n.te 779).

(950) V. L. 5, §. 2, et L. 7, §. 1, ff. *de imp. in reb. dot. fact.*, liv. 25, tit. 1; Despeisses, tit. de la Dot, sect. 3, n. 75, t. 1, p. 531; M. Proudhon, de l'Usufruit, t. 5, n. 2628 et 2629.

(951) *Voluptariæ impensæ sunt quas maritus ad voluptatem fecit... Quæ speciem dumtaxat ornant, non autem fructum augent, ut sunt viridia et aquæ salientes, incrus-*

ne donnent lieu, lors de la cessation de l'usufruit du mari, à aucune répétition en sa faveur, quoiqu'elles eussent été faites avec le consentement de la femme (952). Cette dernière n'en devrait le remboursement que tout autant qu'elle voudrait garder les choses qui ont été l'objet de ces impenses (953), et, dans le cas contraire, le mari n'aurait que le droit de les enlever si, toutefois, il lui était possible de le faire sans rien endommager (954).

CXIII. Le droit d'administration et de jouissance qu'a le mari des biens dotaux, prend fin à la dissolution du mariage par la mort de l'un des époux (955). On conçoit, dès-lors, que, si la dot

---

tationes, loricationes, picturæ. L. 7, in princip., ff. de imp. in reb. dot. fact., liv. 25, tit. 1; L. 79, §. 2, ff. de verb. signif., liv. 50, tit. 6.

(952) V. L. 11 in princip., ff. de imp. in reb. dot. fact., liv. 5, tit. 1; Domat, Lois civiles, liv. 1, tit. 9, sect. 3, n. 19, p. 116.

(953) V. L. 9, ff. de imp. in reb. dot. fact., liv. 25, tit. 1; Roussilhe, de la Dot, t. 1, n. 351.

(954) V. L. 9, ff. de imp. in reb. dot. fact., liv. 25, tit. 1; L. 1, §. 5, C. de rei ux. act., liv. 5, tit. 13; Domat, Lois civiles, liv. 1, tit. 9, sect. 3, n. 20, p. 116; Nouveau Denisart, t. 1, p. 134, n. 6; Roussilhe, de la Dot, t. 1, n. 351.

(955) V. inf., n.° CXVI.

se trouvait encore due, l'action en paiement ne pourrait être exercée que par la femme ou ses héritiers (956).

Ce même droit cesse également par la séparation de corps ou de biens intervenue entre les époux (957). Cette séparation habilite-t-elle la femme à toucher sa dot mobilière sans emploi ou bail de caution? Déjà, nous nous sommes occupé de cette question et nous y avons répondu (957 *bis*).

CXIV. En disant ci-dessus (958) que le mari était maître de la jouissance de la dot, et que la femme conservait la propriété de la dot, nous avons annoncé des exceptions. Voici les exceptions que nous avions en vue :

Première exception. — Si la dot se compose d'immeubles estimés d'une estimation faisant vente, ce qui n'a lieu, d'après les principes du

(956) V. Faber, C., liv. 5, tit. 13, *def*. 6, p. 545; Despeisses, tit. de la Dot, sect. 2, n. 9, t. 1, p. 478; Nouveau Denisart, t. 7, p. 113, n. 1; Roussilhe, de la Dot, t. 1, n. 186.

(957) V. *inf.*, n.º CXVI.

(957 *bis*) V. *sup.*, n.º LXIII, let. C, et n.ᵗ 550.

(958) V. *sup.*, n.º XCVII.

Code civil, que moyennant une déclaration expresse que l'estimation est faite dans l'objet de transporter la propriété au mari (959), ce dernier en devient propriétaire (960). Dès-lors, c'est pour lui que cette dot augmente (961) ; c'est lui également qui en supporte la perte ou la détérioration (962), quoique provenant d'un cas fortuit (963), à moins cependant que cette perte ou cette détérioration ne soit arrivée avant la

---

(959) V. *sup.*, n.º L, let. B.

(960) V. L. 5, C. *de jur. dot.*, liv. 5, tit. 12; L. 69, §. 8, ff. *eod.*, liv. 23, tit. 3; L. uniq., §. 15, C. *de rei ux. act.*, liv. 5, tit. 13; L. 6, C. *de usufructu*, liv. 3, tit. 33; Roussilhe, de la Dot, t. 1, n. 406.

(661) V. L. 10, C. *de jur. dot.*, liv. 5, tit. 12; L. 7, ff. *de peric. et comm. rei vendit.*, liv. 18, tit. 6; L. unique, §. 9, C. *de rei ux. act.*, liv. 5, tit. 13; Domat, Lois civiles, liv. 1, tit. 10, sect. 1, n. 6, p. 108; Mantica, *de tacit. et ambig. convent.*, liv. 12, tit. 28, n. 14, t. 1, p. 576; Roussilhe, de la Dot, t. 1, n. 191.

(962) V. L. 10, ff. *de jur. dot.*, liv. 23, tit. 3; L. 51, ff. *Solut. matrim.*, liv. 24, tit. 3; L. 10, C. *de jur. dot.*, liv. 5, tit. 12; L. unique, §. 9, C. *de rei ux. act.*, liv. 5, tit. 13; du Perier, Quest. notables, liv. 1, quest. 5, t. 1, p. 31; Despeisses, tit. de la Dot, sect. 3, n. 20, t. 1, p. 503.

(963) V. L. 5, §. 3, ff. *Commod. vel contrà*, liv. 13, tit. 6; Despeisses, tit. de la Dot, sect. 3, n. 20, t. 1, p. 503; Raviot sur Perrier, quest. 270, n. 39, t. 2, p. 387.

célébration du mariage (964). La dot de la femme,
dans le cas de l'exception dont il s'agit, ne consiste en réalité que dans le prix d'estimation, et
c'est ce prix que le mari doit rendre, le cas de la
restitution de la dot arrivant (965).

Seconde exception. — Si la dot consiste en une
somme d'argent comptée au mari, elle passe en
la propriété de ce dernier qui devient débiteur
des deniers donnés en dot (966), à la charge par
lui, le cas de la restitution de la dot arrivant, de
rendre la même somme numérique que celle par
lui reçue en dot, en espèces ayant cours au moment de la restitution, quelques variations que
les espèces à lui comptées en paiement pourraient
avoir éprouvées (967), car *in nummis non tam*

---

(964) V. L. 10, §. 5, ff. *de jur. dot.*, liv. 23, tit. 3; Domat, Lois civiles, liv. 1, tit. 10, sect. 1, n. 9, p. 108. *Junge,*
sup., n.º XVI, let. A, et n.º L, let. A.

(965) V. L. 5, C. *de jur. dot.*, liv. 5, tit. 12; Fontanella,
de pact. nupt., clause 5, glose 8, part. 13, n. 8 et suiv.,
p. 196 et suiv.; Menochius, *de Præsumpt.*, liv. 3, *præsumpt.*
74, t. 1, p. 440, n. 3 et 4; Domat, Lois civiles, liv. 1, tit. 10,
sect. 1, n. 8, p. 108; Roussilhe, de la Dot, t. 1, n. 192; *inf.*,
n.º CXXVI, let. B, al. 3, et n.º CXXIX, let. A, 3.º

(966) V. Domat, Lois civiles, liv. 1, tit. 10, sect. 1, n. 5,
p. 107; C. civ., art. 1551, par argument.

(967) V. C. civ., art. 1895, dont la disposition, relative au

corpora ipsa quœ solvuntur considerantur, quàm quantitas quœ ex his efficitur.

---

prêt de consommation, se trouve empruntée aux écrits des juris-consultes (V. Domat, Lois civiles, liv. 5, tit. 6, sect. 1, n. 8, p. 85 ; Pothier, du Prêt de consommation, n. 36, et de la Vente, n. 415 ; du Perier, Nouvelles Questions notables, liv. 4, quest. 18, t. 3, p. 422 et suiv. ; Répertoire de Guyot, t. 1, p. 600 et suiv.). Suivant quelques anciens auteurs, le principe, aujour-d'hui consigné dans l'article 1895, ne devait recevoir d'applica-tion qu'au cas où le prêt avait été fait en monnaie numéraire, par exemple, en livres et sols, de telle sorte que si l'acte portait que le débiteur avait reçu du créancier 3,000 livres en écus, et que, dans la suite, la valeur des écus se trouvât portée de 3 à 6 livres, le débiteur pouvait, sans contredit, se libérer en rendant 500 écus, parce que le créancier recevait, par ce moyen, une somme égale à celle par lui fournie, quoique représentée par une moindre quantité d'écus. Il devait en être autrement, suivant les mêmes auteurs, lorsque c'était en monnaie réelle que le prêt avait été fait, c'est-à-dire, en écus, en louis non appré-ciés : de telle sorte que si le créancier avait fourni au débiteur 1,000 écus, et que, dans la suite, la valeur des écus fût dou-blée, le débiteur n'aurait pu, comme il le pouvait dans le cas précédent, se libérer au moyen de 500 écus, et il aurait dû en fournir 1,000 (V. les autorités citées au Répertoire de Guyot, *sup.* ; Despeisses, tit. du Prêt, sect. 3, n. 21, t. 1, p. 200 ; Anne Robert, liv. 1, chap. 16, p. 201 et suiv. ; Henrys, Sup-plément, liv. 1, chap. 26, n. 20, t. 4, p. 622) (*). Cette dis-

---

(*) On peut voir dans Fachin, *Controv. jur.*, liv. 1, chap. 9 et 10, p. 118 à 126, et dans Dumoulin, *Tract. contr. usur.*, quest. 90 et

Troisième exception. — Si la dot consiste non
pas en une somme d'argent, mais en toutes autres

---

tinction, ou n'était pas faite, ou était rejetée par les meilleurs
auteurs, qui enseignaient qu'on devait considérer la valeur
qu'avaient les espèces lors du contrat, et non la valeur des espèces au tems du remboursement (V. Domat, Pothier et le Répertoire de Guyot, *sup.* ; Lapeyrère, let. M, n. 58; Legrand,
Coutume de Troyes, tit. 4, art. 58, glose 3, n. 2, p. 204;
Boucheul et les autorités qu'il cite, Coutume de Poitou, art.
410, t. 2, p. 714 et 715, n. 4 et 6), et cela, dans le cas même
où il y aurait en stipulation que les écus, les louis, non appréciés,
seraient rendus en mêmes espèces et en même nombre (V. Pothier,
du Prêt de consommation, n. 37; du Perier, Nouvelles Questions
notables, liv. 4, quest. 18, t. 3, p. 422 et suiv.). Maintenant,
et pour en revenir à ce que nous avons dit au sujet de la dot,
que c'était uniquement la somme numérique reçue en dot qui
devait être restituée, quelques variations que les espèces fournies
eussent subies, il est évident : 1.º que si une dot a été constituée en
monnaie numéraire, par exemple, 1,200 fr. en 240 pièces de 5 fr.,
et que, depuis, la valeur de la pièce de 5 fr. ait été portée à 6 fr.,
le mari se libérera en rendant 200 pièces représentant 1,200 fr.,
en d'autres termes, la somme numérique constituée en dot; 2.º
que si la dot a été constituée soit en monnaie numéraire, par
exemple, en une somme de 1,200 fr. en 240 pièces de 5 fr., soit
en monnaie réelle, par exemple, en 240 pièces de 5 fr., et que
la pièce de 5 fr. vienne, dans la suite, à être réduite à 4 fr., le
mari ne pourra se libérer qu'en comptant 300 pièces formant

---

suiv., p. 66 et suiv., les diverses questions qui se trouvaient agitées au
sujet de l'augmentation et de la diminution des monnaies.

choses fongibles, c'est-à-dire, en choses se con-
sommant par le premier usage, ou consistant en
nombre, poids et mesure, ces choses, une fois
livrées au mari, lui sont acquises en toute propriété, et restent à ses perils et risques, à la
charge par lui, le cas de la restitution de la dot
arrivant, d'en rendre de pareille quantité, qualité
et valeur (968), ou, si elles avaient été estimées,
l'estimation portée au contrat de mariage (969).
Dans l'absence de toute estimation, et en cas
d'impossibilité de la part du mari de satisfaire à

1,200 fr. A quoi revient ce qu'on trouve enseigné dans les livres,
spécialement à l'égard de la dot, que la dot constituée en monnaie
réelle, en écus, en louis, non appréciés, doit se rendre eu égard
à ce que les espèces valaient au tems de mariage, ou de la réception, si des termes avaient été pris pour le paiement (V. Laroche-Flavin, liv. 2, tit. 4, art. 45, p. 199; liv. 6, tit. 41, art.
8, p. 436; liv. 2, tit. 6, art. 3, p. 120; Graverol sur cet auteur,
liv. 6, tit. 61, art. 5, p. 485; du Perier, t. 2, p. 413)(*).

(968) V. les autorités citées à la note 432.

(969) V. M. Merlin, Nouveau Répertoire, v.º *Dot*, §. 7, n.
1, t. 4, p. 199; C. civ., art. 1532, par argument; note suivante.

(*) On peut voir dans Matthæus de Afflictis, *Decis*. 194, p. 263 et
suiv., et dans Tonduti, Quest. et Résolut. civiles, chap. 15, p. 27 et
suiv., les distinctions auxquelles avait donné lieu la question de savoir
si, pour la restitution de la dot, on devait considérer la valeur qu'avaient
les espèces au tems du contrat.

son obligation de rendre les choses constituées
en même quantité et qualité, il sera tenu d'en
payer la valeur actuelle (970).

---

(970) Plusieurs auteurs, dont quelques-uns ont précisément
en vue le cas où nulle estimation des choses fongibles n'a eu
lieu, disent que le mari est tenu de leur valeur, lors de la
réception, sans distinguer, pour la plupart, au surplus, s'il y
a, ou non, impossibilité de les rendre en même qualité et
quantité (V. Roussilhe, de la Dot, t. 2, n. 571; du Perier,
Quest. notables, liv. 1, quest. 5, p. 31; Lebrun, de la Communauté, liv. 2, chap. 2, sect. 4, n. 53, p. 249; Apostillateur
de Lapeyrère, let. D, n. 124, v.º *Le mari est obligé de rendre,*
et v.º *Une Guiraud;* Dupin sur Ferron, let. M, n. 27, p. 213;
M. Duranton, Cours de Droit français, t. 15, n. 411). D'où
l'on pourrait conclure que, dans l'absence même de toute estimation, et quelque possibilité qu'il y eût de faire une restitution
en nature, le mari se libérerait valablement par le paiement de
la valeur des choses fongibles eu égard au tems de la réception.
Mais, d'un côté, la loi romaine voulait que le mari rendît des
choses du même genre et de la même qualité : *Res in dotem
datæ quæ pondere, numero, mensurâ constant, mariti
periculo sunt: quia in hoc dantur ut eas maritus ad arbi-
trium suum distrahat, et quandòque, soluto matrimonio,*
EJUSDEM GENERIS ET QUALITATIS ALIAS RESTITUAT (V. L. 42, ff.
de jur. dot., liv. 23, tit. 3), et tel était le sentiment de Covarruvias, *Pract. quæst.*, chap. 28, n. 6, p. 96, de Mantica,
de tacit. et ambig. convent., liv. 12, tit. 28, n. 21, t. 1, p.
576, etc. D'un autre côté, on trouve enseigné partout que le
débiteur de choses fongibles doit en nature la restitution d'une

Quatrième exception. — Lorsque la dot consiste en choses mobilières non fongibles, les-

---

pareille quantité de choses du même genre, et que c'est uniquement dans le cas où il ne peut s'acquitter de cette manière,
qu'il peut être reçu à en payer l'estimation, laquelle doit être
faite suivant la valeur de ces choses au tems de la restitution
(V. M. Merlin, Nouveau Répertoire, v.° *Prêt*, §. 2, n. 9, t.
9, p. 701; Despeisses, tit. du Prêt, sect. 3, n. 21, t. 1, p. 200,
in fine, et 201; Pothier, du Prêt de consomption, n. 15, 39
et 40; C. civ., art. 1902 et 1903). L'article 587 C. civ. porte,
il est vrai, que « l'usufruitier (de choses fongibles) a le droit de
« s'en servir, à la charge d'en rendre de pareille quantité, qua-
« lité et valeur, ou leur estimation à la fin de l'usufruit », ce
qui a fait dire à des auteurs modernes que l'usufruitier était
constitué débiteur sous une alternative; que, par suite, il avait
la faculté de se libérer, à son choix, ou par la restitution des
choses mêmes en pareille quantité et qualité, ou par le paiement
de leur valeur, et cela, eu égard au tems de la réception, suivant
les uns (V. M. Proudhon, de l'Usufruit, t. 2, n. 1006 et
1007, p. 7 et suiv.; t. 5, n. 2634, p. 454 et suiv.; M. Toullier, Droit civil, t. 3, n. 398, p. 312), ou eu égard au tems
de la restitution, suivant les autres (V. M. Delvincourt, Cours de
Code civil, t. 1, p. 507, n.^{te} 1). Mais d'autres auteurs dont
l'opinion, que nous partageons, est en harmonie avec les lois
romaines (V. L. 7, ff. *de usuf. ear. rer. quæ usu consum.*,
liv. 7, tit. 5; Inst., liv. 2, tit. 4, §. 2) sont d'avis que l'art.
587 règle deux modes de restitution, deux cas pouvant se présenter dans lesquels cette restitution ne doit pas avoir lieu de
la même manière, celui où les choses ont été livrées sur estimation, et celui où aucune estimation n'a eu lieu; que, dans cette

43

quelles, sans se consommer de suite, se dété-
riorent peu à peu par l'usage, si elles ont été
appréciées sans déclaration que l'estimation n'en
faisait pas vente, elles passent en la propriété du
mari qui les a reçues (971), et elles sont à ses
périls et risques, quand même la femme en aurait
l'usage (972). Lorsque arrive le moment de res-

---

dernière hypothèse, l'usufruitier ne peut se libérer par le paiement d'un prix estimatif que dans l'impossibilité où il serait de
s'acquitter par une restitution en nature ; qu'alors, c'est l'estimation, eu égard au tems où l'usufruit prend fin, dont l'usufruitier doit faire raison au propriétaire ; que, dans la première
hypothèse (c'est celle qu'ont en vue MM. Toullier et Proudhon,
sup.), l'usufruitier ne peut être considéré comme débiteur sous
une alternative, et avoir, en conséquence, l'option qu'on voudrait
lui déférer ; que son obligation consiste uniquement à rendre le
prix d'estimation (V. M. Duranton, Cours de Droit français,
t. 4, n. 577, p. 544 et suiv.). Cette doctrine doit certainement
recevoir son application aux choses fongibles faisant partie de
la dot. Si elles ont été estimées, le mari, aux termes de l'art.
1551, n'est plus, en effet, que débiteur du prix d'estimation
porté au contrat. Si elles n'ont pas été estimées, il n'est constitué
débiteur que des choses mêmes qu'il a reçues, en même quantité
et qualité ; et s'il n'en fait pas la restitution en nature, il se
place dans les termes du droit commun suivant lequel le débiteur d'une quantité, qui ne la paye pas en nature, en doit la
valeur eu égard au tems de la restitution.

(971) V. *sup.*, n.° L, let. B, al. 3.
(972) V. L. 51, ff. *Solut. matrim.*, liv. 24, tit. 3; L. 53,

tituer la dot, le mari, dès-lors, n'est tenu de rendre, et la femme ne peut réclamer que le prix donné au mobilier (973), sauf le droit accordé à cette dernière de retirer les linges et hardes à son usage actuel, en, par elle, tenant compte de leur valeur (974).

Cinquième exception. — Si la dot consiste en un fonds de commerce, le mari en devient propriétaire, lorsque le contrat de mariage en contient la mise à prix, sans déclaration que l'estimation n'en fait pas vente : il en est différemment dans l'absence d'une semblable mise à prix (975) ; mais remarquez que, si, dans cette

ff. *de donat. int. vir. et ux.*, liv. 24, tit. 1 ; Despeisses , tit. de la Dot, sect. 3, n. 20, t. 1, p. 503 ; Mantica, *de tacit. et ambig. convent.*, liv. 12, tit. 28, n. 13, t. 1, p. 576.

(973) V. Roussilhe, de la Dot, t. 1, n. 167 ; *inf.*, n.° CXXIX, let. A, 4.°

(974) V. Roussilhe, de la Dot, t. 1, n. 167 et 180 ; C. civ., art. 1566, al. 2. — Il paraît que, dans la jurisprudence de quelques Parlemens, la femme, en retirant les linges et hardes à son usage, constitués en dot avec estimation, n'était pas assujettie à en précompter la valeur (V. M. Benoit, de la Dot, t. 1, n. 155).

(975) V., à l'occasion de ces décisions : 1.° arrêt de rejet, du 10 Avril 1814 (Sirey, 1814, 1, 238), décidant que l'usufruitier d'un fonds de commerce, qui avait manifesté l'intention

dernière hypothèse, le mari ne peut avoir le
droit de disposer du fonds de commerce considéré en lui-même avec son achalandage, et
cela, à raison de l'inaliénabilité attachée audit
fonds, il a, du moins, celui de le faire valoir

---

de le rendre en nature, n'avait pas été investi de la propriété
de ce fonds; 2.º arrêt de cassation, du 9 Messidor an 11 (au
Rép.ʳᵉ de M. Merlin, v.º *Usufruit*, §. 4, n. 8, t. 14, p. 381 à
384, et dans Sirey, t. 4, 1.ʳᵉ part., p. 29 et suiv.), jugeant que
l'usufruitier d'un fonds de commerce avait pu, comme propriétaire, en faire la vente, et cela, dans une espèce où le testateur,
en léguant l'usufruit de ce fonds, avait ordonné qu'il serait fait
un inventaire estimatif des marchandises le composant, et avait
manifesté, par d'autres dispositions, son intention d'en transporter la propriété à l'usufruitier; 3.º M. Proudhon, de l'Usufruit, t. 3, p. 18, et p. précéd. et suiv., suivant lequel l'estimation faite, lors de l'entrée en jouissance de l'usufruitier, d'un
fonds de commerce équivaut, en thèse générale, et à moins
que l'usufruitier n'ait été chargé de l'entretenir, à une vente
qui serait consentie à son profit : c'est ce qu'enseigne aussi M.
Duranton, Cours de Droit français, t. 4, n. 597, p. 571;
4.º un arrêt de la Cour de Paris, du 22 Mars 1834, dans Sirey, 1834, 2, 190, duquel il résulte qu'un fonds de commerce
ne passe pas en la propriété de l'usufruitier, ledit fonds ayant en
soi-même, et abstraction faite des marchandises qui en dépendent, une existence propre et une valeur particulière, surtout
lorsqu'il s'agit d'une profession soumise à des réglemens dé-
terminant le nombre des personnes auxquelles l'exercice en est
permis.

et de débiter les marchandises dont le fonds de commerce se compose, ces marchandises étant destinées à être vendues et à être remplacées par d'autres, et ayant, à raison de cette destination, tous les caractères de choses fongibles (976). D'après cela, et toujours dans le cas où le fonds de commerce n'a pas été estimé, le mari, à la dissolution du mariage ou lors de la séparation de biens, sera tenu, comme tout usufruitier de choses fongibles, de remplacer les marchandises vendues par d'autres marchandises en pareille quantité, qualité et valeur, ou d'en payer la valeur actuelle (977). Sera-t-il

---

(976) V. Baldus Novellus, *de dote, pars septima, privilegium primum*, n. 5, p. 99 *in fine*, et 100. *Junge* M. Merlin, Nouveau Rép.re, v.° *Usufruit*, §. 4, n. 8, t. 14, p. 382, v.° *Un fonds de boutique appartient-il à la classe des choses fongibles?* M. Delvincourt, Cours de Code civil, t. 1, p. 494, aux notes; M. Proudhon, de l'Usufruit, t. 3, n. 1010, 1011, 1014 et 1016; arrêt de la Cour de Rouen, du 5 Juillet 1824, dans Sirey, 1825, 2, 132; arrêt de la Cour de Toulouse, du 18 Décembre 1832, dans Sirey, 1832, 2, 209.

(977) V. *sup.*, n.° CXIV, 3.e exception. — M. Proudhon, de l'Usufruit, t. 3, n. 1024, 1011 à 1014, s'occupant du légataire de l'usufruit d'un fonds de commerce, enseigne que, si les marchandises de ce fonds ne consistent que dans des quantités qui soient naturellement homogènes avec d'autres quantités du même genre, l'usufruitier doit avoir la faculté de se libérer en

également obligé de tenir compte de la valeur
des marchandises qui auraient péri par cas fortuit? Oui, car il est de principe que les choses
fongibles, comme celles destinées à être vendues,
sont aux risques de celui entre les mains de qui
elles ont passé (978).

CXV. A part les exceptions qui viennent
d'être rappelées, la femme, ainsi que nous
l'avons déjà dit (979), reste investie de la propriété de la dot.

Conséquemment, c'est pour la femme que la

---

nature; que, dans les autres cas, il ne peut régulièrement s'acquitter que par l'estimation portée à l'inventaire. Mais, dans
tous les cas, l'estimation nous semble avoir, en thèse générale,
pour effet de convertir le legs d'usufruit en un quasi-usufruit
consistant uniquement dans la jouissance de la somme à laquelle
les objets auraient été estimés (V. M. Duranton, Cours de Droit
français, t. 4, n. 579, 595), et c'est cette somme dont la restitution serait due à la cessation de l'usufruit, sans qu'il fût loisible à l'usufruitier de se libérer en nature, quoiqu'il y eût ho-
mogénéité parfaite entre les objets vendus et ceux offerts en
compensation. — V. sup., n.te 970.

(978) V. L. 4 in princip., ff. de reb. credit., liv. 12, tit.
1, ainsi conçue : *Qui rem vendendam acceperat, ut pretio*
uteretur, periculo suo rem habebit; C. civ., art. 1851.

(979) V. sup., n.º XCVII.

dot augmente (980), et, à moins de quelque négligence imputable au mari (981), c'est à son
détriment qu'elle diminue et périt (982), encore
que la constitution se trouvât faite de tous biens
présens et à venir (983).

D'après cela, à la dissolution du mariage ou
de la séparation de biens, ce sera en nature que
les immeubles non estimés d'uneestimation faisant vente devront être restitués (984), avec les

---

(980) V. L. 10, *in princip.*, et §. 1, ff. *de jur. dot.*, liv
23, tit. 3; Domat, Lois civiles, liv. 1, tit. 10, sect. 1, n. 6,
p. 108. *Junge* Code Frédéric, part. 1, liv. 2, tit. 4, art. 1,
§. 66, n.º II.

(981) V. Despeisses, tit. de la Dot, sect. 3, n. 22, t. 1,
p. 503; du Perier et son Annotateur, Quest. notables, liv. 1,
quest. 5, t. 1, p. 31 et 36.

(982) V. L. 10, *in princip.*, et §. 1, ff. *de jur. dot.*, liv.
23, tit. 3; du Perier et son Annotateur, Quest. notables, liv. 1,
quest. 5, tit. 1, p. 31 et 36; Domat, Lois civiles, liv. 1, tit. 10,
sect. 1, n. 6 et 13, p. 108; Fromental, v.º *Dot*, p. 250. *Junge*
Code Frédéric, part. 1, liv. 2, tit. 4, art. 1, §. 66, n.º IV.

(983) Du Perier, Quest. notables, liv. 1, quest. 5, t. 1, p.
33 et 34, était d'avis que, dans cette hypothèse, les meubles
échus postérieurement à la constitution devaient être au péril
du mari.

(984) V. Mantica, *de tacit. et ambig. convent.*, liv. 12,
tit. 28, n. 1, t. 1, p. 574; Nouveau Denisart, v.º *Dot*, §. 17,
n. 1, t. 7, p. 132.

augmentations ou les diminutions qu'ils pourront avoir éprouvées (985). Il en sera de même
à l'égard des chòses mobilières non fongibles,
soit qu'elles n'aient pas été mises à prix, soit
qu'elles aient été estimées avèc déclaration que
l'estimation n'en vaut pas vente. Bien qu'elles
aient été employées aux usages communs du
mari et de la femme, elles doivent être rendues
en nature (en supposant qu'elles existent encore),
et dans l'état où elles sont, non détériorées par
la faute du mari (986).

Que si la dot consiste en meubles incorporels,
par exemple, en obligations ou autres dettes
actives, il n'en sera pas différemment. Le mari

---

(985) V. Despeisses, tit. de la Dot, sect. 3 ; n. 19, t. 1 ;
p. 502; Domat, Lois civiles, liv. 1, tit. 9, sect. 3, n. 8, p. 115;
Roussilhe, de la Dot, t. 2, n. 566; M. Merlin, Nouveau Rép.re,
v.º *Dot*, §. 11, n. 9, t. 4, p. 226; M. Duport-Lavillette,
Quest. de Droit, t. 3, p. 116 et suiv.

(986) V. Despeisses, tit. de la Dot, sect. 3, n. 19 et 97, t. 1,
p. 502 et 540; Catelan, liv. 4, chap. 31, t. 2, p. 81; Expilly,
chap. 96, p. 563 et suiv.; Fontanella, *de pact. nupt.*, clause
7, glose 3, part. 12, n. 37 à 40, p. 567 et 568; Lebrun, de
la Communauté, liv. 2, chap. 2, sect. 4, n. 51 et 54, p. 248
et 249; Dupin sur Ferron, let. M, n. 27, p. 213; Apostillateur
de Lapeyrère, let. D, n. 114, v.º *Une Guiraud*; Roussilhe,
de la Dot, t. 1, n. 169, et t. 2, n. 562 et 573; C. civ., art.
1566 et 589.

a bien le droit de forcer et de recevoir le recouvrement des créances dotales, et il acquiert,
sans contredit, la propriété des sommes par lui
reçues en leur acquit. Mais, régulièrement, il
ne devient pas, pour cela, propriétaire de ces
créances (987). Aussi n'est-ce pas à son détriment
qu'elles diminuent, et n'est-il tenu, le cas de la
restitution de la dot arrivant, qu'à la simple
remise des titres (988), à moins, toutefois, qu'il
n'eût apporté du dol ou de la négligence dans le
recouvrement des créances, ou que, par toute
autre cause, la perte ou la diminution de ces
créances pût lui être imputée (989). En disant
ci-dessus que le mari n'était tenu qu'à la simple
remise des titres, nous n'entendions parler que
des titres mêmes qu'aurait compris la constitu-

---

(987) V. *sup.*, n.º LXIII, let. B, al. 3.

(988) V. L. 49, ff. *Solut. matrim.*, liv. 24, tit. 3 ; A Sande,
de act. cess. comm., cap. 9, n. 22 et 23, p. 35 ; Valin, Cout.ᵉ
de la Rochelle, t. 2, p. 588, n. 61, et t. 1, p. 487, 488, n. 7
et n. 10 et suiv.; Despeisses, tit. de la Dot, sect. 3, n. 19 et 86,
t. 1, p. 503 et 536 ; Renusson, de la Communauté, 2.ᵉ part.,
p. 175, n. 41 ; Roussilhe, de la Dot, t. 2, n. 574 ; C. civ.,
art. 1567.

(989) V. les autorités citées à la note précédente. *Junge*
Cambolas, liv. 1, chap. 48, p. 79 ; Domat, Lois civiles, liv. 1,
tit. 9, sect. 3, n. 2 à 5, p. 114 et suiv.

tion de dot. S'il s'agissait, en effet, de titres
existans entre les mains du mari par suite d'une
novation par lui consentie avec les débiteurs que
lui avait donnés la constitution de dot, le mari
ne serait nullement libéré par la restitution des
contrats, et il aurait à faire raison du montant
des sommes portées auxdits contrats comme s'il
en avait été payé, car, au moyen de la novation,
qui ne peut avoir lieu qu'à ses périls et risques,
il serait censé avoir reçu le paiement de la
dot (990).

---

(990) V. L. 35, ff. *de jur. dot.*, liv. 23, tit. 3; Domat,
Lois civiles, liv. 1, tit. 9, sect. 3, n. 4, p. 114; Raviot sur
Perrier, quest. 270, t. 2, p. 387, n. 39 *in fine;* Roussilhe,
de la Dot, t. 2, n. 540; *sup.*, n.º LXIII, let. B, al. 3 *in fine.*
D'après les autorités qui précèdent, la novation a lieu aux périls
et risques du mari. De là, on est fondé à conclure : 1.º que le
mari a droit d'innover les créances dotales ; 2.º qu'il ne peut user
de ce droit au préjudice de la femme. Cette double conséquence
n'a rien d'inconciliable avec ce que nous trouvons écrit dans les
livres au sujet de la question de savoir si la novation est permise
au mari ou à un usufruitier (V. Pothier, des Obligations, n.
592; Garran de Coulon, au Rép.ʳᵉ de M. Merlin, v.º *Nova-*
tion, §. 4, t. 8, p. 644; M. Duranton, Cours de Droit français, t. 12, n. 396; M. Proudhon, de l'Usufruit, t. 3,
n. 1054).

ARTICLE CINQUIÈME.

SECTION PREMIÈRE.

De la Restitution de la Dot.

Quand, par qui, à qui la restitution de la Dot doit-elle être faite ; que doit-elle comprendre, et dans quel délai doit-elle s'effectuer ?

CXVI. La dissolution du mariage par la mort naturelle ou par la mort civile de l'un des époux, donne lieu à la restitution de la dot (991).

La séparation de corps ou de biens intervenue entre les époux, donne également ouverture à la

---

(991) V. L. 2, ff. *Solut. matrim.*, liv. 24, tit. 3 ; Despeisses, tit. de la Dot, sect. 3, n. 1, et sect. 2, n. 31, t. 1, p. 494 et 490 ; Roussilhe, de la Dot, t. 2, n. 507 ; Nouveau Denisart, v.º *Dot*, §. 16, t. 7, p. 130, n. 1 ; C. civ., sect. de la Restitution de la dot.

restitution de la dot, quoique le mariage subsiste toujours (992).

CXVII. Cette restitution est imposée au mari, et, par suite, à ses héritiers (993). Elle doit être faite à la femme ou aux héritiers de cette dernière (994).

---

(992) V. L. 24, *in princip.*, ff. *Solut. matrim.*, liv. 24, tit. 3; Despeisses, tit. de la Dot, sect. 2, n. 33, t. 1, p. 491 et suiv.; Roussilhe, de la Dot, t. 2, n. 510; M. Merlin, Nouveau Rép.re, v.º *Dot*, §. 11, n. 1, t. 4, p. 222; C. civ., art. 1563, 311 et 1449 *junct.*

(993) V. L. 8 et 9, C. *Solut. matrim.*, liv. 5, tit. 18; L. 31, §. 3, ff. *eod.*, liv. 24, tit. 3; L. 53, ff. *de leg.* 2.º, liv. 31, II; Domat, Lois civiles, liv. 1, tit. 9, sect. 3, n. 7, p. 114; C. civ., sect. de la Restitution de la dot. — Y avait-il quelque cas où, en droit romain, les héritiers du mari pouvaient être tenus solidairement du remboursement de la dot? V. Surdus, *Decis.*, decis. 90, p. 168 et suiv.; Fachin, *Controv. jur.*, liv. 12, chap. 51, p. 298.

(994) V. L. 2, ff. *Solut. matrim.*, liv. 24, tit. 3; Domat, Lois civiles, liv. 1, tit. 9, sect. 3, n. 9, p. 115; Lebrun, de la Communauté, liv. 3, chap. 2, sect. 1, n. 9, p. 335; C. civ., sect. de la Restitution de la dot. — On faisait, dans les pays de droit écrit, au sujet de la restitution de la dot à la femme survivante, diverses distinctions qu'on peut voir dans le Nouveau Denisart, v.º *Dot*, §. 16, n. 2, t. 7, p. 130 et suiv., et au Répertoire de M. Merlin, v.º *Dot*, §. 11, n. 3, t. 4, p. 223 et suiv.

Indépendamment du mari, toute personne, le père ou la mère du mari, par exemple, qui, dans le contrat de mariage, aurait pris, d'une manière quelconque, l'obligation de restituer la dot, serait tenue de cette restitution (995), sauf

---

(995) De là, cette décision par laquelle la Cour de Pau a jugé, le 9 Décembre 1820 (V. Sirey, 1822, 2, 164), que le père du mari, qui avait reçu une partie de la dot conjointement avec ce dernier, et qui avait affecté ses biens au remboursement de l'entière dot, n'avait pas été définitivement libéré envers sa bru par le paiement qu'il avait fait à son fils, durant le mariage, de la somme par lui reçue; qu'il y avait lieu à le considérer comme caution, et, en cas d'insuffisance des biens du fils, à le rendre responsable, à ce titre, du remboursement de la dot envers sa belle-fille (*). — De là, encore, ces résolutions de l'an-

---

(*) La Cour de Toulouse a rendu, le 31 Juillet 1833 (V. Mémorial de jurisprudence, t. 28, p. 125 et suiv., et Sirey, 1834, 2, 284), un arrêt qui semble s'écarter de cette décision. Mais remarquez que, dans l'espèce jugée par la Cour de Pau, le père, qui n'avait touché qu'*une partie* de la dot, avait cependant affecté ses biens pour *la totalité* de cette dot, circonstance qui démontrait assez que, dans l'intention des parties, le père devait être responsable *envers sa bru* de la restitution de la dot. Dans l'espèce de l'arrêt de la Cour de Toulouse, la même intention ne s'y manifestait pas à un égal degré. Le père, qui avait reçu toute la dot, avait affecté un immeuble à lui appartenant. Mais était-ce bien dans l'intérêt de la bru que l'hypothèque avait été donnée ? N'était-ce pas uniquement dans l'intérêt du fils ? L'arrêt se détermine dans ce dernier sens, et l'on comprend tout ce que l'interprétation des clauses d'un acte laisse à l'arbitrage du juge.

que la mère, qui aurait contracté cette obliga-

---

cien droit : 1.º que le père, qui reconnaissait conjointement avec son fils la dot de sa belle-fille, demeurait tenu sur ses biens de la restitution de cette dot (V. Catelan, liv. 4, chap. 39, t. 2, p. 96; Roussilhe, de la Dot, t. 1, n. 296), laquelle, d'ailleurs, était présumée avoir entièrement passé aux mains du père (V. Lapeyrère, let. P, n. 125; Jurisprudence inédite de la Cour de Toulouse, p. 194); 2.º que la mère, qui faisait reconnaissance de la dot avec son fils, en devait également la restitution (V. Boniface, liv. 6, tit. 1, chap. 9, t. 4, p. 336; de Bézieux, liv. 5, chap. 2, §. 1, p. 254; Bonnemant, Max. du Palais, t. 1, p. 176 *in fine*); 3.º que le père et la mère s'obligeant ensemble pour la reconnaissance de la dot de leur belle-fille, la mère, au défaut de biens du père, ne laissait pas d'être tenue, sur ses paraphernaux, de la restitution de la dot (V. Bonnemant, Max. du Palais, t. 1, p. 176), quoique, lorsqu'une femme confessait avoir reçu de l'argent conjointement avec son mari, la présomption fût qu'elle n'avait rien reçu, et que le mari avait retiré tout l'argent (V. Lapeyrère, let. P, n. 125); 4.º que si, dans le contrat de mariage du fils, le père ou la mère l'avait déclaré franc et quitte (V., sur la clause de *franc et quitte*, Pothier, de la Communauté, n. 365 et suiv.), le père ou la mère, par qui cette déclaration avait été faite, se trouvait obligé à restituer la dot, lorsque les biens du mari, à raison des dettes antérieures au mariage, n'étaient pas suffisans pour assurer le remboursement de la dot (V. Nouveau Denisart, v.º *Dot*, §. 21, t. 7, p. 140, n. 3; Argou, Inst. au Droit français, liv. 3, chap. 16; Bretonnier sur Henrys, liv. 4, chap. 6, quest. 34, t. 2, p. 303; Journal des Audiences, t. 2, p. 551 et suiv.; Roussilhe, de la Dot, t. 1, n. 300).

tion, n'en serait passible que sur ses biens paraphernaux, et non sur ses biens dotaux (996).
Avant le Code, et dans ceux des pays de droit
écrit où le mariage n'émancipait pas, la seule
présence du père au contrat de mariage de son
fils non émancipé le rendait responsable de la
dot de sa bru (997).

---

(996) V. Nouveau Denisart, v.º *Dot*, §. 21, t. 7, p. 140,
n. 4; Roussilhe, de la Dot, t. 1, n. 299; Bonnemant, Max. du
Palais, t. 1, p. 176.

(997) On trouve, sur ce point, dans le Recueil m. s. des attestations du barreau de Bordeaux, deux attestations ainsi con-
çues : « Attesté, le 11 Février 1696 (*), pour M. le doyen des
« avocats au Parlement de Toulouse, syndics MM. Detillet et
« Pasquet, que, lorsqu'il s'agit de la restitution d'une dot cons-
« tituée à la femme qui se marie avec un fils non émancipé, en
« présence du beau-père, on observe la disposition du droit
« commun dans le §. *Transgrediamur* 12 de la loi *Si cùm do-*
« *tem* 22, ff. *Solut. matrim.* ». « Attesté, le 27 Mars 1717 (**),
« pour M. Merlet, syndics MM. Daleau et Grenier, que, quand
« le père est présent au contrat de mariage de son fils mineur
« et non émancipé, et au paiement de la dot qui est fait à son
« fils, il en demeure responsable par sa seule présence, si le
« fils devient insolvable, le cas de la restitution de cette dot

(*) Salviat, p. 212, rapporte, par erreur, cette attestation, comme
ayant été donnée le 27 Mars 1717.

(**) Cette attestation est rapportée, par erreur, dans Salviat, p. 212,
sous la date du 11 Février 1696.

La femme ou ses héritiers peuvent n'être pas

« arrivant ». L'Apostillateur de Lapeyrère, let. D, n. 130, v.º *Il est d'usage*, s'exprime dans les mêmes termes. Sur quoi, nous ferons remarquer : 1.º que c'était à l'égard de son fils *non émancipé* que, suivant les attestations ci-dessus, la présence du père au contrat de mariage le rendait responsable de la dot de sa bru (V. Salviat, p. 212 et 213 ; arrêt du Parlement de Bordeaux de l'année 1745, en 1.ʳᵉ, jugeant que les biens du père ne sont tenus, lorsque le fils est émancipé), ce qui était conforme à la jurisprudence observée dans ceux des pays de droit écrit où le mariage n'émancipait pas (V. Catelan, liv. 4, chap. 10, t. 2, p. 28, *in fine*, et p. suiv. ; Vedel sur Catelan, liv. 4, chap. 10, t. 2, p. 24 ; Bonnemant, Max. du Palais, t. 1, p. 174 ; de Juin, t. 1, p. 250 à 252 ; du Perier et son Annotateur, liv. 4, quest. 17, t. 1, p. 426 et 428 ; Boucheul, Coutume de Poitou, art. 260, n. 22, t. 2, p. 43 ; Basset, tit. 10, liv. 4, chap. 6, t. 2, p. 237, et liv. 4, tit. 5, chap. 5, t. 1, p. 286 ; Nouveau Denisart, v.º *Dot*, §. 21, n. 1 et 3, t. 7, p. 139 et 140 ; Roussilhe, de la Dot, t. 1, n. 295 ; M. Duport-Lavillette, Quest. de Droit, t. 3, p. 117 et suiv. ; arrêt de rejet, du 2 Septembre 1806, dans Sirey, t. 6, 1.ʳᵉ part., p. 461 et suiv.) ; 2.º que, suivant les mêmes attestations, comme d'après les autorités qui viennent d'être citées, c'était seulement *le père* dont la responsabilité se trouvait engagée à raison de sa présence au contrat de mariage de son fils, en telle sorte que la présence de *la mère* au même contrat de mariage ne pouvait la soumettre à aucune responsabilité. Cette observation est faite partout (V. Nouveau Denisart, v.º *Dot*, §. 21, n. 4, t. 7, p. 140 ; Albert, let. D, chap. 51, p. 174 ; Soulatges sur d'Olive, liv. 3, chap. 23, p. 301 ; Roussilhe, de la Dot, t. 1, p. 349, n. 298 *in fine*) ; 3.º que,

les seuls qui soient en droit d'exiger la restitution

suivant l'attestation du 27 Mars 1717 précitée, le père ne se trouvait responsable qu'autant qu'il avait été présent *au paiement de la dot* fait à son fils lors du contrat de mariage, et qu'autant que le fils *se trouvait insolvable* à l'époque de la dissolution du mariage, ce qui s'écartait de la jurisprudence de quelques Parlemens où l'on tenait, et que le père, par sa seule présence au contrat de mariage, était responsable de la dot de sa bru, encore que cette dot eût été payée *postérieurement audit contrat et en son absence* (V. Catelan, liv. 4, chap. 10, t. 2, p. 27 et suiv.; Vedel sur Catelan, liv. 4, chap. 10, p. 23 et 24; Annotateur de Despeisses, tit. de la Dot, sect. 3, n. 33, t. 1, p. 516; Graverol sur Laroche-Flavin, liv. 6, tit. 41, art. 6, p. 435; Jurisprudence inédite de la Cour de Toulouse, v.º *Dot*, art. 3; M. Merlin, Nouveau Rép.ʳᵉ, v.º *Puissance paternelle*, sect. 3, §. 3, n. 10, t. 10, p. 359 et suiv.) (*), et que le père qui avait été présent au paiement de la dot fait au fils dans le contrat de mariage, était tenu *par action directe* envers sa belle-fille, et non subsidiairement (V. Fromental, v.º *Dot*, p. 254, 2.ᵉ col.; Catelan, liv. 4, chap. 11, t. 2, p. 32; Aguier,

(*) Les auteurs des Conférences m. s. sur le Code Justinien, à la loi 10, C. *Solut. matrim.*, liv. 5, tit. 18, avaient adopté l'opinion de ces auteurs, opinion à laquelle résistent les termes de l'attestation en question, ainsi que Salviat, p. 213, en fait la remarque, et à laquelle, pour le dire en passant, est encore opposé l'arrêt que dit avoir été rendu l'Apostillateur de Lapeyrère, let. D, n.º 124, v.º *Il a été jugé*, p. 115. Dans l'espèce de cet arrêt, le paiement avait été fait en l'absence du père *contre la clause du contrat de mariage*, circonstance qui pourrait bien avoir motivé l'arrêt qui ne constituerait ainsi qu'un arrêt d'hypothèse.

de la dot. Cette restitution est due à celui qui,

---

t. 2, p. 146); 4.º que, quoique les attestations ci-dessus citées ne parlent que de la dot, leur décision a été étendue, par la jurisprudence du Parlement de Bordeaux, aux conventions matrimoniales (arrêt du Parlement de Bordeaux, du 23 Février 1745, à l'audience de la grand'chambre, en faveur de la dame Testas, veuve Lescure; arrêt de la Cour de Bordeaux, du 27 Février 1822, en 1.ʳᵉ; Conférences m. s. sur le Code Justinien, à la loi 10, C. *Solut. matrim.*, liv. 5, tit. 18; M. Merlin, Nouveau Répertoire, v.º *Gains nuptiaux et de survie*, §. 6, n. 4, t. 5, p. 438), en quoi notre jurisprudence s'accordait avec celle du Parlement de Provence (V., contre l'opinion de Cormis, t. 1, p. 1207 et suiv., Annotateur de du Perier, liv. 4, quest. 17, t. 1, p. 429; Bonnemant, Max. du Palais, t. 1, p. 175) et du Parlement de Grenoble (V. arrêt de rejet du 2 Septembre 1806, dans Sirey, t. 6, 1.ʳᵉ part., p. 461 et suiv.; M. Duport-Lavillette, Quest. de Droit, t. 3, p. 117 et suiv.), mais différait de celle du Parlement de Toulouse (V. Catelan, liv. 4, chap. 11, t. 2, p. 31 et suiv.; Vedel sur Catelan, liv. 4, chap. 11, p. 25; M. Merlin, Nouveau Répertoire, v.º *Puissance paternelle*, sect. 3, §. 3, n. 10, 5.º, t. 10, p. 362).— Le père était-il responsable, malgré le pacte qu'il ne serait pas obligé pour la dot? La question était controversée (V. Cormis, t. 1, p. 1367 et suiv.; du Perier, Quest. notables, liv. 4, quest. 17 et 33, t. 1, p. 428, 487 et 488; M. Merlin, Nouveau Répertoire, v.º *Puissance paternelle*, sect. 3, §. 3, n. 10, 1.º, t. 10, p. 360 et suiv.). — Le père qui avait consenti au mariage de son fils, sans assister au contrat de mariage, était-il soumis à quelque responsabilité? (V. de Bézieux, liv. 5, chap. 2, §. 14, p. 367).—Le père qui avait restitué la dot à son

en constituant la dot, en aurait stipulé le retour
à son profit (998).

CXVIII. Il est des circonstances où la restitution de la dot reçue par le mari ne peut être
exigée de lui :

Ainsi, par exemple, s'il a été stipulé dans le
contrat de mariage, entre le beau-père et le
gendre, qu'au cas de prédécès de la femme sans
enfans, la dot serait acquise au mari, le beau-
père, le cas échéant, ne pourra en faire la répétition (999).

Ainsi encore, les héritiers de la femme, morte
avant son mari, ne pourront réclamer la dot,
lorsque ce dernier l'aura gagnée soit par suite
d'une convention, intervenue entre les époux au

---

fils après son émancipation, cessait-il d'être responsable envers
sa belle-fille ? (V. Boerius, *decis.* 195, p. 357 et suiv.; Albert,
let. D, chap. 51, p. 173; Roussilhe, de la Dot, t. 1, n. 298;
Grimaldi, Arrêts notables, p. 52 et suiv.; M. Merlin, v.º *Puissance paternelle*, sect. 3, §. 3, n. 10, 8.º, t. 10, p. 362).

(998) V. *sup.*, n.º XV, al. 2. — En droit romain, le retour
pouvait être stipulé au profit d'un tiers (V. L. 23, ff. *de pact.
dotal.*, liv. 23, tit. 4; L. 7, C. *eod.*, liv. 5, tit. 14; L. 26 et
19, C. *de jur. dot.*, liv. 5, tit. 12), ce qui n'est pas permis
sous le Code (V. C. civ., art. 951, al. 2).

(999) V. *sup.*, n.º XVIII, 3.ᵉ excep., al. dern.

traité nuptial, qu'au cas de prédécès de la femme,
la dot appartiendrait au mari (1000), soit par
l'effet d'une disposition à titre gratuit ayant, de
sa nature, trait à la mort de la femme, faite par
cette dernière, durant le mariage, en faveur de
son mari (1001), sauf, toutefois, dans ces différentes hypothèses, le droit des héritiers à réserve (1002).

CXIX. Il y avait, en droit romain, un cas

(1000) Anciennement, et abstraction faite de tout pacte sur
ce point, le mari survivant gagnait la dot, aux termes de quelques statuts locaux (V. M. Merlin, Nouveau Répertoire, v.º
Dot, §. 11, n. 2, t. 4, p. 223), et, en particulier, de l'art. 47
de la Coutume de Bordeaux, article qui, au dire des commentateurs de notre Coutume, ne s'observait que dans l'absence de
toute stipulation de gain de survie ou de société d'acquêts (V.
frères Lamothe, t. 1, p. 300 et suiv., n.te 4). — Quant à la
loi romaine, quoiqu'elle semblât prohiber indistinctement toute
stipulation ayant pour effet d'empêcher la restitution de la dot
(V. L. 16, ff. *de pact. dotal.*, liv. 23, tit. 4), elle validait
pourtant la convention en vertu de laquelle le mari, s'il survivait, devait gagner la dot (V. *L. unic.*, §. 6, C. *de rei ux.
act.*, liv. 5, tit. 13. **Junct.** *Leg.* 2, ff. *de pact. dotal.*).

(1001) V. Despeisses, tit. de la Dot, sect. 3, n. 14 et 91,
t. 1, p. 500, 538 et 539; Nouveau Denisart, v.º *Dot*, §. 5,
n. 2, t. 4, p. 104; M. Merlin, Nouveau Ré.re, v.º *Dot*, §. 11,
n. 2 *in fine*, t. 4, p. 223.

(1002) V. C. civ., art. 913 à 915; 1098.

où, quoique le mari eût reçu la dot de son épouse, il ne pouvait être contraint sur ses biens de la restituer en entier. Cela avait lieu lorsque le mari n'aurait pas conservé de quoi vivre s'il eût restitué la dot. Aussi lui accordait-on le bénéfice de compétence, c'est-à-dire, celui de ne pouvoir être convenu pour la restitution de la dot qu'autant que ses facultés le permettaient, sans qu'il tombât dans l'indigence (1003). Ce bénéfice n'est pas observé parmi nous, et le mari qui, par la restitution qu'il aurait faite de la dot, se trouverait privé du nécessaire, aurait seulement le droit de demander des alimens, si ceux qui avaient agi contre lui en restitution lui en devaient aux termes de la loi.

CXX. Il peut arriver que le mari soit tenu de restituer la dot, quoiqu'il l'eût déjà rendue, ce qui aurait lieu si la femme l'avait reçue de lui pendant le mariage, et avant toute séparation de

---

(1003) V. L. unique, §. 7, C. *de rei ux. act.,* liv. 5, tit. 13; L. 20, ff. *de re judic.,* liv. 42, tit. 1; L. 12 et 14, §. 1, ff. *Solut. matrim.,* liv. 24, tit. 3; Despeisses, tit. de la Dot, sect. 3, n. 25, t. 1, p. 506; Henrys, liv. 4, quest. 177, t. 2, p. 960 et suiv.; Fontanella, *de pact. nupt.,* clause 11, glose 3, part. 11, n. 25 et suiv., t. 2, p. 556 et suiv.

corps ou de biens, à moins cependant que la femme n'eût employé cette dot pour quelque cause autorisée par la loi, ou ne l'eût conservée à l'aide de quelque placement ou autrement (1004).

CXXI. La femme, quoique mineure à l'époque où il y a lieu à la restitution de la dot, est en droit d'exiger cette restitution. Mais si la dot consistait en un capital mobilier, elle ne pourrait recevoir ce capital et en donner décharge qu'avec l'assistance d'un curateur (1005).

(1004) V. L. 73, §. 1, ff. *de jur. dot.*, liv. 23, tit. 3; L. 20, ff. *Solut. matrim.*, liv. 24, tit. 3; Faber, C., liv. 5, tit. 13, *def.* 11, p. 547; Despeisses, tit. de la Dot, sect. 3, n. 15, t. 1, p. 500; Nouveau Denisart, v.º *Dot*, §. 17, t. 7, p. 133. —Parmi les causes indiquées par les autorités qui précèdent, comme ayant pu autoriser le mari à rendre la dot, il en est plusieurs qui ne feraient aujourd'hui nul obstacle à ce que la femme répétât sa dot, encore qu'elle l'eût reçue. D'après les principes du Code, en effet, les seules causes qui puissent autoriser le mari à se dénantir de la dot, pendant le mariage et avant toute séparation, sont celles indiquées aux art. ses 1555, 1556 et 1558. Cette observation est consignée partout (V. M. Toullier, Droit civil, t. 14, n. 262).

(1005) V. C. civ., art. 482; M. Toullier, Droit civil, t. 14, n. 261. —C'est ce qu'on enseignait avant le Code. V., contre l'opinion de Roussilhe, de la Dot, t. 2, n. 514, Fromental, v.º *Dot*, p. 248, 2.ᵉ col. *in fine*, et Despeisses, tit. de la Dot, sect. 3, n. 87, t. 1, p. 536.

CXXII. Le legs fait par le mari à sa femme
n'est pas, non plus, un obstacle à ce qu'elle
réclame, indépendamment de ce legs, la restitution de sa dot, à moins que le legs ne lui eût
été fait expressément pour lui tenir lieu de sa
dot (1006). Et quand bien même la femme, par

(1006) V. L. unique, §. 3, C. *de rei ux. act.*, liv. 5, tit. 3;
Despeisses, tit. de la Dot, sect. 3, n. 26, t. 1, p. 506, et tit.
des Legs, sect. 2, n. 79, t. 2, p. 287; Fromental, v.º *Dot*,
p. 249, 2.ᵉ al.; Boutaric, Inst., p. 332; Serres, Instit., p. 327;
Ranchin, let. D, art. 58, p. 160; OEuvres de du Perier, t. 2,
p. 135, n. 5; Roussilhe, de la Dot, t. 2, n. 515; Apostillateur
de Lapeyrère, let. L, n. 2, v.º *La dot n'est pas compensée;*
consultation de M. Lagrange, du 13 Mai 1778; M. Merlin,
Nouveau Rép.ʳᵉ, v.º *Dot*, §. 12, n. 3, t. 4, p. 228; C. civ.,
art. 1023. — Ce n'est pas seulement la dot qui, régulièrement,
ne se compense pas avec le legs fait par le mari à sa femme :
il en est de même des gains de survie. C'est, au surplus, ce
qu'on trouve enseigné dans les anciens auteurs (V. Maurice
Bernard, liv. 5, chap. 9, n. 41, p. 558; Boutaric, Instit.,
p. 332; Despeisses, tit. des Legs, sect. 2, n. 79, t. 2, p. 287),
et ce que décida M. Bouquier, l'un des avocats les plus distin-
gués de notre ancien barreau, dans une consultation du 20
Novembre 1760. — Le legs que le mari ferait à sa femme de la
dot, sans en avoir reçu d'elle, serait-il valable? Il y a, sur ce
point, dans la loi romaine et dans les auteurs, des distinctions
qu'il est bon de voir (V. Inst., liv. 2, tit. 20, §. 15; L. 3 et
5, C. *de fals. caus. adj. leg.*, liv. 16, tit. 44; L. 7, §. 1,
ff. *de dot. præleg.*, liv. 33, tit. 4; Furgole, des Testamens,

le testament de son mari, eût été faite légataire de l'usufruit de tous les biens délaissés par
ce dernier, l'action en restitution de la dot n'en
serait pas moins ouverte à la femme, sauf le cas
d'exception ci-dessus prévu ; mais l'usufruit légué
éprouverait une réduction proportionnelle au
montant de la dot (1007), car, comme il n'y a
de biens que déduction faite des dettes (1008),
et de la dot, par conséquent (1009), un usufruit
de tous biens se trouve naturellement soumis à
une réduction équivalente au montant des det-

---

chap. 5, sect. 4, n. 30, t. 1, p. 330; Despeisses, tit. des Legs,
sect. 2, n. 69, et sect. 3, n. 46, t. 2, p. 280 *in fine* et 281,
et p. 341.

(1007) V. Vedel sur Catelan, chap. 18 et 19, t. 2, p. 46;
Fromental, v.° *Dot*, p. 249, 2.ᶜ col.; Despeisses, tit. de la
Dot, sect. 3, n. 26, v.° *Il en est de même*, et tit. des Servitudes, art. 1, sect. 3 de l'Usufruit, n. 10, t. 1, p. 506 et 622;
Cormis, t. 1, p. 1353; Cancerius, *Varior. resolut.*, part. 1,
chap. 9, n. 155, p. 200; Ferrier sur la quest. 541 de Guy-
Pape cité par l'Apostillateur de Lapeyrère, let. V, n. 88; Faber, C., liv. 3, tit. 23, *def.* 1, p. 244, et liv. 5, tit. 13, *def.* 1,
p. 543.

(1008) V. L. 39, §. 1, ff. *de verb. signif.*, liv. 50, tit. 16;
L. 72, ff. *de jur. dot.*, liv. 23, tit. 3; L. 2, §. 1, ff. *de collat.*
bon., liv. 37, tit. 6.

(1009) V. L. 9, ff. *de leg. et fideicom.* 2.°, liv. 31,
liv. 2.

tes (1010). Remarquons, en passant, que, pour tout le tems que la femme, usufruitière de tous les biens de son mari, jouirait desdits biens, sans qu'elle jugeât à propos de réclamer le remboursement de sa dot, elle ne pourrait en prétendre d'intérêts. Ces intérêts sont confondus dans son usufruit sur lequel elle se paye elle-même. Elle trouve, en effet, par compensation, la jouissance de sa dot dans la jouissance intégrale des biens dont la vente serait nécessaire pour la payer (1011).

CXXIII. *A.* Pour être en droit de réclamer la restitution de la dot, la femme ou ses héritiers ont autre chose à faire qu'à justifier de la constitution de dot : ils doivent prouver que le mari l'a reçue, car la constitution de dot n'en fait pas la numération, ou, pour parler le langage

---

(1010) V. L. 43, ff. *de usu et usuf.*, liv. 33, tit. 2; Despeisses, tit. des Servitudes, art. 1, sect. 2 de l'Usufruit, n. 9, *secundò*, t. 1; p. 617; Faber, C., liv. 5, tit. 23, *def.* 1, et liv. 8, tit. 8, *def.* 3, p. 244 et 911; Chorier sur Guy-Pape, p. 165; Lapeyrère, let. V, n. 75; C. civ., art. 612, et, sur cet article, M. Proudhon, de l'Usufruit, t. 4, n. 1892 et suiv.

(1011) V. Bretonnier sur Henrys, liv. 5, quest. 81, t. 3, p. 411 et suiv.; Roussilhe, de la Dot, t. 2, n. 528; M. Proudhon, de l'Usufruit, t. 4, p. 317; C. civ., art. 612.

de la loi romaine : *Dotem numeratio, non scriptura dotalis instrumenti, facit* (1012).

B. Cette preuve du paiement de la dot résulte, par exemple, soit de la quittance que, dans le contrat de mariage, le mari a donnée de la dot à la femme ou à ceux qui l'ont dotée, soit de la quittance par lui fournie, postérieurement au mariage, par acte public ou par acte sous seing privé, sans qu'il y ait lieu à distinguer si lesdites quittances constatent, ou non, la numération des espèces, et si elles se réfèrent, ou non, à une constitution spéciale ou à une constitution générale, sauf, bien entendu, le droit des parties

---

(1012) V. L. 1, C. *de dote caut. non numer.*, liv. 5, tit. 15; Despeisses, tit. de la Dot, sect. 3, n. 85, t. 1, p. 535; Raviot sur Perrier, quest. 270, n. 33 et 34, t. 2, p. 386; Roussilhe, de la Dot, t. 2, n. 519. — *Nota.* Lorsque la loi 1, *sup.*, dit : *Dotem numeratio, non scriptura dotalis instrumenti, facit,* ce n'est qu'eu égard à la répétition exercée par la femme : *Hoc intelligitur quoad effectum ut mulier possit dotem repetere* (V. Mantica, *de tacit. et ambig. convent.*, liv. 12, tit. 10, n. 19, t. 1, p. 528). Sous tout autre rapport, il reste vrai de dire avec les docteurs : *Non enim traditio facit dotem, sed promissio vel constitutio dotis, interveniente matrimonio* (V. Boerius et les auteurs qu'il cite, *decis.* 331, n. 2, p. 696; Mantica, *sup.*, liv. 12, tit. 1, n. 18, t. 1, p. 511).

intéressées de débattre les quittances en question
de fraude et de simulation, ou par toute autre
voie de droit, au cas qu'il eût été fait quittance
par le mari de sommes qu'il n'aurait pas touchées
ou de sommes plus fortes que celles par lui reçues (1013).

_____

(1013) Sur tout cela, nous allons rappeler les décisions de
l'ancienne jurisprudence, et principalement de la jurisprudence
du Parlement de Bordeaux. Nous parlerons d'abord des quittances fournies pendant le mariage. Ensuite, nous nous occu-
perons de celles données dans le contrat de mariage même. —
Ou la quittance fournie par le mari, *durante matrimonio,*
avait rapport à la constitution d'une somme certaine portée par
le contrat de mariage, ou elle était relative à une constitution
générale de tous biens faite en contrat de mariage, ou elle avait
pour objet une dot soit constituée, soit augmentée durant le
mariage. — Dans la première hypothèse, c'est-à-dire, lorsque
le contrat de mariage ne contenait qu'une constitution particulière, la reconnaissance du mari, quoique la numération réelle
n'y fût pas exprimée, était suffisante pour que la femme pût
prétendre, contre les créanciers du mari postérieurs au contrat
de mariage, et, à plus forte raison, contre les héritiers du mari,
la reprise des sommes reconnues (V. attestation du barreau de
Bordeaux, de l'année 1685, donnée par M. de Sabourin, con-
seiller en la Cour, et rappelée par Salviat, p. 219; Lapeyrère,
let. D, n. 122; Dupin sur Ferron, let. C, n. 5o et 53, p. 66
et 67; arrêt de la Cour de Bordeaux, du 31 Janvier 1825, en
1.re — V., dans le même sens, de Juin, t. 1, p. 182, n. 2, et
t. 2, p. 414, n. 2; Fontanella, *de pact. nupt.,* clause 14,

Développons cela :

Quelles sont d'abord ces parties que nous venons de déclarer habiles à débattre de fraude et

---

glose unique, n. 31 et suiv., t. 2, p. 631 et suiv.; M. Merlin, Nouveau Rép.re, v.º *Dot*, §. 3, n. 5, t. 4, p. 187 et 188), et cela, encore que la quittance n'eût été faite que sous seing privé (V. attestation précitée. — *Nota* que les quittances de dot sous seing privé qui, à l'égard des héritiers du mari, avaient partout le même effet que si elles eussent été passées pardevant notaires, étaient encore opposables aux créanciers dans beaucoup de Parlemens, comme elles l'étaient au Parlement de Bordeaux. V. Nouveau Denisart, t. 7, p. 114 et suiv., n. 7 et 8; Journal des Audiences du Parlement de Bretagne, t. 3, p. 437 et suiv.; Roussilhe, de la Dot, t. 2, p. 102, 367 et 201; M. Merlin, Nouveau Rép.re, v.º *Dot*, §. 3, t. 4, p. 190 à 195; arrêt de rejet, du 16 Juillet 1817, dans Sirey, 1819, 1, 40). Au surplus, cette reconnaissance, consignée dans un acte sous seing privé, ou dans un acte authentique, mais sans numération réelle, pouvait être débattue de fraude et de simulation par les créanciers du mari (V. arrêt de la Cour de Bordeaux, du 29 Messidor an 9. *Junge* de Bézieux, liv. 2, chap. 2, §. 7, p. 362 et suiv.; Bonnemant, Max. du Palais, t. 1, p. 155 et suiv.; Basset, liv. 4, tit. 5, chap. 2, t. 1, p. 285; Fontanella, *de pact. dot.*, clause 14, glose unique, n. 39 et suiv., t. 2, p. 633; M. Merlin, Nouveau Rép.re, v.º *Dot*, §. 3, n. 6, t. 4, p. 188 et suiv.).— Dans la seconde hypothèse, c'est-à-dire, lorsque la reconnaissance, faite durant le mariage, était relative à une constitution générale de tous biens faite en contrat de mariage, cette reconnaissance, si elle ne faisait pas mention de la numé-

de simulation la quittance de dot donnée par le
mari ?

ration réelle en présence des notaires, était insuffisante pour
autoriser la femme à réclamer, au préjudice des créanciers du
mari, les sommes reconnues, à moins cependant que la femme
ne justifiât de l'origine des deniers, *undè habuerit* (V. attestation du barreau de Bordeaux, de l'année 1685, plus haut
rappelée; Lapeyrère, let. D, n. 122, et *ibi* Conférences m. s.;
Dupin sur Ferron, let. C, n. 50 et 53, p. 66 et 67; arrêt de
la Cour de Bordeaux, du 23 Mai 1827, dans Sirey, 1828,
2, 44. *Junge* Boucheul, Coutume de Poitou, art. 219,
n. 22, t. 1, p. 558; Bretonnier sur Henrys, liv. 4, chap. 6,
quest. 34, t. 2, p. 301 et suiv.; Boniface, liv. 6, tit. 9, chap. 1,
t. 1, p. 415; de Juin, t. 5, p. 57 et suiv.; Julien, Élémens de
Jurisprudence, p. 49 et suiv., n.º XI; M. Merlin, Nouveau
Rép.re, v.º *Dot*, §. 3, n. 1, t. 4, p. 183 et 184). Que, si la
reconnaissance portait numération réelle, elle faisait préjudice
auxdits créanciers. Cela résulte des autorités qui viennent d'être
citées (V. encore Boucheul, *sup.*, n. 23; Boniface, *sup.*,
p. 410 et suiv.). Maintenant, la femme, à défaut soit d'expression de numération réelle, soit de justification de l'origine des
deniers, pouvait-elle, du moins, être fondée à prétendre, contre
les héritiers du mari, la reprise des sommes portées dans la reconnaissance ? Dans les pays de droit écrit, toutes donations
entre mari et femme étaient confirmées, lorsque le donateur
mourait sans avoir changé de volonté (V. Ricard, des Donations,
1.re part., chap. 2, n. 25 à 33, p. 7 et suiv.; Pothier, des Donations entre mari et femme, n. 6; Serres, Iust., p. 169). Or,
la reconnaissance en question, qui passait pour manifester l'intention, de la part du mari, de gratifier sa femme (V. Meno-

Ce sont les enfans d'un premier mariage, au préjudice desquels le mari aurait fait quittance

---

chius, *de Præsumpt.*, liv. 3, *præsumpt.* 12, n. 58 et 66, t. 1, p. 332 et suiv., et p. 334), valait comme donation à cause de mort (V. Menochius, *sup.*, n. 67; Cambolas, liv. 4, chap. 2, p. 268, v.º *Par arrêt;* Automne sur l'art. 68 de la Coutume de Bordeaux, n. 19, p. 347; Conférences m. s. sur Lapeyrère, let. D, n. 122, v.º *Quand la femme s'est constituée*). C'est pour cela qu'elle ne pouvait nuire aux créanciers, quoique postérieurs, ainsi que nous l'avons dit plus haut. C'est pour cela aussi que les héritiers du mari ne pouvaient être fondés à la critiquer (V. Salviat, p. 220; M. Beaune, dans ses Notes m. s. sur Lapeyrère, let. D, n. 122; Despeisses, tit. des Donations, sect. 1, n. 24, *decimo septimo*, tit. de la Dot, sect. 3, n. 28, t. 1, p. 407 et 506. — V. aux Quest. de Droit de M. Merlin, v.º *Dot*, §. 3, n. 1, t. 4, p. 184, 2.e col., ce qui est dit à ce sujet). — Dans la troisième hypothèse, c'est-à-dire, lorsque la reconnaissance avait pour objet une dot constituée ou augmentée pendant le mariage, cette reconnaissance, soit dans l'absence d'une numération réelle en présence de notaires, soit de la justification de l'origine des deniers, ne pouvait nuire aux créanciers, même postérieurs du mari, car elle était considérée comme une donation à cause de mort (V. Faber, C., liv. 5, tit. 1, *def.* 1 et 3, p. 538; Cambolas, liv. 4, chap. 20, p. 266 et suiv.; Catelan, liv. 4, chap. 55, p. 153 et suiv.; de Juin, t. 2, p. 417, arr. 197; Julien, Élémens de Jurisprudence, p. 49 et suiv., n.º XI; Serres, Inst., p. 187; arrêt de la Cour de Nîmes, du 13 Février 1810, dans Sirey, 1811, 2, 23; arrêt de la Cour de Toulouse, du 23 Décembre 1818, dans Sirey, 1819, 2, 201); mais elle était opposable aux héritiers du mari. — Il

de la dot à sa seconde femme (1014). La loi ne permet pas de donner directement à un nouvel époux au delà d'une portion déterminée. Comment donc serait-il permis d'excéder cette portion d'une manière indirecte, à l'aide d'une reconnaissance de dot, et comment cette reconnaissance ne pourrait-elle pas être attaquée comme frauduleuse et simulée (1015)?

---

nous reste à parler des reconnaissances faites par le contrat de mariage. Ces reconnaissances, ainsi que celles qui pouvaient être faites après le contrat de mariage, mais avant la célébration du mariage, faisaient régulièrement preuve du paiement qu'elles énonçaient avoir eu lieu, et cela, sans distinction entre la constitution d'une somme certaine et une constitution vague et générale (V. consultation délibérée, le 24 Avril 1747, par MM. de Lisleferme, Grenier, Dumat, Destoup, Despiau, Desèze et autres anciens jurisconsultes du barreau de Bordeaux; Faber, C., liv. 5, tit. 10, *def.* 3, *in fine*, p. 538).

(1014) V. Valin, Cout.ᵉ de la Rochelle, t. 2, p. 589, n. 63; Legrand, Cout.ᵉ de Troyes, tit. 5, art. 84, n. 30, *in fine*, p. 357; de Juin, t. 2, p. 194 et suiv.; Fontanella, *de pact. nupt.*, clause 14, glose unique, n. 58 et n.ᵒˢ précéd. et suiv., t. 2, p. 634. *Junge* arrêt de la Cour de Grenoble, du 2 Juillet 1831, dans Sirey, 1832, 2, 346, et arrêt de rejet, du 31 Juillet 1833, dans Sirey, 1833, 1, 840.

(1015) Voyez C. civ., art. 1099, et appliquez la maxime *Qui non potest dare, non potest confiteri.* C'est, par suite de cette maxime, qu'autrefois et dans la plupart des pays coutumiers où les donations étaient prohibées entre personnes mariées (V. *sup.*,

Ce sont, et par les mêmes motifs, les enfans
du mariage ou autres héritiers à réserve, si, à
raison de la quittance donnée à la femme, il n'y
avait pas, dans les biens délaissés par le mari,
de quoi les remplir de la portion que la loi leur
réserve (1016).

Ce sont encore les créanciers du mari qui,
sans contredit, et aux termes de l'article 1167
C. civ., sont fondés à arguer de fraude et de
simulation la quittance de dot donnée par le
mari, lorsque leurs titres sont antérieurs à ladite quittance (1017). Que s'il s'agissait d'un

---

n.te 125, *ubi* autorités), on décidait que, lorsque le mari, pendant le mariage, reconnaissait avoir reçu de sa femme une
somme en dot, cette reconnaissance était elle-même sans force
pour lier soit le mari, soit ses héritiers, et se trouvait aussi
inutile qu'une donation qui aurait été faite à la femme par son
mari. La femme ne pouvait s'aider de la reconnaissance qu'en
justifiant clairement de l'origine des deniers (V. Cochin, t. 2,
p. 580 à 582; Ricard, des Donations, 1.re part., chap. 3, sect.
16, p. 197; Valin, Cout.e de la Rochelle, t. 2, p. 445 et suiv.,
n. 48 et suiv., 53 et suiv.; Roussilhe, de la Dot, t. 2, n.os 536,
538 et 539). Quelle était à cet égard la jurisprudence des pays
de droit écrit? V. *sup.*, à la n.te 1013.

(1016) Voyez, pour la portion que la loi réserve, les art. 913
et 915 du Code civil, et appliquez, au surplus, ce qui est dit
à la note précédente.

(1017) V. M. Merlin, Quest. de Droit, v.° *Dot*, §. 11, n. 3,
t. 8, p. 170 et suiv.

commerçant qui, pour éluder la disposition de
l'article 549 C. Com., aurait fourni quittance de
la dot par contrat de mariage ou postérieurement
audit contrat, les créanciers du mari, n'eussent-
ils que des titres postérieurs à la quittance, n'en
auraient pas moins le droit, en vertu de l'art.
1167 précité, de l'impugner comme simulée et
frauduleuse (1018). Au surplus, faites attention : 1.° qu'encore que la quittance du mari
ne constate pas la numération réelle en présence
des notaires, elle fait foi contre les créanciers
jusqu'à preuve de simulation (1019); 2.° que
cette quittance peut être débattue de fraude et
de simulation, bien qu'elle dépose de la numération réelle des espèces (1020); 3.° que, quoique

---

(1018) V. M. Merlin, Quest. de Droit, v.º *Dot*, §. 11, n. 3,
t. 8, p. 171.

(1019) V. M. Merlin, Quest. de Droit, v.º *Dot*, §. 11, n. 5,
t. 8, p. 174; M. Toullier, Droit civil, t. 14, p. 320. — Anciennement, ainsi que nous l'avons vu à la note 1013, la quittance
de dot, lorsqu'elle ne se rapportait qu'à une constitution générale, ne faisait nul préjudice aux créanciers, à défaut de la
numération réelle. Elle ne faisait également nul préjudice aux
enfans d'un premier lit (V., sur ce dernier point, Aguier, t. 2,
p. 138 et suiv., art. 142).

(1020) V. M. Merlin, Quest. de Droit, v.º *Dot*, §. 11, n. 3,
t. 8, p. 171; M. Toullier, Droit civil, t. 14, p. 322; arrêt de

donnée sous seing privé pendant le mariage, elle
ne laisse pas, si la date s'en trouve assurée contre eux, d'être opposable aux créanciers et de
faire foi à leur égard, tant qu'ils n'en prouveront
pas la simulation (1021).

Le mari pourra-t-il arguer de fraude et de
simulation la quittance par lui donnée? Comme,
aux termes de l'article 1096 C. civ., les donations faites entre époux pendant le mariage sont
toujours révocables, et que, dès-lors, les époux
ne sauraient se priver de la faculté de révoquer
ces donations, ou expresses ou déguisées, le mari
doit être recevable à faire preuve que sa quittance
déguise une libéralité, et cela, soit dans l'objet
de faire tomber cette libéralité, soit à l'effet
d'affranchir ses biens de l'hypothèque dont se
trouve assortie, au profit de la femme, toute

---

cassation, du 10 Juin 1816, dans Sirey, 1816, 1, 447.—
Entr'autres auteurs, Cochin, t. 3, p. 327 et suiv., enseignait
autrefois que l'inscription de faux pouvait seule faire tomber
une quittance de dot contenant numération réelle : aussi avons-
nous vu, à la note 1013, que, pour pouvoir être débattue de
fraude et de simulation, la reconnaissance de dot devait, dans
l'ancienne jurisprudence, ne pas contenir de numération réelle.

(1021) V. M. Merlin, Quest. de Droit, v.º *Dot*, §. 11, n. 5,
t. 8, p. 174 *in fine*, M. Toullier, Droit civil, t. 14, p. 321.—
Quid, avant le Code? V. *sup.*, n.te 1013.

créance dotale (1022) ; mais ce n'est pas par
témoins qu'il pourra faire cette preuve, à moins
cependant qu'il ne se trouvât dans quelques-uns
des cas d'exception où la preuve testimoniale
peut être reçue contre le contenu aux actes (1023).
Que si c'était dans le contrat de mariage que la
quittance eût été accordée, le mari, au contraire,
ne pourrait l'arguer de simulation, soit qu'il
l'eût donnée pour gratifier sa femme, car l'irré-
vocabilité est attachée à toutes donations que
les époux se font par contrat de mariage, soit
qu'il l'eût faite pour nuire à ses créanciers, car
nul n'est recevable à se prévaloir de son dol pour
faire renverser un acte par lui fait au préjudice
des tiers (1024). Le mari, dans le contrat de

(1022) V. M. Merlin, Quest. de Droit, v.º *Dot*, §. 11,
n. 1, t. 8, p. 169. *Junge* Despeisses, tit. des Donations, sect.
1, n. 24, *decimo*, t. 1, p. 403.

(1023) V. M. Merlin, Quest. de Droit, v.º *Dot*, §. 11,
n. 2, t. 8, p. 170. *Junge* C. civ., art. 1341, 1347 et 1348.

(1024) V. M. Merlin, Quest. de Droit, v.º *Dot*, §. 11,
n. 1, t. 8, p. 169; arrêt de la Cour de Toulouse, du 27 Avril
1816, dans le Mémorial de jurisprudence, t. 17, p. 382 et
suiv.; arrêt de la Cour de Grenoble, du 2 Juillet 1831, dans
Sirey, 1832, 2, 346.—Anciennement, on tenait également,
à l'égard des reconnaissances faites par le mari pour gratifier
sa femme, que ces reconnaissances valaient au profit de cette

mariage ou postérieurement audit contrat , aura-
t-il fait quittance de la dot dans la seule espérance de la recevoir (ce qui se présumera plutôt
que l'intention de donner (1025), car les donations sont de fait et ne se présument pas) (1026),
cette quittance fera pleine foi contre lui ou ses
héritiers, à moins qu'il ne soit prouvé, autrement
que par témoins (sauf les cas d'exception où la
preuve testimoniale est admise contre le contenu
aux actes), que la dot n'a pas été reçue (1027),

---

dernière, car en les considérant comme simulées, il restait
toujours une donation (V. Legrand, Cout.ᵉ de Troyes, t. 5,
art. 84, p. 357, n. 30 ; de Juin, t. 2, p. 413 ; Aguier, t. 1,
p. 120 et suiv., arr. 128 ; Dupin sur Ferron, let. C, n. 51,
p. 66 et suiv.), et la donation, qui était permise, devait sortir
à effet : *Quod de suo maritus, donandi animo in dotem
adscripsit, peti potest.* L. 2, C. *de dot. caut. non numer.*,
liv. 5, tit. 15.

(1025) V. M. Merlin, Nouveau Rép.ʳᵉ, v.º *Dot*, §. 3, n. 1,
t. 4, p. 184, v.º *Il n'y aurait, en effet, aucune difficulté
là-dessus.*

(1026) V. Perezius, *ad Cod.*, liv. 8, tit. 54, n. 8, t. 2,
p. 117 ; Schneidewin, Instit., liv. 4, tit. 6, §. 20, n. 51,
p. 701 ; Apostillateur de Lapeyrère, let. D, n. 52, v.º *Une
donation.*

(1027) V. M. Toullier, Droit civil, t. 9, n. 184 et précéd. ;
M. Merlin, Nouveau Répertoire, v.º *Simulation*, §. 6, t. 12,
p. 661. — En droit romain, le mari ou toute autre personne qui,

faute de laquelle preuve, le serment pourra toujours être déféré, dans le cas même où la quittance fît mention de la numération réelle en présence des notaires (1028).

---

dans la seule espérance de toucher une somme, en avait donné quittance sans l'avoir reçue, était admis à opposer, contre sa quittance, l'exception *non numeratæ pecuniæ* qui rejetait la preuve du paiement sur la femme ou tout autre créancier (V. L. 3, C. *de dot. caut. non num.*, liv. 5, tit. 15; Auth. *quod locum* placée sous cette loi; L. 3 et 10, C. *de non num. pecun.*, liv. 4, tit. 10). Cette exception n'avait pas lieu en droit français (V. Nouveau Denisart, t. 7, p. 116, n. 10, et p. 120, n. 2; Lapeyrère, let. E, n. 34, et *ibi* Conférences m. s.; consultation de M. Dalbessard, du 25 Juillet 1737). Aussi, toute reconnaissance d'avoir reçu une somme en dot, encore que la numération n'y fût pas mentionnée, faisait foi contre le mari, et l'obligeait à la restitution de tout ce qu'il avait reconnu (V. M. Merlin, Nouveau Répertoire, v.° *Dot*, §. 3, n. 4, t. 4, p. 186; Denisart, Recueil d'actes de notoriété, p. 39, 40, 93 et 94), sauf à lui, s'il prétendait n'avoir rien reçu, à en fournir la preuve (V. de Juin, t. 6, p. 16 et suiv.; Journal des Audiences du Parlement de Paris, t. 2, p. 366 et suiv.), autrement que par témoins (V. Roussilhe, de la Dot, t. 2, n. 660, p. 204).

(1028) On paraît, en effet, s'accorder aujourd'hui à reconnaître que le débiteur peut déférer le serment au créancier sur la vérité des faits attestés dans un contrat authentique, par exemple, sur la réalité de la numération d'une somme (V. M. Maleville, Analyse raisonnée, t. 3, p. 176 et 177; M. Toullier, Droit civil, t. 10, p. 521 et suiv.; M. Dalloz, Jurisp. générale, t. 10,

C. La preuve de la réception de la dot par le mari résultera-t-elle de la reconnaissance par lui faite dans son testament de l'avoir reçue? Cette reconnaissance ne vaut que comme une disposition de libéralité, que comme un simple legs, *sustinetur tantùm in vim legati.* Elle est, dès-lors, insuffisante par elle-même pour que la femme puisse, au préjudice des créanciers du mari, prétendre à quelque restitution. Mais à l'égard des héritiers du mari, elle sera suffisante pour autoriser la répétition de la dot énoncée dans le testament, à moins, cependant, que cette dot prétendue reçue ne laissât pas libre, si elle venait à être retirée par la femme, la portion de biens que la loi frappe d'indisponibilité au profit des héritiers à réserve de tout testateur ou dona-

---

p. 768, n. 12). Avant le Code, cette question était controversée (V. Roussilhe, de la Dot, t. 2, n. 661). Elle était décidée négativement au Parlement de Bordeaux (V. Apostillateur de Lapeyrère, let. E, n. 34, et *ibi* Conférences m. s., et let. P, n. 87, v.º *La femme majeure et libre*) où l'on jugeait, en particulier, que le serment n'était pas reçu contre une quittance notariée donnée par contrat de mariage et portant numération d'espèces (V. Lapeyrère et son Apostillateur, let. D, n. 121), à la différence de la jurisprudence adoptée dans d'autres Parlemens (V. M. Merlin, Nouveau Répertoire, v.º *Dot*, §. 3, n. 4, t. 4, p. 187).

teur, auquel cas, pour tout ce qui pourrait ébré-
cher la réserve légale, la reconnaissance en question serait par elle-même sans force à l'égard
desdits héritiers (1029).

(1029) La confession d'un testateur fait régulièrement preuve
contre lui à l'égard des héritiers, quoiqu'elle soit sans force à
l'égard des créanciers (V. Apostillateur de Lapeyrère, let. C,
n. 82 *in fine;* Faulte sur Maurice Bernard, liv. 5, chap. 7,
p. 499; Novelle 48, préf. et chap. 1, §. 1). S'il s'agit d'une confession de devoir, elle ne vaut que *in vim legati* à l'égard des héritiers (V. L. 88, §. 10, ff. *de leg.* 2.º, liv. 31, II; Furgole, des Testamens, chap. 11, n. 48, t. 3, p. 425 et 426; M. Merlin, Nouveau
Rép.re, v.º *Testament,* sect. 2, §. 6, n. 1, t. 17, p. 801 et suiv.;
arrêt de la Cour de Paris, du 17 Février 1832, dans Sirey, 1832,
2, 339), et même, si elle excède la portion dont le testateur peut
disposer, elle ne peut, par elle seule, avoir d'effet que jusqu'à
concurrence de la quotité disponible, demeurant sans force pour
le surplus, à moins que la réalité de la dette, objet de la reconnaissance, ne soit prouvée par ailleurs (V. L. 27, ff. *de
probat. et præsumpt.,* liv. 22, tit. 3; Danty, Traité de la
Preuve par témoins, addit. au 16.º chap., p. 350, n. 5; M.
Merlin, Nouveau Répertoire, *sup.,* p. 800, 801 et 803; M.
Toullier, Droit civil, t. 5, p. 626, n. 636). De là, on décidait autrefois, comme on le fait aujourd'hui, que la confession
faite par le mari, dans son testament, d'avoir reçu la dot de sa
femme, induisant une simple libéralité, un pur legs, ne pouvait nuire aux créanciers du mari, lorsque la femme ne justi-
fiait pas par ailleurs de la réception de sa dot par son mari
(V. Cancerius, *Varior. resolut.,* part. 1, chap. 9, n. 53 à 55,

D. La femme à qui manqueraient les quittances et reconnaissances dont il vient d'être parlé, pourra établir la réception de sa dot par son mari à l'aide de tous les genres de preuve qu'admet le droit civil. Ainsi, par exemple, elle sera reçue à faire preuve par témoins, et même par commune renommée, de la consistance et de la valeur du mobilier dotal qui lui aurait appartenu en se mariant, ou qui lui serait échu dans la suite, mobilier dont le mari aurait omis de faire l'inventaire (1030). Elle pourra égale-

---

p. 189; Fontanella, *de pact. nupt.*, clause 14, glose unique, part. 2, n. 23 et suiv., p. 642 et suiv.; Laroche-Flavin et son Annotateur, liv. 2, arr. 12, p. 124; de Juin, t. 6, arr. 446, p. 246; Roussilhe, de la Dot, t. 2, p. 108, n. 540). De là, nous avons décidé que la confession de la dot, pour tout ce qui excéderait la portion disponible, ne pourrait, toute seule, valoir au préjudice des héritiers à réserve du mari. — Quant à l'effet de la nullité d'un testament dans la forme ou de la révocation d'un testament régulier, sur la reconnaissance que le testateur y avait consignée, V. Furgole, des Testamens, chap. 11, n. 48, t. 3, p. 425 et suiv.; Apostillateur de Lapeyrère, let. T, n. 109; Montvallon, des Successions, t. 1, p. 512 et suiv.; M. Merlin, Nouveau Répertoire, v.º *Testament*, sect. 2, §. 6, n. 2 et 3, t. 17, p. 804 et suiv.; M. Toullier, Droit civil, t. 5, n. 636 et 637, p. 624, 625, 627 et suiv.

(1030) V. C. civ., art. 1415 et 1504, par arg.t; M Dalloz, Jurisprudence générale, t. 10, p. 362, n. 25, *ubi* cité un arrêt de la Cour de Riom, du 2 Février 1820.

ment prouver par témoins le fait de la réception par son mari des sommes dotales, quelque fortes qu'elles fussent, au cas qu'elle eût un commencement de preuve par écrit de ce fait (1031). Dans l'absence de tout commencement de preuve par écrit, la preuve testimoniale nous paraît encore admissible. En effet, il n'est guère au pouvoir de la femme de se procurer une preuve littérale du versement des deniers dotaux dans les mains du mari. Cela est d'abord sensible au cas, par exemple, où la constitution dotale émane d'un tiers. Que si c'est la femme qui s'est dotée elle-même d'une somme déterminée qu'elle avait en sa possession, ce sera bien à elle, à la différence de l'hypothèse précitée, à recevoir quittance de la dot, et, jusqu'à un certain point, l'impossibilité dont nous parlions à l'instant n'existera pas. Mais, pour peu qu'on songe à l'empire du mari et à l'entière dépendance de la femme, on verra que cette dernière est placée dans une sorte d'impossibilité de se refuser à la délivrance de ses deniers dotaux avant d'en recevoir quittance, et cette impossibilité, quoique toute morale, doit suffire à l'admission de la

---

(1031) V. C. civ., art. 1347.

preuve testimoniale (1032). La preuve testimoniale serait, à plus forte raison, admissible, si
la constitution, émanant de la femme, était
générale de tous biens présens ou de tous biens
présens et à venir, car alors ce ne serait pas
toujours à la femme à recevoir quittance des
sommes dotales tombant sous cette constitution.

E. Tout ce qui a été dit ci-dessus sur les
justifications à faire par la femme pour la répé-

(1032) M. Dalloz, Jurisprudence générale, t. 10, p. 363,
n. 27, est d'un avis opposé. Selon cet auteur, la femme qui,
pour prouver le versement de ses deniers dotaux entre les mains
de son mari, ne peut représenter une quittance régulière de ce
dernier, ne saurait suppléer à cet acte par la preuve testimoniale. Telle n'était pas l'opinion des anciens jurisconsultes (V.
Valin, Coutume de la Rochelle, t. 2, p. 589, n. 64 et 65;
Aguier, t. 2, p. 134; M. Beaune, dans ses Notes m. s. sur Lapeyrère, let. D, n. 122). Cette dernière opinion nous a semblé
préférable, car, enfin, sous le Code, comme auparavant, le
principe général est que la preuve testimoniale est admissible,
toutes les fois qu'il n'a pas été possible au créancier de se procurer une preuve écrite (V. C. civ., art. 1348; M. Favard,
Répertoire, v.° *Preuve*, §. 1, n. 20, t. 4, p. 505; Pothier,
des Obligations, n. 809), et le principe a lieu non seulement au
cas d'une impossibilité physique et absolue, mais encore au cas
d'une simple impossibilité morale (V. M. Toullier, Droit civil,
t. 9, n. 139, 200 et 203).

tition de sa dot, ne s'applique pas indistinctement à la femme dont le mari est commerçant
et en faillite. Le Code de Commerce a, en effet,
apporté, dans l'intérêt des créanciers du failli,
des restrictions aux droits accordés à la femme
par la législation civile. Ainsi, la femme ne peut
exiger la restitution des bijoux, diamans et vaisselle qu'en, par elle, justifiant, par état légalement dressé, annexé aux actes, ou par bons et
loyaux inventaires, les avoir eus par contrat de
mariage ou par succession seulement (1033).
Ainsi, à l'égard de tous autres effets mobiliers,
la femme ne peut en prétendre autre chose que
les habits et linge à son usage, quelque justification qu'elle puisse faire, par actes authentiques, de sa propriété, et encore qu'elle prouvât
les avoir reçus par contrat de mariage ou par
succession (1034), sauf, auxdits cas, les droits

(1033) L'art. 554, 2.e alin., du Code de Commerce, n'autorisant la reprise qu'à l'égard des bijoux, diamans et vaisselle
reçus par la femme par contrat de mariage, ou à elle advenus
par succession seulement, exclut évidemment la reprise de ceux
donnés par un tiers à la femme postérieurement au mariage
(V. M. Pardessus, Cours de Droit commercial, t. 4, n. 1223,
p. 385; M. Favard, Répertoire, v. is *Faillite* et *Banqueroute*,
§. 10, n. 7, t. 2, p. 543; M. Delvincourt, Cours de Code civil,
t. 3, p. 350, n.te 5).

(1034) V. C. Com., art. 554, alin. 1.er — M. Locré, Esprit

résultans pour elle de l'hypothèque légale que la

---

du Code de Commerce, t. 7, p. 160 et 161, dit que le premier alinéa de l'art. 554 n'a pour objet que les effets mobiliers *à l'usage des personnes de la maison;* qu'à l'égard de tous autres effets mobiliers, la femme peut en exercer la reprise, d'après l'art. 547 C. Com., si elle justifie, d'une manière quelconque, qu'ils sont sa propriété. D'un autre côté, M. Dalloz, Jurisprudence générale, t. 8, p. 215, n. 2, tout en niant que le premier alinéa de l'art. 554 se réfère uniquement aux meubles à l'usage des personnes de la maison, n'en soutient pas moins que la femme peut répéter, contre les créanciers de la faillite, même les effets mobiliers autres que les bijoux, diamans et vaisselle, qu'elle justifiera avoir apportés en se mariant ou lui être échus postérieurement à son mariage. L'art. 547, dit-il, admet la femme à prouver que les biens acquis par elle ont été payés de ses deniers, et, par conséquent, à en demander la distraction. Pourquoi en serait-il autrement de ceux sur lesquels la femme prouve sa propriété? Nous ne saurions embrasser ces manières de voir. L'art. 547 qui porte que *la présomption légale est que les biens acquis par la femme du failli appartiennent à son mari, sont payés de ses deniers et doivent être réunis à la masse de son actif, sauf à la femme à fournir la preuve du contraire*, dispose uniquement, comme on s'en aperçoit, à l'égard des *acquisitions* de biens faites par la femme. Cet article est d'abord sans application aux effets mobiliers, dont nous nous occupons, que la femme n'a pas eus par contrat de mariage. Et quant aux mêmes effets mobiliers que la femme aurait acquis, *constante matrimonio*, il résulte de l'art. 554 une exception au principe posé par l'article 547. Le premier de ces articles dispose, en effet, d'une

loi lui accorde (1035). Ainsi, pour exercer les droits attachés à cette hypothèque, la femme doit justifier, par des actes authentiques, de la réception par le mari de ses deniers et effets mobiliers dotaux (1036).

CXXIV. Il est un cas où, pour être en droit de se faire restituer la dot, la femme ou ses héritiers n'ont nul besoin de prouver que le mari l'a reçue. Ce cas est celui où il s'est écoulé dix ans depuis l'échéance du terme qu'un tiers, qui a constitué la dot à la femme, a pris pour payer cette dot, et où le mari ne justifie pas soit de diligences inutilement par lui faites pour s'en procurer le paiement, soit de l'inutilité de dili-

---

manière absolue, que lesdits effets mobiliers sont acquis aux créanciers comme étant la propriété du mari, *sans réserver à la femme aucune preuve contraire*, comme il le fait à l'égard des bijoux, diamans et vaisselle que la femme aurait eus par contrat de mariage ou par succession.

(1035) L'art. 551 C. Com. accorde une hypothèque à la femme pour les effets mobiliers qu'elle justifie, par actes authentiques, avoir apportés en dot, et cela, par la raison que la femme est privée du droit de reprendre en nature ces mêmes effets.

(1036) V. C. Com., art. 551; arrêt de cassation, du 21 Février 1827, dans Sirey, 1827, 1, 336; arrêt de Besançon, du 21 Juin 1828, dans Sirey, 1829, 2, 111.

gences à raison de l'état de fortune du constituant (1037).

CXXV. *A.* Le mari est assujetti à la restitution de la dot, quoiqu'il ne l'ait pas reçue ou qu'il ne l'ait reçue qu'en partie : 1.º dans le cas où il n'aurait tenu qu'à lui de la recevoir, car il est responsable de toutes pertes et prescriptions résultantes de son défaut de diligences (1038); 2.º dans le cas même où il produirait des contre-lettres, faites dans l'absence des formalités voulues, desquelles il résulterait soit que la dot était d'une somme moindre que celle portée au contrat de mariage, soit que la dot, dont il a donné quittance, ne lui a pas été payée, car de semblables contre-lettres ne peuvent nuire à la femme (1039).

(1037) V. *sup.*, n.º XXXVIII, let. A, B, C.

(1038) *Poterit maritus à mulieris hæredibus, aut ejus hæredes à muliere conveniri, pro eâ quóque dotis parte quam non exegit cùm imputandum ei sit cur non exegerit... Pro exactâ habetur dos quæ ne exacta sit per maritum ipsum stetit.* Faber, C., liv. 5, tit. 7, *def.* 9, p. 513. *Vide,* dans le même sens, Catelan, liv. 4, chap. 46, t. 2, p. 116, et *junge* les autorités citées aux n.ᵗᵉˢ 921, 989, 815 et 791.

(1039) V. *sup.*, n.º XI, let. D.

B. Le mari reste tenu à la restitution de la dot, comme en ayant été payé :

S'il a innové la dot (1040);

Si, de son ordre ou de son consentement, la dot avait été touchée par un tiers, même par la femme, entre les mains de laquelle elle aurait péri (1041).

C. Le mari est obligé à la même restitution, encore que la femme eût apporté en dot une chose appartenante à autrui (1042). Remarquons, en passant, quant à la prescription de la propriété de cette chose, que la femme ayant possédé par le fait du mari, tout le tems qu'aura duré la jouissance de ce dernier comptera à la femme (1043).

(1040) V. *sup.*, n.º CXV, al. dern., *in fine*.

(1041) V. L. 180, ff. *R. J.*, liv. 50, tit. 17; L. 19, ff. *de jur. dot.*, liv. 23, tit. 3; arrêt de la Cour de Montpellier, du 3 Janvier 1827, dans le Mémorial de jurisprudence, t. 15, p. 99 et suiv.; arrêt de la Cour de Nîmes, du 12 Juillet 1831, dans Sirey, 1831, 2, 221; M. Duport-Lavillette, Quest. de Droit, t. 3, p. 110 et suiv. V. *sup.*, n.º CXX.

(1042) V. L. 11, ff. *Solut. matrim.*, liv. 24, tit. 3; Despeisses, tit. de la Dot, sect. 3, n. 16, t. 1, p. 501; Fontanella, *de pact. nupt.*, clause 7, glose 3, part. 12, n. 50 à 53, p. 568 et 569.

(1043) V. L. 13, §. 6, ff. *de acq. rer. dom.*, liv. 41, tit. 3; Fontanella, au lieu cité à la note précédente.

CXXVI. Quel est, une fois le mariage dissous ou la séparation soit de corps, soit de biens, intervenue entre les époux, le délai dans lequel le mari ou ses héritiers sont tenus de restituer la dot?

A. Si, postérieurement à la dissolution du mariage, les parties étaient convenues d'un délai pour la restitution de la dot, la convention devrait s'exécuter, car les conventions légalement formées tiennent lieu de loi à ceux qui les ont faites (1044). Que si c'était dans le contrat de mariage même qu'un délai eût été stipulé pour la restitution de la dot, ce délai devrait encore être observé. La loi consacre, en effet, la plus grande liberté dans les conventions matrimoniales, n'y mettant d'autres bornes que le respect dû aux bonnes mœurs, à l'ordre public et aux dispositions prohibitives du Code (1045).

B. A défaut de conventions entre les parties,

(1044) V. L. 18, ff. *de pact. dotal.*, liv. 23, tit. 4; Despeisses, tit. de la Dot, sect. 3, n. 8, *secundò*, t. 1, p. 497, 2.ᵉ col.; Roussilhe, de la Dot, t. 2, n. 513, p. 84; Nouveau Denisart, v.º *Dot*, §. 16, t. 7, p. 132, n. 6; C. civ., art. 1134, al. 1.

(1045) V. *sup.*, n.ᵗᵉ 150 et n.ᵒˢ XII et XVIII.

la dot doit être restituée dans les délais et suivant les distinctions qui suivent :

La dot à restituer consiste-t-elle en immeubles ou en meubles, non estimés, ou estimés d'une estimation ne faisant pas vente (1046)? La restitution peut en être exigée sans délai (1047), et cette restitution embrasse les fruits perçus postérieurement à l'événement qui y donne lieu (1048), sauf le partage des fruits de la dernière année (1049), et sauf les compensations à opposer, de la part du mari, à raison des sommes dont la femme pourrait se trouver débitrice envers lui (1050).

(1046) V. *sup.*, n.º L, let. B, al. 1 et 3.

(1047) V. *L. unic.*, §. 7, *C. de rei ux. act.*, liv. 5, tit. 13; Despeisses, tit. de la Dot, sect. 3, n. 5 et 6, t. 1, p. 495 et 496; Nouveau Denisart, v.º *Dot*, §. 16, n. 5, t. 7, p. 131; C. civ., art. 1564.

(1048) V. *L. unic.*, §. 7, *C. de rei ux. act.*, liv. 5, tit. 13; L. 9, ff. *Solut. matrim.*, liv. 24, tit. 3; Despeisses, tit. de la Dot, sect. 3, n. 24, t. 1, p. 505; Nouveau Denisart, v.º *Dot*, §. 18, n. 9, t. 7, p. 136; C. civ., art. 1570, al. 1; *sup.*, n.º CVIII, let. E, al. dern.

(1049) V. *sup.*, n.º CIX, let. A et B.

(1050) *Ex his fructibus qui post divortium percepti sunt, compensationes fieri possunt.* L. 7, §. 5 et 15, ff. *Solut. matrim.*, liv. 24, tit. 3.

La dot à restituer consiste-t-elle en sommes de deniers, soit, par exemple, parce que les objets constitués en dot, meubles ou immeubles, ont été estimés d'une estimation faisant vente, soit parce qu'en effet le mari n'a reçu que de l'argent pour la dot de sa femme (1051)? La restitution ne peut en être exigée qu'un an après la dissolution du mariage, afin que le mari ait le tems de se procurer de l'argent que les ressources du moment pourraient ne pas lui offrir (1052). Il en serait de même au cas d'une séparation de corps intervenue entre les époux (1053). *Secùs*, dans le cas où la femme, dont la dot était en péril, aurait poursuivi et obtenu sa séparation de biens d'avec son mari, auquel cas, la restitution de la dot peut être exigée incontinent. Comment, en effet, dans cette hypothèse, le mari pourrait-il réclamer le bénéfice du délai fixé par la loi pour

---

(1051) V. *sup.*, n.° CXIV, 1.ʳᵉ, 2.ᵉ, 3.ᶜ et 4.ᵉ exception.

(1052) V. *L. unic.*, §. 7, C. *de rei ux. act.*, liv. 5, tit. 13; Despeisses, tit. de la Dot, sect. 3, n. 7, t. 1, p. 496; Nouveau Denisart, v.° *Dot*, §. 16, n. 5, t. 7, p. 131; C. civ., art. 1565. *Junge* Duveyrier, Rapport au Tribunat sur la loi relative au contrat de mariage, au t. 13, p. 389 et 390 de la Législ. civile de M. Locré.

(1053) V. M. Duranton, Cours de Droit français, t. 15, n. 554.

la restitution de la dot après la mort de l'un des époux? Est-ce que la situation est la même? Le jugement de séparation ne dépose-t-il pas de la déroute des affaires du mari et du danger qu'il y aurait à laisser entre ses mains la dot de sa femme (1054)? Il est une autre circonstance dans laquelle la femme ne serait pas obligée d'attendre le délai d'un an : cette circonstance est celle où le mari aurait légué à sa femme la dot, que cette dernière viendrait à réclamer, à titre de legs, après le décès dudit mari (1055).

CXXVII. Il vient d'être question du délai dans lequel le mari peut être tenu de restituer la dot. Quant au délai qu'a la femme pour la réclamer du mari ou de ses héritiers, ce délai est celui fixé pour la prescription (1056).

(1054) V. M. Dalloz, Jurisprudence générale, t. 10, p. 360, n. 10, d'après M. Delvincourt, Cours de Code civil, t. 3, p. 345, n.te 2; M. Duranton, Cours de Droit français, t. 15, n. 553.

(1055) V. Serres, Inst., p. 329; Nouveau Denisart, v.º *Dot*, §. 16, n. 5, t. 7, p. 132; M. Merlin, Nouveau Rép.re, v.º *Dot*, §. 11, n. 5, t. 4, p. 224, et v.º *Legs*, sect. 3, §. 3, n. 5, t. 7, p. 311 et suiv.

(1056) V. Roussilhe, de la Dot, t. 2, n. 444 à 448. *Junge* C. civ., art. 2262.

CXXVIII. Les intérêts de la dot à restituer, au cas de la dissolution du mariage par la mort de l'un des époux, courent, de plein droit, au profit de la femme ou de ses héritiers, même pendant l'année qui, en règle générale, est accordée pour la restitution de la dot (1057), sauf

---

(1057) V. C. civ., art. 1570.—Anciennement et dans l'usage de quelques pays de droit écrit, les intérêts ne couraient, et, de plein droit, au profit de la femme ou de ses héritiers, qu'après l'année *à die dissoluti matrimonii* (V. *L. unic.*, §. 7, *C. de rei ux. act.*, liv. 5, tit. 13; Graverol sur Laroche-Flavin, liv. 6, tit. 41, art. 11, p. 437; du Perier et son Annotateur, Max. de Droit, liv. 5, t. 1, p. 511 et 515; de Bézieux, liv. 5, chap. 2, §. 19, p. 371 et suiv.; Boniface, liv. 6, tit. 3, chap. 13, t. 1, p. 387 et suiv.; Bonnemant, Max. du Palais, t. 1, p. 233, n. 5; de Juin, t. 2, p. 428, arr. 201, t. 3, p. 370, arr. 163, t. 4, p. 410, arr. 285, et t. 6, p. 116, arr. 357; Roussilhe, de la Dot, t. 2, p. 80 et 81); mais lorsque c'était la femme qui survivait, les héritiers du mari étaient obligés de la nourrir et de l'entretenir pendant ladite année (V. Fromental, v.º *Deuil*, p. 187, 1.ʳᵉ col.; Albert, let. V, chap. 7, p. 560 et suiv.; de Juin, t. 4, p. 411; Nouveau Denisart, v.º *Dot*, §. 16, n. 5, et §. 18, n. 9 *in fine*, t. 7, p. 131 et 136; Roussilhe, de la Dot, t. 2, p. 80; Despeisses, tit. du Mariage, sect. 5, n. 28 et 29, t. 1, p. 344 et suiv.; Julien, Élémens de Jurisp.ᶜᵉ, p. 71; Faber, C., liv. 5, tit. 8, *def.* 6, p. 526). Que si la veuve décédait pendant l'année de la dissolution du mariage, ses héritiers n'avaient toujours droit aux intérêts qu'après l'année de la dissolution (V. Henrys et Bretonnier, liv. 4, chap. 6, quest.

le choix laissé à la femme survivante de se faire

104, t. 2, p. 607 et suiv.). Au surplus, les auteurs remarquaient qu'en accordant au mari le délai d'un an pour la restitution de la dot, la loi ne l'avait fait que *miserationis intuitu*, pour lui donner le tems de se procurer de l'argent, et non pour lui ménager un gain et un avantage par la jouissance de la dot. De là, ces décisions : 1.º que, lorsque les biens du mari étaient mis en discussion dans l'année, les créanciers du mari n'avaient pas ce délai au préjudice de la femme, qui était fondée à demander les intérêts de sa dot ou son droit de viduité (V. Boniface, liv. 6, tit. 4, chap. 1, t. 1, p. 394 et suiv., que citent et Bretonnier sur Henrys, liv. 4, chap. 6, quest. 104, t. 2, p. 610, et M. Merlin, Nouveau Rép.ᴿᴱ, v.º *Dot*, §. 11, n. 6, t. 4, p. 225; 2.º que le mari n'avait nul droit, pendant ladite année, aux intérêts des sommes qui se trouvaient encore dues par les constituans à l'époque de la dissolution du mariage (V. du Perier et son Annotateur, Max. de Droit, liv. 5, t. 1, p. 511 et 515; Graverol sur Laroche-Flavin, liv. 6, tit. 41, art. 11, p. 437; Despeisses, tit. de la Dot, sect. 2, n. 20, t. 1, p. 484; Bretonnier sur Henrys, liv. 6, quest. 104, t. 2, p. 609. — V. *tamen* de Bézieux, liv. 4, chap. 2, §. 21, p. 375, 2.ᵉ col., v.º *Qui ne lui adjugea que les dettes à jour*, et p. 376, 2.ᵉ col., v.º *De même que l'on ne dispute plus aussi*); 3.º que les héritiers du mari n'avaient nul droit de jouir, pendant l'année, des rentes dotales, et cela, non seulement dans les pays où les rentes étaient considérées comme immeubles, et où, par conséquent, elles étaient restituables, comme tous autres immeubles, du jour de la dissolution du mariage (V. de Bézieux, liv. 5, chap. 2, §. 21, p. 373 et suiv.), mais encore dans les pays où les rentes étaient regardées comme meubles (V. Répertoire de

payer, pendant ladite année, à la place des

Guyot, v.º *Dot*, §. 11, t. 6, p. 250 et suiv., et Répertoire de
M. Merlin, v.º *Dot*, §. 11, n. 5, t. 4, p. 224). — M. Merlin,
v.º *Dot*, §. 11, n. 7, t. 4, p. 225, après avoir dit et que les intérêts de la dot courent sans demande au profit de la femme, après
l'année de la dissolution du mariage, et que cette maxime,
d'abord méconnue par un arrêt du Parlement de Provence,
avait été confirmée par deux arrêts postérieurs du même Parlement, ajoute : Telle est la disposition de l'art. 1570. Mais,
sauf le cas de l'option des alimens conférée par l'article en
question, les intérêts ne courent pas seulement, suivant le
même article, après l'année, mais du jour même de la dissolution du mariage. L'article en question, pour en faire la remarque en passant, fait courir les intérêts de plein droit au
profit des héritiers de la femme indistinctement. Ces intérêts
sont, d'après cela, dus, de plein droit, tant aux enfans, héritiers de la mère, qu'aux héritiers étrangers de cette dernière,
et à ses cessionnaires, ce qui, dans l'ancien droit, n'était pas
unanimement admis (V. Roussilhe, de la Dot, t. 2, n. 526;
de Juin, t. 6, p. 116; Vedel sur Catelan, liv. 4, chap. 42,
t. 2, p. 79; Dupin sur Ferron, let. I, n. 31, p. 171). —
Quelle était, quant à l'objet sur lequel statue l'art. 1570, la
jurisprudence du Parlement de Bordeaux ? En cas de dissolution
du mariage par la mort de la femme, les intérêts couraient, de
plein droit et depuis le jour de la dissolution, au profit de ses
enfans; mais lesdits intérêts, à l'égard des héritiers étrangers,
ne couraient pas sans diligences (V. Salviat, p. 221, *ubi* attestations des 20 Septembre 1713 et 29 Avril 1714; Apostillateur
de Lapeyrère, let. I, n. 46, p. 184, v.º *Les intérêts de la dot
sont dus aux enfans héritiers de la mère*). Si c'était par la

intérêts de la dot, des alimens aux dépens de la succession du mari (1058). La veuve, quelle que soit son option, a encore le droit de continuer, pendant un an, son habitation dans la maison conjugale, et de se faire fournir des habits de deuil, le tout, sans imputation sur les intérêts à elle dus (1059). Ces habits de deuil pourraient-ils être réclamés par la veuve, à qui son mari,

---

mort du mari que le mariage eût été dissous, les intérêts couraient, de plein droit, au profit de la veuve, du jour du décès du mari, et, par conséquent, pendant l'an de deuil (V. Salviat, p. 221; Apostillateur de Lapeyrère, let. I, n. 46, v.º *Les intérêts de la dot, de l'agencement*, p. 183, et *ibi* Conférences m. s.). Pendant cet an de deuil, la femme avait le droit d'exiger sa nourriture aux dépens de l'hérédité de son mari, mais alors elle ne pouvait prétendre, durant ce tems, aux intérêts de ses cas dotaux (V. Apostillateur de Lapeyrère, *sup.*, p. 183; M. Beaune, dans ses Notes m. s. sur Lapeyrère, let. V, n. 63). La veuve était encore en droit de réclamer les habits de deuil qui devaient lui être fournis sans imputation sur les intérêts à elle dus (V. Lapeyrère, let. V, n. 63). Les habits de deuil étaient-ils aux frais des héritiers du mari dans le cas même où ce dernier avait fait dans son testament des avantages à sa femme? V. *inf.*, n.te 1060.

(1058) V. M. Merlin, Nouveau Rép.re, v.º *Dot*, §. 11, n. 6, t. 4, p. 224 et 225, et v.º *Viduité (droit de)*, §. 1, t. 14, p. 565 et 566, n. 1 et 2; C. civ., art. 1570, al. 2. — *Quid*, anciennement? V. à la note précédente.

(1059) V. C. civ., art. 1570, al. 2; *sup.*, à la n.le 1057.

dans son testament, aurait fait quelque avantage?
La loi établit la veuve créancière de la succession
de son mari à raison des habits de deuil. Elle
dispose, d'un autre côté, que le legs fait au
créancier n'est pas censé fait en compensation
de sa créance. La veuve, nonobstant l'avantage
à elle fait, doit donc être recevable à réclamer
les habits de deuil, à moins, toutefois, que, par
la nature de cet avantage, elle ne se trouve personnellement soumise au paiement des dettes
héréditaires, et qu'elle ne réunisse ainsi sur sa
tête la double qualité de créancière et de débitrice (1060).

(1060) Il y avait, autrefois, diversité de jurisprudence et
divergence d'opinions sur la question de savoir si les habits de
deuil étaient aux frais des héritiers du mari, lorsque ce dernier
avait fait dans son testament des avantages à sa femme. L'Apostillateur de Lapeyrère, let. V, n. 63, v.º *Les arrêts ont jugé,*
dit que les arrêts ont jugé que la veuve qui retirait des avantages de l'hérédité de son mari et qui y prenait part, ne pouvait
prétendre d'habits de deuil. Salviat, p. 504, ajoute que, depuis
que cet Apostillateur a écrit, la jurisprudence a toujours été la
même, et a été confirmée par un nouvel arrêt de la 1.re chambre
des enquêtes, rendu le 13 Avril 1758, au rapport de M. de Lafaurie. On peut citer dans le même sens, indépendamment soit
de Guy-Pape, quest. 541, p. 502, qui met les habits de deuil
à la charge de la femme laissée, par le testament de son mari,
usufruitière de tous les biens de ce dernier, parce que, selon

A partir de quelle époque, dans le cas de la séparation de biens ou de corps, les intérêts de

---

lui, la veuve usufruitière de tous les biens est tenue des charges héréditaires, soit de Faber, C., liv. 3, tit. 23, p. 244, n. 6, qui porte la même décision, sur le fondement que le deuil est une charge des fruits, soit de beaucoup d'autres auteurs, tels que Fromental, v.º *Deuil*, p. 187, et Roussilhe, de la Dot, t. 2, n. 528, 618 et 619, on peut citer, disons-nous, 1.º un arrêt du Parlement de Bordeaux, du mois d'Août 1642, au rapport de M. de Boucaud; 2.º une sentence arbitrale, rendue le 15 Mars 1684, par MM. Fonteneil, Grenouilheau et Eyraud; 3.º une consultation de M. Despiau, du 21 Janvier 1766; 4.º un arrêt de l'ancien Tribunal d'appel de Bordeaux, du 23 Pluviose an 10, dans l'espèce d'une veuve légataire de l'usufruit de la moitié des biens de son mari; 5.º deux arrêts du Parlement de Toulouse, des 9 Septembre 1720 et 12 Août 1752, rapportés par M. Laviguerie dans son Recueil d'Arrêts, t. 1, p. 227. L'opinion dont il vient d'être rendu compte n'était pas, comme on voit, sans soutien. L'opinion contraire, ainsi qu'on s'en convaincra bientôt, ne manquait pas, non plus, d'autorités pour l'étayer. On peut citer, en effet, indépendamment soit de Louet sur Brodeau, let. V, som. 11, t. 2, p. 745, d'après lequel la femme ne doit, dans aucun cas, porter le deuil à ses dépens, à moins qu'elle ne soit instituée héritière universelle, soit de Boucheul, Cout.ᵉ de Poitou, art. 246, n. 11, t. 1, p. 863, de Cochin, 30.ᵉ consultation, t. 2, p. 658 et suiv., et de Cormis, t. 1, p. 1223 et suiv., lesquels enseignent que les habits de deuil sont dus à la femme, quoique donataire ou légataire particulière de son mari, on peut citer, disons-nous: 1.º un arrêt du Parlement de Bordeaux, de l'année 1692, rendu

la dot à restituer courent-ils au profit de la femme ? Comme les fruits de la dot sont dévolus

---

à la 2.ᵉ chambre des enquêtes, au rapport de M. Monnier ; 2.º deux arrêts du même Parlement, du mois d'Août 1735 et du 16 Juillet 1789, rapportés par le nouvel éditeur de Salviat, p. 433 et 434 ; 3.º diverses sentences arbitrales rendues à Bordeaux, et notamment une sentence, en date du 12 Mai 1733, rendue par MM. Coste, Beaune et Dumoulin ; 4.º les Notes m. s. de M. Beaune sur Lapeyrère, let. V, n. 63, lesquelles, en faisant mention de l'avis précité de Gùy-Pape et de Faber, disent que notre jurisprudence était contraire à cet avis, et qu'on donnait toujours à la veuve les habits de deuil sur les biens du mari ; 5.º une consultation de M. Lagrange, du 15 Juin 1776, dans laquelle il est dit qu'on ne suivait pas la décision de l'Apostillateur de Lapeyrère, *loc. sup. cit.* ; 6.º trois arrêts du Parlement de Toulouse, de l'année 1714 et des 30 Juillet 1715 et 4 Avril 1747, dont le second a été recueilli par Aguier, t. 1, p. 160, et dont les deux autres sont mentionnés dans le Recueil d'Arrêts de M. Laviguerie, t. 1, p. 228. Tout cet ancien conflit, sur la question qui nous occupe, doit cesser, sous le Code, en présence des dispositions combinées des art. 1481 et 1570, qui placent les habits de deuil parmi les charges de la succession du mari, et de l'art. 1023, suivant lequel le legs fait au créancier n'est régulièrement pas censé en compensation de sa créance. La veuve, à raison de l'avantage à elle fait dans le testament de son mari, ne pourrait donc être non recevable à demander les habits de deuil qu'autant que la nature de cet avantage l'assujettirait personnellement aux dettes et charges de la succession du défunt, et que dans la même proportion qu'elle serait soumise à ces dettes et charges. D'après

au mari pour le support des charges du mariage, et que tant que ces charges durent, le mari ne peut en être privé (1061), il nous semble hors de doute que les intérêts de la dot à restituer courent seulement du jour du jugement de séparation qui, quant à ce, ne saurait remonter au jour de la demande, puisque le mari continue de supporter seul les charges du mariage. Que si, depuis la demande en séparation, la femme se trouvait avoir vécu séparément de son mari, sans qu'il eût été pourvu à ses alimens par ce dernier, nul doute encore que les intérêts de la dot ne dussent alors courir du jour où la femme aurait cessé de vivre en commun avec son mari (1062).

---

cela, par exemple, la veuve légataire particulière de son mari réclamerait à bon droit les habits de deuil, car un légataire à titre particulier n'est pas personnellement tenu des dettes de la succession (C. civ., art. 1024). Il en serait de même de la veuve usufruitière de tout ou partie des biens délaissés par son mari, car, pour être obligée de subir une réduction proportionnelle au montant de son legs, un usufruitier universel ou à titre universel n'est pas personnellement tenu des dettes de la succession (V. *sup.*, n.º CXXII).

(1061) V. *sup.*, n.º CIX, let. A.

(1062) La question de savoir si les intérêts de la dot étaient dus à la femme du jour de la sentence de séparation ou du jour

CXXIX. En quoi doit consister la restitution de la dot ?

de la demande en séparation, ne laissait pas d'être controversée autrefois. Les uns voulaient que ces intérêts fussent adjugés du jour de la demande, sauf à déduire les provisions obtenues par la femme (V. Rousseau de Lacombe, v.° *Séparation*, part. 1, n. 11, p. 147, qué cite le Répertoire de M. Merlin, v.° *Séparation de biens*, sect. 2, §. 5, n. 3, t. 12, p. 422 et suiv.). Les autres étaient d'avis que cela devait être laissé à l'arbitrage du juge (V. Pothier, de la Communauté, n. 521). D'autres enfin trouvaient équitable que, lorsque la femme et sa famille avaient vécu avec le mari, les intérêts ne courussent que du jour de la sentence de séparation, la nourriture fournie devant tenir lieu d'alimens (V. Valin, Coutume de la Rochelle, t. 2, p. 591, n. 74, et Roussilhe, de la Dot, t. 2, n. 500, p. 71; M. de Lamoignon, en ses Arrêtés, tit. 32, n. 90; Fontanella, *de pact. nupt.*, clause 7, glose 2, part. 3, n. 29, p. 420); mais au cas où la femme, depuis l'instance en séparation, eût vécu séparément de son mari, sans avoir été nourrie par lui, ils trouvaient juste aussi que les intérêts courussent du jour où la cohabitation avait cessé (V. Fontanella, *loc. sup. cit.*; M. Merlin, Nouveau Rép.re, v.° *Intérêt*, §. 2, n. 1, t. 6, p. 443 et 444). De nos jours, il ne règne pas plus d'accord entre les auteurs, car les uns donnent indistinctement cours aux intérêts du jour de la demande en séparation (V. M. Delvincourt, Cours de Code civil, t. 3, p. 268, n.te 7; M. Toullier, Droit civil, t. 13, n. 105), et les autres, indistinctement aussi, expriment cette opinion que les intérêts ne sont dus que du jour de la sentence de séparation (V. M. Duranton, Cours de Droit français, t. 15, n. 570).

A. La restitution a lieu en argent, par exemple :

1.º Lorsqu'une somme d'argent aura été donnée en dot, auquel cas le mari devra rendre la même somme numérique que celle par lui reçue, abstraction faite des variations que les espèces à lui comptées ont pu éprouver (1063); et si c'est en livres tournois que la dot a été constituée, le mari n'en devra le remboursement que dans la même valeur (1064);

2.º Si c'est en assignats que la dot a été constituée, auquel cas le mari doit la restitution des sommes reçues en assignats, en valeur réduite d'après l'échelle de dépréciation (1065);

(1063) V. *sup.*, n.º CXIV, 2.ᵉ exception.

(1064) V. arrêt de rejet, du 13 Février 1826 (dans Sirey, 1827, 1, 286), *ubi* rappelé l'art. 3 de la loi du 17 Floréal an 7, portant que : « L'acquittement des obligations antérieures au « 1.ᵉʳ Vendémiaire an 8, soit entre particuliers, soit pour le « service public, sera fait en valeur de l'ancienne livre tournois, « quand même l'expression de *franc* se trouverait écrite dans « les actes au lieu de celle de *livre*, sauf le cas où la valeur des « nouveaux francs aurait été formellement stipulée ».

(1065) *Sic* décidé par l'ancien Tribunal d'appel de Bordeaux, le 23 Pluviose an 10, d'après l'art. 15 de la loi du 16 Nivose an 6 (5 Janvier 1798). Voici les termes de cet article : « Les « restitutions des dots et autres reprises matrimoniales seront « faites par les maris ou par leurs héritiers en numéraire mé-

3.º Lorsque des immeubles ont été donnés en dot, estimés d'une estimation faisant vente,

---

» tallique, pour tout ce qu'ils en auront reçu ou dû recevoir
« de la même manière, et en valeurs réduites d'après le tableau
« de dépréciation, pour tout ce qu'ils auront reçu en papier
« monnaie, en partant des époques des paiemens, à moins que
« les maris n'en aient fait emploi ou remploi dans les pays et
« seulement dans les cas où ils y étaient soumis ; et, en ce dernier
« cas, le bénéfice de l'emploi ou remploi appartiendra à la
« femme ». Une autre loi, celle du 27 Thermidor an 6 (14
Août 1798), statuait ainsi par son article 25 : « Quand, par
« suite de la renonciation de la femme à la communauté, ou de
« la dissolution de ladite communauté par le divorce, par la
« séparation de biens ou par la mort de l'un des époux, il
« écherra de liquider les reprises de la femme, en exécution de
« l'art. 15 de la loi du 16 Nivose, le mari, à défaut d'emploi de
« la dot et des créances mobilières, ne devra à sa femme ou à ses
« héritiers que les valeurs qu'il a reçues, suivant l'échelle de
« dépréciation, aux époques de chaque paiement ; et, s'il en
« a fait emploi, même au nom de la communauté, la femme
« ou ses héritiers sont tenus de l'accepter pour leur tenir lieu
« des créances ainsi remboursées pendant le cours du papier
« monnaie ». Au sujet des dispositions des lois précitées, on a
demandé : 1.º si le mari, qui aurait touché en assignats une
créance dotale, postérieurement à son échéance, devrait rendre
uniquement la valeur de cette créance au moment du remboursement à lui fait, et non la valeur qu'elle aurait eue à l'époque
de son exigibilité ; 2.º si le mari qui, avant la création des assignats, aurait reçu en dot une créance dotale dont il n'aurait
été payé dans la suite qu'en papier monnaie, serait libéré de

auquel cas le prix d'estimation doit être restitué par le mari (1066). Si ce dernier avait été lésé dans l'estimation, même de plus des sept douzièmes, il n'en devrait pas moins la restitution dudit prix (1067). *Quid*, si c'était la femme qui

---

ses obligations quant à la restitution de la dot, en rendant la dot sur le pied des assignats réduits d'après l'échelle de dépréciation à l'époque du paiement. L'une et l'autre de ces questions ont été résolues affirmativement (V. arrêt de cassation, du 20 Janvier 1807, dans Sirey, 1807, 1, 407 ; M. Duport-Lavillette, Quest. de Droit, t. 3, p. 98 et suiv.). Ces décisions nous semblent sans difficulté devoir être suivies pour le cas où il n'y aurait eu, de la part du mari, aucune négligence pour être payé de la dot à son échéance : les dépérissemens et les réductions résultans de la création et de la dépréciation des assignats ne peuvent alors qu'être à la charge de la femme, en qui réside la propriété des créances dotales. Mais si le mari, en agissant aussi diligemment qu'un bon père de famille doit le faire, avait pu être remboursé des créances dotales à l'époque où elles étaient exigibles, la perte qu'occasionerait à la femme le défaut de diligences du mari, devrait être à la charge de ce dernier, qui est tenu de sa faute à l'égard des biens dotaux et responsable de toute perte en provenant (V. *sup.*, n.° CXXV, let. A). Dans cette hypothèse, il ne nous paraît pas que les décisions en question dussent être suivies.

(1066) V. *sup.*, n.° CXIV, 1.re exception.

(1067) Les lois romaines disposaient différemment. Voici, en effet, comment elles s'expriment : *Sin autem maritus in æstimatione gravatum se alleget, veritate examinatá, non am-*

eût éprouvé une semblable lésion ? Le mari qui
voudrait conserver les immeubles, serait tenu

---

pliùs quàm pretium justum restituere compelletur (V. L. 6,
C. *Solut. matrim. quemadm.*, liv. 5, tit. 8). — *Si in dote
dandâ circumventus sit alteruter, etiam majori annis vi-
ginti quinque, succurrendum est : quia bono et æquo non
conveniat aut lucrari aliquem cum damno alterius, aut
damnum sentire per alterius lucrum* (V. L. 6, §. 2, ff. *de
jur. dot.*, liv. 23, tit. 3). Ces lois, comme on s'en aperçoit, n'exigeaient même pas que le mari eût souffert une lésion
d'outre-moitié : une lésion quelconque leur paraissait suffisante.
Beaucoup d'auteurs enseignaient, en conséquence, et que le
mari avait la voie de la rescision pour lésion, et que la lésion
n'avait pas besoin d'être *ultrà dimidiam*, comme dans les
ventes ordinaires (V. Cormis, t. 1, p. 1328 et suiv.; de Juin,
t. 4, p. 421 ; Bonnemant, Max. du Palais, t. 1, p. 167, n. 5;
M. Merlin, Nouveau Rép.re, v.o *Dot*, §. 7, n. 1, t. 4, p. 199).
Roussilhe, de la Dot, t. 1, n. 200, tenait pourtant, nonobstant les textes ci-dessus cités, que le mari, même lésé au-delà
de la moitié, ne pouvait agir en rescision (V., dans le même
sens, Raviot sur Perrier, quest. 270, t. 2, p. 387). Le mari,
disait-il, doit être traité comme tout autre acquéreur. Est-ce
donc qu'un acquéreur ordinaire n'était pas recevable à demander la rescision pour cause de lésion ? La question était
controversée (V. Pothier, de la Vente, n. 372, et Lapeyrère
ainsi que son Apostillateur, let. L, n. 89, ensemble les autorités
qui y sont citées). L'opinion de Roussilhe n'avait pas, dès-lors,
une base bien solide. Interrogeons maintenant les dispositions
des lois qui nous régissent. Le Code, après avoir posé en principe que « la lésion ne vicie les conventions que dans certains

de payer un supplément de prix (1068). Ajoutons ici, quelque superflu que cela puisse paraître,

---

« cas et à l'égard de certaines personnes » (art. 1118), et que « les majeurs ne sont restitués pour cause de lésion que dans les « cas et sous les conditions spécialement exprimés » (art. 1313), dispose que « la rescision pour lésion (des sept douzièmes) n'a « pas lieu en faveur de l'acquéreur » (art. 1683). D'après cela, il n'est pas possible de prétendre aujourd'hui que le mari lésé, même de plus des sept douzièmes dans l'estimation du fonds dotal par lui reçu en dot, doit avoir la voie de la rescision. D'une part, en effet, le mari, par suite de l'estimation du fonds, en est devenu acquéreur, en telle sorte qu'il tombe sous l'application de l'article 1683 précité, et, d'un autre côté, loin qu'à l'instar des lois romaines, le Code renferme quelque disposition favorable au mari, acquéreur d'un fonds dotal estimé, il atteint et frappe encore cet acquéreur au moyen du principe général d'après lequel la lésion n'est une cause de restitution que dans les cas spécialement prévus. Aussi la plupart des auteurs qui ont écrit d'après les principes du Code, refusent-ils toute action en rescision au mari lésé, même au-delà des sept douzièmes, dans l'estimation du fonds dotal (V. M. Toullier, Droit civil, t. 14, n. 129; M. Duranton, Cours de Droit français, t. 15, n. 424 in princip.).

(1068) Telle est la règle suivie en matière de vente ordinaire (V. C. civ., art. 1674, 1681 et 1682). — Avant le Code, lorsque l'estimation se trouvait avoir été faite au-dessous de la valeur de la chose, il était également reçu que la femme pouvait exercer l'action rescisoire pour cause de lésion, et cette action, d'après les lois romaines, était même recevable, quelque légère que fût la lésion (V. L. 6, §. 2, et L. 12, §. 1, ff. de jur.

que si le mari avait été évincé des immeubles en question, il ne pourrait se trouver obligé à la restitution du prix d'estimation (1069);

4.º Lorsque des choses mobilières non fongibles ont été apportées en dot et mises à prix, sans déclaration que l'estimation n'en faisait pas vente, auquel cas le mari doit restituer le prix d'estimation (1070);

5.º Lorsque des choses fongibles, autres que des sommes d'argent, ont été constituées en dot, auquel cas le prix d'estimation est restituable

---

dot., liv. 23, tit. 3; Despeisses, tit. de la Dot, sect. 3, n. 10, 7.º, t. 1, p. 499; Roussilhe, de la Dot, t. 1, n. 199).

(1069) V. L. 49, §. 1, ff. *Solut. matrim.*, liv. 24, tit. 3.

(1070) V. *sup.*, n.º CXIV, 4.ᵉ exception. — Si c'était pendant le cours du papier-monnaie que l'estimation eût été faite, cette estimation devrait-elle être réduite au taux de l'échelle de dépréciation? On a jugé que la disposition de l'article 15 de la loi du 11 Frimaire an 6 (1.ᵉʳ Décembre 1797) d'après laquelle le prix des ventes des choses mobilières, passées pendant le cours du papier-monnaie, doit être payé en numéraire sans réduction, on a jugé, disons-nous, que la disposition de cet article était applicable à la restitution de la dot d'objets mobiliers mis à prix par le contrat de mariage, sans déclaration que l'estimation n'en faisait pas vente, une telle mise à prix étant réputée par la loi vente en faveur du mari (V. arrêt de la Cour de Grenoble, du 12 Juillet 1825, dans Sirey, 1826, 2, 63; arrêt de rejet, du 29 Mai 1827, dans Sirey, 1827, 1, 462).

par le mari, si elles ont été mises à prix dans le contrat de mariage, et, dans l'absence de cette estimation, si le mari se trouve dans l'impossibilité de les rendre en même quantité et qualité (1071).

En un mot, la restitution se fait en argent toutes les fois que la dot consiste en sommes de deniers, soit parce qu'en effet le mari n'a reçu que de l'argent pour la dot de sa femme, soit parce que la constitution de dot, quoique faite autrement qu'en argent, se résout cependant en une somme de deniers.

B. La restitution de la dot a lieu en nature :

1.° A l'égard soit des immeubles mêmes qui ont été apportés en dot, lorsqu'ils n'ont pas été estimés, ou lorsqu'ils l'ont été d'une estimation ne faisant pas vente, soit des immeubles qui leur ont été subrogés pendant le mariage, tels sont, par exemple, ceux qui ont été acquis en échange, soit enfin de tous autres immeubles frappés d'inaliénabilité à raison de leur caractère dotal, tels sont, par exemple, ceux qui ont été achetés des deniers dotaux dont l'emploi se trouvait stipulé dans le contrat de mariage. Tous ces

---

(1071) V. *sup.*, n.° CXIV, 3.ᵉ exception.

immeubles se restituent *in specie*, tels qu'ils sont, avec les accroissemens ou les diminutions qu'ils peuvent avoir reçus, durant le mariage, par une cause quelconque (1072), sauf l'indemnité due au mari à raison des augmentations procédant de son fait (1073), ou les dommages et intérêts par lui dus pour les détériorations survenues par sa faute (1074). Ces mêmes immeubles se restituent avec les fruits naturels et industriels qui peuvent y être pendans, sauf, toutefois, la part proportionnelle à la durée du mariage revenant au mari sur lesdits fruits (1075);

2.º A l'égard des choses mobilières non fongibles qui n'ont pas été mises à prix, ou qui l'ont été avec déclaration que l'estimation ne valait pas vente. Que si ces choses ont dépéri par l'usage et sans la faute du mari, ce dernier ne rend que celles qui restent et dans l'état où elles se trouvent (1076);

3.º A l'égard des meubles incorporels, tels qu'obligations ou autres dettes actives dont le

---

(1072) V. *sup.*, n.º CXV, al. 2 et 3.

(1073) V. *sup.*, n.º CXII, let. C, al. dern., et let. D.

(1074) V. *si p.*, n.º CXII, let. A, al. dern.

(1075) V. *sup.*, n.º CXXVI, let. B, al. 2.

(1076) V. *sup.*, n.º CXV, al. 3.

277

remboursement n'a pas eu lieu pendant le mariage. Le mari, en justifiant de diligences inutilement par lui faites pour s'en procurer le paiement, n'est, en effet, tenu, en règle générale, qu'à la restitution des titres de créance par lui reçus en dot (1077).

CXXX. Il est diverses hypothèses au sujet desquelles des doutes peuvent s'élever sur ce qui doit être restitué. Parcourons ces hypothèses.

Lorsqu'un droit d'usufruit a été constitué en dot, ce droit, s'il est encore existant, doit seul être restitué, mais non les fruits perçus pendant le mariage (1078). Que si c'étaient des fruits qui eussent été eux-mêmes constitués en dot *principaliter*, ils ne seraient pas, non plus, restituables, à moins qu'ils ne se fussent trouvés assez considérables, lors du mariage, pour avoir pu devenir l'objet d'une stipulation qui les dotalisât, et qui

(1077) V. *sup.*, n.º CXV, al. 4.
(1078) V. L. 7, §. 2, ff. *de jur. dot.*, liv. 23, tit. 3; Julien, Élémens de Jurisprudence, p. 47; Menochius, *de Præsumpt.*, liv. 3, *præsumpt.* 9, n. 5, t. 1, p. 316; Gallus, *de fructibus*, disp. 20, n. 12, p. 405; Despeisses, tit. de la Dot, sect. 3, n. 10, t. 1, p. 498; Boniface, liv. 6, tit. 3, chap. 13, t. 1, p. 387 et suiv.; M. Merlin, Nouveau Répertoire, v.º *Usufruit*, §. 4, n. 7, t. 14, p. 380; C. civ., art. 1568.

obligeât ainsi le mari à les restituer un jour (1079). Remarquez : 1.º que, comme il n'est pas ordinaire que des fruits constituent la dot *principaliter*, une convention bien formelle aura été nécessaire pour que lesdits fruits composent le principal de la dot (1080); 2.º que, dans le cas

---

(1079) Pothier, de la Communauté, n. 292, après avoir dit que les père et mère d'un conjoint lui donnent quelquefois des fruits d'un certain héritage pendant un certain nombre d'années, et que ces fruits composent, en ce cas, le principal de la dot, dont la reprise est due à la femme à la dissolution du mariage, comme un arrêt confirmatif d'une sentence du baillage d'Orléans l'avait jugé (*), Pothier, après avoir dit cela, se demande quels peuvent être, en ce cas, les fruits de la dot qui peuvent supporter les charges du mariage, et il répond que la loi 4, ff. *de pact. dotal.*, résout la question; que, suivant cette loi, les fruits de cette dot sont les intérêts à retirer des revenus successifs de la chose. Même langage de la part de Gallus, *de fructibus*, disp. 20, n. 16 à 13, p. 406 et précéd. — Déjà, et au commencement de ce Traité (n.º XVIII, 2.ᵉ exception), nous avons eu l'occasion de rappeler, avec les interprètes du droit, que, pour former le principal de la dot, les fruits devaient être assez considérables pour former des capitaux dont les intérêts fussent capables de pourvoir aux charges du mariage.

(1080) V. Pothier, de la Communauté, n. 295.

(*) **V.** cet arrêt, ensemble les raisons qui le déterminèrent, dans Sérieux, Traité des Contrats de mariage, t. 1, p. 366 et suiv.

d'une constitution générale, les fruits, s'ils n'é-
taient considérables, ne pourraient, par le seul
effet de cette constitution, composer le principal
de la dot, et devenir sujets à être restitués à la
dissolution du mariage (1081).

Si la dot consiste en une rente ou pension
viagère, le mari ne sera tenu à aucune restitution
à l'égard des arrérages par lui perçus *durante
matrimonio*, sauf le même cas d'exception ci-
dessus prévu pour les fruits d'un fonds (1082).

(1081) Le cardinal Luca, cité par l'Annotateur de du Perier,
Nouvelles Quest. de Droit, quest. 7, t. 3, p. 36, et, d'après cet
Annotateur, par Roussilhe, de la Dot, t. 2, p. 91 et suiv., dit
que : « Lorsqu'il n'y a aucune énonciation expresse des fruits,
« mais seulement une constitution générale, il faut recourir aux
« conjectures dont la plus pressante est celle qui se tire de la
« qualité des parties, de celle des fruits viagers et de l'état de la
« fortune des mariés ; que, par exemple, si les revenus, joints
« à ceux des autres biens dotaux, répondent à peu près aux
« charges du mariage, *sive parùm excedant*, ils doivent être
« regardés comme acquis irrévocablement au mari ». Cette doctrine rentre dans celle que nous avons rappelée à la fin de la
note 1079. Il y a dans Faber, C., liv. 5, tit. 7, *def.* 20, p. 512,
une décision avec laquelle elle n'est pas aussi bien en harmonie.

(1082) Ainsi le décidaient les auteurs du Nouveau Denisart,
v.° *Dot*, §. 17, t. 7, p. 134, n. 5, contre l'opinion de du Perier, Nouvelles Quest. de Droit, quest. 7, t. 3, p. 34 et suiv. ;
et telle est aussi la décision qui résulte de l'article 588 C. civ. —

Lorsque des nourritures auront été promises par contrat de mariage, le mari ne sera nullement obligé d'en restituer la valeur à la dissolution du mariage, encore qu'elles eussent été estimées dans le traité nuptial. Ces nourritures ne peuvent, en effet, être considérées que comme tenant lieu de fruits, et non comme constituant un capital dotal (1083).

Si une charge de notaire, d'avoué, etc., avait été l'objet d'une constitution de dot, sans estimation portée au contrat de mariage, ou bien s'était trouvée dépendante d'une constitution générale de dot, la restitution due à là femme ou à ses héritiers consisterait dans la valeur de la charge, si le mari s'y était fait recevoir; et, en cas de vente de ladite charge, sans que le mari

---

V., dans le même sens, M. Merlin, Nouveau Répertoire, v.° *Usufruit*, §. 4, n. 7, t. 14, p. 379.

(1083) V., contre l'opinion de Fontanella, *de pact. nupt.*, clause 7, glose 3, part. 14, n. 33 à 40, p. 580, Despeisses, tit. de la Dot, sect. 3, n. 95 et 96, t. 1, p. 540; Cambolas, liv. 3, chap. 26, p. 199 et suiv.; Montvallon, des Successions, t. 1, p. 64 et 103; Roussilhe, de la Dot, t. 2, n. 524; Bonnemant, Max. du Palais, t. 1, p. 151, n. 3. Suivant ces auteurs pourtant, les nourritures, si elles avaient été appréciées, formeraient un capital pour la femme. Leur sentiment, sur ce point, ne nous paraît pas devoir être suivi.

en ait été pourvu, dans le prix de vente qu'en aurait touché ledit mari (1084).

Lorsque le mari, durant le mariage, a retiré du fonds dotal quelque profit qui n'était pas de la nature des fruits et revenus, ce profit forme un capital qui augmente la dot, et qui est sujet à restitution (1085). A l'égard des fruits et revenus eux-mêmes, tous ceux que le mari peut avoir reçus et recueillis avant la célébration du mariage sont restituables, à moins d'une convention contraire insérée au traité nuptial (1086).

CXXXI. Déjà, nous avons eu l'occasion de parler des déductions que le mari ou ses héritiers pouvaient faire lors de la restitution de la dot (1087). Il nous reste à faire observer que si le mari avait restitué à sa femme une somme

---

(1084) V. Nouveau Denisart, v.° *Dot*, §. 11, n. 4 et 5, t. 7, p. 118 et 119; *sup.*, n.° LXIII, let. D, al. 2.

(1085) V. L. 32, ff. *de jur. dot.*, liv. 23, tit. 3; Domat, Lois civiles, liv. 1, tit. 10, sect. 1, n. 24, p. 109; Roussilhe, de la Dot, t. 2, n. 525. — V. *sup.*, n.° CVIII, let. D, v.° Mais, au contraire, *des exemples de profits qui ne sont pas de la nature des fruits et revenus.*

(1086) V. *sup.*, n.° CVIII, let. E, al. 2.

(1087) V. *sup.*, n.° CXII, let. B, 3.°, let. C, al. 2 et 3, et let. D.

qu'il croyait par erreur avoir reçue d'elle en dot, il serait admis à répéter cette somme (1088).

SECTION SECONDE.

De l'Hypothèque de la Dot (*).

CXXXII. Ce n'était pas assez, pour la conservation de la dot, que d'en prohiber l'aliénation pendant la durée du mariage. Il fallait encore en assurer la restitution lors de la dissolution du mariage ou de la séparation de biens.

C'est à quoi la loi a pourvu au moyen de l'hypothèque qu'elle fait résulter du fait seul du mariage, et que, directement et de sa propre autorité, elle attribue aux femmes sur les biens de leurs maris (1089), et cela, dans le cas même où

(1088) V. L. 52, ff. *Solut. matrim.*, liv. 24, tit. 3; C. civ., art. 1235, al. 1.

(1089) V. C. civ., art. 2121, dont M. Tarrible, au Répertoire de M. Merlin, v.º *Hypothèque*, sect. 2, §. 3, art. 4,

(*) C'est pour ne rien omettre de ce qui se rattache à la matière sur laquelle nous écrivons, que nous disons ici quelques mots touchant l'hypothèque de la dot. Dans un ouvrage spécial sur les hypothèques, nous entrerons dans tous les développemens que l'hypothèque en question peut comporter.

toute autre personne que le mari lui-même,

---

n. 1, t. 5, p. 901, expose ainsi les motifs : « Le législateur a
« déclaré que les époux se doivent mutuellement fidélité, ser-
« vices, assistance, ajoutons même confiance sans bornes. D'un
« autre côté, il a mis la femme sous la protection du mari, et
« il l'a soumise à l'obéissance envers lui. Rien ne serait plus
« contraire à cette harmonie, à cette confiance, qui doit régner
« entre deux époux, que les précautions sévères qu'un créan-
« cier ordinaire prend contre son débiteur, et qui présentent,
« par leur nature, un caractère de défiance et même d'hostilité.
« Le législateur a donc voulu affranchir la femme timide et cir-
« conspecte de cette pénible nécessité : il a pris ses intérêts
« sous sa sauve-garde. Il lui a accordé une hypothèque qui lui
« donne des sûretés plus fortes encore que celles que pourrait
« prendre le créancier le plus âpre et le plus vigilant... Il n'est
« pas nécessaire qu'un contrat de mariage ait été passé entre
« les époux : le mariage établit entre les époux les mêmes rap-
« ports, soit qu'il ait été précédé, ou non, d'un contrat... Le
« titre d'épouse, en un mot, suffit à la femme pour exercer sur
« les biens de son mari tous les droits résultans de son hypo-
« thèque légale... ». Il convient d'observer, au sujet de quelques
parties du passage qui vient d'être transcrit, que la dot du régime dotal ne peut exister sans contrat (V. *sup.* , n.º VIII);
qu'ainsi, pour être attachée au fait du mariage, l'hypothèque de
cette dot ne saurait appartenir à la femme qui s'est mariée sans
contrat. — Par l'ancienne législation française, les actes passés
pardevant notaires emportaient une hypothèque sur tous les
biens présens et à venir des personnes qui s'obligeaient, encore
que nulle stipulation d'hypothèque ne fût intervenue, cette stipulation étant censée avoir eu lieu d'après la maxime, admise

et , par exemple , le père dudit mari , eût

dans le droit civil, que les clauses qui sont de convention ordinaire et qui font la sûreté de la convention, sont toujours présumées sous-entendues dans les contrats , et, par conséquent, sont dans la volonté et dans la convention des parties (V. Loyseau, du Déguerpissement, liv. 3 , chap. 1 , n. 15, p. 79; Valin , Coutume de la Rochelle , t. 3, p. 368 ; Lapeyrère, let. H, n. 50 ; M. Merlin, Quest. de Droit, v.º *Inscription hypothécaire ,* §. 2, t. 3, p. 79, et Nouveau Répertoire, v.º *Hypothèque ,* sect. 1 , §. 5, n.º 1 et n.º 8 *in fine ,* t. 5, p. 770 et 780). Ainsi, par cela seul qu'un contrat de mariage avait le sceau de l'autorité publique, il produisait une hypothèque tant sur les biens du mari qui avait reçu la dot, que sur les biens de ceux qui l'avaient promise (V. Nouveau Denisart, t. 7 , p. 137, n. 2; Roussilhe, de la Dot, t. 1 , n.ᵒˢ 277 et 283, p. 317 et 326; M. Merlin , Nouveau Répertoire, v.º *Dot* , §. 6, n. 9, t. 4, p. 199). Une telle hypothèque pouvait-elle résulter des contrats de mariage retenus en pays étranger? Il était passé en maxime, en conformité de l'article 121 de l'ordonnance de Louis XIII , du mois de Juin 1629, que les actes passés pardevant notaires en pays étranger n'emportaient pas hypothèque en France (V. Roussilhe, de la Dot, t. 1 , n. 284; Apostillateur de Lapeyrère, let. H, n. 73, v.º *Les contrats de mariage ,* p. 170, et let. N , n. 42, et *ibi* Conférences m. s.; M. Merlin, Nouveau Répertoire, v.º *Hypothèque ,* sect. 1 , §. 5 , n. 8, t. 5, p. 778). Quelques auteurs admettaient pourtant une exception à cette maxime à l'égard des contrats de mariage (V. Boullenois, de la Personnalité et de la Réalité des lois, t. 1 , p. 631 ; Apostillateur de Lapeyrère, *loc. sup. cit. ;* Lefèvre de la Planche, Traité du Domaine, t. 2, p. 202, n. 11). Au surplus, de ce que nulle hypo-

touché la dot apportée par la femme (1090).

CXXXIII. Cette hypothèque existe, sur les biens du mari situés en France, au profit des femmes, françaises ou étrangères d'origine, mariées avec un Français, non seulement en France, mais même en pays étranger (1091). Qu'importe,

---

thèque, d'après l'opinion la plus généralement reçue, et, selon nous, la mieux fondée, ne pouvait résulter *du contrat* de mariage passé en pays étranger, il ne s'ensuivait pas qu'aucune hypothèque ne se rattachât à *la célébration* d'un tel mariage (V., sur ce dernier point, *inf.*, n.^{te} 1091 *in fine*).

(1090) V. arrêt de rejet, du 30 Mars 1831, dans Sirey, 1831, 1, 343; arrêt de la Cour de Nîmes, du 12 Juillet 1831, dans Sirey, 1831, 2, 221.

· (1091) M. Grenier, des Hypothèques, t. 1, p. 532, dit, au sujet du mariage contracté par un Français en pays étranger, qu'il serait à propos que les époux, étant fixés en France, fissent déposer une expédition de leur contrat de mariage chez un notaire du lieu du domicile du mari, et cela, afin que des tiers pussent se procurer la connaissance des conventions matrimoniales. Le même auteur ajoute qu'il sera toujours prudent que la femme mariée, dans le cas en question, prenne une inscription sur les immeubles de son mari acquis en France. D'un autre côté, divers arrêts ont jugé que, lorsque le mariage a été contracté en pays étranger, l'hypothèque légale, à l'égard des tiers, était dépendante de l'accomplissement de la formalité prescrite par l'art. 171 C. civ., c'est-à-dire, de la transcription, sur le registre public des mariages du lieu du domicile du mari,

en effet, le lieu où il a été procédé au mariage,

---

de l'acte de célébration du mariage passé en pays étranger (V.
arrêts de la Cour de Montpellier, des 15 Janvier 1823 et 3 Juin
1830, dans Sirey, 1823, 2, 301, et 1831, 2, 151 ; arrêt de
rejet, du 6 Janvier 1824, dans Dalloz, Jurisprudence générale,
t. 9, p. 144 et suiv.), et telle est l'opinion exprimée par M. Duranton, Cours de Droit français, t. 2, p. 240. — Sur tout cela,
nous pensons d'abord que les conseils de M. Grénier ne peuvent
qu'être bons à suivre, mais que l'hypothèque ne laisserait pas
d'avoir lieu, s'ils avaient été négligés. Nous pensons aussi, avec
M. Dalloz, *sup.*, t. 9, p. 133, n. 3, et avec le docte et judicieux
auteur du Nouveau Traité sur les Hypothèques dont la science du
droit vient de s'enrichir (M. Troplong, des Hypothèques, t. 2,
p. 282 et suiv.), nous pensons, disons-nous, que la femme,
nonobstant le défaut de transcription en France du contrat de
mariage passé en pays étranger, serait fondée à se prévaloir de
son hypothèque à l'égard des tiers. On lit dans le procès-
verbal de la discussion au Conseil-d'État de l'art. 171 : « Le
« citoyen Defermon demande pourquoi l'exécution de cet ar-
« ticle n'est pas assurée par une disposition pénale. Le citoyen
« Réal répond que cette disposition pénale n'appartient pas
« au Code civil, et que sa place naturelle est dans les lois sur
« l'enregistrement, où déjà elle se trouve. Le citoyen Tronchet
« voudrait que la peine de la contravention fût une amende,
« indépendamment du double droit ». Ainsi qu'il est facile de
s'en apercevoir, la seule sanction pénale que la pensée du législateur attachait à l'inobservation de la transcription, consistait, non dans la nullité du mariage, mais dans une peine pécu-
niaire. Comment donc le mariage, s'il est valable, nonobstant
le défaut de transcription, ce qui ne peut être l'objet d'un

dès que l'hypothèque est attachée au seul fait du mariage ?

---

doute (**V. M.** Merlin, Questions de Droit, v.º *Mariage*, §. 13, t. 8, p. 445 et suiv.; arrêt de rejet, du 16 Juin 1829, dans Sirey, 1829, 1, 261), n'emporterait-il pas, en faveur de la femme, le bénéfice de l'hypothèque légale? Comment cette hypothèque, qui ne dépend que du fait du mariage, pourrait-elle, à l'égard des tiers qui auront traité avec le mari depuis son retour en France, être subordonnée à la formalité de la transcription? Le fait du mariage n'est-il pas un fait constant, indépendamment de toute transcription? Ce fait n'est-il pas, de plus, ordinairement public? N'est-ce pas, pour le dire en passant, à raison de la notoriété du fait du mariage, que, dans la discussion au Conseil-d'État des bases du régime hypothécaire, la formalité de l'inscription fut jugée inutile pour établir la publicité de l'hypothèque (**V. M.** Maleville, Analyse raisonnée, t. 4, p. 231)? Ferait-on remarquer qu'un mariage, passé en pays étranger, ne peut avoir la même notoriété que lorsqu'il est célébré en France? Voulût-on que le fait du mariage pût même être ignoré des tiers? Mais n'a-t-il pas été arrêté en principe, dans la discussion précitée, que la sûreté de la femme devait être préférée à celle des prêteurs (**V. M.** Maleville, *sup.*, p. 238)? Au surplus, dans le système que nous combattons, en négligeant ou en différant de faire faire une transcription, à laquelle on conçoit que la femme, à ne considérer que l'état de dépendance où elle se trouve, ne pourrait qu'être à peu près dans l'impossibilité de faire procéder elle-même, le mari resterait presque le maître de rendre illusoire pour la femme le bienfait de l'hypothèque légale, seul gage de la restitution de la dot. Pour écarter ce système, ne suffirait-il pas de cette considération?—Avant le Code, les auteurs

La même hypothèque appartient aux femmes, quoique étrangères d'origine, mariées avec un étranger, mais seulement en France, et non en pays étranger (1092).

---

rattachaient à la célébration du mariage en pays étranger une hypothèque qui, n'ayant pas lieu en vertu du contrat de mariage passé en pays étranger (V. *sup.*, n.^te 1089), prenait sa force dans la loi seule, en conséquence de la célébration du mariage, et était, dès-lors, purement légale (V. Bourjon, Droit commun, tit. 6 des Actions hypothécaires, sect. 4, n. 33, t. 2, p. 537 et suiv.; Julien, Statuts de Provence, t. 2, p. 437, et Élémens de Jurisprudence, p. 49, n. 9; Bonnemant, Max. du Palais, t. 1, p. 142, n. 6; Boucheul, Coutume de Poitou, art. 408, n. 62, t. 2, p. 703; Nouveau Denisart, v.° *Dot*, t. 9, p. 760 et suiv.; Roussilhe, de la Dot, t. 1, n. 285; M. Merlin, Nouveau Répertoire, v.° *Hypothèque*, sect. 1, §. 5, n. 12, t. 5, p. 785, et v.° *Dot*, §. 6, t. 4, p. 199). L'opinion de ces auteurs avait pour elle la jurisprudence des arrêts. Le Parlement de Bordeaux, par arrêt du 12 Août 1774, répartiteur M. de Montcheuil, décida, en effet, toutes les chambres consultées, dans l'affaire de la dame Alvarès Corcho, épouse Castro-Chacon, qu'une femme étrangère, mariée à un Français en pays étranger, avait droit, pour sa dot, à une hypothèque, du jour de son mariage, sur les biens de son mari situés en France. Il existe de semblables arrêts, notamment du Parlement d'Aix, des 25 Juin 1729 et 19 Juin 1730 (V. Julien, Statuts de Provence, *loc. sup. cit.*), et du Parlement de Paris, du 6 Septembre 1777 (V. Nouveau Denisart, t. 9, p. 762, n. 17).

(1092) Les étrangers sont capables en France de tout ce qui

CXXXIV. L'hypothèque légale dont jouit

est du droit des gens (V. Nouveau Denisart, v.º *Étrangers*, §. 6, n. 1, t. 8, p. 89, et v.º *Aubaine*, §. 2, n. 1, t. 2, p. 580; Bourjon, Droit commun, liv. 1, tit. 7, chap. 1, sect. 2, n. 17 et 18, t. 1, p. 88; Pothier, des Personnes et des Choses, tit. 2, sect. 2, t. 6, p. 578 et 579; Argou, Instit., t. 1, p. 84). Ils sont, dès-lors, habiles à faire toutes sortes de conventions (V. les autorités qui précèdent), et, par exemple, à se marier soit entre eux, soit avec des régnicoles, et à régler leurs conventions matrimoniales comme ils l'entendent (V. Argou, *sup.* ; Nouveau Denisart, v.º *Aubaine*, *sup.*, et v.º *Étrangers*, *sup.*, n. 2; M. Proudhon, Cours de Droit français, t. 1, p. 79). Les étrangers ont-ils la jouissance des droits civils ? Non, d'après le principe consigné dans l'art. 11 C. civ., principe qu'a laissé subsister la loi du 14 Juillet 1819 (V., dans Locré, Législ. civile, t. 10, p. 500 et suiv., et p. 562 et suiv., l'exposé des motifs et la discussion de cette loi), tout en détruisant la principale différence entre l'étranger et le Français quant à la jouissance des droits civils. Il résulte pourtant de la doctrine des auteurs que, par exception à ce principe, les étrangers doivent jouir en France des droits civils accessoires aux contrats dérivant du droit des gens qu'ils y ont passés, la capacité pour ces contrats renfermant nécessairement la capacité pour les accessoires et pour toutes les suites desdis contrats (V. M. Merlin, Quest. de Droit, v.º *Adoption*, §. 2, t. 7, p. 85, 2.º col., et v.º *Propriété littéraire*, §. 2, t. 9, p. 19, 2.º col.; M. Merlin, Nouveau Répertoire, v.º *Prescription*, sect. 1, §. 8, n. 1, t. 17, p. 432. *Junge* Annotateur de Lebrun, de la Communauté, liv. 1, chap. 2, n. 81, p. 26; Nouveau Denisart, v.º *Communauté de biens*, §. 2, n. 5, t. 4, p. 703; Ferrière, Com-

la femme sur les biens appartenans à son mari,

---

pilation sur la Coutume de Paris, art. 240, n. 7, t. 3, p. 525).
De là, ces décisions, qui avaient prévalu dans l'ancien droit,
que lorsqu'un homme et une femme, étrangers d'origine, se
mariaient sans contrat en France et dans un pays de coutume
où ils étaient venus s'habituer, la femme participait au droit
coutumier du pays où le mariage avait été célébré, et était,
dès-lors, capable soit du douaire coutumier, soit de la communauté légale qu'établissait le statut local (V., quant au
douaire, et contre l'opinion de Lapeyrère, let. E, n. 27, de
Renusson, du Douaire, chap. 2, n. 10, p. 6, et de Boullenois,
de la Personnalité et de la Réalité des lois, t. 1, p. 70, Ferrière,
Instit. cout., t. 2, p. 245; Basnage sur l'art. 367 de la Cout.e
de Normandie, t. 2, p. 3; Pothier, du Douaire, n. 8, p. 6 et
suiv., et des Personnes et des Choses, tit. 2, sect. 2, p. 580;
Nouveau Denisart, v.º *Douaire*, §. 10, n. 5, t. 7, p. 208; M.
Merlin, Nouveau Répertoire, v.º *Douaire*, sect. 1, §. 2, n. 2,
t. 4, p. 242. — V., quant à la communauté, et contre l'opinion
de Lapeyrère, *sup.*, des auteurs des Conférences m. s. sur Lapeyrère, let. E, n. 27, de Renusson, de la Communauté, 1.re
part., chap. 4, n. 41, p. 21, Ferrière, Instit. cout., *sup.*, et
Compil. sur la Coutume de Paris, *sup.*; Basnage, *sup.*; Annotateur de Lebrun, de la Communauté, liv. 1, chap. 2, n. 73 et
suiv., p. 24 et suiv.; Pothier, de la Communauté, n. 21 ; Nouveau Denisart, v.º *Étrangers*, §. 6, n. 3, t. 8, p. 89, et v.º
Communauté de biens, §. 2, n. 5, t. 4, p. 703 ; Annotateur
de Lefèvre de la Planche, du Domaine, t. 2, p. 143, n.te *a*). De
là, cette autre décision, que l'étranger est capable de prescrire
contre un Français (V., contre l'opinion de Pothier, de la Prescription, n. 20, à laquelle le même auteur, des Personnes et

ne remonte pas indistinctement au jour de la

des Choses, tit. 2, sect. 2, t. 6, p. 582, apporte une modification, Nouveau Denisart, v.º *Étrangers*, §. 9, n. 5, t. 8,
p. 98; Annotateur de Lebrun, de la Communauté, *sup.*, n. 81,
p. 26; Lefèvre de la Planche, *sup.*, t. 2, p. 146 et suiv.; M.
Merlin, Nouveau Rép.ʳᵉ, v.º *Prescription*, sect. 1, §. 8, n. 1,
t. 9, p. 550, et t. 17, p. 432). De là, quoique l'hypothèque soit
un droit purement civil (Nouveau Denisart, v.º *Hypothèque*,
§. 3, sect. 4, t. 9, p. 759, 2.ᵉ col. *in fine*, et p. 760; M. Merlin, Nouveau Rép.ʳᵉ, v.º *Étranger*, §. 1, n. 8, t. 16, p. 330,
2.ᵉ col., vers. *Quoiqu'il soit bien constant*, et v.º *Hypothèque*, sect. 1, §. 5, t. 5, p. 783, 2.ᵉ col., vers. *L'hypothèque
est un pur effet du droit civil;* M. Merlin, Quest. de Droit,
v.º *Inscription hypothécaire*, §. 2, t. 3, p. 79, 1.ʳᵉ col.;
Boullenois, *sup.*, t. 1, p. 631) nul doute qu'un étranger,
pour sûreté d'un engagement contracté en sa faveur, ne puisse
stipuler une hypothèque sur les biens d'autrui (V. M. Merlin,
Nouveau Rép.ʳᵉ, v.º *Étranger*, §. 1, n. 8, t. 16, p. 330, 2.ᵉ
col., vers. *Quoiqu'il soit bien constant*). De là, nul doute
encore que l'étranger, qui est capable de vendre, de succéder
et de recevoir par testament, ne soit habile à se prévaloir des
priviléges établis par les art. 2103, 1.º, 3.º, et 2111, en faveur
des vendeurs, des cohéritiers et des légataires, lesquels priviléges forment pourtant des droits civils (V. M. Merlin, Nouveau
Rép.ʳᵉ, v.º *Remploi*, §. 2, n. 9, t. 17, p. 502). De là, nul
doute enfin que l'hypothèque légale créée par les art. 2101 et
2135, 2.º, n'appartienne à la femme mariée *en France* avec
un étranger (V. M. Merlin, Nouveau Rép.ʳᵉ, v.º *Remploi*,
§. 2, n. 9, t. 17, p. 502 et 503; M. Troplong, des Hypothèques,
t. 2, n. 513 *ter*, p. 283 et suiv.). Comment cette femme, qui

célébration du mariage. Elle prend date, savoir :

---

a eu la faculté de contracter mariage en France, ne serait-elle pas capable des sûretés qui découlent du fait même du mariage, et qui ont pour objet d'assurer l'exécution de l'obligation que le mari, en recevant la dot, prend de la restituer? Nul doute surtout que cette décision ne dût être suivie, si le mari, à l'époque du mariage, résidait en France ou s'il avait l'intention de s'y établir, car alors l'hypothèque légale ne viendrait pas simplement comme une suite et un accessoire du mariage, mais d'après la maxime que tout ce qui est d'usage dans les pays où l'on contracte, entre tacitement dans les conventions des parties (V. L. 31, §. 20, ff. *de ædilit. edict.*, liv. 21, tit. 1 ; M. Merlin, Nouveau Rép.ʳᵉ, v.º *Loi*, §. 6, n. 2, t. 16, p. 690, 2.ᵉ col., et p. suiv.), elle aurait, de plus, pour fondement assuré la soumission tacite des époux à la loi constitutive de l'hypothèque en question, soumission qui aurait la même force que si, dans leur contrat de mariage, les époux avaient expressément déclaré qu'ils voulaient que les effets civils de leur union fussent entièrement régis par la loi française. On doit, à notre avis, faire d'autant moins faire difficulté de se déterminer comme nous venons de le faire, que, d'une part, la cause de la femme n'a rien que de favorable, puisque l'hypothèque n'a pas pour objet de l'enrichir, mais de lui conserver son bien, et que, d'autre part, en présence de la notoriété du fait du mariage passé en France, les tiers ne pourront prétexter de l'ignorance de l'hypothèque légale de la femme, et n'auront qu'à s'en prendre à eux-mêmes s'ils ne tiennent aucun compte de cette hypothèque en traitant avec le mari. Maintenant, l'hypothèque légale sur les biens de France appartient-elle à la femme mariée *en pays étranger* avec un étranger? Parmi les auteurs modernes, les

1.º Du jour de la célébration du mariage, pour

---

uns se prononcent contre l'hypothèque (V. M. Grenier, des Hypothèques, t. 1, p. 531 ; M. Dalloz, Jurisprudence générale, t. 9, p. 133, n.te 1), et les autres l'admettent (V. M. Merlin, Nouveau Rép.re, v.º *Remploi*, §. 2, n. 9, t. 17, p. 503, 1.re col., vers. *Mais de là quel doute* ; M. Troplong, des Hypothèques, *sup.*). Les premiers disent que l'hypothèque émane du droit civil, et que le droit civil d'une nation ne se communique pas aux citoyens d'une autre nation. Les seconds prétendent que l'hypothèque appartient au droit des gens, ou, du moins, n'est pas un droit civil dont les étrangers soient exclus, et que la loi qui frappe d'hypothèque légale les immeubles du mari forme un statut réel. Sur quoi, nous ferons les réflexions suivantes. Et d'abord, si nous vivions encore sous l'empire des diverses coutumes qui régissaient autrefois la France, et qu'à l'égard *de régnicoles*, on demandât si les immeubles possédés par le mari dans une desdites coutumes, autre que celle du domicile matrimonial, peuvent être frappés, au profit de la femme, de l'hypothèque dont la coutume de la situation des biens grèverait, de plein droit, lesdits biens pour la restitution de la dot, il suffirait d'avancer, en rappelant la définition du statut réel donnée par les auteurs (V. d'Aguesseau, 54.e plaid., t. 4, p. 660), que c'est par l'effet d'un statut réel que l'hypothèque légale existe (V. Boullenois, de la Personnalité et de la Réalité des lois, t. 2, p. 86, 683, 684, 689, 818, 832, 838 et suiv. ; Serres, Inst., p. 7 à 10), et l'on serait en position de conclure que cette hypothèque appartient à la femme, car il était passé en axiome que le statut réel, en même tems qu'il ne commandait que dans son territoire, y commandait à tous, domiciliés ou non (V. M. Merlin, Nouveau Rép.re, v.º *Autori-*

les sommes dotales autres que celles provenantes

---

sation maritale, sect. 10, n. 2, t. 1, p. 530). Mais aujour-
d'hui une législation uniforme régit la France, et nous recherchons si l'hypothèque légale établie par cette législation peut
frapper, au profit d'une femme *étrangère,* les biens que possède
en France son mari. Or, pour la solution de cette question, il
ne nous paraît pas qu'il soit bien concluant de dire que l'hypothèque légale forme un statut réel. Le douaire coutumier ne
constituait-il pas anciennement un statut réel (V. Boullenois,
sup., t. 2, p. 223; Valin, Cout.ᵉ de la Rochelle, t. 2, p. 525,
n. 2 et 3)? En jugeait-on moins pour cela que la femme *étrangère,* qui avait contracté mariage en pays étranger avec un
étranger, et qui venait ensuite s'établir en France, ne pouvait
prétendre à aucun douaire coutumier sur les biens que son
mari possédait en France (V. Renusson, du Douaire, chap. 2,
n. 10, p. 6; Boullenois, *sup.*, t. 1, p. 70; Ferrière, Instit.
cout., t. 2, p. 24; Basnage sur l'art. 367 de la Coutume de
Normandie, t. 2, p. 2 et 3)? Peu importe donc la réalité de la
disposition que constitue l'art. 3 du Code civil, car, à côté de
cet article, suivant lequel les immeubles, même possédés par des
étrangers, sont régis par la loi française, on rencontre l'art. 11
C. civ., qui dispose que l'étranger ne jouit pas en France des
droits civils qui sont attribués aux Français. Maintenant, l'hypothèque forme-t-elle un droit civil? Oui, ainsi que nous avons
déjà eu l'occasion de le dire. On est donc conduit à décider que
l'hypothèque légale ne peut appartenir à la femme mariée en
pays étranger avec un étranger. Nous avons pourtant émis plus
haut l'opinion que la femme mariée en France avec un étranger
devait jouir de l'hypothèque légale établie par le Code, et cela,
sans être arrêté ni par cette considération que l'hypothèque

ou de successions qui seraient échues à la femme

---

appartient au droit civil, ni par la disposition de l'art. 11 qui refuse aux étrangers la jouissance des droits civils. Quelle raison nous a déterminé? Celle-ci : que les étrangers ont la jouissance des droits civils accessoires aux contrats dérivant du droit des gens par eux passés en France, surtout, lorsqu'à l'époque de leur mariage, ils avaient leur résidence en France ou étaient dans l'intention de s'y établir. Mais faites attention que, pour la femme mariée en pays étranger avec un étranger, l'hypothèque légale de la loi française ne saurait être considérée comme un droit civil accessoire de son contrat de mariage ou dépendant de la soumission tacite des époux à cette loi, et qu'ainsi, le principe posé par l'art. 11 C. civ. reste dans toute sa force. Est-ce, en effet, que le contrat de mariage passé en pays étranger peut avoir pour accessoires d'autres prérogatives que celles accordées par le statut du lieu où il a été retenu? Est-ce qu'en se mariant dans leur pays, des étrangers peuvent avoir eu en vue la loi française? Nous pensons donc qu'on doit refuser à la femme mariée en pays étranger le bénéfice de l'hypothèque légale établie par les articles 2121 et 2135, 2.º C'est ce que vient de juger la Cour de Bordeaux, par un arrêt du 17 Mars 1834, 1.re ch., dans une espèce où il s'agissait d'une femme qui, mariée au Mexique avec un Mexicain qu'elle avait, dans la suite, suivi en France, réclamait sur les biens acquis en France par son mari l'hypothèque légale de la loi française. Voici cet arrêt, que nous transcrivons, parce qu'il ne se trouve dans aucun de nos Recueils d'Arrêts : « Attendu que, « si le mariage est régi par le droit des gens, il n'en est pas de « même des conventions, soit expresses, soit légales, qui « règlent les droits et les biens des époux; que ces conventions

pendant la durée de son mariage, ou de dona-

« dépendent du droit civil qui n'est pas le même dans les diffé-
« rens pays ; — qu'il est de principe que l'étranger ne jouit
« pas en France des droits civils qui sont attribués aux Français,
« sauf les exceptions accordées par les traités ; — que l'art.
« 2121 est une disposition spéciale du droit civil français qui
« ne peut pas s'étendre sur un mariage passé dans l'étranger
« entre deux étrangers ; — que l'art. 2128 dispose que *les*
« *contrats passés en pays étranger ne peuvent donner d'hy-*
« *pothèque sur les biens de France, s'il n'y a des dispo-*
« *sitions contraires à ce principe dans les lois politiques*
« *ou dans les traités*. Or, il y a même raison de décider pour
« les conventions civiles du mariage, soit qu'elles soient établies
« par la loi, soit qu'elles résultent d'un acte passé en pays
« étranger ; — que la femme étrangère, mariée en pays étranger,
« ne peut se prévaloir de l'hypothèque légale qu'en invoquant
« le droit civil français dont elle n'a pas la jouissance ». Quelques-uns des considérans qui précèdent ne nous semblent pas
exempts d'une juste critique. Le 4.ᵉ considérant tire, en effet,
argument de l'art. 2128 C. civ. ; mais est-ce que cet article ne
reçoit pas son application tout aussi bien à l'égard des contrats
passés en pays étranger *entre Français* qu'à l'égard de ceux
passés entre personnes étrangères ? Le même considérant a,
d'un autre côté, moins de rapport avec l'espèce du procès
qu'avec le cas où il eût été question d'une femme qui eût voulu
se prévaloir en France de l'hypothèque résultante pour elle des
dispositions *de la loi étrangère*. Enfin, le 1.ᵉʳ considérant
énonce, entr'autres choses, que les conventions expresses de
mariage appartiennent *au droit civil ;* mais ne résulte-t-il pas,
au contraire, des autorités citées en tête de la présente note,

tions dont elle aurait été l'objet *constante ma-*

---

que toutes les conventions sont *du droit des gens?* Terminons cette note par faire remarquer que le Parlement de Paris adopta, sur la question qui vient de nous occuper, une opinion contraire à celle par nous suivie. Ce Parlement jugea, en effet, dans l'affaire de la princesse Carignan, que cette princesse était en droit de se prévaloir, sur les biens que son mari possédait en France, de la faveur de l'hypothèque légale à raison de sa dot. M. Troplong, des Hypothèques, t. 2, p. 288, a pensé à tort que le Parlement de Paris s'était prononcé contre l'hypothèque. Cet auteur dit, en effet (et c'est ce qu'on trouve écrit dans Boullenois, de la Personnalité et de la Réalité des lois, t. 1, p. 634, et dans M. Merlin, Nouveau Répertoire, v.° *Hypothèque,* sect. 1, §. 5, t. 5, p. 787): « Un arrêt du Parlement de Paris, « du 4 Septembre 1744, prononça contre les créanciers en « faveur de la femme, mais ceux-ci se pourvurent au grand « conseil, et, après partage, l'arrêt fut cassé à la majorité d'une « seule voix. On voit (ajoute M. Troplong) qu'un tel arrêt ne « peut être d'un bien grand poids ». Or, maintenant, voici les renseignemens que donne, sur ce procès, l'Annotateur de Le-fèvre de la Planche, du Domaine, t. 2, p. 202, n.te *a* : « Il « s'agissait de savoir si M.me de Carignan, poursuivant, contre « la succession de son mari, le recouvrement de ses reprises et « conventions matrimoniales, pouvait réclamer un droit d'hypo- « thèque en vertu de son contrat de mariage, et se faire en consé- « quence préférer aux créanciers qui, postérieurement, avaient « acquis en France des titres d'obligation. Après la plus grande « discussion, la question fut jugée en la 3.e ch. des enquêtes, « en faveur de M.me de Carignan. Les créanciers se pourvurent « en cassation, et firent admettre leur requête. Un premier

trimonio (1093). Et faites attention que c'est

« arrêt distingua ce qui pouvait être l'effet de l'hypothèque
« légale résultante du mariage même, et, à ce titre, attribua à
« M.me de Carignan, par préférence aux créanciers postérieurs,
« *la reprise de sa dot*, ordonnant, pour le surplus, une plus
« ample instruction qui fut terminée par un accommodement ».
Ce qu'a jugé le Parlement de Paris à l'égard de l'hypothèque
légale de la dot de la femme, Houard, dans son Dictionnaire
de Droit normand, t. 2, p. 188, le décide pour l'hypothèque
qui, aux termes de l'art. 135 des Placités, avait lieu *du jour
du décès de l'obligé, pour toute obligation* : « Lorsqu'un
« étranger, dit, en effet, cet auteur, décède en Normandie et
« laisse une veuve, munie d'un contrat de mariage, quoique
« passé en pays étranger, soit sous seing privé ou devant no-
« taires, elle peut soutenir avec raison que, par l'autorité
« d'une loi approuvée par le Souverain, son contrat a hypothè-
« que sur les biens de son mari existans dans le lieu où il résidait
« et est décédé... Et si la femme de l'étranger n'a pas de contrat
« de mariage, la coutume de la demeure de son défunt époux
« lui en tient lieu.... ».

(1093) Dans la jurisprudence du Parlement de Bordeaux, les
femmes, à raison de leurs dots, venaient hypothécairement sur
les biens de leurs maris du jour *du contrat de mariage* (*)
(V. Automne, Conférence du Droit français, *ad L.* 1, ff. *de*

(*) Cette hypothèque, pour le supplément ou augmentation de dot,
n'avait lieu soit à Bordeaux, soit ailleurs, que du jour de la réception
par le mari des sommes données en augmentation de dot (V. Apostillateur de Lapeyrère, let. D, n.° 122, v.° *Les enfans ne sont colloqués, et Richon mariant sa fille*; arrêt du Parlement de Bordeaux,

toujours à partir de la célébration du mariage

---

pact. dotal., t. 1, p. 334; Conférences m. s. sur la Coutume de Bordeaux, à l'art. 53; Salviat, p. 215 et 33; Apostillateur de Lapeyrère, let. H, n. 40, v.º (*Il est d'usage et de jurisprudence*). A quoi revient le passage suivant de Domat, Lois civiles, liv. 1, tit. 10, à la préface dudit titre, p. 106 : « Il faut « remarquer, dit-il, cette différence entre les conventions des « contrats de mariage et celles des autres contrats, qu'au lieu « que toutes les autres conventions obligent irrévocablement « ceux qui s'y engagent, et dès le moment que la convention est « formée, celles du contrat de mariage sont en suspens jusqu'à « ce que le mariage soit célébré, et renferment cette condition « qu'elles n'auront lieu qu'au cas qu'il s'accomplisse, et qu'elles « demeureront nulles, s'il ne s'accomplit pas. Mais, lorsque la « célébration du mariage suit le contrat, elle y donne un effet « rétroactif, et il a cet effet du jour de sa date. Ainsi, l'hypo- « thèque pour la dot est acquise dès le contrat, et avant le tems

du mois de Septembre 1747, en grand'chambre, dans le procès de Roquette ; Julien, Élémens de Jurisprudence, p. 49, n.º 10 ; Faber, C., liv. 8, tit. 8, *def.* 15, p. 915 et suiv. ; Henrys, liv. 4, chap. 6, quest. 34, t. 2, p. 299 et suiv. ; Nouveau Denisart, t. 7, p. 139, n.º 3 ; Roussilhe, de la Dot, t. 1, p. 143 et 289). Il en était de même pour la dot constituée pendant le mariage. Au surplus, pour la dot constituée ou augmentée pendant le mariage, l'hypothèque n'avait lieu, même à l'égard des créanciers postérieurs du mari, qu'autant qu'il était prouvé que ce dernier avait reçu (*sic judicatum,* pour la dot constituée durant le mariage, par arrêt du Parlement de Bordeaux, du 30 Avril 1784, en 2.ᵉ, après partage vidé en 1.ʳᵉ). Cette preuve résultait-elle de la reconnaissance fournie par le mari? V. *sup.,* n.ˢ 1013, vers la fin.

que l'hypothèque légale a lieu, en faveur de la

« de la célébration du mariage ». Grivel, décision 133, p. 420
et suiv.; Fontanella, *de pact. nupt.*, clause 7, glose 2, part.
2, n. 33 et suiv., p. 407; Basnage, des Hypothèques, aux
OEuvres complètes, t. 2, p. 59, 2.ᵉ col.; Mornac, sur la L. 1,
ff. *Qui potiores in pign.*; Boullenois, de la Personnalité et de la
Réalité des lois, t. 1; p. 821, et Vigier, Cout.ᵉ d'Angoumois,
p. 413 (pour ne citer que ces auteurs), étaient également d'avis
que l'hypothèque pour la restitution de la dot devait être du
jour du contrat de mariage; mais une foule de docteurs résis-
taient à cette manière de voir : tels étaient notamment Baldus
Novellus, *de dote, pars decima, privilegium vigesimum,*
n. 39, p. 189; Neguzantius, *de pign.*, 4 memb., 2.ᵉ part.,
n. 79, et Merlinus, *de pign.*, liv. 3, tit. 2, quest. 74, n. 16
et n. précéd. et suiv., p. 320 et suiv. Enfin, d'autres auteurs,
qui avaient principalement en vue la dot des pays coutumiers,
enseignaient que l'hypothèque de la dot devait avoir lieu du
jour du contrat de mariage, à moins qu'aucun contrat n'eût été
passé, cas auquel l'hypothèque datait, selon les mêmes auteurs,
du jour de la célébration du mariage (*) (V. Pothier, des Hypothèques, chap. 1, art. 3, et chap. 2, sect. 3, t. 1, p. 424 et

---

(*) On décidait également, à l'égard du douaire coutumier, que l'hypothèque avait lieu du jour du contrat de mariage, s'il était fait mention
de ce douaire audit contrat, et du jour de la célébration, dans l'absence
de contrat de mariage (V. Boucheul, Cout.ᵉ de Poitou, art. 408, n. 46,
47 et 48, t. 2, p. 700 et suiv.; Basnage, des Hypothèques, t. 2, p. 40,
2.ᵉ col. *in fine;* Ferrière, Compil. sur la Cout.ᵉ de Paris, art. 248,
glose 2, n. 7 et suiv., t. 3, p. 725; Pothier, du Douaire, part. 2,
chap. 3, art. 3).

femme sur les biens du mari, à raison des som-

455, OEuv. posth.; Coquille, Cout.ᶜ de Nivernois, chap. 23,
art. 18, t. 2, p. 228, et Quest. et Répons. sur les articles des
Coutumes, quest. 124, t. 2, p. 206; Boucheul, Cout.ᵉ de
Poitou, art. 408, n. 49 et 52, t. 2, p. 701, et art. 230, n. 139,
t. 1, p. 787; Roussilhe, de la Dot, t. 1, n. 282 et 286), ce
qui, pour renouveler une remarque que nous avons déjà eu
l'occasion de faire (V. *sup.*, n.ᵗᵉ 1089), ne pouvait avoir rapport à la dot du régime dotal, puisque cette dot n'existe qu'au
moyen d'une constitution, et qu'ainsi, dans l'absence d'un contrat de mariage, il ne saurait être question d'hypothèque pour
cette même dot du régime dotal. Quelle solution donne-t-on,
sous le Code, à la question qui nous occupe? Une foule d'auteurs enseignent que l'hypothèque ne peut avoir lieu que du
jour de la célébration, et voici leurs raisons : « L'hypothèque
« légale est attachée au fait seul du mariage, et est entièrement
« indépendante du contrat qui règle les intérêts civils des époux.
« Il en résulte qu'elle appartient à la femme qui s'est mariée sans
« contrat, comme à celle qui a fait rédiger ses conventions ma-
« trimoniales. Il en résulte encore que c'est du jour de la célé-
« bration du mariage devant l'officier de l'état civil, et non du
« jour du contrat de mariage, que date l'hypothèque pour toutes
« les stipulations contenues dans ce contrat. Qu'arriverait-il si
« l'hypothèque pouvait remonter au contrat de mariage? Les
« droits des tiers ne seraient jamais en sûreté, parce qu'il leur
« serait impossible de savoir si celui avec qui ils contractent a
« passé un contrat de mariage. La mauvaise foi pourrait rendre
« illusoires les sages dispositions de la loi, et un débiteur sur-
« chargé de dettes, trouverait toujours le moyen de frustrer ses
« légitimes créanciers, en réalisant l'union pour laquelle il avait,

mes dotales ne provenant ni de successions ni

« il y a plusieurs années, passé d'avance un contrat de mariage »
(V. M. Grenier, des Hypothèques, t. 1, n. 243; M. Persil,
Régime hypothécaire, t. 1, p. 392; M. Dalloz, Jurisprudence
générale, t. 9, p. 133, n. 1 et 2). D'autres auteurs soutien-
nent, au contraire, que l'hypothèque doit avoir la date du contrat de mariage. Leurs motifs de décision sont ceux qu'on faisait
valoir anciennement. Quant à l'antinomie que présentent les articles 2135, 2.°, 2194 et 2195 C. civ., dont le premier donne
l'hypothèque du jour du mariage, et dont les deux autres la
font remonter à la date du contrat de mariage, ils s'emparent
de la distinction que nous avons rappelée plus haut, d'après
différens auteurs des pays coutumiers, et ils disent pour concilier les articles en question : Y a-t-il un contrat écrit? L'hypothèque doit dater de ce contrat, conformément aux articles 2194
et 2195. Nul contrat n'a-t-il été passé? L'article 2135, 2.°, doit
recevoir son application, et l'hypothèque a lieu du jour du mariage, attendu que c'est à ce jour même que les époux se sont
tacitement soumis au réglement de leurs droits respectifs, tel
qu'il est tracé par la loi (V. M. Tarrible, au Rép.re de M.
Merlin, v.° *Inscription hypothécaire*, §. 3, n. 8 et 10, t. 6,
p. 201, 202 et 204; M. Benoit, de la Dot, t. 2, p. 147; M.
Troplong, des Hypothèques, t. 2, p. 404 et suiv.). De ces deux
manières de voir, celle qui donne l'hypothèque du jour de la
célébration du mariage seulement, nous semble préférable, et
c'est celle qu'ont adoptée deux arrêts de la Cour de Nimes, des
19 Août 1824 (dans le Mémorial de jurisprudence, t. 9, p. 305
et suiv.), et 26 Mars 1833 (*) (dans Sirey, 1834, 2, 89).

(*) Cet arrêt est rapporté dans le Mémorial de jurisprudence, t. 28,
p. 231 et suiv., sous la date du 26 Février 1834.

de donations, quelle que soit l'époque à la-

Remarquez d'abord que, tout en affranchissant les droits des femmes de la nécessité d'une inscription pour l'existence de leur hypothèque, le législateur a pris des mesures pour que ces droits fussent rendus publics (V. *inf.*, n.º CXXXVIII, let. E). La loi a donc voulu que les tiers fussent mis sur leurs gardes pour n'être pas victimes d'une clandestinité aujourd'hui proscrite. Or, ce vœu ne pourrait être rempli à l'égard des personnes qui traiteraient dans l'intervalle du contrat à la célébration du mariage. Dirait-on que l'obligation de rendre les hypothèques publiques est prescrite dès l'instant que le contrat civil est passé? La réponse serait prompte, car l'hypothèque légale n'existe que par la célébration du mariage, en sorte, qu'avant cette célébration, il ne saurait être question de donner de la publicité à une hypothèque non encore née. Remarquez, d'un autre côté, qu'une fois le mariage célébré, l'hypothèque de la femme subsiste sans contredit, quoique non rendue publique par l'inscription, de telle sorte que l'acquéreur du mari ne peut en dégrever les biens par lui acquis, qu'en la purgeant suivant les formalités tracées par le Code (V. *inf.*, n.º CXL); mais est-ce que ces formalités peuvent regarder celui à qui le futur époux aurait transmis ses biens avant la célébration du mariage? Est-ce que, tant que la célébration n'a pas eu lieu, il peut exister, pour cet acquéreur, de mari, de femme et d'hypothèque? Il reste vrai pourtant, quant au chapitre des considérations, que les biens du futur époux pourront se couvrir d'hypothèques créées postérieurement au traité nuptial, ou être l'objet d'aliénations consenties avant la célébration du mariage; qu'il ne dépendra pas toujours des parens de la femme de hâter la conclusion d'un mariage à laquelle des retards pourront être apportés, de la

quelle, après le mariage célébré, lesdites som-

part du prétendu, pour avoir le tems de faire disparaître le gage qui devait assurer la restitution de la dot, dot que, déjà, il aura peut-être touchée; que ne donner hypothèque à la femme que du jour de la célébration, ce serait l'exposer souvent à perdre sa dot. A cela, voici la réponse, c'est que s'il se rencontre un futur époux, tel que celui dont il vient d'être parlé, le traité nuptial devra être déchiré : tout danger sera ainsi prévenu. Dans le cas où la dot aurait été comptée au mari, prématurément et avant les noces, le remède ne serait plus à côté du mal; mais est-ce à des tiers à souffrir de l'imprudence qui a fait ainsi livrer la dot? Comme on s'en aperçoit, ces raisons neutralisent les considérations alléguées dans l'intérêt de la femme, et la publicité de notre régime hypothécaire actuel prête toute sa force à l'opinion par nous adoptée sur la question que nous discutons. Que si, comme nous l'avons vu plus haut, d'anciens auteurs faisaient remonter l'hypothèque à la date du contrat de mariage, au préjudice des créanciers qui auraient traité avec le mari dans l'intervalle du contrat à la célébration du mariage, il convient de faire attention : 1.º que, parmi ces auteurs, les uns écrivaient sous l'empire de notre ancienne législation suivant laquelle une hypothèque, présomptivement conventionnelle, résultait des actes passés pardevant notaires (V. *sup.*, n.º 1089); 2.º que les autres avaient principalement en vue l'hypothèque expressément stipulée dans le contrat de mariage; 3.º qu'autrefois, le système de la publicité des hypothèques n'avait pas lieu comme aujourd'hui. Or, à présent, l'hypothèque de la dot doit être rendue publique, et elle ne dépend en rien de la convention expresse ou tacite des parties, car, ainsi que nous l'avons déjà dit (V. *sup.*, n.º CXXXII), elle

mes, payables, ou non, à terme, auront été
comptées au mari (1094);

2.º Du jour encore de la célébration du mariage, pour le prix des fonds dotaux aliénés par le
mari soit en vertu d'un mandat de vendre à lui
donné par contrat de mariage, sous une condition
d'emploi à laquelle il n'a pas satisfait (1095),

---

est attachée au seul fait du mariage. Comment donc, pour fixer
la date de cette hypothèque au traité nuptial, serait-il possible
de s'aider du sentiment des auteurs en question? Ce sentiment
ne pourrait être suivi que dans le cas où, pour sûreté de la
dot, une hypothèque aurait été stipulée, et, de plus, aurait été
inscrite. Mais ce ne serait plus là une hypothèque légale, et ce
n'est que de l'hypothèque légale que nous nous occupons.

(1094) C'est ce qu'on décidait autrefois, et c'est ce qu'on
décide aussi de nos jours (V. Mornac sur la L. 48, ff. *de jur.
dot.*; Merlinus, *de pign.*, liv. 3, tit. 2, quest. 74, n. 1 et
suiv., 23 et suiv., p. 319 et suiv., et p. 322; Catelan, liv. 5,
chap. 3, t.' 2, p. 386; Bonnemant, Max. du Palais, t. 1, p. 200;
M. Grenier, des Hypothèques, t. 1, n. 233; M. Persil, Régime
hypothécaire, t. 1, p. 394 et suiv., n. 4; M. Dalloz, Jurisp.ce
générale, t. 9, p. 134, n. 7 et 8).

(1095) V. C. civ., art. 2135, 2.º, d'après lequel l'hypothèque
existe, au profit des femmes mariées, et à compter du jour du
mariage, pour raison de leurs dots et conventions matrimoniales; arrêt de rejet, du 27 Juillet 1826, dans Sirey, 1827, 1,
246; arrêt de la Cour de Grenoble, du 6 Janvier 1831, dans
Sirey, 1832, 2, 199; M. Merlin, Quest. de Droit, v.º *Remploi*, §. 9, t. 9, p. 68 et suiv.—Avant le Code, et dans la juris-

soit même dans l'absence de tout mandat (1096);

3.º Du jour de l'ouverture des successions ou de celui que les donations ont eu leur effet, pour les sommes qui proviennent de successions échues à la femme ou de donations à elle faites pendant le mariage, et qui, à raison d'une constitution

---

prudence du Parlement de Bordeaux, la femme, dans le cas d'un mandat de vendre donné au mari, avait aussi une hypothèque, et cette hypothèque avait lieu non pas seulement du jour du mariage célébré, mais du jour du contrat de mariage (V. Dupin sur Ferron, let. F, n. 18, p. 128 et suiv.; Conférences m. s. sur Lapeyrère, let. H, n. 46). Par arrêt du même Parlement, du 11 Août 1732, rendu à la 2.º chambre des enquêtes, au rapport de M. de Richon, dans la cause du sieur Leriche et de la demoiselle Chaumeton (Salviat, p. 204, rappelle cet arrêt), il fut jugé que le mari ayant fait usage du pouvoir de vendre après la séparation de biens obtenue par la femme, et, par conséquent, après la révocation dudit pouvoir (V. sup., n.º LXVII, let. B), et la femme ayant ratifié la vente après sa viduité, l'hypothèque ne pouvait remonter à la date du contrat de mariage, mais devait seulement avoir lieu du jour de la vente. Dans l'espèce de cet arrêt, la femme n'avait pas été partie dans la vente, et il ne paraît pas que le mari eût des créanciers postérieurs à cette vente. Cette dernière circonstance expliquerait pourquoi il fut même permis à la femme d'exercer son hypothèque sur les biens du mari du jour de la vente (V. sup., n.º LXXXIV, let. E).

(1096) V. sup., n.te 750.

de biens à venir, se trouvent dotales (1097). De
ce jour seulement, il y a, de la part du mari,
une administration qui, seule, peut faire le fondement de l'hypothèque (1098). De quel jour
maintenant peut-on dire qu'une donation a eu
son effet? Si la donation est entre-vifs de biens
présens, elle produit son effet du jour qu'elle a
été acceptée (1099). Si la donation est de biens à
venir, dans les termes des articles 1082 et 1084,
elle n'acquiert son effet qu'au décès du donateur,
car, quoique irrévocable à cause de l'acte qui la

(1097) V. C. civ., art. 2135, 2.°, et, sur cet article, M.
Tarrible, au Rép.ʳᵉ de M. Merlin, v.° *Inscription hypothécaire*, §. 3, n.ᵉ 10, t. 6, p. 204. — Avant le Code, et au Parlement de Bordeaux, en particulier, la femme avait hypothèque,
du jour du contrat de mariage, pour ce qui lui venait pendant
le mariage par succession ou donation (V. Apostillateur de
Lapeyrère, let. H, n. 40, v.° *Lorsque la femme*, **in fine**;
Faber, C., liv. 8, tit. 8, *def.* 15, v.° *Nisi proponas*, p. 916).
Cette jurisprudence ne laissait pas d'être improuvée (V. Nouveau Denisart, v.° *Dot*, §. 20, n. 3, t. 7, p. 139; Béchet sur
l'Usance de Saintes, art. 61, p. 166).

(1098) V. les observations de la section de législation du
Tribunal sur l'art. 2135, dans Locré, Législ. civile, t. 16,
p. 317.

(1099) V. C. civ., art. 932 et 938; M. Tarrible, au Rép.ʳᵉ
de M. Merlin, v.° *Inscription hypothécaire*, §. 3, n. 10, 2.ᵉ
col., t. 6, p. 204.

renferme, elle reste avec tous les caractères d'une donation à cause de mort : le défaut de saisine du vivant du donateur, et la caducité en cas de prédécès de l'époux donataire et de ses enfans issus du mariage en faveur duquel la donation a été faite (1100).

Tout ce qui vient d'être dit sur la date à laquelle remonte l'hypothèque légale, ne s'applique qu'aux femmes mariées depuis la promulgation du titre du Code civil relatif aux hypothèques. Quant aux femmes mariées antérieurement, et sous l'empire d'une jurisprudence qui, comme celle du Parlement de Bordeaux, par exemple, leur assurait hypothèque, à la date de leur contrat de mariage, pour leur dot mobilière ou immobilière; ainsi que pour ce qui leur venait, pendant le mariage, par donation ou succession, c'est cette jurisprudence qui doit être prise pour unique règle, encore que les aliénations ou les acquisitions par succession ou donation n'aient eu lieu que depuis la promulgation du titre précité du Code civil (1101), sauf, toutefois, les droits que

---

(1100) V. C. civ., art. 1089; Nouveau Denisart, t. 7, p. 85 et suiv.; M. Duranton, Cours de Droit français, t. 14, n. 515.

(1101) C'est ce qu'enseignent M. Dalloz, Jurisp.^{ce} générale,

les tiers auraient pu acquérir à leur préjudice, en vertu de la loi du 11 Brumaire an 7, faute par elles d'avoir fait inscrire leurs hypothèques (1101 *bis*). Décider autrement, ce serait méconnaître cette règle générale et constante que les droits, même éventuels et expectatifs, résultans de conventions expresses ou tacites, constituent des droits acquis, et doivent rester

---

t. 9, p. 125, n. 6, et p. 130 et suiv., M. Favard, en son Rép.re, v.° *Hypothèque*, sect. 3, n. 8, t. 2, p. 748 et suiv., et M. Troplong, des Hypothèques, t. 2, n. 630, p. 492 et suiv., d'après divers arrêts, et notamment d'après deux arrêts de rejet, des 10 Février 1817 et 10 Janvier 1827, dans Sirey, 1817, 1, 185, et 1827, 1, 120, et un arrêt de la Cour de Lyon, du 11 Avril 1823, dans Sirey, 1824, 2, 121.—M. Grenier, des Hypothèques, reconnaît qu'il en doit être ainsi à l'égard de ce qui obvient à la femme, même sous le Code civil, par succession ou donation (V. t. 1, p. 517 et suiv.); mais il veut qu'on ne suive que les dispositions du Code civil pour la date de l'hypothèque, à raison des aliénations des biens de la femme faites postérieurement à la publication du Code civil (V. t. 1, p. 515 et suiv., et p. 577 et suiv.). Il y a, dans ce dernier sens, une dissertation dans Sirey, 1824, 2, 122 et suiv., et un arrêt de la Cour de Paris, du 13 Janvier 1834, dans Sirey, 1834, 2, 181, arrêt au soutien duquel M. Merlin avait délibéré une consultation; mais cet arrêt a été cassé le 12 Août 1834. V. Sirey, 1834, 1, 693.

(1101 *bis*) V. *inf.*, n.° CXXXVIII, let. B.

immuables, quelles que soient les dispositions législatives ultérieurement survenues (1102).

CXXXV. L'hypothèque légale de la femme affecte tous les biens du mari, tant ceux qui appartiennent à ce dernier lors de la célébration du mariage, que ceux qui lui adviennent après le mariage (1103), sauf le cas où cette hypothèque aurait été restreinte par convention insérée au traité nuptial ou par jugement rendu sur un avis préalable de parens et du consentement de la femme (1104), et sauf aussi les exceptions qui résultent des dispositions du Code de Commerce (1105). Cette hypothèque, lorsqu'elle n'a pas été purgée au moyen des formalités tracées par la loi (1106), continue d'affecter lesdits biens,

---

(1102) V. M. Chabot de l'Allier, Quest. transitoires, t. 1, p. 128 et suiv.; M. Proudhon, Cours de Droit civil, t. 1, p. 23, 24, 28 et 29; M. Merlin, Nouveau Rép.re, v.° *Effet rétroactif*, sect. 3, §. 1, n. 4, et sect. 3, §. 3, art. 3, n. 1 et suiv., t. 16, p. 221, 222, 253 et suiv.

(1103) V. C. civ., art. 2122.

(1104) V. C. civ., art. 2140, 2144 et 2145; M. Grenier, des Hypothèques, t. 2, n. 524 *in fine;* arrêt de rejet, du 20 Avril 1826, dans Sirey, 1826, 1, 439.

(1105) V. C. Com., art. 544, 551 à 553, et art. 557.

(1106) V. *inf.*, n." CXL.

même après les aliénations faites par le mari, sauf, audit cas, l'exception de discussion opposable par le tiers-détenteur (1107).

Il résulte de ce qui vient d'être dit que l'hypothèque légale doit frapper les acquêts faits pendant la société conjugale que le mari et la femme auraient stipulée en se mariant, et non seulement ceux existans entre les mains du mari à l'époque de la dissolution de cette société à laquelle la femme aurait renoncé, mais encore ceux que le mari aurait aliénés pendant la durée de ladite société, objet de la renonciation postérieure de la part de la femme (1108) (et cela, quand bien

---

(1107) V. C. civ., art. 2170.

(1108) Il est aujourd'hui d'une jurisprudence certaine que l'hypothèque légale, en cas de renonciation de la femme à la communauté, frappe les acquêts aliénés par le mari durant le mariage (V., indépendamment des divers arrêts cités par M. Dalloz, Jurisprudence générale, t. 9, p. 142, n.te 1, arrêt de la Cour d'Angers, du 26 Août 1812, dans Sirey, 1813, 2, 38; arrêt de la Cour de Lyon, du 14 Novembre 1817, dans Sirey, 1819, 2, 216; arrêt de la Cour d'Agen, du 31 Janvier 1824, dans le Mémorial de jurisprudence, t. 10, p. 196; arrêts de cassation, des 8 Novembre 1813 et 9 Novembre 1819, dans Sirey, 1820, 1, 118 et 120). C'est aussi l'opinion professée par les auteurs modernes (V. M. Grenier, des Hypothèques, t. 1, n. 248; M. Toullier, Droit français, t. 12, n. 305, et t. 13, p. 339; M. Duranton, Cours de Droit français, t. 14,

même cette dernière eût été en nom dans le contrat d'aliénation, toute renonciation, directe ou
indirecte, à l'hypothèque légale, ne pouvant sortir à effet sous le régime dotal) (1109). Au moyen
de la renonciation à la société d'acquêts, les
acquêts sont, en effet, par un effet rétroactif,

---

n. 516), dont quelques-uns avaient pourtant émis un avis contraire (V. M. Persil, Régime hypothécaire, t. 1, p. 267 et suiv.;
M. Delvincourt, Cours de Code civil, t. 3, p. 551 et suiv., aux
notes, que cite M. Dalloz, *sup.*, p. 135 et suiv., n. 15). Quant
aux auteurs qui ont écrit avant le Code, ils adoptaient unanimement l'affirmative sur la question dont il s'agit (V. Renusson, de la Communauté, 2.e part., chap. 3, n. 42 à 44, p.
135; Duplessis, de la Communauté, p. 460; Lebrun, de la
Communauté, liv. 3, chap. 2, sect. 2, dist. 5, n. 85 et suiv.,
p. 501 et suiv.; Le Camus, dans la Compilation de Ferrière
sur la Coutume de Paris, art. 225, t. 3, p. 227 et suiv.;
Bourjon, Droit commun, 7.e part. de la Communauté, chap. 2,
sect. 10, n. 136, t. 1, p. 671).

(1109) V. *sup.*, n.º LXIII, let. B, al. 1. — Nous lisons
quelque part (V. M. Duranton, Cours de Droit français,
t. 14, p. 660 *in princip.*; M. Troplong, des Hypothèques,
t. 2, p. 88, etc.), que les tiers qui redoutent la renonciation
de la femme et l'effet de son hypothèque, doivent avoir soin
de faire assister la femme du vendeur au contrat, s'ils veulent
se mettre à l'abri du recours hypothécaire de la femme. Cette
précaution, ainsi que nous en avons fait la remarque, serait
tout à fait illusoire à l'égard de la femme mariée sous le régime
dotal.

censés avoir toujours appartenu au mari *jure non decrescendi,* et la femme est réputée n'y avoir jamais eu aucune part (1110). Faites attention, pour le cas où la dot de la femme ne consisterait que dans ce qui lui serait obvenu pendant le mariage par succession ou donation, que si l'aliénation faite par le mari d'un acquêt était antérieure à l'ouverture des successions et au jour que les donations ont eu leur effet, la femme, dont l'hypothèque n'aurait pris naissance qu'à une époque où le mari avait transmis la propriété de l'acquêt, serait non recevable à inquiéter l'acquéreur (1111).

CXXXVI. Sont encore affectés de l'hypothèque légale de la dot de la femme, mais subsidiairement et en cas d'insuffisance des biens du mari :

1.º Les biens donnés au mari dans le contrat de mariage des époux, lorsque ces biens, par

---

(1110) V. Louet sur Brodeau, let. D, som. 13, n. 1 à 3, t. 1, p. 406 et 407; Lebrun, de la Communauté, liv. 3, chap. 2, sect. 2, dist. 2, n. 46, p. 471; Pothier, de la Communauté, n. 568; Lapeyrère, let. C, n. 20.

(1111) V. M. Duranton, Cours de Droit français, t. 14, p. 660.

suite du retour stipulé, reviennent au donateur (1112);

2.º Les biens qu'est obligé de rendre le mari,
grevé de substitution dans les cas autorisés par la
loi, pourvu, toutefois, que celui qui a donné
lesdits biens ait ordonné ce recours subsidiaire
qui, au surplus, ne peut avoir lieu que pour le
capital des deniers dotaux et non pour les intérêts (1113), ni pour le prix des fonds qu'aurait
aliénés le mari (1114).

CXXXVII. Mais l'hypothèque légale n'affecte nullement les biens qui appartiennent à
une société, dont le mari est membre, pour

(1112) V. C. civ., art. 952. — *Quid*, avant le Code? V.
sup., n.º XVI, let. B.

(1113) V. C. civ., art. 1054, et, sur cet article, M. Maleville en son Analyse. — Avant le Code, la femme avait également
une hypothèque subsidiaire sur les biens substitués (V. Nouveau
Denisart, t. 7, p. 140 et suiv.; Roussilhe, de la Dot, t. 1,
p. 355 et suiv.; Salviat, p. 216). Mais cette hypothèque existait
de plein droit; et, aux termes de l'art. 44 du tit. 1.er de l'ordonnance des Substitutions de 1747, elle avait lieu tant pour le
fonds ou capital de la dot, que pour les fruits ou intérêts qui
en étaient dus.

(1114) V. M. Grenier, des Hypothèques, t. 1, p. 587; art.
49 du tit. 1.er de l'ordonnance des Substitutions, et Furgole sur
cet article de l'ordonnance.

avoir été acquis au nom et des deniers de ladite
société (1115).

(1115) Cette décision est certaine. La femme, à raison de sa
dot, n'est que créancière de son mari. Or, quels sont les droits
que peuvent exercer sur l'actif social, dans les sociétés ordinaires, les créanciers particuliers d'un associé? « Les créanciers
« d'un associé, dit Fontanella, *de pact. nupt.*, clause 4, glose
« 9, part. 11, n. 53 et suiv., p. 130, ne peuvent prétendre
« davantage que cet associé. Ce dernier ne peut prétendre autre
« chose que sa part et portion dans les effets de la société ou
« dans leur prix. Donc, ses créanciers ne peuvent prétendre
« que la part et portion qui lui appartiendra par le partage des
« biens communs, pour être payés et satisfaits sur ladite por-
« tion. Mais, avant que de pouvoir procéder à ce partage, il
« faut premièrement payer et acquitter toutes les dettes de la
« société, suivant les lois 27 et 82, ff. *Pro socio;* et la raison
« en est claire, parce qu'on ne peut pas dire qu'il y ait des
« biens dans la société que l'on n'en est déduit ce qui est dû
« par la société, suivant la loi 39, §. 1, ff. *de verb. signif.*
« D'où il s'ensuit que les biens de la société ne peuvent être
« réputés appartenir à l'associé, qu'au préalable on n'ait payé
« les dettes de la société ». Même langage de la part de Merlinus,
de pign., liv. 4, tit. 1, quest. 41, n. 20 et suiv., p. 404; de
Julien, Élémens de Jurisprudence, p. 329 *in fine*, et 330, et
de M. Pardessus, Droit commercial, t. 4, n. 1089 et 1207.
Cette doctrine a été consacrée par une foule d'arrêts tant anciens
que modernes (V. arrêt du Parlement de Grenoble, du 22 Août
1637, dans Basset, t. 2, p. 306 à 308; arrêt du Parlement de
Paris, du 11 Janvier 1692, mentionné au Dictionnaire des
Arrêts de Brillon, v.° *Société*, n. 7; arrêt de la Cour de Paris,

CXXXVIII. *A*. L'hypothèque légale de la femme existe indépendamment de toute inscription (1116).

du 10 Décembre 1814, dans Sirey, 1815, 2, 79) (*). On voit par là que la femme ne saurait exercer, sur les immeubles sociaux, une hypothèque légale au préjudice soit des créanciers quelconques de la société, soit des associés de son mari. C'est ce que décident les arrêts rendus de nos jours (V., entr'autres arrêts, arrêt de la Cour de Paris, du 25 Mars 1811, dans Sirey, 1811, 2, 428; arrêt de la Cour de Toulouse, du 31 Juillet 1820, dans le Mémorial de jurisprudence, t. 1, p. 250, et dans Dalloz, Jurisp.ce générale, t. 9, p. 143 et suiv.; arrêt de rejet, du 10 Mai 1831, dans Sirey, 1832, 1, 202). Telle était aussi l'ancienne jurisprudence (V. arrêt du Parlement de Paris, du 25 Janvier 1677, à l'ancien Journal du Palais, de Guéret et Blondeau, t. 1, p. 778 et suiv., et à l'ancien Journal des Audiences de Dufresne, t. 3, p. 178 et suiv. ; autre arrêt du Parlement de Paris, du 4 Juillet 1762; arrêt du Parlement de Provence, du 17 Juin 1767; arrêt du Parlement de Rouen, du 16 Mai 1771).

(1116) V. C. civ., art. 2136, dont voici les motifs : « La « femme, disait M. Treilhard, en exposant les motifs de la loi « relative aux priviléges et hypothèques (V. M. Locré, Législ. « civile, t. 16, p. 340 et suiv.), est dans une impuissance d'agir

(*) Plusieurs arrêts conformes ont été rendus à l'égard de nos anciennes sociétés d'acquêts, lesquelles, à quelques exceptions près dérivant de leur nature, se régissaient par les mêmes principes que les sociétés ordinaires. V. notamment un arrêt du 23 Janvier 1826, 1.re ch., rendu par la Cour de Bordeaux.

Elle continue de subsister sans inscription,

« qui souvent ne lui permettrait pas de remplir les formes aux-
« quelles la loi attache le caractère de la publicité. Perdra-t-
« elle son hypothèque parce que ces formes n'auront pas été
« remplies ? Serait-il juste de la punir d'une faute qui ne se-
« rait pas la sienne ? Les maris, chargés de prendre des inscrip-
« tions sur leurs propres biens, ne peuvent-ils pas avoir un in-
« térêt à s'abstenir de cette obligation en ne leur supposant pas
« d'intérêt contraire à celui de la femme ? Sur qui retombera le
« poids de la faute ? Sur le mari, dira-t-on, qui, sans diffi-
« culté, est responsable des suites de sa prévarication ou de son
« insouciance. Mais le mari peut être insolvable, et le recours
« contre lui fort inutile. Quel est celui qui se trouvera réduit
« à ce triste recours ou de la femme ou des tiers qui, ne voyant
« pas d'inscriptions prises sur les biens du mari, auraient con-
« tracté avec lui ? Nous avons pensé que l'hypothèque de la
« femme ne pouvait pas être perdue parce que ceux qui devaient
« prendre des inscriptions, ne les auraient pas prises, et nous
« avons été conduit à ce résultat par une considération qui
« nous a paru sans réplique. Les femmes sont dans l'impuis-
« sance d'agir, souvent même dans une impuissance totale et
« absolue ; le défaut d'inscription ne peut donc leur attirer au-
« cune espèce de reproche. Celui qui a traité avec le mari en
« est-il aussi parfaitement exempt ? Il a dû s'instruire de l'état
« de celui avec qui il traitait ; il a pu savoir qu'il était marié ; il
« est donc coupable d'un peu de négligence ; c'est donc à lui qu'il
« faut réserver le recours contre le mari, et l'hypothèque de la
« femme ne doit pas être perdue pour elle, puisque, enfin,
« seule, elle est ici sans reproche : le défaut d'inscription ne
« lui sera donc pas opposé... Au reste, à côté de cette dispo-

après la dissolution du mariage, au profit soit

« sition qui ne permet pas d'opposer aux femmes le défaut d'ins-
« cription, nous avons placé toutes les mesures coercitives con-
« tre les maris pour les forcer à prendre les inscriptions que
« la loi ordonne. S'il a été juste de protéger la faiblesse des
« femmes, il n'a pas été moins convenable, moins nécessaire
« de pourvoir à ce que des tiers ne fussent pas trompés ». —
« L'hypothèque légale des femmes, lit-on dans un avis du Con-
« seil-d'État, du 15 Décembre 1807, approuvé le 22 Janvier
« 1808 (V. M. Locré, Législ. civile, t. 16, p. 467 et suiv.);
« existant indépendamment de l'inscription, il n'y a pas lieu,
« de leur part, à renouveler une mesure dont ils sont dispen-
« sés; mais en affranchissant les droits des femmes de la néces-
« sité d'une inscription pour l'existence de leur hypothèque, on
« a cependant pris des mesures sévères pour que ces droits fus-
« sent rendus publics, et pour que ceux qui traiteraient avec
« les maris né fussent pas victimes d'une clandestinité que le
« régime actuel a voulu proscrire... L'hypothèque n'existe pas
« moins, à défaut de cette inscription de la part des maris;
« mais ceux-ci sont punis personnellement, s'ils ont négligé de
« faire inscrire l'hypothèque. C'est ainsi qu'on a cherché à con-
« cilier, dans cette occasion, l'intérêt général qui veut la pu-
« blicité des hypothèques, et l'intérêt particulier des femmes qui
« ne doivent pas être victimes du défaut d'une inscription qu'el-
« les seraient souvent dans l'impossibilité de former ». — Sous la
loi du 11 Brumaire an 7, l'hypothèque légale de la femme n'existait qu'à la charge d'une inscription (V. art. 3, 4 et 21 de cette
loi), et l'inscription, une fois prise, n'avait pas besoin d'être
renouvelée, et durait une année après la dissolution du mariage
(V. art. 23). Cette même loi, à l'égard des hypothèques an-

de la femme devenue veuve, soit des héritiers
ou ayant cause de la femme (1117).

---

ciennes, ne leur conservait la date et le rang que leur assignait
la législation antérieure, qu'à la charge également d'une inscription dans un délai déterminé (V. art. 37 à 39), lequel délai
fut prorogé par des lois postérieures (V. M. Grenier, des Hypothèques, t. 1, p. 169).

(1117) V. M. Tarrible, au Rép.ᵣᵉ de M. Merlin, v.º *Inscription hypothécaire*, §. 3, n. 2, t. 5, p. 194, v.º *C'est
ainsi que les sectateurs de la première opinion*, et p. suiv.,
et n. 4, p. 199; arrêt de la Cour de Turin, du 10 Janvier
1812, et arrêt de la Cour de Nimes, du 5 Mai 1812, dans
Sirey, 1812, 2, 448 et 449; arrêts de la Cour de Montpellier,
des 1.ᵉʳ Février 1828 et 24 Février 1829, dans Sirey, 1828, 2,
194, et 1831, 2, 46; arrêt de la Cour de Pau, du 30 Juin
1830, dans le Mémorial de jurisprudence, t. 21, p. 425;
M. Dalloz, Jurisprudence générale, t. 9, p. 135, n. 14. — Plusieurs avis du Conseil-d'État viennent à l'appui de la décision
déjà consacrée par les autorités qui précèdent. Un de ces avis,
du 9 Mai 1807, approuvé le 1.ᵉʳ Juin suivant, ayant pour
objet de prévenir les difficultés en matière d'hypothèque légale indépendante d'inscription, met, en effet, sur la même
ligne que la femme *ceux qui la représentent*, pour ce qui
est des formalités à remplir à leur égard, en vertu de l'art.
2194 C. civ. pour la purge des hypothèques légales. Un autre
avis du Conseil-d'État, du 5 Mai 1812, approuvé le 8 du
même mois, et relatif au mode de purger les hypothèques
légales des femmes veuves, prescrit l'accomplissement de ces
formalités à l'égard de la femme devenue *veuve*, ainsi qu'à l'é-
gard *de ses héritiers* ou *autres représentans*, et décide, de

B. Cette hypothèque, affranchie d'inscription, existe même en faveur des femmes déjà mariées lors de la publication du titre du Code civil relatif aux priviléges et hypothèques (1118), sauf, en ce qui concerne les femmes mariées à cette époque, les droits acquis aux tiers par des inscriptions prises avant la publication du titre

---

plus, qu'il n'y a pas lieu de fixer un délai particulier aux femmes, après la mort de leurs maris, ou à leurs représentans, pour prendre inscription. V. les réflexions que fait, sur ce dernier avis du Conseil-d'État, M. Grenier, des Hypothèques, t. 1, n. 245, qui, pour le dire en passant, ne voudrait pas que la faveur de l'hypothèque affranchie d'inscription appartînt à la femme devenue veuve, ni aux héritiers de cette femme.

(1118) V. M. Tarrible, au Rép.ʳᵉ de M. Merlin, v.º *Inscription hypothécaire*, §. 3, n. 12, t. 6, p. 205; M. Chabot de l'Allier, Quest. transitoires, v.º *Hypothèque*, §. 3, t. 2, p. 61 et suiv.; M. Grenier, des Hypothèques, t. 1, n. 238; arrêts de rejet, des 8 Novembre 1809, 1.ᵉʳ Février 1816 et 14 Janvier 1831, dans Sirey, 1810, 1, 75; 1816, 1, 393; 1831, 1, 357; arrêt de la Cour de Pau, du 7 Avril 1830, dans Sirey, 1831, 2, 142. — *Quid,* si la femme ne représentait que des articles de mariage sous seing privé? (V. *sup.*, n.ᵗᵒ 53). Il n'en serait pas différemment; mais ces articles, à l'égard des tiers, devront avoir acquis une date certaine avant la publication du titre en question (V. arrêt de rejet, du 1.ᵉʳ Février 1816, dans Sirey, 1816, 1, 393; arrêt de cassation, du 13 Novembre 1820, dans Sirey, 1821, 1, 116; arrêt de la Cour de Caen, du 25 Novembre 1824, dans Sirey, 1826, 2, 70).

en question (1119). Mais elle n'appartient pas soit aux femmes qui se trouvaient veuves à la même époque, soit aux héritiers ou ayant cause de la femme qui était morte à cette époque (1120).

C. Ce n'est pas seulement pour le capital de la dot qu'a lieu, en faveur de la femme, cette hypothèque légale affranchie d'inscription. Il en est de même pour tous les accessoires de ce capital, tels, par exemple, que les intérêts dus par le mari à sa femme, lesquels accessoires se colloquent au même rang du capital. Ici ne reçoit pas d'application l'article 2151 C. civ. (1121).

D. Encore que l'hypothèque légale de la femme soit indépendante d'inscription, il est

---

(1119) V. C. civ., art. 2135 *in fine;* M. Tarrible, au Répertoire de M. Merlin, v.º *Inscription hypothécaire,* §. 3, n. 12, t. 6, p. 205; M. Grenier, des Hypothèques, t. 1, n. 237 et 238.

(1120) V. M. Grenier, des Hypothèques, t. 1, p. 523 et 524; M. Dalloz, Jurisprudence générale, t. 9, p. 124, n. 4; arrêts de la Cour de cassation, des 7 Avril et 9 Novembre 1813, 5 Décembre 1814 et 20 Mai 1817, dans Sirey, 1813, 1, 305; 1814, 1, 7; 1815, 1, 223; 1817, 1, 250.

(1121) V. M. Tarrible, au Répertoire de M. Merlin, v.º *Inscription hypothécaire,* §. 5, n. 14, t. 6, p. 243 et suiv.; M.

pourtant un cas où, faute d'inscription, l'immeuble que frappait cette hypothèque s'en trouve
affranchi. Ce cas est celui où l'acquéreur dudit
immeuble ayant satisfait à toutes les prescriptions
de la loi pour la purge de l'hypothèque légale
non inscrite, la femme, entr'autres personnes,
a négligé de faire inscrire son hypothèque (1122).

E. Au surplus, il convient de faire attention
que, pour être régulièrement indépendante d'inscription, l'hypothèque de la femme n'en doit pas
moins être rendue publique à la diligence des
maris principalement (1123). De là, l'obligation
imposée, entr'autres personnes, aux maris soit
de faire inscrire l'hypothèque sur les immeubles
à eux appartenans et sur ceux qui pourraient
leur appartenir dans la suite (1124), soit d'opérer
le renouvellement des inscriptions par eux requises (1125). De là, la peine du stellionat en-

---

Merlin, Quest. de Droit, v.º *Intéréts*, §. 6, t. 6, p. 458 et
suiv.; M. Grenier, des Hypothèques, t. 1, n. 104, p. 206.

(1122) V. *inf.*, n.º CXL.

(1123) V. *sup.*, n.ᵗᵉ 1116.

(1124) V. C. civ., art. 2136 à 2139, et art. 2194.

(1125) V. M. Tarrible, au Répertoire de M. Merlin, v.º *Inscription hypothécaire*, §. 3, n. 2, t. 6, p. 196; *sup.*, n.ᵗᵉ
1116.

courue par les maris qui, ayant négligé l'accomplissement de l'obligation ci-dessus rappelée,
auraient consenti ou laissé prendre des priviléges
ou des hypothèques sur leurs immeubles, sans
déclarer expressément que lesdits immeubles
étaient affectés de l'hypothèque légale de leurs
femmes (1126).

CXXXIX. L'hypothèque légale s'éteint par
les mêmes causes que toute autre hypothèque (1127), et, par exemple :

1.º Par le paiement fait à la femme de sa dot,
pourvu que ce paiement n'ait lieu qu'à une époque où la femme se trouve habile à recevoir (1128) ;

2.º Par la renonciation de la femme à son
hypothèque, mais seulement lorsque cette renonciation est faite après la dissolution du
mariage (1129). La renonciation ne laisserait

(1126) V. C. civ., art. 2136 et 2194, et M. Tarrible, au
Répertoire de M. Merlin, v.º *Inscription hypothécaire*, §. 3,
n. 14, t. 6, p. 208 et suiv.

(1127) V. C. civ., art. 2180.

(1128) V. C. civ., art. 2180, 1.º ; *sup.*, n.º CXX ; *inf.*, n.º
CXLI.

(1129) V. C. civ., art. 2180, 2.º, et *sup.*, n.º LXIII,
let. B et C.

pourtant pas d'être valable, quoique faite durant le mariage, si elle avait eu lieu pour une des causes où l'aliénation de la dot se trouve autorisée (1130);

3.° Par la prescription (1131), laquelle ne commence pourtant à courir, au profit du tiers-détenteur, qu'après la dissolution du mariage (1132), sans être, au surplus, suspendue, une fois le mariage dissous, pendant l'année accordée au mari ou à ses héritiers pour la restitution de la dot (1133);

4.° Par l'accomplissement des formalités et conditions prescrites aux tiers-détenteurs pour la purge des hypothèques grevant les biens par eux acquis (1134).

CXL. *A.* L'hypothèque légale, vient-il d'être dit, s'éteint par l'accomplissement des formalités prescrites aux tiers-détenteurs pour purger les acquisitions par eux faites. Quelles sont ces for-

---

(1130) V. *sup.*, n.ᵗᵉ LXV et suiv.

(1131) V. C. civ., art. 2180, 2.°

(1132) V. *sup.*, n.° XCVI, 2.°

(1133) V. arrêt de la Cour de Grenoble, du 10 Mars 1827, dans Sirey, 1828, 2, 41. **Junge** *sup.*, n.° CXXVI, let. B, al. 3.

(1134) V. C. civ., art. 2180, 3.°

malités ? Elles diffèrent suivant que l'hypothèque légale a été inscrite ou ne l'a pas été.

Dans la première hypothèse, les formalités à suivre sont, à l'égard de la femme, les mêmes que celles prescrites, pour tous autres créanciers inscrits, par les articles 2181 et suiv. du Code civil (1135).

Dans la seconde hypothèse, il y a lieu à observer les formalités spéciales des articles 2193 et 2194 du Code civil (1136). L'exposition pendant

---

(1135) V. M. Tarrible, au Répertoire de M. Merlin, v.° *Transcription*, §. 2, n. 5, 2.°, t. 14, p. 100, et §. 5, n. 3, v.° *Car si elles se trouvaient inscrites à cette époque*, t. 14, p. 115; arrêt de rejet, du 21 Août 1833, dans Sirey, 1833, 1, 612.

(1136) Voyez, indépendamment de ces articles : 1.° un avis du Conseil-d'État, du 9 Mai 1807, approuvé le 1.er Juin, décidant « premièrement, que, lorsque soit la femme ou ceux qui « la représentent ne seront pas connus de l'acquéreur, il sera « nécessaire et il suffira, pour remplacer la signification qui « doit leur être faite aux termes de l'art. 2194, en premier « lieu, que, dans la signification à faire au Procureur du Roi, « l'acquéreur déclare que ceux du chef duquel il pourrait être « formé des inscriptions pour raison d'hypothèques légales exis- « tantes indépendamment de l'inscription, n'étant pas connus, il « fera publier la susdite signification dans les formes prescrites « par l'art. 683 du Code de Procédure ; en second lieu, que le « susdit acquéreur fasse cette publication dans les formes de

deux mois, dans l'auditoire du Tribunal, du contrat translatif de propriété fait partie de ces formalités, et tout ce tems est donné pour inscrire
l'hypothèque légale. Maintenant, ou il a été
pris, dans le susdit délai, des inscriptions du
chef des femmes, ou aucune inscription n'a été
faite. Au premier cas, chaque créancier est employé à son rang dans l'ordre, et les inscriptions
de ceux qui ne sont pas employés en rang utile,
sont radiées (1137). Au second cas, les immeubles vendus sont purgés définitivement de toute
hypothèque légale (1138), et ils passent, en con-

« l'art. 683, ou que, s'il n'y avait pas de journal dans le dépar-
« tement, l'acquéreur se fasse délivrer par le Procureur du Roi
« un certificat portant qu'il n'en existe pas. Secondement, que
« le délai de deux mois fixé par l'art. 2194 du Code civil pour
« prendre inscription du chef des femmes, ne devra courir que
« du jour de la publication faite aux termes du susdit article
« 683 du Code de Procédure, ou du jour de la délivrance du
« certificat du Procureur du Roi portant qu'il n'existe pas de
« journal dans le département »; 2.º un autre avis du Conseil-
d'État, du 5 Mai 1812, approuvé le 8, décidant que « le mode
« de purger les hypothèques légales des femmes, établi par le
« Code civil et par l'avis du Conseil-d'État du 9 Mai 1807, est
« applicable aux femmes veuves, ainsi qu'à leurs héritiers ou
« ayant cause ».

(1137) V. C. civ., art. 2195.
(1138) « L'inscription fait le complément de l'hypothèque.

séquence, à l'acquéreur sans aucune charge à raison de la dot de la femme, sauf le recours,

---

« Cela est si vrai, même à l'égard de l'hypothèque légale des « femmes, que si l'inscription n'est pas prise dans le délai fixé « par la loi, l'immeuble aliéné reste, dans la main de l'acqué- « reur, affranchi de toute charge pour ce qui concerne la « femme. D'où il suit que l'immeuble acquis sera purgé de « toute hypothèque légale qui aurait pu appartenir à la femme, « ou plutôt que cette hypothèque sera considérée comme si elle « n'avait jamais existé, et que l'acquéreur obtiendra sa libération « parfaite en payant le prix soit aux autres créanciers hypothé- « caires colloqués en ordre utile, soit au vendeur lui-même, si « le prix n'a pas été payé en tout ou en partie » (V. M. Tarri- ble, au Répertoire de M. Merlin, v.° *Transcription*, §. 7, n. 7, t. 14, p. 133). « Le législateur a prescrit la nécessité de « l'inscription dans le cas où la vente des biens du mari amène « le réglement de tous les droits hypothécaires dont ces biens « peuvent être affectés... Il a voulu que, faute d'inscription du « chef des femmes, les immeubles vendus passassent à l'acqué- « reur sans aucune charge, ou, selon les termes employés dans « l'intitulé du chap. 8, que l'hypothèque légale des femmes « demeurât purgée... La loi présume que le mari sera débiteur « de sa femme : elle accorde d'avance à cette dernière une hypo- « thèque fixée au jour du mariage. Cependant, lorsque le « moment est venu où le prix des biens du mari va être distribué « aux créanciers hypothécaires, il faut bien que les femmes « établissent que leur créance présomptive a de la réalité ou « qu'elle peut en acquérir. La même loi veut que les femmes « manifestent leurs droits actuels ou expectatifs sous les formes « communes de l'inscription... Elle veut, qu'à défaut d'inscrip-

s'il y a lieu, contre le mari (1139). Faites attention que l'hypothèque légale, par le défaut d'inscription dans le délai utile, se trouve purgée
d'une manière absolue, et non seulement à l'égard
de l'acquéreur et en ce qui touche le sort de la
propriété immobilière, mais encore à l'égard des
créanciers et relativement au prix d'aliénation.
D'après cela, encore que ledit prix n'ait pas été

« tion, les femmes soient censées reconnaître qu'elles n'ont et
« qu'elles n'auront pas de créance à répéter, ou bien qu'elles
« renoncent tacitement aux avantages de l'hypothèque légale »
(V. M. Tarrible, au Répertoire de M. Merlin, v.º *Inscription
hypothécaire*, §. 3, n. 1, t. 6, p. 190 et 191). « Il faut qu'il
« y ait possibilité de purger l'hypothèque légale de la femme :
« l'édit de 1771 en donnait les moyens... Un double intérêt a dû
« nous occuper : l'intérêt de l'acquéreur et celui des hypothé-
« caires. On a pourvu à l'acquéreur par les formalités qui le
« conduisent à sa libération, et aux hypothécaires en donnant
« une telle publicité à la vente, qu'il sera impossible de sup-
« poser l'existence d'une hypothèque sur le bien vendu, s'il n'a
« pas été pris, en effet, d'inscription dans le délai que la loi a
« fixé... Les immeubles passent libres au nouveau propriétaire,
« parce qu'il sera constant qu'on n'a eu ni la volonté ni le droit
« d'en prendre » (V. M. Treilhard, Exposé des motifs de la loi
relative aux priviléges et aux hypothèques, au t. 16, p. 358 et
359, de la Législ. civile de M. Locré). Même langage de la part
de M. Grenier, des Hypothèques, t. 1, p. 166.

(1139) V. C. civ., art. 2195.

distribué aux créanciers, la femme sera sans droit pour demander collocation (1140).

(1140) Tel est, sur ce point, le dernier état de la jurisprudence de la Cour de cassation (V. arrêts de la Cour de cassation, des 8 Mai 1827 et 15 Décembre 1829, dans Sirey, 1827, 1, 302, et 1830, 1, 62. — V., dans le même sens, arrêt de la Cour de Caen, du 15 Janvier 1829, et arrêt de la Cour de Bordeaux, du 28 Mai 1830, dans Sirey, 1829, 2, 234, et 1830, 2, 246 ; mais en sens contraire, arrêt de la Cour de Paris, du 29 Décembre 1832, dans le Mémorial de jurisprudence, t. 26, p. 227 ; autre arrêt de la Cour de Paris, du 12 Janvier 1834, et arrêts de la Cour de Nimes, du 12 Février 1833, et de la Cour de Riom, du 8 Mars 1834, dans Sirey, 1834, 2, 177 et 176). Quant à la doctrine des jurisconsultes, les uns, se fondant sur les motifs consacrés par les arrêts de la Cour de cassation, se prononcent pour l'extinction absolue de l'hypothèque légale (V. M. Grenier, des Hypothèques, t. 2, p. 427 et suiv. ; M. Raffet, l'un de nos confrères au barreau de Bordeaux, dans une consultation du 22 Décembre 1830). Les autres veulent que l'hypothèque légale, quoique non inscrite dans le délai fixé, subsiste sur le prix, tant qu'il n'a pas été distribué aux créanciers ou payé au vendeur, et cela, par la raison que l'hypothèque légale existe indépendamment de toute inscription (V. M. Persil, Régime hypothécaire, t. 2, p. 253 et suiv. ; M. Delvincourt, Cours de Code civil, t. 3, p. 606, n.te 1 ; M. Favard, en son Répertoire, t. 5, p. 677, n. 17 ; M. Dalloz, Jurisp.ce générale, t. 9, p. 388, n. 9 ; M. Troplong, des Hypothèques, t. 4, p. 295 et suiv.). Nous nous sommes éloigné de cette dernière manière de voir, mu, entr'autres raisons, par celles que voici. La nature de l'hypothèque est

B. Lorsque c'est par suite non d'une vente volontaire, mais d'une vente sur expropriation

---

d'affecter les biens pour la sûreté des engagemens (V. Domat, Lois civiles, liv. 3, tit. 1, p. 221; C. civ., art. 2114). Par suite de cette affectation, si les biens grevés d'une hypothèque viennent à être aliénés, le prix d'aliénation ne peut, au mépris de ladite hypothèque, être valablement payé soit au vendeur, soit à des créanciers de ce dernier, ou postérieurs en ordre d'hypothèque ou simples chirographaires (V. C. civ., 2182, al. 2, 2166, 2186, 2195, al. 2 et 3). Ceux-là donc ne disent rien que de parfaitement conforme à la nature de l'hypothèque, qui font remarquer : « qu'une hypothèque qui ne pourrait « mettre aucun obstacle à ce que le prix de l'immeuble fût va- « lablement payé au vendeur, ne peut être une hypothèque, « puisqu'elle est dénuée de tous les droits qui constituent l'hy- « pothèque véritable » (V. M. Tarrible, au Répertoire de M. Merlin, v.° *Inscription hypothécaire,* §. 4, n. 8, t. 6, p. 219, et M. Carré, Lois de la Procédure, t. 3, p. 179, n. 2849 *in fine*). Des observations qui précèdent, il nous semble ré- sulter que, lorsque l'acquéreur d'un immeuble est en position de payer d'une manière valable son prix aux personnes dont nous parlions il n'y a qu'un instant, ou nulle hypothèque n'aura jamais pesé sur cet immeuble, ou, ce qui revient au même, l'hypothè- que, autrefois existante, aura été frappée d'extinction. Tout cela rappelé, jetons les yeux sur divers articles du Code civil. L'art. 2186, qui fait partie du chapitre relatif au mode de purger les hypothèques inscrites, porte que : « A défaut, par les créan- « ciers, d'avoir requis la mise aux enchères dans le délai et « les formes prescrits, la valeur de l'immeuble demeure défi- « nitivement fixée au prix stipulé dans le contrat ou déclaré par

forcée, que les immeubles du mari ont passé à des tiers-détenteurs, suivra-t-on toujours, pour

---

« le nouveau propriétaire, lequel est, en conséquence, libéré « de tout privilége ou hypothèque, *en payant ledit prix aux* « *créanciers qui sont en ordre de le recevoir, ou en le* « *consignant* ». Suivant cet article, l'acquéreur ne peut vider ses mains dans celles du vendeur, et, s'il ne consigne pas son prix, il ne peut le payer qu'aux créanciers en ordre de le recevoir. Quelle en est la cause ? La cause en est dans les hypothèques qui ont suivi l'immeuble vendu, et qui continuent d'exister tant que le paiement aux susdits créanciers ou la consignation n'ont pas eu lieu. Un autre article, l'art. 2195, qui est placé sous le chapitre relatif au mode de purger les hypothèques non inscrites des femmes, statue, dans les deux derniers alinéa, de la manière suivante : « S'il a été pris des inscriptions du chef « desdites femmes... et s'il existe des créanciers antérieurs qui « absorbent le prix en totalité ou en partie, l'acquéreur est « libéré du prix ou de la portion du prix *par lui payée aux* « *créanciers placés en ordre utile*, et les inscriptions du « chef des femmes... sont rayées. — Si les inscriptions du chef « des femmes..... sont les plus anciennes, *l'acquéreur ne* « *pourra faire aucun paiement au préjudice desdites ins-* « *criptions...*, et, dans ce cas, les inscriptions des autres « créanciers qui ne viennent pas en ordre utile, seront rayées ». L'acquéreur, dans le cas des dispositions qui viennent d'être transcrites, ne peut pas, non plus, payer au vendeur le prix stipulé au contrat d'achat, et il ne peut le solder à personne au préjudice de la femme, si l'hypothèque de cette dernière est la plus ancienne. Pourquoi en est-il ainsi ? Parce que le prix de vente est affecté de l'hypothèque qui grevait l'immeuble aliéné

la purge de l'hypothèque légale qui les grève,
soit les formalités prescrites par les articles 2181

dans les mains du vendeur. Il vient d'être parlé des deux
premiers alinéa de l'art. 2195. A l'égard du premier alinéa
dudit article, il est ainsi conçu : « Si, dans le cours des deux
« mois de l'exposition du contrat, il n'a pas été fait d'inscrip-
« tion du chef des femmes..., sur les immeubles vendus, *ils*
« *passent à l'acquéreur sans aucune charge à raison des*
« *dots, reprises et conventions matrimoniales de la femme...*
« *sauf le recours, s'il y a lieu, contre le mari...* ». Ici,
comme on s'en aperçoit, le législateur ne dit pas, comme il le
fait dans le dernier alinéa de l'art. 2195, que l'acquéreur ne
pourra faire aucun paiement au préjudice de l'hypothèque de la
femme. Loin de là, il dispose que les immeubles vendus passent
à l'acquéreur sans aucune charge à raison des dots, reprises et
conventions matrimoniales de la femme, et il n'accorde à cette
dernière qu'un simple recours contre son mari. Nul doute, dès-
lors, que l'acquéreur, à l'expiration des deux mois sans inscription de la part de la femme, ne puisse, au détriment de cette
dernière, solder le prix d'achat soit au vendeur, soit aux créanciers de ce dernier, hypothécaires ou autres. Nul doute encore
que, si ledit acquéreur avait payé son prix au moment même du
contrat, la femme qui n'aurait pas inscrit dans les deux mois,
ne fût non recevable à critiquer ce paiement. Nul doute, conséquemment, que, faute d'inscription dans le délai fixé, l'hypothèque de la femme ne soit complètement éteinte (V. C. civ.,
art 2180, 3.°, et art. 2195, 1.re disp., combinés). Et c'est en
vain que l'on objecte que le défaut d'inscription ne saurait
opérer l'anéantissement de l'hypothèque de la femme, puisque
cette hypothèque, aux termes de l'art. 2135 C. civ., existe

et suiv. du Code civil, au cas où ladite hypothèque aurait été inscrite, soit les formalités

---

indépendamment de toute inscription. En premier lieu, en
effet, nous avons déjà eu l'occasion de faire remarquer que,
quoique l'hypothèque de la femme fût, en règle générale,
affranchie d'inscription, cette dispense d'inscription cessait dès
l'instant où l'acquéreur de l'immeuble grevé de l'hypothèque
en question se mettait en mesure de la purger (V. *sup.*, n.º
CXXXVIII, let. D, et n.te 1138, *ubi* autorités): de là, toutes
les précautions prises par le législateur pour que l'inscription
ait lieu. En second lieu, si, nonobstant l'accomplissement des
formalités prescrites pour la purge de l'hypothèque légale, cette
hypothèque subsistait toujours, quoique non inscrite, il en
devrait être du cas où la femme aurait négligé de s'inscrire
comme de celui où elle se serait inscrite : or, nous savons déjà
que des dispositions législatives différentes régissent chacune
de ces hypothèses. En troisième lieu, les auteurs qui enseignent
que, faute d'inscription opérée lors de l'accomplissement des
formalités de la purge, l'hypothèque de la femme affecte toujours
le prix d'aliénation, ces auteurs, disons-nous, n'en reconnaissent
pas moins que la femme n'aurait aucun sujet de plainte, si
l'acquéreur, sans avoir égard à l'hypothèque de cette dernière,
avait amiablement payé le prix dont il s'agit soit au vendeur
lui-même, soit à des créanciers du vendeur, chirographaires ou
autres. Une telle concession porte en elle-même, selon nous,
la condamnation du système contre lequel nous nous élevons;
car comment concevoir que l'hypothèque de la femme ait conservé quelque vertu, qu'elle affecte le prix de vente, et qu'elle
ne fasse cependant pas le plus léger obstacle à ce que l'acquéreur
vide ses mains comme si elle n'existait pas? On ne laisse pas

spéciales mentionnées à l'article 2194 C. civ., au cas de non inscription de la même hypothèque?

---

d'insister toutefois, et on excipe de la disposition de l'art. 2198 C. civ., d'après laquelle « l'immeuble à l'égard duquel le con- « servateur aurait omis dans ses certificats une ou plusieurs « des charges inscrites, en demeure, sauf la responsabilité du « conservateur, affranchi dans les mains du nouveau posses- « seur... sans préjudice néanmoins du droit des créanciers de « se faire colloquer suivant l'ordre qui leur appartient, tant que « le prix n'a pas été payé par l'acquéreur, ou tant que l'ordre « fait entre les créanciers n'a pas été homologué ». Pourquoi, dans le cas dudit article, l'acquéreur peut-il payer, au préjudice d'une hypothèque inscrite, mais omise dans le certificat du conservateur? C'est, sans contredit, à raison de la bonne foi où le place ledit certificat. Pourquoi, dans le cas du même article, le créancier omis peut-il réclamer collocation tant que les choses sont entières? C'est que, pour avoir été omise, son hypothèque n'en existait pas moins, dans toute sa plénitude, lors de la délivrance du certificat, et qu'il serait contraire à l'équité de lui faire éprouver, par le fait d'un tiers, un dom- mage qui peut encore être évité. Mais, dans le système de ceux qui veulent que l'hypothèque de la femme subsiste toujours sans inscription après l'accomplissement des formalités de la purge, de quelle bonne foi pourrait être l'acquéreur qui payerait au mépris de cette hypothèque non inscrite dans les deux mois? Mais à quelle autre personne qu'à elle-même la femme qui ne s'est pas inscrite dans ledit délai peut-elle s'en prendre? L'art. 2198, ainsi qu'on le découvre par les motifs qui l'ont sûrement dicté, ne peut donc servir d'argument en faveur de l'opinion à laquelle nous nous montrons contraire. Les raisons de décider

Si l'hypothèque légale a été inscrite, elle se pur-

---

ne sont pas les mêmes; aussi les articles 2198 et 2195, al. 1, disposent-ils différemment. Est-ce, d'ailleurs, que si le législateur, dans le cas de ce dernier article, eût entendu donner à la femme non seulement un recours contre son mari, mais encore le droit de se présenter à l'ordre, il n'eût pas statué à cet égard comme il le fait dans le cas de l'art. 2198? Pour fortifier l'opinion dont il vient d'être question, on ajoute encore que le droit d'être payé sur le prix d'aliénation d'un immeuble, peut exister alors même que le droit de suite sur cet immeuble ne subsiste plus. Cela est vrai, nous n'en disconvenons pas, soit dans le cas de l'art. 2198 précité, soit dans le cas de l'art. 2186, lorsque l'acquéreur a fait la consignation de son prix, soit dans quelques autres hypothèses, et, par exemple, lorsque l'inscription du privilége dont il est parlé à l'art. 2109, n'a pas eu lieu dans la quinzaine de la transcription de la vente du fonds soumis audit privilége, conformément à l'art. 834 C. Pr., mais seulement dans les soixante jours déterminés par l'art. 2109. Mais de ce que le droit sur le prix survit, dans certaines circonstances particulières, au droit de suite, il n'en reste pas moins certain, qu'en règle générale, le droit d'être colloqué et payé sur le prix d'un immeuble, est l'effet du droit réel imprimé en la chose hypothéquée, de telle sorte que, pour le créancier qui laisse périr son hypothèque, l'extinction de l'hypothèque entraine avec elle la perte du droit sur le prix. Or, maintenant, l'art. 2195, al. 1, dont nous nous sommes déjà occupé et auquel nous revenons, ne donne à la femme, qui a négligé d'inscrire son hypothèque dans le délai voulu, d'autre action qu'un recours contre son mari, et il n'apporte pas le moindre empêchement à ce que l'acquéreur se libère de son prix au préjudice

gera *ipso facto*, comme toute autre hypothèque

de la femme. Si tel est le seul droit que l'article en question
réserve à la femme, et si telle est la liberté dont jouit l'acquéreur,
le prix de vente n'est donc pas affecté par hypothèque, l'extinction de l'hypothèque, faute d'inscription de la part de la
femme, s'est donc opérée à l'égard de cette dernière tout comme
à l'égard de l'acquéreur; il n'a donc pas été dans l'intention du
législateur de s'écarter du droit commun et de faire survivre à
la perte du droit de suite un droit hypothécaire sur le prix; il
en est donc de l'hypothèque légale non inscrite dans le cas de
l'art. 2195, al. 1, comme des hypothèques ordinaires non inscrites dans le cas de l'art. 834 C. Pr. Prétendre, comme on le fait
en dernière analyse, que, lorsque l'acquéreur a vidé ses mains, la
femme n'a rien à prétendre sur le prix de vente, par la raison
qu'elle doit encourir la peine de sa négligence à s'inscrire après
avoir été mise en demeure de se montrer; mais qu'au contraire,
elle a droit de poursuivre sa collocation sur le prix de vente, tant
que les choses sont entières et que ledit prix est encore existant,
et cela, parce que son hypothèque est indépendante de toute inscription, c'est, à ce qu'il nous semble, soutenir que l'inscription
de l'hypothèque de la femme, lors de l'accomplissement des formalités de la purge, est tout à la fois nécessaire et inutile : nécessaire, pour empêcher l'acquéreur de verser son prix dans les
mains du vendeur; inutile, pour frapper ledit prix tant qu'il se
trouve au pouvoir de l'acquéreur ou dans la caisse des dépôts et
consignations; c'est créer des distinctions qui ne sont pas dans
la loi et sacrifier à l'idole qu'on s'est faite; c'est usurper enfin
le rôle de législateur et substituer une équité arbitraire à l'é-
quité de la loi.

Sous l'empire de l'édit du mois de Juin 1771, les femmes

inscrite, par l'adjudication sur expropriation

étaient-elles déchues de leur hypothèque à raison de la dot par le défaut d'opposition de leur part, dans le délai voulu, aux lettres de ratification? Le Parlement de Paris avait adopté, sur cette question, l'affirmative (V. M. Grenier, des Hypo- thèques, t. 1, Disc. prélim., p. XXII et XXIII, n.te 1) qui dérivait, à notre avis, et de l'art. 17 de l'édit précité, et des dispositions exceptionnelles résultantes soit de l'art. 32 du même édit, soit de la déclaration du 9 Février 1772, rendue pour le Parlement de Pau. La jurisprudence du Parlement de Paris, à laquelle des auteurs refusaient leur suffrage (V. Roussilhe, de la Dot, t. 1, n. 312, et t. 2, p. 349 et suiv.; Souchet, Cout.e d'Angoumois, t. 2, p. 349), n'était pas celle des Parlemens de Grenoble et de Toulouse notamment (V. arrêt de la Cour de Grenoble, du 1.er Juin 1824, dans Sirey, 1826, 2, 58; M. Merlin, Nouveau Répertoire, v.o *Lettres de ratification*, n. 2, t. 7, p. 428 à 433, *ubi* arrêt de rejet, du 23 Prairial an 13, que rapporte également Sirey, t. 6, 1.re part., p. 16). Que jugeait-on, sur ce point, au Parlement de Bordeaux? Nous lisons dans un arrêt de la Cour de Bordeaux, du 30 Août 1823 : « qu'il était de jurisprudence constante dans le ressort « de l'ancien Parlement de Bordeaux que, sous l'empire de « l'édit de 1771, les femmes n'avaient pas besoin de former « opposition aux lettres de ratification pour conserver leur « hypothèque à raison de la dot sur les biens du mari ». Nous n'avons pu découvrir, malgré toutes nos recherches, aucun arrêt de notre Parlement qui ait jugé la question qui nous occupe dans le sens indiqué par la Cour de Bordeaux. Et nous doutons d'autant plus de l'existence de la jurisprudence alléguée par ladite Cour, que nous avons sous les yeux des consultations

forcée, sans aucune formalité ultérieure (1141).
Si, au contraire, l'hypothèque légale n'a pas
été inscrite, elle ne se purgera qu'au moyen
de l'accomplissement des formalités de l'article
2194 (1142).

émanées d'anciens jurisconsultes du barreau de Bordeaux,
lesquelles se prononcent par la déchéance de l'hypothèque par
le défaut d'opposition (consult. de M. Cazalet, du mois de
Janvier 1780; autre consult., délibérée en commun par MM.
Cazalet, Martignac et Serre, le 17 Avril 1787), comme l'a
décidé, au surplus, la Cour de Limoges, par arrêt du 24 Décembre 1813 (V. Sircy, 1824, 2, 26). Remarquons, en
finissant, que, sous l'empire des décrets volontaires, que rem-
plaça le système organisé par l'édit de 1771, les femmes, faute
d'opposition afin de conserver, étaient déchues de leur hypothèque pour la dot (V. Lebrun, de la Communauté, liv. 3,
chap. 2, sect. 2, dist. 5, n. 97 à 101, p. 504 et 505; Bourjon,
Droit commun, tit. des Exécutions, chap. 8, sect. 2, §. 5, n.
36, et chap. 9, sect. 1, n. 4, t. 2, p. 753 à 755).

(1141) V. M. Pigeau, Procédure civile, liv. 2, tit. 4, chap. 1,
§. XI, n. 6 et 7, t. 2, p. 254; M. Tarrible, au Rép.re de M.
Merlin, v.º *Transcription*, §. 3, n. 6, t. 14, p. 111; M. Per-
sil, Régime hypothécaire, t. 2, p. 265 *in fine*, et p. précéd.;
M. Dalloz, Jurisp.ce générale, t. 9, p. 375 et suiv., n. 43.

(1142) L'opinion contraire à celle que nous avons embrassée,
est fortement soutenue, et elle a pour elle de nombreuses autorités que nous ferons connaitre plus tard. Sur quoi se fonde
cette autre doctrine, d'après laquelle l'expropriation forcée pur-
gerait, par sa propre force, et sans le secours d'aucune forma-

CXLI. La femme, dans la distribution du

lité ultérieure, l'hypothèque légale non inscrite? On dit que la publicité qui résulte des formalités de la saisie immobilière remplace celle que peut produire l'observation des formalités de l'art. 2194. Mais, d'un côté, est-ce qu'il y a, dans cette publicité de l'expropriation forcée, rien qui équivaille à l'avertissement *personnel* qui, aux termes dudit art. 2194, doit être donné à la femme et au Procureur du Roi? Est-ce, d'ailleurs, que cette publicité n'existe pas pour les créanciers inscrits, à qui un exemplaire du placard ordonné par l'art. 684 C. Pr. ne laisse pas de devoir être notifié, à peine de nullité de l'expropriation, d'après les art. 695 et 717 C. Pr.? Comment donc la même publicité dispenserait-elle de suivre les prescriptions de l'art. 2194, lors surtout qu'il ne peut y avoir lieu à faire à la femme qui n'a pas inscrit son hypothèque, une notification du placard ordonnée à l'égard des seuls créanciers inscrits (*)? Est-ce que la femme, avec toute la faveur attachée aux droits que garantit son hypothèque légale, pourrait être moins bien traitée qu'un créancier ordinaire, et être exposée à perdre son hypothèque pour n'avoir reçu aucune interpellation personnelle? D'un autre côté, en admettant, pour un moment, qu'à raison de leur publicité, les formalités de la vente forcée pussent remplacer avec succès toutes les prescriptions de l'art.

(*) Telle est, nonobstant l'avis émis par quelques auteurs (V. M. Tarrible, au Rép.^{re} de M. Merlin, v.° *Saisie immobilière*, §. 6, art. 1, n.ºs 15, t. 12, p. 280 et suiv.; M. Pigeau, Procéd. civile, liv. 1, tit. 4, chap. 1, §. 7, t. 2, p. 235 et 236), la jurisprudence de la Cour de cassation (V. les arrêts rapportés au Rép.^{re} de M. Merlin, *sup.*, p. 282 et suiv.).

prix d'aliénation des biens de son mari, n'a point

2194, ce ne pourrait être un motif pour relever le tiers-détenteur de ces prescriptions, à moins que quelque loi postérieure
ne l'en relevât elle-même en termes précis et formels. Le juge,
qui ne doit prendre conseil que de la loi, ne saurait, on le sent
bien, avoir le droit de décider si telle ou telle formalité, autre
que celle prescrite, a la même efficacité que celle-ci. Existe-t-il
quelque texte de loi qui dispose ainsi qu'il vient d'être dit ? On
met en avant, pour le prétendre, les art. 749, 750 et 775 du
Code de Procédure civile ? Mais ni la lettre ni l'esprit de ces
articles ne sauraient justifier cette prétention. L'art. 775 n'a
trait, en effet, qu'aux ventes volontaires, et aux ventes faites
d'autorité de justice autrement que par expropriation forcée,
lesquelles sont aussi regardées comme volontaires, et il règle le
délai dans lequel l'ordre, à raison desdites ventes, pourra être
provoqué (V. dans M. Locré, Esprit du Code de Procédure,
t. 3, p. 364 et suiv., la première rédaction de cet article, et les
observations de la section de législation du Tribunat, par suite
desquelles on inséra, dans la nouvelle rédaction, ces mots :
autre que par expropriation forcée). Cet article est donc
tout à fait inafférent à la question qui nous occupe, question
qui s'agite à raison d'une vente par expropriation forcée. Restent
les art. 749 et 750. Ces articles qui s'occupent, eux, de la vente
forcée, prescrivent la signification du jugement d'adjudication
et l'ouverture de l'ordre, après l'expiration du mois qui suit
cette signification, sans imposer, au surplus, aucune autre
obligation à l'adjudicataire. Mais de ce qu'après la signification
du jugement d'adjudication et l'ouverture de l'ordre dans le
délai voulu, l'adjudicataire ne se trouve soumis à aucune autre
obligation, s'ensuit-il que cet adjudicataire doive être affranchi,

de privilége, pour la répétition de sa dot, sur les

---

dans tous les cas, de l'accomplissement des formalités de l'art.
2194? Dans les cas ordinaires, et lorsque les inscriptions du
chef des femmes ou de toutes autres personnes existent sur
l'immeuble saisi, nul doute que l'adjudicataire n'ait rien à faire
avant de requérir qu'il soit procédé à l'ordre et à la distribution
du prix, puisqu'alors la vente sur expropriation forcée purge
ipso facto les hypothèques inscrites, ainsi que nous avons déjà
eu l'occasion de le dire (V. *sup.*, n.º CXL, let. B). Et pourquoi, dans cette hypothèse, l'adjudication sur expropriation
forcée a-t-elle la vertu de purger par elle-même les hypothèques inscrites? C'est que, par la notification du placard qu'ils
ont dû recevoir, ces créanciers inscrits ont été avertis personnellement, et mis en mesure de veiller à la conservation de leurs
droits. Ce placard, nous l'avons déjà fait remarquer, ne doit
pas être notifié à la femme dont l'hypothèque ne se trouve pas
inscrite. Aussi, dans le cas de non inscription de l'hypothèque
légale, il ne saurait être vrai de dire et que l'adjudicataire n'a
d'obligations à remplir que celles spécifiées aux art. 749 et 750,
et que l'expropriation a la force de purger elle seule les hypothèques. D'après cela, l'hypothèque non inscrite de la femme
ne peut que rester assujettie, en ce qui touche la purge, aux formalités de l'art. 2194, formalités qui ne sont nullement inconci-
liables avec les prescriptions des art. 749 et 750, et auxquelles,
d'ailleurs, ces derniers articles n'apportent aucune dérogation
formelle, en telle sorte qu'on reste sous l'empire de la maxime
d'après laquelle les lois nouvelles sont toujours censées se référer
aux lois anciennes qu'elles ne contrarient pas formellement:
Posteriores leges ad priores pertinent, nisi contraria sint.
L. 28, ff. *de legib.* Que si, abandonnant la lettre de la loi,

créanciers antérieurs à elle en hypothèque : si,

nous en recherchons maintenant l'esprit, nous aurons bientôt
la preuve que la pensée du législateur est en parfaite harmonie
avec ce que nous venons de dire. Voici, en effet, ce qu'on lit
dans le rapport fait par M. Grenier, orateur du Tribunat, au
nom de la section de législation, sur le titre de l'ordre, sous
lequel se trouvent les art. 749 et 750 : « Il n'a pu être permis
« au législateur que d'inviter les parties intéressées à faire l'or-
« dre amiablement. C'est dans cette vue qu'il a accordé d'abord
« un délai. Mais ce vœu peut n'être pas écouté, et, dès-lors,
« il a fallu établir un mode de procéder. Tous les créanciers
« peuvent n'être pas connus. A l'égard de ceux qui, d'après la
« loi, ont été obligés de se faire connaître par l'inscription, et
« qui ont été avertis par la notification d'un exemplaire du
« placard, tout est consommé, en ce qui les concerne, par
« l'adjudication. Dès cet instant, leur droit d'hypothèque est
« converti en droit sur le prix. *Par rapport à ceux qui ne*
« *sont pas soumis à l'inscription, l'adjudicataire pourra,*
« *avant la confection de l'ordre, provoquer les inscrip-*
« *tions, s'il doit y en avoir, par les voies indiquées à cet*
« *égard par le Code civil* ». M. Locré, dans son Esprit du
Code de Procédure, t. 3, p. 346, transcrit ce passage, et il
rappelle que les raisons qui s'y trouvent exposées furent celles
qui empêchèrent l'adoption des propositions de la section de
législation du Tribunat qui, ne faisant aucune distinction entre
les hypothèques assujetties à l'inscription et celles qui existent
indépendamment d'inscription, voulait que les créances hypothécaires ne fussent colloquées dans l'ordre que tout autant que
les inscriptions en auraient été faites avant l'adjudication (V. M.
Locré, *sup.*, p. 344), et qui faisait ainsi produire à l'adjudi-

autrefois et dans quelques ressorts du droit écrit,

cation sur expropriation forcée la purge de toutes hypothèques, légales ou autres, non inscrites lors de cette adjudication. Par là, on voit bien clairement que l'esprit qui a présidé à la rédaction des règles contenues sous le titre de l'ordre, ne fut pas de faire opérer la purge de l'hypothèque légale non inscrite à l'adjudication sur expropriation forcée; qu'au contraire, dans la pensée du législateur, cette hypothèque n'était susceptible d'être purgée par l'adjudication qu'autant que l'inscription en serait provoquée par les voies indiquées par le Code civil. Par là, on voit encore, qu'à l'égard de l'hypothèque légale non inscrite, le législateur n'entendit pas s'en tenir à la maxime de l'ancien droit, d'après laquelle le sceau de l'adjudication sur décret forcé, à défaut d'opposition afin de conserver, purgeait toutes sortes d'hypothèques (V. Lebrun, de la Communauté, liv. 3, chap. 2, sect. 2, dist. 5, n. 97 à 101, p. 504 et 505; Valin, Coutume de la Rochelle, t. 1, p. 453, n. 58; Bourjon, Droit commun, tit. des Exécutions, chap. 6, sect. 6, §. 1, n. 60, et chap. 9, n. 1, 3 à 5, t. 2, p. 718, 754 et 755; Salviat, p. 150 et 151). Ajoutons ici que M. Pigeau, qui fut l'un des commissaires chargés de la rédaction du Code de Procédure, et qui ne pouvait se méprendre sur l'esprit d'une loi, en quelque sorte son ouvrage, dit expressément que : « Lorsque les femmes n'ont « pas pris inscription, l'adjudication ne purge pas leurs hypo- « thèques, et l'on devra faire purger en la forme tracée par les « art. 2193 et suiv. du Code civil » (V. Procédure civile, t. 2, p. 236 et 254). Cette opinion est celle qu'ont suivie M. Dalloz, Jurisprudence générale, t. 9, p. 388, n. 8, et M. Raffet, notre confrère au barreau de Bordeaux, dans une consultation du 22 Décembre 1830. Cette opinion, qui est la nôtre, est aussi

il n'en était pas ainsi, ce n'était que par une fa-

cellc qu'avaient adoptée divers arrêts de Cours royales (V. , entr'autres arrêts, arrêt de la Cour de Montpellier, du 21 Août
1828, dans le Recueil périodique de M. Dalloz, 1829, 2, 143;
arrêt de la Cour de Bordeaux, du 31 Juillet 1826, dans Sirey,
1827, 2, 9; autre arrêt de la même Cour, du 4 Avril 1827,
au Journal des Arrêts de cette Cour, t. 2, p. 112; arrêt de la
Cour de Lyon, du 11 Mai 1831, dans Sirey, 1832, 2, 115);
et, depuis que nous avons écrit ce qui précède, la Cour su-
prême l'a consacrée par un arrêt de rejet, du 22 Juin 1833,
chambres réunies, rapporté dans Sirey, 1833, 1, 449; par
un arrêt de cassation, du 27 Août 1833, également recueilli
par Sirey, 1833, 1, 742, et par un arrêt de rejet, du 30 Avril
1834, dans le Mémorial de jurisprudence, t. 29, p. 400. Une
doctrine contraire avait été antérieurement professée par la
Cour de cassation (V. arrêts de rejet, des 21 Novembre 1821,
11 Août 1829 et 18 Juillet 1831, dans Sirey, 1822, 1, 214;
1829, 1, 342; 1831, 1, 301), et l'on trouve dans le même
sens plus d'un auteur (V. M. Tarrible, au Rép.re de M. Merlin, v.o *Saisie immobilière*, §. 6, art. 1, n. 15, t. 12, p. 180
et suiv.; M. Persil, Régime hypothécaire, sur les art. 2181 et
2182, n. 21; M. Grenier, des Hypothèques, t. 2, n. 490;
M. Troplong, des Hypothèques, t. 4, n. 996), et beaucoup
d'arrêts de Cours royales (V., entr'autres arrêts, arrêt de la
Cour de Paris, des 15 Juillet 1829 et 10 Août 1831, dans
Sirey, 1829, 2, 234, et 1831, 2, 289; arrêt de la Cour de
Colmar, du 21 Juin 1828, dans Sirey, 1829, 2, 65; arrêt de
la Cour de Montpellier, du 6 Août 1831, dans le Mémorial de
jurisprudence, t. 23, p. 347; arrêt de la Cour d'Agen, du 5
Avril 1832, au même Mémorial, t. 25, p. 28; arrêt de la Cour

veur mal entendue que le Code a sagement abo-
lie (1143). A l'égard des créanciers dont l'hypothèque est postérieure à la sienne, la femme a
droit d'obtenir collocation préférablement à eux,
suivant la maxime ***Qui potior est tempore, potior***

---

de Bordeaux, du 4 Juin 1833, au Recueil des Arrêts de cette
Cour, t. 8, p. 381). Sur quoi, nous observons : 1.º que, parmi
les auteurs qui viennent d'être cités, MM. Persil et Tarrible ne
se déterminent comme ils le font que parce que, selon eux, la
femme devrait recevoir la notification du placard imprimé et
être ainsi personnellement avertie : la jurisprudence de la Cour
de cassation est, comme on le sait, contraire à ce sentiment;
2.º que, d'après la plupart des arrêts de Cours royales que
nous rappelions il n'y a qu'un instant, l'expropriation n'aurait
purgé l'hypothèque que relativement à l'adjudicataire, mais non
à l'égard des créanciers et relativement au prix, distinction que
rejetait la Cour de cassation, lorsqu'elle attribuait à l'expropriation la vertu de purger, *ipso facto*, l'hypothèque légale, et
qu'elle n'admet pas dans le cas de la purge par l'accomplissement des formalités des articles 2193 et 2194 (V. *sup.*, n.te
1140).

(1143) V. C. civ., art. 1572 et 2195, dont les dispositions
s'écartent de la loi *Assiduis* 12, §. 1, C. *Qui potior.*, liv. 8,
tit. 18. Cette loi, qui donnait à la femme, pour la restitution
de sa dot, une préférence à tous créanciers, même antérieurs
au contrat de mariage, était observée, entr'autres Parlemens,
à celui de Toulouse (V. Despeisses, tit. de la Dot, sect. 3, n. 32,
t. 1, p. 515; Roussilhe, de la Dot, t. 1, n. 301 et suiv.), mais
non à celui de Bordeaux (V. Salviat, p. 215).

est jure (1144), et cela, encore que le mariage subsiste toujours, et qu'elle ne soit que séparée de biens d'avec son mari, car la séparation de biens autorise la femme à faire valoir son hypothèque légale (1145), en même tems qu'elle l'habilite à recevoir le capital que garantissait ladite hypothèque, moyennant emploi ou bail de caution, toutefois (1146). Bien plus, quoique nulle séparation ne fût intervenue, la femme n'en devrait pas moins être colloquée avant tous créanciers postérieurs à elle en hypothèque, sauf aux juges à aviser aux moyens de prévenir la dissipation de la dot, et à ordonner, en conséquence, par exemple, soit que les sommes allouées resteront dans la main de l'acquéreur des biens du mari jusqu'au moment où, par la disso-

---

(1144) V. C. civ., art. 2195, aux termes duquel, lorsque les inscriptions du chef des femmes sont les plus anciennes, l'acquéreur ne peut faire aucun paiement du prix au préjudice desdites inscriptions.

(1145) V. L. 29, C. *de jur. dot.*, liv. 5, tit. 12.

(1146) *Sup.*, n.º CXVI, al. 2. *Junge* n.º LXIII, let. C, al. 2. — Que si c'était à raison de ses biens dotaux aliénés qu'une collocation eût été requise et obtenue par la femme séparée de biens, cette dernière, par un nouveau motif, serait sans aptitude à recevoir sans fournir de sûreté (V. *sup.*, n.ᵗᵉ 750).

lution du mariage, elles pourront être comptées à la femme, soit que lesdites sommes ne passeront entre les mains de cette dernière qu'à la charge par elle de faire emploi ou de donner caution (1147). Le mari, on le sent bien, ne peut être habile à recevoir lui-même des mains de son acquéreur le montant de la collocation de la femme, autrement l'hypothèque légale dégénérerait en une garantie purement illusoire. D'un autre côté, la femme, dans l'absence d'une séparation de biens, pour être fondée, en vertu de son hypothèque légale, à exercer le droit, attaché à toute hypothèque, de requérir une collocation, ne saurait avoir une entière aptitude à toucher ses deniers dotaux, aptitude dont, selon nous, la femme, même séparée de biens, ne doit pas jouir. De là, la nécessité des précautions ci-dessus rappelées.

(1147) V. M. Tarrible, au Rép.re de M. Merlin, v.º *Transcription*, §. 7, n. 7, t. 14, p. 133; M. Grenier, des Hypothèques, t. 1, n. 271, p. 601; M. Dalloz, Jurisp.ce générale, t. 9, p. 397 et 398, n. 14. — Ces deux derniers auteurs enseignent, contre l'avis du premier, que l'acquéreur ne doit pas nécessairement rester nanti des fonds, et qu'il peut être pourvu, de toute autre manière, à ce que lesdits fonds soient conservés à la femme jusqu'à l'époque où elle pourra les recevoir et en donner quittance valable.

La femme, avons-nous dit ci-dessus, a droit d'obtenir collocation préférablement aux créanciers dont l'hypothèque est postérieure à la sienne. Devrait-on porter une décision semblable si ces créanciers étaient des créanciers de la société d'acquêts qui aurait été stipulée entre le mari et la femme ? Oui, sans la moindre difficulté, si, après la dissolution de la société, la femme y avait renoncé (1148) ; oui encore, dans l'absence

---

(1148) V. C. civ., art. 1494. *Junge* les attestations suivantes du barreau de Bordeaux, qu'on retrouve au Traité de la Société d'acquêts, p. 227 et 228 : « Attesté, le 4 Décembre 1686, que, « pendant le mariage, le mari et la femme ne peuvent, conjoin- « tement ni séparément, faire aucun acte qui puisse nuire à la « dot ni aux conventions matrimoniales, et qu'il dépend de la « femme, après la mort du mari, de se tenir ou renoncer à la « société pour conserver tous ses droits dotaux ». — « Attesté, le « 23 Janvier 1690, que la femme, associée aux acquêts, peut, « si bon lui semble, renoncer à cette société, et ce faisant, elle « n'est aucunement obligée aux créanciers de son mari ». — « Attesté, le 12 Février 1746, que, dans le cas d'une société « stipulée, la femme peut, après la dissolution du mariage, y « renoncer et reprendre tous ses biens dotaux et paraphernaux « avec ses conventions matrimoniales, quittes des dettes et « charges qu'a contractées son mari pendant le mariage ». A quoi revient le passage suivant du président Boyer, *quæst.* 22, *decis.* 22, n. 29 et 30, p. 42 : *Non potest mulier esse communis in bonis, et habere dotem præcipuam ; sed eligendo unum, renuntiat alteri.*

même de toute renonciation, si la femme n'avait rien retiré de ladite société (1149); oui, enfin, dans l'hypothèse même où la société d'acquêts ne se trouverait pas dissoute, aucun émolument de cette société ne pouvant, audit cas, exister entre les mains de la femme : pendant la durée de l'association conjugale, la femme n'a, en effet, aucun droit né et actuel sur les acquêts, mais une simple espérance d'y prendre part un jour (1149 *bis*).

(1149) V. C. civ., art. 1483. **Junge**, *sup.*, n.º LXI, al. dern., et le passage suivant de Faber : *Mulier, quæ societate bonorum et quæstuum marito in tabulis nuptialibus contractá, cœpit ob eam causam obligatam esse ad exsolutionem æris alieni..., non idcircò prohibetur totam dotem, soluto matrimonio, exigere. Absurdum enim esset, adeòque iniquum hujusmodi confusione perire mulieri partem dotis* (Faber, C., liv. 5, tit. 7, *def.* 33, p. 519)..... *Intellige ita tamen* (ajoute Faber, *sup.*, n.te 3, p. 520), *nisi mulier abstineat à petitione partis bonorum mariti, et malit contenta esse suá dote. Nam et totam dotem et simul partem in bonis mariti habere non potest. Et ita fortasse intelligi Boerius debet.*

(1149 *bis*) V., sur ce dernier point, Dumoulin, Coutume de Paris, art. 43, glose 1.re, *in* v.º *Qui dénie le fief*, n. 88, t. 1, p. 1010, et art. 109, n. 3, v.º *La femme est tenue après le décès*, t. 1, p. 1674; Pothier, de la Communauté, n. 497, p. 721 et suiv.

CXLII. Anciennement, l'hypothèque légale engendrait, au profit de la femme, une autre garantie pour la restitution de la dot.

En vertu de son hypothèque, la femme était, en effet, supposée nantie de tous les biens du mari que grevait ladite hypothèque; et, comme, de droit commun, tout créancier nanti d'un gage ne pouvait être tenu de s'en dessaisir avant d'être entièrement payé, la femme, lorsque arrivait le moment de la restitution de la dot, se trouvait autorisée à retenir les biens de son mari à titre de nantissement jusqu'au remboursement intégral de ses cas dotaux (1150).

Par ce droit, la femme ne jouissait des biens de son mari qu'à la charge de rendre compte des fruits, et d'imputer sur le capital l'excédant que

---

(1150) *Jus dotis est, inter cætera, ut eo nomine possit mulier bona mariti retinere in quorum possessione reperitur eo tempore quo maritus moritur, licet non sit inserta dotalibus tabulis clausula constituti, cùm habeat illa jure pignoris obligata, si non semper expressè, saltem tacitè,* L. unic., §. 1, C. de rei ux. act., et L. 12, C. Qui potior., *nam et ob chirographariam pecuniam pignus retineri potest* (V. Faber et son Annotateur, C., liv. 5, tit. 7, *def.* 11, p. 513; Vedel sur Catelan, liv. 4, chap. 76, t. 2, p. 123; Merlinus, *de pign.*, liv. 3, tit. 2, quest. 76, n. 1 et 2, p. 323; *junge* L. 29, C. *de jur. dot.*, liv. 5, tit. 12).

les fruits pouvaient avoir sur les intérêts de la dot à elle dus (1151).

Ce droit existait indépendamment de toute stipulation (1152).

Dans la jurisprudence du Parlement de Bordeaux, que nous avons ici principalement en vue, ce droit prenait le nom de *droit d'insistance* : il se trouve désigné, dans quelques auteurs étrangers à notre ressort, sous le nom de *droit de rétention*.

Mais le droit de rétention ne s'entendait, dans la jurisprudence de notre Parlement, que de celui en vertu duquel la femme restait nantie des biens de son mari et en faisait les fruits siens jusqu'au remboursement de ses cas dotaux, sans imputer au sort, comme dans le droit d'insistance, les fruits qui excédaient les intérêts ordi-

---

(1151) V. Conférences m. s. sur la Coutume de Bordeaux, à l'art. 52; frères Lamothe, Commentaire sur la Coutume de Bordeaux, t. 1, p. 310, n.te 1; *junge* L. 48, ff. *de solut. et liberat.*, liv. 46, tit. 3.

(1152) V. Conférences m. s. et frères Lamothe cités à la note précédente. — *Nota* que Roussilhe, de la Dot, t. 2, p. 525 *in fine*, et p. suivantes, dit à tort que, dans la Coutume de Bordeaux, la femme n'avait droit de jouir des biens de son mari qu'autant que la stipulation en avait eu lieu dans le contrat de mariage.

naires, quelque excédant qu'il pût y avoir (1153).

Ce droit de rétention qui, sous le rapport de l'imputation des fruits, différait du droit d'insistance, en différait encore sous cet autre rapport qu'il n'avait lieu que tout autant que le contrat de mariage en contenait la stipulation (1154).

Le droit, que donnait le droit d'insistance comme celui de rétention, de se maintenir en possession des biens du mari jusqu'au paiement de la dot, appartenait tout aussi bien à la femme séparée de biens qu'à la femme veuve (1155).

Il était exclusivement attaché à la personne de la femme. En conséquence, il ne passait ni aux

(1153) V. Dupin sur Ferron, let. R, n. 121, p. 299. *Junge* Fontanella, *de pact. nupt.*, clause 7, glose 3, part. 1, n. 1 et 7, p. 475; Chabrol, Coutume d'Auvergne, t. 2, p. 270 *in fine*, et p. 271.

(1154) V. frères Lamothe sur la Coutume de Bordeaux, t. 1, p. 310, n.te 1; Conférences m. s. sur Lapeyrère, let. D, n. 124.

(1155) V., pour la femme veuve, art. 52 de la Coutume de Bordeaux, et arrêt du Parlement de Bordeaux, du 20 Juillet 1741, affaire Lacan; et, pour la femme séparée de biens, V. arrêt du même Parlement, du 5 Août 1778, affaire Rauzan; arrêt de la Cour de Bordeaux, du 19 Avril 1817, confirmé par un arrêt de la Cour de cassation, du 23 Mars 1829 (V. Sirey, 1817, 2, 417, et 1819, 1, 354). *Junge* L. 29, C. *de jur. dot.*, liv. 5, tit. 12, et Salviat, p. 146.

héritiers, ni même aux enfans de cette dernière (1156).

La femme en jouissait au préjudice des héritiers du mari, qui ne pouvaient le faire cesser
qu'en la remboursant effectivement, sans qu'il
leur fût permis de faire procéder préalablement
à la vente (1157).

Elle en jouissait encore à l'égard des créanciers
postérieurs à elle en hypothèque, lesquels créanciers pouvaient bien faire aller au bail les biens
saisis, ou faire procéder eux-mêmes à la saisie
réelle des biens du mari, mais seulement aux
offres de faire aller les biens à somme suffisante
pour désintéresser la femme, faute desquelles
offres, la saisie ne pouvait être conduite à fin,
et la femme retenait la possession des biens, en,

(1156) V. Apostillateur de Lapeyrère, let. D, n. 124, v.º
Par l'ancienne jurisprudence; Conférences m. s. sur la Coutume de Bordeaux, à l'art. 52, *ubi* cités d'anciens arrêts conformes du Parlement de Bordeaux; frères Lamothe, Commentaire sur la Coutume de Bordeaux, t. 1, p. 310 *in fine;* arrêts
de la Cour de Bordeaux, des 4 Fructidor an 13 et 16 Août
1814. V. encore Salviat, p. 146.

(1157) V. Apostillateur de Lapeyrère, let. D, n. 124, v.º
Par l'ancienne jurisprudence; art. 52 de la Coutume de
Bordeaux; de Juin, t. 1, p. 162, arr. 125, n. 2.

par elle, payant les créanciers antérieurs à son contrat de mariage (1158).

(1158) L'Apostillateur de Lapeyrère, let. D, n. 124, v.º *Par l'ancienne jurisprudence*, dit indistinctement que le droit de la femme de se maintenir en possession des biens de son mari n'a pas lieu à l'égard des créanciers, et c'est ce qu'on trouve énoncé, indistinctement aussi, dans les Conférences m. s. sur Lapeyrère, let. D, n. 124, v.º *Par l'ancienne jurisprudence*, dans Vedel sur Catelan, liv. 4, chap. 76, t. 2, p. 124, et dans de Juin, t. 1, p. 162, arr. 125, n. 2.—Mais on trouve ailleurs les éclaircissemens que ces autorités laissent à désirer. M. Cazalet, dans une consultation du mois de Février 1788, enseigne que, moyennant les offres de faire valoir les biens à sommes suffisantes pour opérer le remboursement de la femme, les créanciers postérieurs peuvent procéder par voie de saisie contre les biens du mari, et M. Dumoulin, dans une consultation du 7 Mai 1764, où il établit que la veuve rétentionnaire n'était pas tenue, envers les créanciers postérieurs à son mariage, au service des intérêts de leurs créances (ce qu'ont jugé, pour le dire en passant, divers arrêts du Parlement de Bordeaux, et notamment ceux qui suivent : arrêt de l'année 1745, dans la cause de la dame Mallet, veuve Charpentier; arrêts du mois d'Août 1746 et du 30 Août 1747, dans la cause de la dame Montalembert; arrêt du 24 Août 1759, dans la cause de la dame Chambon, veuve de Gasq), M. Dumoulin, disons-nous, explique, à son tour, que ce qui est dit par l'Apostillateur de Lapeyrère, *loc. sup. cit.*, ne doit s'étendre que des créanciers privilégiés ou antérieurs au contrat de mariage, et nullement des créanciers postérieurs : c'est ce qui se trouve reconnu dans un arrêt de la Cour de Bordeaux, du 16 Février 1807. D'un autre

Comme les droits résultans de conventions expresses ou d'une jurisprudence constante forment des droits acquis, et restent immuables, quelles que soient les dispositions législatives ultérieurement survenues, il est sans difficulté que la

---

côté, il résulte de plusieurs attestations du barreau de Bordeaux, rapportées par Salviat, p. 146 et 147, que, lorsque les créanciers du mari voulaient saisir, et avaient, en effet, saisi les biens, la femme en obtenait la main-levée en payant les créanciers privilégiés ou antérieurs à elle, si mieux n'aimaient les subséquens la rembourser ou offrir de faire aller l'enchère assez haut pour qu'elle pût être payée. Il en était ainsi, encore que nulle stipulation n'eût été faite dans le contrat de mariage pour la rétention des biens, et, à plus forte raison, dans l'hypothèse contraire. Cela, au surplus, était conforme aux principes du droit romain d'après lequel le créancier postérieur n'avait rien à demander à un créancier antérieur qui possédait à titre d'hypothèque ou d'engagement, et ne pouvait poursuivre son paiement sur la chose hypothéquée ou engagée qu'en payant le créancier antérieur (V. Renusson, de la Subrogation, chap. 4, n. 5, p. 22, et Henrys, liv. 4, chap. 6, quest. 29, t. 2, p. 279 et suiv., *ubi* citées, entr'autres lois, la loi 8, C. *Qui potior.*, liv. 8, tit. 8, et la loi 1, C. *Si antiquior creditor*, liv. 8, tit. 20); mais cela s'écartait des principes du droit français suivant lequel tout créancier hypothécaire, quoique postérieur, pouvait saisir et faire vendre les immeubles de son débiteur hypothéqués ou engagés à des créanciers antérieurs (V. Renusson, de la Subrogation, chap. 4, n. 16, p. 23 et suiv.; Pothier, du Contrat de nantissement, chap. 2, art. 1, n. 26, t. 2, p. 953).

femme, mariée sous l'empire de notre ancienne jurisprudence, sera fondée à se prévaloir aujourd'hui du droit de rétention comme de celui d'insistance, tant à l'égard du mari ou de ses héritiers qu'à l'égard des créanciers (1159). Que si la femme avait contracté mariage sous l'empire des lois des 9 Messidor an 3 et 11 Brumaire an 7 sur les hypothèques, elle pourrait sans contredit se prévaloir encore aujourd'hui, à l'égard du mari ou de ses héritiers, soit du droit d'insistance (1160), et, à plus forte raison, du droit de rétention. Elle pourrait s'en prévaloir également contre les créanciers du mari postérieurs à elle en hypothèque, à l'égard des choses mobilières délaissées par ledit mari; mais elle ne le pourrait pas à l'égard des immeubles de ce dernier, le système hypothécaire établi par les lois en question, avec

---

(1159) Ainsi jugé, entr'autres arrêts, pour le droit de rétention et à l'égard des créanciers du mari, par un arrêt de la Cour de Bordeaux, du 19 Avril 1817; et pour le droit d'insistance et à l'égard du mari ou des héritiers de ce dernier, par arrêts de la même Cour, des 2 Juillet 1828, en 1.re, et 22 Mars 1834, 2.e chambre.

(1160) Décidé de la sorte par arrêt de la Cour de Bordeaux, du 17 Novembre 1829, en 1.re. — La même chose a été jugée à Toulouse par arrêt du 27 Mai 1816, rapporté dans la Jurisprudence inédite de la Cour de Toulouse, p. 214.

abrogation de tous usages contraires, étant incompatible et inconciliable avec le droit qu'avait auparavant la femme de se maintenir en possession desdits immeubles et d'en empêcher la vente, en, par elle, payant les créanciers antérieurs, si mieux n'aimaient les créanciers postérieurs la désintéresser (1161).

(1161) V., dans ce sens, un arrêt de la Cour de Bordeaux, du 1.er Février 1826, en 1.re, dans une espèce où la femme, s'autorisant du droit de rétention stipulé dans son contrat de mariage, qui avait été passé sous la loi de Brumaire, prétendait empêcher l'expropriation des immeubles de son mari, et réclamait, dans cet objet, des inhibitions. Cet arrêt juge avec raison que la loi de Brumaire ayant aboli, par son article 56 (conforme à l'art. 276 de la loi de Messidor), toutes lois, coutumes et usages antérieurs sur les hypothèques, et ayant donné, par l'article 14 (conforme à l'art. 4 de la loi de Messidor), à tout créancier hypothécaire le droit de suivre l'immeuble dans quelque main qu'il se trouve, de le faire vendre et d'être payé sur le prix, il ne pouvait être question d'invoquer notre ancienne jurisprudence qui mettait obstacle à l'exercice de ce droit, ainsi que nous l'avons vu à la n.te 1158. Comme l'arrêt en question statue à l'égard du droit de rétention qui, dans la jurisprudence de notre Parlement, se résolvait en une antichrèse, nous ferons remarquer que, si des auteurs enseignent qu'un créancier nanti par antichrèse, à moins qu'on ne lui offre le remboursement intégral de sa créance, ne saurait pas plus être dépossédé par les créanciers hypothécaires postérieurs, qu'il ne pourrait l'être par le débiteur lui-même (V. M. Proudhon, de l'Usufruit, t. 1,

p. 87 à 96, p. 92 et suiv.), il doit néanmoins rester pour constant, et c'est l'opinion la plus commune et la plus saine, que l'antichrèse, pour servir au créancier contre le débiteur lui-même, ne peut préjudicier à des tiers et empêcher ainsi les créanciers hypothécaires postérieurs d'exercer tous les droits que la loi attache à l'hypothèque (V. Pothier et Renusson cités à la fin de la n.te 1158. *Junge* M. Delvincourt, Cours de Code civil, t. 3, p. 212; C. civ., art. 2091, et, sur cet article, l'Exposé des motifs de la loi relative au nantissement par MM. Berlier et Gary).

FIN DU TOME SECOND.

TABLE

DES MATIÈRES.

Les chiffres romains se rapportent au corps de l'ouvrage, et les chiffres arabes aux notes.

A

ACCROISSEMENT.

ACQUÉREUR, ACQUISITION.

1. Le terme d'*acquéreur* s'applique aussi bien à celui qui a acquis à titre gratuit qu'à celui qui est devenu propriétaire à titre onéreux (318).

2. Un mari peut faire une acquisition pour sa femme (396).

3. La propriété d'une chose appartient à celui qui a fait, ou au nom duquel a été faite une acquisition, quoique les deniers d'un tiers y aient été employés (395).

4. Des acquisitions faites par une femme ou en son nom : à qui appartiennent-elles (370)?

5. Des acquisitions faites par le mari et la femme conjointement (370, 397).

ACQUÊT.

V. v.º *Constitution dotale*, 27, 32, 50, 56, 57, 61.
      Hypothèque, 16.
      Société d'acquêts.

1. L'union civile ou de simple destination forme des acquêts, à la différence de l'union réelle et naturelle (493).

2. Les acquêts dévolus ne font pas partie des biens des enfans (190).

ACQUISITION.

V. v.º *Acquéreur*.

ACTE SOUS SEING PRIVÉ.

V. v.º *Mari*, 7.

A quelles conditions un acte sous seing privé fait-il foi de sa date contre les tiers (53, al. 2)?

ACTION.

V. v.º *Mari*, 6.

1. Action possessoire. V. v.º *Mari*, 12.
2. — pétitoire. V. v.º *Mari*, 13.
3. — confessoire, négatoire. V. v.º *Mari*, 13.
4. — en bornage. V. v.º *Mari*, 15.
5. Si, dans le concours de plusieurs actions, il est permis de varier (747).
6. Une chose est censée nous appartenir lorsque nous avons une action pour la réclamer (189).
7. Les actions et les droits sont-ils compris sous les noms de *biens*, de *biens meubles et immeubles* (186)?

ADMINISTRATION.

1. Administration des biens dotaux. V. v.º *Mari*, 5.
2. — des biens de la société d'acquêts. V. v.º *Constitution dotale*, 32.

AGENCEMENT.

L'agencement constituait un gain de survie (38).

ALIÉNER, ALIÉNATION.

V. v.º *Inaliénabilité*.
Donation, 31.
Prescription, 1.

1. Qu'entend-on par les mots *aliéner*, *aliénation* (318, 498, 597)?
2. *Si permittitur unus actus alienationis, permittitur omnis alius illi similis et eundem effectum habens, vel meliorem. Secùs, si deteriorem* (594).

3. Si la faculté d'aliéner entraîne celle d'hypothéquer (LXVII, let. C, al. 5; 597), d'échanger *(ib.)*, de compromettre *(ib.)*.

4. La prohibition d'aliéner emportait-elle autrefois celle de transiger (566)?

5. Du mandat d'aliéner donné, par contrat de mariage, par la femme à son mari, et de la faculté d'aliéner qu'elle se réserve pour elle-même dans son contrat de mariage. V. v.° *Inaliénabilité*, 24.

6. En droit romain, toute aliénation d'immeubles appartenans à une mineure, faite pour cause de dot ou par suite de toute autre convention matrimoniale, était nulle, si elle n'avait été autorisée par décret de justice (582).

7. Le tuteur pouvait-il, avant le Code, faire, sans décret de justice, une transaction qui n'emportât pas dépossession de l'immeuble litigieux (566)?

ALIMENS.

V. v.° *Inaliénabilité*, 28.
  Restitution de la dot, 23.

Que comprend le mot *alimens* (LXXII, al. 2)?

ALLUVION.

V. v.° *Dot, Dotalité*, 46.

ALTERNATIVE.

V. v.° *Obligation*, 1.

L'alternative peut être imposée dans toutes sortes d'actes et de dispositions (134).

AMÉLIORATIONS.

V. v.º *Constitution dotale*, 85.
   Inaliénabilité, 67.
    Mari, 3o.
   Possesseur.
   Restitution de la dot, 34.
   Rétention (Droit de), 2.
   Usufruit, Usufruitier, 5.

Qu'entend-on par *améliorations* (33o, 938)?

AMENDES.

V. v.º *Inaliénabilité*, 38.

ANTICHRÈSE.

L'antichrèse, pour servir au créancier contre le débiteur lui-même, ne peut préjudicier à des tiers et empêcher les créanciers hypothécaires postérieurs d'exercer tous les droits que la loi attache à l'hypothèque (1161).

ARBITRAGE.

Chose laissée à l'arbitrage d'un tiers. V. v.º *Constitution dotale*, 47.

ARRÉRAGES.

V. v.º *Rente viagère*.

ARTICLES DE MARIAGE.

V. v.º *Constitution dotale*, 8, 9.

V. v.º *Donation*, 17, 18.
  Hypothèque, 4, 20.
  Institution contractuelle, 2.

Les articles de mariage d'écriture privée étaient autrefois en usage (53).

ASSIGNATS.

V. v.º *Constitution dotale*, 67, 82.
  Restitution de dot, 27, 28.

AUGMENTATION DE DOT.

V. v.º *Constitution dotale*, 12.
  Dot, Dotalité, 16.
  Hypothèque, 12.

AYANT CAUSE.

Qu'est-ce qu'un *ayant cause* (650)?

B

BAIL EN PAIEMENT.

V. v.º *Dot, Dotalité*, 30 à 35.

1. Le mari ne peut être contraint de recevoir, pendant le mariage, un immeuble à la place des deniers constitués en dot (XLIX, let. B, 2.º).

2. A qui appartient l'immeuble donné en paiement de la dot soit à la femme personnellement, soit au mari et à la

femme conjointement? *Quid*, dans le cas d'une société d'acquêts existante entre les époux? *Quid*, anciennement (XLIX, let. A, al. 4 ; XLIX, let. B, 1.º; 405)?

3. La femme, le cas de la restitution de la dot arrivant, a le droit de répéter sa dot en deniers, sans pouvoir être contrainte de prendre les fonds reçus en paiement par le mari (XLIX, let. B, 3.º).

BAIL A FERME OU A LOYER.

V. v.º *Mari*, 16.

BAIL A LOCATERIE PERPÉTUELLE.

V. v.º *Inaliénabilité*, 20.

Le bail à locaterie perpétuelle emportait-il translation de propriété (572)?

BAIL A RENTE FONCIÈRE.

V. v.º *Inaliénabilité*, 20.
    Mari, 11.

Le bail à rente foncière a été rejeté par le Code (495).

BATIMENS.

V. v.º *Dot, Dotalité*, 46.

Omne quod solo inædificatur solo cedit (LV, 3.º).

BIENS.

V. v.º *Acquêts*, 2.

V. v.º *Action*, 7.
> *Constitution dotale,* 48 à 51.
> *Substitution,* 1.

1. Que comprend-on sous le mot *biens* (189) ?
2. Les biens ne se conçoivent que déduction faite des dettes (654, 1008).
3. *Bona donata sunt extra causam bonorum* (650).
4. Qu'entend-on par *biens présens* et par *biens à venir* (XXIV)?
5. Quels biens sont dotaux? V. v.º *Dot, Dotalité.*

BÉNÉFICE DE COMPÉTENCE.

V. ce qui est dit de ce bénéfice aux n.ᵒˢ XLI et CXIX.

BÉNÉFICE D'INVENTAIRE.

V. v.º *Constitution dotale,* 77.
> *Héritier, Hérédité,* 1, 4, 7.
> *Inaliénabilité,* 48.

Un des priviléges du bénéfice d'inventaire est de donner à l'héritier l'avantage de ne confondre ni ses biens, ni ses droits personnels avec ceux de la succession (LXXXIII, al. 5; 722).

BILLETS.

V. v.º *Créances.*

BORNAGE.

V. v.º *Action,* 4.

C

CARRIÈRES.

V. v.º *Mari*, 23.

CAUSE LUCRATIVE.

Si deux causes lucratives peuvent concourir ensemble dans la même personne (275 ; XXXVI, al. 2).

CAUTION, CAUTIONNEMENT.

V. v.º *Inaliénabilité*, 43.
    Mari, 8, 9.
    Séparation de biens ou de corps, 2.

Le cautionnement est reçu pour une obligation naturelle et susceptible d'être annulée par une exception personnelle (LXXX, 1.º).

CHARGES DE NOTAIRES, D'AVOUÉS, etc.

V. v.º *Inaliénabilité*, 12.
    Restitution de dot, 30.

CHARGE.

V. v.º *Constitution dotale*, 25 à 29.
    Mode.

1. Les charges impossibles, ou contraires, soit aux lois, soit aux mœurs, étaient, en droit romain, réputées non écrites

dans les legs, les fidéicommis et les institutions d'héritier
(120).

2. Elles annulaient autrefois les donations (130).

3. Elles sont aujourd'hui réputées non écrites dans les donations
(120, 138).

CHOIX.

V. v.º *Action*, 5.

CHOSES FONGIBLES.

V. v.º *Dot, Dotalité,* 40.

Que doit rendre le débiteur de semblables choses ou celui
qui en a l'usufruit (970)?

CLAUSES.

1. Les clauses qui sont de convention ordinaire et qui font la
sûreté de la convention, sont toujours présumées sous-entendues dans les contrats (1089, al. 2).

2. Les clauses pénales ne produisent aucun effet, lorsque la
condition qui leur sert de fondement est contraire aux
lois (XVII, al. dern., *in fine*).

COMMUNAUTÉ.

V. v.º *Étranger,* 2, 3.

COMPENSATION.

V. v.º *Mari,* 10.

Y avait-il autrefois compensation entre la dette soit volontaire, soit procédant d'un titre onéreux, et le legs fait postérieurement par le débiteur (266)?

COMPÉTENCE.

V. v.º *Bénéfice de compétence.*

COMPROMIS.

V. v.º *Aliéner, Aliénation*, 3.
Inaliénabilité, 20.
Mari, 17.

Alienationis nomine continetur compromissum (567).

COMPTE DE TUTELLE.

V. v.º *Constitution dotale*, 26.

Du legs fait à la charge de ne pas demander le compte de
tutelle (120).

CONDITION.

V. v.º *Constitution dotale*, 18, 19, 22, 30, 33.

1. En quoi la condition diffère du mode (119).
2. En matière de contrats, la condition accomplie a un effet
   rétroactif (107).
3. Les conditions impossibles, ou contraires soit aux lois, soit
   aux mœurs, étaient, en droit romain, réputées non écrites
   dans les legs, les fidéicommis et les institutions d'héritier
   (120). Elles annulaient autrefois les donations (130). Au-

jourd'hui elles sont réputées non écrites dans les donations (120, 138).

4. Notions sur la condition suspensive et sur la condition résolutoire (94).

5. De la condition potestative en fait de donation (XV).

CONFESSION.

V. v.° *Reconnaissance*.

CONJONCTIVE (OBLIGATION).

V. v.º *Obligation*, 2.

CONSTITUTION DOTALE.

1. Une dot exige une constitution dotale (VIII).

2. La constitution de dot est regardée comme un véritable contrat *(ib.)*.

3. Elle doit être l'effet d'une stipulation expresse *(ib.)*.

4. Il ne peut y avoir de constitution de dot tacite *(ib.)*. Ancienne jurisprudence (30).

5. Mais la constitution de dot peut s'opérer implicitement (IX).

6. Cas dans lesquels il y a, ou non, constitution implicite de dot *(ib.)*.

7. Le contrat renfermant la constitution de dot doit, aujourd'hui, être rédigé par acte public, avec toutes les formalités voulues par la loi de Ventose sur le notariat (X).

8. *Quid,* avant le Code? Distinctions (53).

9. Les anciens contrats passés sous signature privée dans les pays où cette forme était reçue, doivent avoir leur pleine exécution (X).

10. Le contrat de constitution, revêtu des formes requises, doit précéder la bénédiction nuptiale (XI, let. A).

11. De l'ancienne jurisprudence sur ce point, et questions se rattachant à cette jurisprudence *(ib.)*.

12. La dot ne peut être constituée ni augmentée pendant le mariage. *Quid*, anciennement *(ib.)* ?

13. Nul changement, une fois le mariage célébré, ne peut être apporté à ce qui a été convenu et arrêté par le contrat de mariage relativement à la dot. *Secùs*, avant le mariage célébré, en remplissant les formalités voulues par la loi (XI, let. B).

14. Du sort de diverses contre-lettres passées, avant la célébration du mariage, sans l'observation des formalités exigées *(ib.)*.

15. La constitution de dot est susceptible de toutes sortes de stipulations (XII), sauf les exceptions plus bas spécifiées, n. 30 et suiv.

16. La dot peut être constituée à terme, comme si, par exemple, le tiers qui dote stipulait que la chose par lui donnée ne serait pas exigible de son vivant, mais à sa mort (XIII). Le terme fixé dans le contrat ne court que du jour de la célébration *(ib.)*; et, lorsqu'une somme est dite payable après le décès des père et mère, cela doit s'entendre distributivement *(ib.)*.

17. La dot peut être constituée à tems (XIV).

18. Elle peut être constituée sous une condition suspensive ou résolutoire, et la condition peut n'être subordonnée qu'à la seule volonté du donateur (XV). De la stipulation du droit de retour *(ib.)*. De la stipulation que le constituant ne pourra être forcé de payer la dot malgré lui; qu'il la paiera quand il le voudra, ou quand il le pourra, ou quand cela lui sera commode *(ib.)*.

19. Toute stipulation dotale renferme la condition tacite si le mariage a lieu (XVI, let. A), de telle sorte que la constitution de dot n'acquiert sa perfection qu'au moyen de la célébration du mariage *(ib.)*, et cette célébration n'a pas d'effet rétroactif à la date du contrat civil *(ib.)*.

20. La constitution de dot est anéantie, en conséquence, par le défaut de célébration du mariage en vue duquel elle a été faite. *Quid*, avant le Code ? A quelle époque la condition tacite de la célébration du mariage peut-elle être accomplie avec effet (XVI, let. A ; 101) ?

21. La constitution de dot s'évanouit si le mariage vient à être annulé, sauf, toutefois, les effets de la bonne foi (XVI, let. A).

22. C'était en vertu d'une condition tacite et légale que, d'après le droit commun des pays du droit écrit, les biens donnés entre-vifs pour cause de dot par des ascendans, leur faisaient retour en cas de prédécès du donataire et de sa postérité. *Quid*, d'après les principes du droit coutumier et du Code civil (XVI, let. B) ?

23. La constitution de dot qui émane d'un tiers, est résolue s'il survient des enfans au donateur (XVI, let. C).

24. Mais elle n'est pas révoquée pour cause d'ingratitude. *Quid*, avant le Code (XVI, let. D ; 116) ?

25. La dot peut être constituée par un tiers sous quelque charge (XVII), et, par exemple, à la charge par la fille dotée :

26. De ne pas demander au constituant compte de sa tutelle *(ib.)* ;

27. De laisser jouir le survivant des père et mère, pendant sa vie, de la part du prédécédé dans les acquêts de la société conjugale *(ib.)* ;

28. De remettre, de son vivant et dans un terme fixe, partie de

l'émolument de la donation pour dot à une tierce personne
(ib.) ;

29. De faire emploi de la dot en acquisitions d'immeubles *(ib.)*.

30. On ne peut stipuler rien de contraire aux bonnes mœurs
et à l'ordre public, ni des conditions ou charges qu'il serait
impossible de remplir (XVIII, 1.ʳᵉ exception).

31. La fille dotée ne peut, dès-lors, valablement renoncer,
moyennant la dot à elle fournie, à la succession non ouverte des constituans *(ib.)*. *Quid*, avant le Code (*ib.*
et 140)?

32. Il ne peut être convenu, non plus, dans le contrat de mariage que la femme aura l'administration soit des biens
dotaux, soit des biens de la société d'acquêts qu'auraient stipulée les époux. Que comprend cette société ? Porte-t-elle
quelque atteinte au régime dotal (XVIII, 1.ʳᵉ exception) ?

33. On ne peut mettre pour condition à une constitution que
les futurs époux seront tenus de demeurer dans la même
ville que le tiers qui a doté *(ib.)*.

34. Peut-on stipuler que les fruits de la dot feront partie de la
dot et seront convertis en capitaux pour être restitués lors
de la dissolution du mariage (XVIII, 2.ᵉ exception)?

35. Prohibition de tout pacte tendant à détériorer la dot ou à
laisser la femme sans dot (XVIII, 3.ᵉ exception).

36. Du pacte sur la restitution de la dot après le délai fixé par
la loi (150).

37. Du pacte que le mari ne sera garant que de son dol
(XVIII, 3.ᵉ exception).

38. De la stipulation ayant pour objet de faire passer une partie
de la dot aux enfans du mariage, au cas de dissolution du
mariage par le prédécès du mari *(ib.)*.

39. De la convention faite, entre un père et son gendre, que

celui-ci ne sera pas tenu de restituer la dot fournie par le premier (*ib.*).

et qui, dans la suite et durant le mariage, vient à s'ouvrir à son profit, ou d'une institution contractuelle dont elle aurait été l'objet avant de se marier, et dont elle viendrait à recueillir l'émolument, *durante matrimonio*, par le décès de l'instituant, tombe-t-il sous la constitution de biens présens (XXIV, 1.er et 4.e exemple)? *Quid*, à l'égard des acquêts qui, à l'époque du mariage de la fille, se trouvaient atteints de dévolution à son profit (190)?

51. Si une femme, au moment du mariage par elle contracté avec une constitution de ses biens présens, se trouve en procès avec un tiers relativement à la propriété d'un héritage, cet héritage, s'il vient à être attribué à la femme par le jugement qui statue sur le procès, fera partie, comme bien présent de la constitution en question (XXIV, 3.e exemple).

52. La dot qui émane d'un tiers, forme une libéralité du constituant à la femme (XXV).

53. Tous ceux qui peuvent faire une donation sont habiles à doter (XXVI, al. 1).

54. Personne, même le père ou la mère de la future, ne peut être contraint de constituer une dot. *Quid*, avant le Code (XXVI, al. 2)?

55. La donation résultante de la constitution de dot est subordonnée à l'accomplissement du mariage (XVI, let. A).

56. De la dot constituée, du vivant de la mère, par le père seul. Cas où cette dot est en entier à la charge du père ou à celle de la société d'acquêts existante entre lui et son épouse (XXVIII).

57. De la dot constituée par la femme seule, du vivant du mari, avec l'autorisation de celui-ci. Effet de cette autorisation quant aux biens du mari, aux acquêts de la société conjugale et aux biens dotaux (XXIX).

58. De la dot constituée par le père survivant. A la charge de qui est-elle ? Diverses hypothèses prévues et questions se rattachant à ces hypothèses (XXXI).

59. De la dot constituée par la mère survivante (XXXII).

60. De la dot constituée par les père et mère conjointement. Différentes hypothèses prévues et questions se rattachant à ces hypothèses (XXXIII, let. A et B).

61. La dot constituée par le mari et la femme conjointement, pour des parts égales ou inégales, est une dette personnelle de l'un et de l'autre pour la part dont chacun d'eux doit y contribuer, et non une dette de la société d'acquêts qui aurait été contractée. Conséquences (XXXIII, let. C).

62. Cette dot, à moins de stipulations contraires, ne laisserait pas d'être à la charge des constituans et d'être prise sur leurs biens, encore que la fille dotée eût des biens à elle propres dont ils auraient la jouissance (XXXIII, let. E).

63. Lorsque les père et mère constituent la dot conjointement avec une autre personne, sans distinguer la part de chacun, le mari et la femme sont-ils tenus pour un tiers, et l'autre constituant pour un tiers aussi (XXXIII, let. D) ?

64. Lorsque c'est le père ou la mère, ou tout autre parent dont la future épouse serait héritière présomptive, qui a fait la constitution, cette constitution, quoiqu'elle fût dite faite aux futurs époux ou au mari seul, s'appliquerait-elle à la femme seulement (XXXV) ?

65. Si un père, après avoir constitué à sa fille une dot, dont il est demeuré débiteur, lui fait ensuite un legs d'une même ou de toute autre somme, sans exprimer que c'est pour tenir lieu du paiement de la dot, la fille, après la mort de son père, sera-t-elle en droit de prétendre la dot et le legs

(XXXVI, al. 1) ? *Quid*, dans l'espèce inverse (XXXVI, al. 2) ?

66. Un père donne une somme en dot à sa fille en la mariant. Celle-ci devient veuve avant que le père ait rempli sa promesse, et le père, la mariant une seconde fois, lui constitue une nouvelle somme en dot sans faire mention de la première qu'il n'a pas payée. Devra-t-il les deux dots (XXXVII, ?

67. Si le contrat de mariage renfermant la constitution d'une somme en dot se trouve passé pendant la dépréciation du papier-monnaie, les constituans, qui seraient demeurés débiteurs de la dot, pourraient-ils être contraints de la payer en numéraire sans réduction (XL) ?

68. Du bénéfice de compétence (XLI).

69. L'action pour réclamer la dot du tiers qui l'a constituée dure trente ans (XXXVIII, let. A).

70. De la présomption de paiement établie par l'art. 1569 en faveur de la femme ou de ses héritiers contre le mari. Diverses questions au sujet de cette présomption (XXXVIII, let. A, B, C).

71. Les intérêts de la dot constituée par un tiers ou par la femme courent de plein droit, à moins de stipulation contraire, du jour de la célébration du mariage, encore qu'il y ait terme pour le paiement (XXXIX, let. A). Sur quel pied doivent se régler les intérêts courus sous différentes lois (285) ?

72. Les intérêts cessent d'être dus, quoique stipulés, pour tout le tems que le père ou autre constituant a nourri et entretenu la femme, ou, du moins, ils ne peuvent être réclamés que sous la déduction des frais de nourriture et d'entretien. Exception (XXXIX, let. B).

73. Si la dot, au lieu d'être d'une somme d'argent, se compo-

sait de choses qui ne produisent pas des intérêts par elles-mêmes, en serait-il également dû des intérêts de plein droit (XXXIX, let. C)?

74. *Quid,* si la dot consistait en une créance sur un tiers payable à terme (XXXIX, let. D)?

75. Par quel laps de tems se prescrivent les intérêts de la dot (XXXIX, let. E)?

76. Conséquences qui se déduisent du principe que la dot émanant d'un tiers constitue une véritable donation au profit de la femme :

1.º La constitution de dot est caduque, si le mariage ne s'ensuit pas ;

2.º Si elle a été faite par une personne qui n'avait pas d'enfans ou descendans, elle est résolue par la survenance d'enfans au constituant ;

3.º Lors de l'ouverture de la succession du donateur, et sans attendre la mort du mari, elle sera réductible à la portion dont la loi, sous l'empire de laquelle elle a été constituée, permettait la disposition ;

4.º Elle est soumise à transcription dans tous les cas où cette transcription est exigée dans les donations ;

5.º Comme toute donation, elle fait retour aux ascendans qui l'ont constituée; elle est soumise à rapport, si la fille dotée vient à la succession du constituant, à moins, en premier lieu, que la dotation n'eût été assortie d'une clause de préciput, et, en second lieu, qu'au moment de la constitution dotale faite par le père ou la mère, le mari ne fût déjà insolvable ou n'eût ni état, ni profession (XLII).

77. La fille qui aurait accepté sous bénéfice d'inventaire la succession du constituant, à laquelle elle aurait déclaré postérieurement renoncer, serait-elle affranchie de l'obligation du rapport (XLII, let. A)?

78. Pour déterminer dans quels cas et dans quelles proportions le rapport de la dot peut être dû, par la fille dotée, à la succession de ses père et mère, il faut savoir comment ces derniers, d'après l'acte de constitution, se trouvent obligés à la dot. Renvoi (XLII, let. B, al. 2).

79. Régulièrement, la femme est tenue au rapport de la constitution que ses père et mère, ou autre personne dont elle se trouvait héritière présomptive, auraient déclaré faire aux futurs époux ou à l'un d'eux (XLII, let. B, al. 2).

80. L'argent et le mobilier se rapportent en moins prenant (XLII, let. B, al. 4).

81. Le rapport des immeubles peut être exigé en nature. Exceptions *(ib.)*.

82. Du rapport des dots constituées pendant la dépréciation du papier-monnaie *(ib.)*.

83. Du rapport des intérêts des sommes et des fruits des immeubles constitués en dot (XLII, let. C).

84. Du rapport, au sujet de la constitution d'un droit d'usufruit, de rente ou pension, de nourritures *(ib.)*.

85. Remboursement dû à la femme à raison des améliorations et réparations par elle faites aux immeubles qu'elle rapporte (CLII, let. D).

86. Dans la jurisprudence du Parlement de Bordeaux, la fille qui avait reçu une dot en argent et qui en avait été payée, pouvait-elle demander sa légitime en corps héréditaires, en rapportant ou imputant la dot reçue? En était-il de même de la fille qui, après le décès de ses père et mère, avait reçu en argent le legs qui lui avait été fait pour lui tenir lieu de sa légitime? La réception du legs et la quittance qui en avait été fournie, formaient-elles obstacle à la demande en supplément en argent, à laquelle la fille n'avait pas expressément renoncé (308)?

87. La femme a droit à la garantie des objets constitués, en ce qui touche son intérêt personnel (XLIII).

88. La dot est pour le mari un vrai titre onéreux. Conséquences : la garantie est due pour la dot, de la part de ceux qui l'ont constituée, et la bonne foi du mari le garantit de toute action révocatoire de la part des créanciers du constituant (XLIV).

89. S'il s'agissait d'une dot immobilière constituée par un failli, dans les dix jours qui ont précédé l'ouverture de la faillite, cette constitution, *respectu mariti*, ne serait pas atteinte par la nullité de droit prononcée contre les actes translatifs de propriété à titre gratuit (XLIV, al. dern.).

90. La femme, quoique mineure, peut se constituer une dot avec le consentement et l'assistance de ceux dont le consentement est requis pour la validité de son mariage. Elle n'est pas restituable contre la constitution par elle faite (XLV, let. A).

91. La femme qui aurait des enfans d'un premier lit, pourrait-elle se constituer en dot tous ses biens, sans que lesdits enfans pussent attaquer cette constitution comme renfermant un avantage indirect en faveur du nouvel époux (XLV, let. B)?

92. La constitution que se fait la femme elle-même, donne lieu à une action en garantie, sauf le cas où la constitution a été faite vaguement de tous biens (XLV, let. C).

CONTRAT DE MARIAGE.

V. v.º *Articles de mariage.*
Constitution dotale, 7, 10.

Tabulæ nuptiales ad tempus consummati matrimonii referri debent (XVI, let. A, al. dern.).

CONTRAT, CONTRACTER.

Éviction, 1, 2.

1. *Actus magis proprio quàm alieno nomine intelligitur celebratus* (714).
2. *Quoties quisquam in rebus agit, vendit, permutat, contrahit, sine adjectione externæ qualitatis, semper suo nomine contraxisse videtur* (714).
3. *Dicens se procuratorem, eo ipso censetur facere in qualitate procuratoris : dicens se maritum, censetur nomine uxoris facere* (706).
4. *Quando quis contrahit sub aliquâ qualitate, illa in omnibus partibus contractûs illius debet intelligi repetita* (706).

CONTRE-LETTRE.

V. v.º *Constitution dotale*, 13, 14.

CONTRIBUTIONS.

V. v.º *Mari*, 29.

CONVENTIONS MATRIMONIALES.

N'étaient pas soumises à l'article premier de l'ordonnance des donations (53).

CONVENTIONS TACITES.

V. v.º *Stipulations*.

CRÉANCES, CRÉANCIERS.

1. Le mari est-il propriétaire des créances dotales (541)?
2. Les créances sont-elles des choses fongibles *(ib.)*?
3. Un usufruitier est-il propriétaire des créances soumises à son usufruit *(ib.)*?
4. Tout créancier peut exercer les droits et actions de son débiteur, à l'exception de ceux qui sont exclusivement attachés à la personne (LXXXVI, al. 4).

D

DÉCRET.

Toutes sortes d'hypothèques étaient purgées autrefois par le décret volontaire ou forcé (1140 et 1142).

DÉGUERPISSEMENT.

DÉLAI.

DÉPENS.

V. v.º *Inaliénabilité*, 34.
    Procès.

DÉTÉRIORATION.

V. v.º *Mari*, 28.

DETTES.

V. v.º *Donation*, 7.
    Dot, Dotalité.
    Inaliénabilité, 31, 34.
    Usufruit, Usufruitier.

Que comprend-on sous le nom de *dettes* (LXXV, let. B)?

DEUIL.

V. v.º *Habits de deuil.*

DISPOSER, DISPOSITION.

Que comprennent ces mots (599)?

DISTINGUER, DISTINCTION.

On ne doit pas distinguer là où la loi ne distingue pas (404).

DOL.

V. v.º *Constitution dotale*, 37.
    Loi, 4.
    Mari, 28.

Magna culpa dolus est (920).

DOMICILE MARITAL.

Les effets d'un mariage, en quelque endroit qu'il eût été passé, et quel que fût le domicile de la femme, se réglaient anciennement, sauf stipulations contraires, par la loi du lieu où était domicilié le mari (679).

DON MUTUEL.

V. v.º *Donation*, 6.

DONATION, DONATEUR, DONATAIRE.

V. v.º *Constitution dotale*, 52, 53, 76.
    Dot, Dotalité, 15, 17, 22.
    Inaliénabilité, 20, 23.
    Libéralité, 1.
    Réduction, 1.

1. *Donare est perdere* (LXIV, let. A).
2. Les donations sont de fait et ne se présument jamais (CXXIII, let. B *in fine*), et, dans le doute, les termes d'une donation doivent toujours être pris dans le sens le plus restreint (162).
3. Celui-là fait une donation qui, sciemment, paie ou promet de payer ce qu'il ne doit pas (XXXI, 5.e hyp.).
4. Deux donations, quoique d'une même somme, peuvent exister sur la tête d'une même personne (XXXVI, al. 2, et XXXVII).
5. Celui qui donne peut imposer à sa libéralité telle loi qui lui plaît (XII).

6. En matière de donation, la garantie de droit n'a régulièrement pas lieu (XLIII, XLIV).

7. Un donataire est-il personnellement tenu du paiement des
dettes du donateur? Distinctions à faire (650).

8. La bonne foi du donataire n'empêche pas que les créanciers
du donateur ne puissent attaquer la donation faite en
fraude de leurs droits (XLIV).

9. Des personnes qui peuvent opposer le défaut de transcription
des donations (XLII, al. 7).

10. La donation est-elle entre-vifs lorsque l'exécution en est
renvoyée à la mort du donateur (84)?

11. De la donation d'un objet déterminé pour l'époque du décès
du donateur *(ib.)*.

12. De la donation d'une somme fixe, dont le donateur déclare
se dessaisir sur les plus clairs et apparens biens qu'il possède *(ib.)*.

13. De la donation d'une somme à prendre sur la succession du
donateur, sur les biens qu'il délaissera à son décès *(ib.)*.

14. Des donations temporaires (XIV).

15. La donation d'une somme déterminée payable en capitaux
ou en immeubles, est-elle facultative ou alternative (379)?

16. Tout ce qui est promis en contrat de mariage est censé
donné (42).

17. La donation faite par un père à sa fille ou à son fils en sa
puissance, dans des articles de mariage sous seing privé,
était anciennement valable (53).

18. Une donation entre-vifs faite par un étranger ne pouvait
avoir lieu autrefois dans les articles de mariage sous signature privée. *Quid*, d'une donation à cause de mort (53)?

19. Si la donation faite au fils, avant le Code, dans son contrat
de mariage, était valable nonobstant l'inaccomplissement du

mariage (101). *Quid*, de la donation faite par un étranger *(ib.)*?

20. Les donations par contrat de mariage faites pour tout autre objet qu'une dot, étaient-elles, avant le Code, sujettes à révocation pour cause d'ingratitude (116)?

21. Ce qui est donné par contrat de mariage aux deux conjoints ou à l'un d'eux, doit être censé donné au descendant du donateur (XXXV).

22. De la donation aux enfans à naître. Cas où elle est permise sous le Code. Ancien droit à cet égard (XVIII, avant-dern. al.; 157).

23. Donation par la femme à son mari durant le mariage. V. v.º *Inaliénabilité*, 5.

24. De la donation pour cause de noces (38).

25. Dans les pays de droit écrit, toutes donations entre mari et femme étaient confirmées lorsque le donateur mourait sans avoir changé de volonté (1013, al. 4; 515).

26. D'après le droit commun des pays coutumiers, toute donation directe ou indirecte, entre-vifs ou à cause de mort, était prohibée entre personnes mariées, à l'exception du don mutuel en certain cas et pour certains biens (XVII, al. dern.).

27. Une donation entre-vifs de biens présens, faite entre époux par contrat de mariage, est-elle censée faite sous la condition de survie du donataire? *Quid*, avant le Code (38)?

28. Donation de biens présens et à venir. V. v.º *Inaliénabilité*, 5.

29. La donation des biens présens et à venir opère-t-elle dessaisissement quant aux biens présens (513)?

30. Le donataire des biens présens et à venir peut diviser la donation. Effet de l'option et de la renonciation à l'option (513).

31. Les aliénations à titre onéreux et sans fraude sont-elles permises au donataire des biens présens et à venir (514)?

32. Donation de tout ou partie des biens que le disposant lais-
sera à son décès. V. v.° *Institution contractuelle.*

33. Une donation de biens à venir, dans les termes des articles
1082 et 1084 C. civ., n'acquiert son effet qu'au décès du
donateur (CXXXIV, 3.°).

34. De la réduction des donations qui excèdent la quotité disponible (XLII, al. 6).

DOT, DOTALITÉ.

V. v.° *Constitution dotale.*
Mari.
Inaliénabilité.
Prescription.
Restitution de la dot.

1. La conservation de la dot importe à la chose publique (IV).

2. *In ambiguis pro dotibus respondere meliùs est.* Observation sur cette maxime (160).

3. *Dos ipsius filiæ patrimonium* (819).

4. *Dotem numeratio, non scriptura dotalis instrumenti
facit* (CXXIII).

5. Est-ce le mari ou la femme qui est propriétaire de la dot?
V. v.° *Mari.*

6. De la destination de la dot aux charges du mariage (I).

7. La nature de la dot ne peut régulièrement être changée pendant le mariage (XVIII, 2.° exception).

8. La dot était classée, par d'anciens docteurs, parmi les titres
universels (457).

9. La dot n'est pas de l'essence du mariage (II).

10. Peut-elle se concevoir sans mariage ou après le mariage dissous *(ib.)* ?

11. La dot forme un titre lucratif pour la femme à qui elle est constituée (III).

12. Elle ne constitue qu'un titre onéreux pour le mari *(ib.)*.

13. Ce que la femme se constitue est dotal, à moins de stipulation contraire (IX, let. H).

14. Dans une constitution, en termes généraux, de tous les biens de la femme ou de tous ses biens présens, les biens présens sont seuls dotaux (XLVII, 1.º), et il n'y a de dotal que ce qui reste déduction faite des dettes *(ib.)*.

15. Lorsque la femme s'est mariée sous une constitution ou de biens présens, ou de ses biens, en termes généraux, tout ce qu'elle recueille, pendant le mariage, par suite ou d'une donation à elle faite avant le mariage sous une condition suspensive arrivée pendant le mariage, ou du partage d'une succession à elle échue avant le mariage, mais partagée seulement *constante matrimonio*, tout cela, comme tombant sous la constitution des biens présens, est dotal (XLVII, 2.º).

16. Les biens compris dans une constitution ou augmentation de dot faite durant le mariage, peuvent-ils être frappés de dotalité (XI, let. A, B, C) ?

17. Les biens à venir sont dotaux, s'ils ont été l'objet de la constitution, sauf, à l'égard des biens recueillis à titre de donation, le cas où le donateur aurait mis pour condition à sa libéralité que les biens la composant seraient paraphernaux à la femme (XI, let. C; XLVII, 2.º).

18. Au cas d'une constitution de biens présens et à venir, ou de biens à venir seulement, sont dotales les acquisi-

tions faites par la femme ou en son nom (XLVII, 2.º).

19. Dans le cas d'une semblable constitution et d'une société d'acquêts qui aurait été stipulée entre les époux, les biens acquis par la femme dans le partage de cette société sont-ils dotaux *(ib.)*?

20. Est dotal pour le tout l'immeuble dont, par elle-même ou par son mari, devient adjudicataire ou acquéreur, la femme qui, lors de son mariage, le possédait par indivis avec un tiers, et qui s'était constitué non sa portion indivise dans cet immeuble, mais tous ses biens présens, ou ses biens en termes généraux. Même décision pour le cas où la femme, mariée sous une semblable constitution, recueillerait, pendant son mariage, des immeubles indivis, dont elle ferait ensuite l'acquisition à titre de licitation ou autrement (LIV, let. D).

21. Si la femme acquiert, sur licitation ou autrement, un immeuble qu'elle possédait par indivis avec un tiers et qu'elle s'était constitué en dot pour la portion qu'elle y amendait, cet immeuble est-il dotal pour le tout (LIV, let. A)? *Quid,* lorsque c'est le mari qui se rend adjudicataire ou acquéreur (LIV, let. B)? Si c'est un étranger qui est devenu adjudicataire sur licitation, il doit être fait emploi du prix, pour la portion concernant la femme, mais l'immeuble acquis pour effectuer l'emploi n'est pas dotal (LIV, let. C).

22. Ce qui est donné à la femme par contrat de mariage, est dotal. Exception (IX, let. B, 4). *Quid,* de la donation faite par le mari à sa femme (38)?

23. Sont dotaux tous les biens recueillis par la femme, durant le mariage, par l'effet d'une institution, d'une promesse

d'institution ou d'une promesse d'égalité (IX, let. B, 4.º; XLVIII, 3.º).

24. Lorsque la dot constituée par la femme ou par un tiers l'a été de plusieurs choses sous une alternative, laquelle de ces choses est dotale (XLVI, 5.º)? *Quid*, si c'est sous une obligation facultative que la constitution a eu lieu *(ib.)*?

25. Lorsque la dot, émanant de la femme ou d'un tiers, a été constituée de plusieurs choses sous une conjonctive, toutes ces choses sont dotales (XLVII, 4.º).

26. L'immeuble acquis des deniers dotaux n'est pas dotal (XLVIII, let. A). *Quid*, anciennement (386)? Dotalité subsidiaire autrefois reçue et questions relatives à cette dotalité (386).

27. A qui appartient l'immeuble acquis des deniers dotaux? Distinctions (XLVIII, let. C).

28. L'immeuble acquis des deniers dotaux est dotal, lorsque l'emploi desdits deniers a été stipulé dans le contrat de mariage. Déclarations exigées à ce sujet. La femme doit-elle accepter l'emploi? *Quid*, avant le Code (XLVIII, let. A, al. 3; 388 et 389)? De l'acquisition faite par suite d'une obligation d'emploi imposée par la loi. Cette acquisition est-elle dotale (XLVIII, let. C, 5.º)?

29. L'immeuble acquis du prix de vente des biens dotaux déclarés aliénables par le contrat de mariage, est dotal, lorsque c'est à la charge d'un emploi que l'aliénation était permise. L'emploi doit-il être accepté par la femme (XLVIII, let. B, al. 3)? Hors le cas d'un emploi stipulé, l'immeuble ne peut être dotal, et il tombe dans la société d'acquêts qui existerait entre les époux (*ib.*, al. 2). Si l'acquisition faite pour effectuer l'emploi stipulé, l'avait été pour une somme supérieure aux deniers dotaux ou au prix de vente

des biens dotaux, elle ne serait dotale que jusqu'à concurrence des mêmes deniers et prix de vente (XLVIII, let.
C, 1.º).

30. L'immeuble donné en paiement de la dot constituée en argent n'est pas dotal. *Quid*, avant le Code? Dotalité subsidiaire autrefois reçue (XLIX, let. A; 403). Du cas où
le contrat de mariage renfermerait une stipulation d'emploi (XLIX, let. C).

31. Cet immeuble n'est pas dotal, quoique le bail en paiement
n'ait pas été fait au mari seul et en son propre nom, mais
soit au mari en nom qualifié, pour et au nom de sa femme,
soit à la femme elle-même, soit au mari et à la femme
conjointement. Que décidait-on anciennement à cet égard
(XLIX, let. A, al. 3; 405)?

32. L'immeuble reçu en paiement d'un tiers, débiteur de la
femme, laquelle en se mariant se serait constitué en dot
la somme à elle due par ce tiers, n'est pas non plus dotal
(XLIX, let. A, al. 5).

33. Il faut dire la même chose de l'immeuble que les père et
mère abandonnent en paiement de la dot par eux constituée en argent (XLIX, let. A, al. 4). Que rapporte la
femme au partage des successions de ses père et mère
(XLIX, let. B, 4.º)?

34. De même, l'immeuble donné à la femme, après la séparation de biens par elle obtenue, en paiement de ses cas dotaux, n'est pas dotal. En était-il ainsi avant le Code
(XLIX, let. A, al. 6)?

35. Si, au cas d'éviction de l'immeuble qu'un tiers avait donné
en dot, un autre immeuble avait été par lui livré en remplacement, ce nouvel immeuble serait-il dotal (XLIX, let.
A, al. 7)?

36. L'immeuble 'donné en dot avec estimation est-il dotal? L'était-il anciennement? Distinctions qu'on faisait et celles à faire aujourd'hui. De la dotalité subsidiaire autrefois reçue (L, let. A et B).

37. De la lésion soufferte par le mari ou par la femme dans l'estimation. Questions relatives à cette lésion (CXXIX, let. A, 3.º).

38. L'immeuble donné en dot avec estimation doit-il être rapporté *in specie*? Distinction (L, let. B, al. 2).

39. L'estimation peut-elle avoir lieu pendant le mariage? Peut-on stipuler que l'estimation portée au contrat de mariage sera comme non avenue (L, let. B, al. 4)?

40. Des meubles mis à prix et des choses mobilières consistant en nombre, poids et mesure : quelque dotalité les frappe-t-elle (L, let. B, al. 3)?

41. Une somme d'argent est constituée en dot par un père à sa fille ; il en est fait rapport à la succession du constituant ; dans le partage de cette succession, un immeuble échoit à la fille : cet immeuble est-il dotal (LIII, al. 1)? Dans le même cas d'une dot constituée en argent par un père à sa fille, si le père décédait sans s'être libéré du montant de la dot, les immeubles recueillis par la fille dans la succession de son père seront-ils dotaux *(ib.)*?

42. Si, au lieu d'une somme d'argent, un héritage a été constitué en dot ; s'il est fait rapport de cet héritage en nature, et si, par l'événement du partage, il tombe au lot de la femme, soit le même héritage, soit un autre ou plusieurs autres immeubles, *quid juris* quant à la dotalité (LIII, al. 2)?

43. L'immeuble reçu en échange d'un fonds dotal est dotal. Conditions voulues pour que l'échange produise cet effet

(LI). Avant le Code, le fonds dotal pouvait-il être l'objet d'un échange (439)? Du cas où le fonds est d'une valeur supérieure à celle de l'immeuble reçu en échange et *vice versâ* (LI). Autres questions relatives à l'échange *(ib.)*.

44. Dans les divers cas où l'aliénation du fonds dotal est permise par le Code, l'excédant du prix de vente au-dessus des besoins reconnus est dotal; mais l'immeuble acquis dudit excédant de prix n'est pas dotal (LII).

45. Les acquisitions unies au fonds dotal ne sont pas dotales (LV, al. dern.).

46. Les accrues par alluvion au fonds dotal sont de la même nature que ce fonds (LV). Il en est de même de l'accroissement de la valeur vénale du fonds dotal et de l'accroissement de valeur qu'un fonds, dont la nue propriété avait été constituée en dot, acquiert par la cessation naturelle de l'usufruit pendant le mariage *(ib.)*. Il en est encore de même des bâtimens élevés sur le fonds dotal *(ib.)*.

47. Avant le Code, le fonds donné en nantissement pour sûreté du paiement d'une somme d'argent constituée en dot, avec termes pour le paiement, était dotal (LVI).

48. Avant le Code encore, lorsque la femme avait apporté en dot une rente foncière, pour laquelle le débiteur venait à déguerpir, dans la suite, un héritage, cet héritage était considéré comme dotal (LVI).

49. A la dissolution du mariage, la dotalité s'efface (LVII).

5o. Les biens frappés de dotalité sont inaliénables. V. v.º *Inaliénabilité*.

DOUAIRE.

V. v.º *Étranger*, 2, 3.

DROIT.

V. v.º *Action*, 7.

Un droit transmissible aux héritiers n'est pas un droit exclusivement attaché à la personne (**LXXXVI**, al. 4).

E

ÉCHANGE.

V. v.º *Aliéner, Aliénation*, 3.
      Dot, Dotalité, 43.
      Inaliénabilité, 26.
      Subrogation, 4.

1. L'échange constitue une aliénation (459).
2. La faculté d'échanger ne donne pas celle de vendre (**LXVII**,
    let. C, al. 4).

ÉDIT.

Édit de 1771 sur les hypothèques. V. v.º *Hypothèques*.

ÉGALITÉ (**Promesse d'**).

V. v.º *Dot, Dotalité*, 23.

Des effets de la promesse d'égalité (43, al. 2).

EMPLOI.

V. v.º *Constitution dotale*, 29.

V. v.º *Dot, Dotalité*, 28, 29, 30.

    Inaliénabilité, 24.

    Mari, 8, 9.

    Séparation de biens ou de corps, 2.

ENFANS.

1. Les petits-enfans sont-ils compris sous le mot *enfans* (574)?
2. De la survenance d'enfans. V. v.º *Constitution dotale*, 23, 76.
3. Enfans à naître. V. v.º *Donation*, 22.

ÉNUMÉRATION.

Enumeratio infirmat vim legis in casibus non enumeratis (665).

ESPÈCES.

De l'augmentation ou de la diminution des espèces reçues à titre de prêt ou de dot, sous le rapport de la somme qui doit être rendue (967).

ESTIMATION.

V. v.º *Dot, Dotalité*, 36 à 40.

    Inaliénabilité, 25.

ÉTABLISSEMENT.

V. v.º *Inaliénabilité*, 33.

Que doit-on entendre par le mot *établissement* (LXVI, al. 1)?

ÉTRANGER.

V. v.º *Hypothèque*, 6, 7, 8.

1. Engagemens que les étrangers sont capables de contracter (1091).

2. Lorsqu'un homme et une femme, étrangers d'origine, se mariaient sans contrat en France et dans un pays de coutume, la femme participait au droit coutumier du pays où le mariage s'était célébré, et jouissait du douaire et de la communauté qu'établissait le statut local (1091).

3. La femme qui s'était mariée en pays étranger avec un étranger et qui venait ensuite s'établir en France, n'avait aucun douaire sur les héritages de son mari situés en France, et ne pouvait se prévaloir de la communauté légale en vigueur dans le lieu où elle s'était retirée avec son mari (1091).

EXCEPTION.

1. L'effet de toute exception est de laisser subsister la règle dans les cas non exceptés (LIII; 665).

2. Les exceptions ne sont pas de nature à être suppléées dans la loi et étendues d'un cas à un autre (LXXVIII).

3. Les exceptions tacites ont lieu toutes les fois qu'il se rencontre des cas tels qu'en s'attachant aux termes généraux d'une loi, il en résulterait une chose contraire aux lois naturelles ou absurde (675).

EXCEPTION non numeratæ pecuniæ.

Cette exception était reçue en droit romain (1027).

ÉVICTION.

V. v.º *Dot, Dotalité*, 35.
    Inaliénabilité, 45, 46, 47, 49.
    Garantie.
    Vente, 4, 5.

1. *Quilibet contrahens ex officio non tenetur de evictione* (706; LXXXIII, al. 2).
2. Celui qui contracte en nom qualifié, est garant de l'éviction, s'il a pris quelque obligation en son propre nom (706; LXXXIII, al. 2, *in fine*).
3. L'héritier au bénéfice d'inventaire peut agir d'éviction (LXXXIII, al. 5).

EXPROPRIATION FORCÉE.

V. .º *Hypothèque*, 28.
    Mari, 19.

EXPROPRIATION pour cause d'utilité publique.

V. v.º *Inaliénabilité*, 38.

F

FAILLI, FAILLITE.

V. v.º *Constitution dotale*, 89.
    Restitution de la dot, 17.

FAIT.

1. *Nemo contra suum factum venire auditur* (695).

2. *Ex quâ personâ quis lucrum capit, ejus factum præstare debet* (709).

FAUTE.

V. v.º *Mari*, 28.
      Usufruitier, 5.

1. Des diverses espèces de faute qu'on distinguait en droit romain (920).
2. *Magna culpa dolus est (ib.).*

FEMME.

V. v.º *Acquisition*, 2, 3, 4, 5.
      Présomption, 1, 2.

FICTION.

V. v.º *Subrogation*, 1.

Il est de la nature des fictions de tenir lieu de la vérité (626).

FONDS DE COMMERCE.

Des droits et des obligations d'un usufruitier relativement au fonds de commerce soumis à son usufruit (CXIV, al. dern.).

FRAIS.

Frais funéraires. V. v.º *Mari*, 29.
— de dernière maladie. V. v.º *Maladie*.
— de procès. V. v.º *Procès*.

FRANC ET QUITTE.

Du fils déclaré dans son contrat de mariage franc et quitte par son père ou sa mère. A quoi cette déclaration obligeait ceux-ci (995)?

FRUITS.

V. v.⁰ *Constitution dotale*, 34, 83.
     Inaliénabilité, 13, 66.
     Mari, 20 à 24.
     Possesseur, 1.
     Restitution de la dot, 30, 31, 32.
     Société d'acquêts, 1.

1. Il n'y a de fruits que déduction faite des impenses (872; CIX, let. B, al. dern.).
2. Qu'entend-on par fruits (CVIII, let. A, al. 2)?
3. Fruits civils (CVIII, let. B, al. 2).
4. — industriels *(ib.)*.
5. — naturels *(ib.)*.

FUTAIE.

V. v.⁰ *Mari*, 23.

G

GAIN DE SURVIE.

V. v.⁰ *Legs.*

GARANTIE.

1. Celui qui est tenu de la garantie ne peut agir d'éviction (695; LXXXIII).
2. Celui qui n'est tenu de la garantie que pour une partie, est-il recevable à agir d'éviction pour le tout (717)?
3. L'obligation de garantie que le mari, agissant dans un acte en nom qualifié, prendrait purement et simplement, sans dire que c'est en son propre nom, se référerait uniquement à sa qualité de mari, et ne l'engagerait pas personnellement (706).
4. Le mari qui autorise simplement sa femme à aliéner le bien à elle appartenant, contracte-t-il quelque obligation de garantie (LXXXII, let. C, al. dern.)?

H

HABITATION.

HABITS DE DEUIL.

HÉRITIER, HÉRÉDITÉ.

1. Celui qui s'est porté héritier purement et simplement ou sous bénéfice d'inventaire, peut-il répudier sa qualité (310)?

2. Le mineur, au nom duquel une succession aurait été acceptée par son tuteur, dûment autorisé, pourrait-il, à sa majorité, renoncer avec effet à cette succession *(ib.)* ?

3. Au Parlement de Bordeaux, les héritiers en ligne directe étaient admis, pendant trente ans, à se jouer des hérédités auxquelles ils étaient appelés *(ib.)*.

4. Au même Parlement, l'inventaire, sans autre déclaration, suffisait pour conférer la qualité d'héritier bénéficiaire, quoiqu'il eût été fait par un autre que l'héritier *(ib.)*.

5. Lorsque les enfans ne s'étaient pas immiscés dans l'hérédité de leurs auteurs, leur abstention, dans la jurisprudence du Parlement de Bordeaux, avait le même effet qu'une renonciation expresse *(ib.)*.

6. L'héritier ne fait qu'un avec la personne du défunt (709).

7. Si l'héritier bénéficiaire peut agir en revendication de son bien vendu par son auteur. V. v.º *Vente*, 5.

HYPOTHÈQUE.

1. La faculté d'hypothéquer est-elle comprise dans la faculté d'aliéner (LXVII, let. C, al. 5), dans celle de vendre (LXVII, let. C, al. 2) ?

2. Par l'ancienne législation française, les actes passés pardevant notaires emportaient une hypothèque sur tous les biens présens et à venir des personnes qui s'obligeaient, encore que nulle stipulation d'hypothèque ne fût intervenue, cette stipulation étant sous-entendue (1089).

3. Par cela seul qu'un contrat de mariage avait le sceau de l'autorité publique, il produisait, d'après cette même législation, une hypothèque tant sur les biens du mari qui avait reçu la dot, que sur les biens de ceux qui l'avaient promise, et cette hypothèque était conventionnelle *(ib.)*. Une telle hypothèque pouvait-elle résulter des contrats de mariage passés en pays étranger *(ib.)?*

4. De quel jour les articles de mariage sous seing privé emportaient-ils anciennement hypothèque (53) ?

5. L'hypothèque légale accordée par le Code pour assurer aux femmes la restitution de leur dot, résulte du seul fait du mariage (CXXXII).

6. Cette hypothèque a lieu, sur les biens du mari situés en France, au profit des femmes, françaises ou étrangères d'origine, mariées avec un Français, en France ou en pays étranger, sans que, dans cette dernière hypothèse d'un contrat passé en pays étranger, l'hypothèque ait lieu, à l'égard des tiers, à compter seulement de la transcription en France dudit contrat (CXXXIII, al. 1).

7. La même hypothèque appartient-elle aux femmes mariées avec un étranger, soit en France, soit en pays étranger (CXXXIII, al. 2; 1092)?

8. Avant le Code, une hypothèque légale était également atta-

chée à la célébration du mariage, et cette hypothèque appartenait aux femmes, même étrangères d'origine, mariées en pays étranger avec un Français (1091).

9. L'hypothèque sur les biens du mari a lieu, encore qu'un tiers, le père du mari, par exemple, eût touché la dot apportée par la femme (CXXXII, al. 2).

10. L'hypothèque légale appartient à la femme à raison de ses biens dotaux aliénés, soit d'après les principes du droit romain, soit d'après les principes du Code civil (750).

11. La femme, pendant le mariage, peut-elle, à raison de ses biens dotaux aliénés, se présenter à l'ordre ouvert sur le prix de vente des biens de son mari, et obtenir collocation (ib.)?

12. L'hypothèque pour le supplément de dot avait lieu autrefois du jour du supplément (1093).

13. L'hypothèque, à raison de la dot constituée pendant le mariage, n'avait lieu qu'autant qu'il était prouvé que le mari avait reçu (ib.).

14. De la date à laquelle remonte l'hypothèque légale, soit d'après les dispositions du Code, soit d'après l'ancienne jurisprudence. Plusieurs cas à distinguer (CXXXIV; 1093 à 1100). Questions transitoires sur cet objet (CXXXIV, al. dern.).

15. Tous les biens du mari, tant ceux qui lui appartiennent lors de la célébration du mariage, que ceux qui lui adviennent pendant le mariage, sont affectés de l'hypothèque légale, sauf les cas d'exception résultans soit de la convention des parties insérée au traité nuptial, soit des dispositions du Code de Commerce. Ces mêmes biens, sauf le cas où la purge a lieu, continuent d'être grevés de la même hypothèque après les aliénations qu'en aurait faites le mari (CXXXV, al. 1).

16. L'hypothèque légale de la femme frappe-t-elle les acquêts de la société stipulée entre les époux (CXXXV, al. 2)?

17. Sont affectés de l'hypothèque légale, mais subsidiairement : 1.º les biens donnés au mari par contrat de mariage, lorsque ces biens, par suite du retour stipulé, reviennent au donateur ; 2.º les biens qu'est obligé de rendre le mari grevé de substitution, lorsque celui qui a donné lesdits biens a ordonné ce recours subsidiaire (CXXXVI).

18. L'hypothèque légale ne s'étend pas sur les biens appartenans à une société dont le mari est membre (CXXXVII).

19. L'hypothèque existe, sous le Code, indépendamment de toute inscription, et elle continue de subsister sans inscription, après la dissolution du mariage, au profit des héritiers ou ayant cause de la femme (CXXXVIII, let. A). *Quid*, sous l'empire de la loi de Brumaire (1116, *in fine*)?

20. Cette hypothèque, affranchie d'inscription, existe même en faveur des femmes déjà mariées lors de la publication du titre du Code civil relatif aux priviléges et hypothèques, sauf, en ce qui concerne les femmes mariées à cette époque, les droits acquis aux créanciers par des inscriptions prises avant la publication du titre en question (CXXXVIII, let. B). *Quid*, si la femme ne représentait que des articles de mariage sous seing privé (1118)?

21. Mais elle n'appartient pas aux femmes qui se trouvaient veuves à la même époque, ni aux héritiers ou ayant cause de la femme qui était morte à cette époque (CXXXVIII, let. B).

22. L'hypothèque légale, affranchie d'inscription, a lieu non seulement pour le capital de la dot, mais encore pour tous les accessoires de ce capital, tels, par exemple, que les intérêts (CXXXVIII, let. C).

23. Quoiqu'indépendante d'inscription, l'hypothèque légale ne frappe pas, faute d'inscription, les biens du mari dans un cas particulier. Ce cas est celui où l'acquéreur desdits biens se trouve avoir satisfait à toutes les prescriptions de la loi pour la purge de l'hypothèque légale, sans qu'une inscription ait été prise, entr'autres personnes, par la femme (CXXXVIII , let. D).

24. Pour être régulièrement indépendante d'inscription, l'hypothèque de la femme n'en doit pas moins être rendue publique par des inscriptions à la diligence des maris principalement (CXXXVIII, let. E).

25. La femme, dans la distribution du prix d'aliénation des biens de son mari, n'a pas de privilége, pour la répétition de sa dot, sur les créanciers antérieurs à elle en hypothèque (CXLI).

26. A l'égard des créanciers postérieurs à elle en hypothèque, elle a droit d'obtenir collocation préférablement à eux, encore que le mariage subsiste toujours, et qu'elle soit seulement séparée de biens d'avec son mari (CXLI, al. 1). *Quid,* si nulle séparation de biens n'existe *(ib.)*? *Quid,* si les créanciers en question étaient des créanciers de la société d'acquêts qu'aurait contractée la femme (CXLI, al. 2) ?

27. L'hypothèque légale s'éteint par les mêmes causes que toute autre hypothèque. Développemens (CXXXIX).

28. Formalités qu'ont à suivre les tiers-détenteurs pour la purge de l'hypothèque légale inscrite ou non inscrite (CXL, let. A). Faute d'inscription, dans le délai utile, l'hypothèque légale non inscrite est-elle purgée, par l'accomplissement des formalités en question, d'une manière absolue, tant à l'égard des créanciers qu'à l'égard de l'acquéreur

(ib.)? Lorsque c'est par suite, non d'une vente volontaire, mais d'une vente sur expropriation forcée que les biens du mari ont passé à des tiers-détenteurs, l'hypothèque, si elle se trouvait inscrite, se purgera, *ipso facto,* comme toute autre hypothèque inscrite, par l'adjudication sur expropriation forcée, sans aucune formalité ultérieure. Si, au contraire, ladite hypothèque n'avait pas été inscrite, elle ne se purgera qu'au moyen de l'accomplissement des formalités de l'art. 2194 (CXL, let. B).

29. Sous l'empire de l'édit de 1771, les femmes étaient-elles déchues de leur hypothèque à raison de la dot, par le défaut d'opposition de leur part, dans le délai voulu, aux lettres de ratification (1140)?

I

IMMEUBLES.

V. v.º *Action ,* 7.

IMPENSES.

V. v.º *Améliorations.*
Mari, 29, 31.
Réparations.

Quelles étaient, en droit romain, les impenses nécessaires (332, 937), utiles (330), et de pur agrément (334)?

IMPRESCRIPTIBILITÉ.

V. v.º *Prescription.*

IMPUTATION.

V. v.º *Paiement.*

INALIÉNABILITÉ.

1. La dot est inaliénable : c'est son caractère distinctif (IV, V, LVIII, al. 1).

2. L'inaliénabilité ne commence qu'à la célébration du mariage (LVIII, al. 3). Conséquences *(ib.)*.

3. Elle dure autant que le mariage, et nonobstant toute séparation de corps ou de biens (LVIII, al. 4; 502).

4. Après la dissolution du mariage par la mort de l'un des époux, la dot perd sa nature et l'inaliénabilité cesse (LVIII, al. 5).

5. L'inaliénabilité cessant à l'époque de la dissolution du mariage, la dot peut être l'objet de toute disposition à titre gratuit, ayant, de sa nature, trait à la mort de la femme (LIX, al. 1), et, par exemple : 1.º d'un testament fait par la femme (LIX, al. 2); 2.º d'une institution contractuelle émanée d'elle (LIX, al. 3); 3.º d'une donation de biens présens et à venir (LIX, al. 4); 4.º d'une donation faite pendant le mariage par la femme à son mari (LIX, al. 5).

6. L'inaliénabilité ne s'applique pas seulement aux immeubles dotaux et aux seuls immeubles corporels (LVIII, al. 2 et 6).

7. Les immeubles incorporels sont inaliénables : exemples (LVIII, al. 6; 504). *Quid*, des sommes ou valeurs qui représentent des immeubles dotaux et inaliénables (LVIII, al. 6, et LXIII, let. B, al. 1, *in fine*)?

8. La dot mobilière est, en principe, frappée d'inaliénabilité,

tant que dure le mariage (LVIII, al. 2; 499), et par conséquent, après la séparation de corps ou de biens intervenue entre les époux (LVIII, al. 4; LXIII, let. C). Du
droit romain à cet égard (499). En quel sens la dot mobilière est-elle inaliénable? Développemens (LXIII, let. B,
C).

9. L'hypothèque qu'a la femme, sur les biens de son mari, ne
peut recevoir aucune atteinte des renonciations que ladite
femme y aurait faites, soit tacitement, en contractant des
obligations solidaires avec son mari, ou en consentant à
l'aliénation des immeubles grevés de l'hypothèque, soit de
toute autre manière (LXIII, let. B, et 530).

10. Des créances sur des tiers ou autres droits incorporels sous
le rapport de l'inaliénabilité (LXIII, let. B, al. 3 et 4).

11. La femme séparée de biens peut-elle recevoir les sommes
dotales à elles dues sans être tenue de faire emploi ou de
donner caution (LXIII, let. C, et 550)?

12. Des charges de notaires, d'avoués, etc., sous le rapport de
l'inaliénabilité (LXIII, let. D, al. 2).

13. Des intérêts des sommes dotales, des fruits ou revenus des
immeubles dotaux, et du droit de jouissance du mari sous
le rapport de l'inaliénabilité (LXIII, let. D, al. 3 et 4).

14. La dot, à raison du principe de l'inaliénabilité, ne comporte aucun acte, translatif de propriété ou autre, de nature
à lui porter atteinte (LVIII, al. 1).

15. Elle n'est passible, non plus, d'aucune affectation hypothécaire (LX).

16. L'aliénation et l'hypothèque sont défendues à la femme
comme au mari, à l'un des deux comme à tous les deux,
même à la femme marchande publique ou associée aux
acquêts (LXI).

17. Par suite de l'inaliénabilité qui frappe les biens dotaux, les engagemens souscrits, durant le mariage, par la femme seule autorisée de son mari, ou par le mari et la femme conjointement, ne peuvent, pendant le mariage ou après la dissolution du mariage, être ramenés à exécution sur les immeubles dotaux (LXII).

18. De même, si, à raison des engagemens de la femme, n'ayant pas de date certaine antérieure au contrat de mariage, des condamnations étaient intervenues contre la femme, durant le mariage, les biens dotaux, à l'égard de ces condamnations, seraient encore affranchis de toute exécution, même après la dissolution du mariage (LXII, al. 2).

19. *Quid,* si, par suite d'une obligation par elle contractée pendant le mariage, la femme, après la dissolution du mariage, avait été condamnée par un jugement qu'elle aurait laissé passer en force de chose jugée (LXII, al. 3)?

20. Par suite du principe de l'inaliénabilité, les biens dotaux ne peuvent être l'objet : 1.º d'une donation, sauf quelques cas d'exception (LXIV, let. A); 2.º d'un partage entre enfans par acte entre-vifs, hors le cas de l'établissement desdits enfans *(ib.);* 3.º d'une transaction (LXIV, let. C); 4.º d'un compromis (LXIV, let. D); 5.º d'un bail à rente foncière (LXIV, let. E); 6.º d'une concession de servitude (LXIV, let. B). *Quid,* du bail à locaterie perpétuelle *(ib.)?*

21. Peuvent-ils être prescrits? V. v.º *Prescription,* 10 à 15, 17.

22. Des exceptions au principe de l'inaliénabilité de la dot (LXV).

23. Première exception, relative à la donation et à l'hypothèque des biens dotaux pour l'établissement des enfans.

Diverses questions relatives à cette exception (LXVI, let. A).

24. Seconde exception, relative au cas où, par contrat de mariage, les biens dotaux ont été déclarés aliénables, avec ou sans clause d'emploi. Diverses questions au sujet de cette exception (LXVII, let. A, B).

25. Troisième exception, pour le cas où les biens dotaux ont été donnés en dot, estimés d'une estimation faisant vente (LXVIII).

26. Quatrième exception, relative à l'échange (LXIX).

27. Cinquième exception, pour le cas de la licitation et du partage. Questions relatives à cette exception (LXXI).

28. Sixième exception, au sujet des alimens à fournir à la famille (LXXII).

29. Septième exception, pour le cas où il s'agit de tirer le mari de prison. Questions à ce sujet (LXXIII).

30. Huitième exception, pour le cas où il y a lieu de pourvoir à de grosses réparations (LXXIV).

31. Neuvième et dixième exceptions, relatives au paiement des dettes soit de la femme, soit de ceux qui ont constitué la dot. Questions traitées au sujet de ces exceptions (LXXV et LXXVI).

32. Observations communes aux 6.e, 7.e, 8.e, 9.e et 10.e exceptions ci-dessus (LXXVII); et parmi ces observations, celles-ci: 1.º que l'hypothèque peut avoir lieu avec la permission de justice; 2.º que la dot mobilière est passible des obligations contractées par la femme sous cette permission; 3.º qu'il faut s'en tenir strictement aux termes de la permission donnée par la justice, en sorte que, si, par exemple, la vente avait été autorisée, l'hypothèque ne pourrait avoir lieu (*ib.*, al. dern.).

33. Le principe de l'inaliénabilité ne comporte d'autres exceptions que celles prévues par la loi (LXXVIII).

34. Les biens dotaux ne peuvent, dès-lors, être soumis au paiement soit des dettes de la succession acceptée purement et
simplement par la femme, à moins que la succession ne fût
dotale à la femme (LXXVIII, al. 2), soit des dépens auxquels la femme aurait été condamnée (*ib.*, al. 5), soit des
frais et avances auxquels la séparation de biens aurait
donné lieu (*ib.*, al. 7).

35. Ils ne peuvent encore être affectés de l'obligation de garantie
résultante de la vente d'un bien paraphernal consentie par la
femme à un tiers qui en aurait été évincé (LXXVIII, al. 3).

36. Ils ne peuvent être sujets aux suites d'une surenchère formée par la femme (LXXVIII, al. 4).

37. L'aliénation des biens dotaux ne pourrait avoir lieu, même
avec permission de justice, pour le remplacement des enfans
au service militaire (LXXVIII, al. 5).

38. Y aurait-il exception au principe de l'inaliénabilité : 1.º
pour cause d'utilité publique (LXXVIII, al. 9); 2.º à
raison des amendes ou réparations pécuniaires auxquelles
la femme aurait été condamnée pour crime, délit ou quasi-
délit (LXXVIII, al. 8) ?

39. La dot sera aliénable ou inaliénable, sous le Code civil,
dans tous les cas où elle l'était sous l'empire de la jurisprudence sous laquelle le contrat de mariage a été passé
(LXXIX, al. 3).

40. Les lois prohibitives de l'aliénation de la dot constituent un
statut réel. Conséquences (LXXIX, al. 2).

41. Faites hors les cas d'exception où elles sont autorisées,
l'aliénation et l'hypothèque des biens dotaux sont frappées
de nullité, et les obligations souscrites par la femme sont

inefficaces pour engager les biens dotaux (LXXX, al. 1).

42. La nullité est simplement relative (LXXX, al. 2).

43. Les obligations portant garantie de la vente des biens dotaux sont valables. Toutes personnes, et, par exemple, le mari, la femme et les enfans peuvent fournir cette garantie, soit en cautionnant la vente, soit de toute autre manière (LXXXI, 1.º). Dommages et intérêts résultans de cette obligation de garantie (691).

44. L'acquéreur des biens dotaux ne peut, en thèse générale, faire révoquer l'aliénation. Exception à cette règle (LXXXI, 2.º). Ancienne jurisprudence à cet égard (694).

45. Le mari peut régulièrement agir en révocation pendant le mariage et avant toute séparation de biens (LXXXII, let. A, al. 1 et 2). Le peut-il après la dissolution du mariage, s'il se trouve héritier de sa femme (LXXXII, let. B)? Prestations dont le mari est tenu envers l'acquéreur (LXXXII, let. A, al. 3 et 4). Ancienne jurisprudence sur tout cela (695, 698, 706).

46. Les enfans, héritiers purs et simples de leur père, ne peuvent faire révoquer l'aliénation des biens dotaux (LXXXIII, al. 2 et 3). Cas d'exception (*ib.*).

47. La femme, héritière pure et simple de son mari, ne peut poursuivre en délaissement les acquéreurs des biens dotaux. Exceptions (LXXXIII, al. 4).

48. La voie de la revendication est, dans tous les cas, ouverte aux enfans et à la femme qui n'ont accepté la succession de leur père ou mari que sous bénéfice d'inventaire (LXXXIII, al. 5).

49. Les enfans qui auraient répudié l'hérédité du père, pourraient-ils, dans quelques circonstances, être non recevables à agir d'éviction (LXXXIII, al. 6)?

5o. La femme, devenue veuve, au lieu d'exercer l'action en revendication contre les acquéreurs des biens dotaux, est libre de n'agir qu'en répétition du prix, soit contre les héritiers du mari ou sur les biens de ce dernier, soit contre les tiers-acquéreurs (LXXXIV, let. C, al. 1.er).

5i. L'aliénation des biens dotaux est susceptible de ratification de la part de la femme ou de ses héritiers (LXXXIV, al. 2).

52. La ratification ne peut avoir lieu durant le mariage, quoi-qu'après une séparation de biens intervenue entre les époux (LXXXIV, let. A, al. 1.er, et let. D). Exceptions (LXXXIV, let. A, al. 2).

53. Après la dissolution du mariage, la ratification est valable-ment faite (LXXXIV, let. A, al. 1.er).

54. La ratification est expresse ou tacite (LXXXIV, let. B).

55. Divers exemples de ratification tacite (LXXXIV, let. C).

56. Si la ratification a un effet rétroactif (LXXXIV, let. E).

57. Si le mari avait fait à sa femme, sous la condition de ne pas inquiéter les acquéreurs des biens dotaux, un legs qu'elle aurait accepté, pourrait-elle agir en revendication (LXXXV)?

58. Hors les cas d'exception signalés, la revendication peut être exercée par la femme, après la dissolution du mariage ou la séparation de biens, que ce soit elle-même, ou son mari, ou tous les deux conjointement qui aient été en nom dans le contrat d'aliénation (LXXXVI, al. 1.er). L'action en revendication était-elle ouverte, avant le Code, à la femme séparée de biens (761)?

5g. Encore que la femme se fût rendue garante, sur ses para-phernaux, de l'aliénation de son fonds dotal, elle n'en aurait pas moins le droit de faire révoquer l'aliénation (LXXXVI, al. 2).

60. Au cas d'une société d'acquêts stipulée entre le mari et la femme, et acceptée, une fois dissoute, par la femme, cette acceptation ne fait nul obstacle à l'action en revendication du fonds dotal. Décision qu'on portait anciennement à cet égard (LXXXVI, al. 3).

61. Les héritiers de la femme ont, comme cette dernière, le droit d'agir en révocation (LXXXIV, al. 5 et 6).

62. Les créanciers de la femme ont-ils qualité pour faire révoquer l'aliénation (LXXXVI, al. 4)?

63. Du délai dans lequel la revendication doit être exercée (XCV, let. A et B; 8o3, 8o4, 8o6).

64. La femme, en règle générale, n'est pas tenue de la restitution du prix de vente aux acquéreurs qu'elle évince, quoiqu'elle eût consenti la vente conjointement avec son mari, et qu'il fût dit, dans le contrat, que le prix a été payé à tous les deux (LXXXVII).

65. Le mari, au contraire, est régulièrement tenu à la restitution dudit prix *(ib.)*.

66. Si a restitution des fruits est due à la femme par l'acquéreur évincé (LXXXVIII).

67. Des répétitions qu'est en droit d'exercer l'acquéreur évincé soit contre la femme, soit contre le mari, à raison des améliorations résultantes des constructions, plantations et ouvrages par lui faits au fonds dotal, ainsi qu'à raison des réparations au même fonds (LXXXIX). Diverses questions au sujet desdites améliorations et réparations (777, 780), et droit de rétention à leur égard *(ib.)*.

INGRATITUDE.

V. v.º *Donation*, 20.
Constitution dotale, 24.

INSISTANCE (**D**roit d')**.**

Notions sur ce droit (CXLII).

INSTITUTION CONTRACTUELLE.

V. v.º *Constitution dotale*, 5o.
  Dot, Dotalité, 23.
  Inaliénabilité, 5.

1. Nature des institutions contractuelles (53, 191).
2. Si une institution contractuelle pouvait, avant le Code, être
 faite dans des articles de mariage sous seing privé (53).
3. L'institution contractuelle ne peut se diviser (513).
4. Les aliénations à titre onéreux étaient-elles, avant le Code,
 permises à l'instituant (514)?
5. La promesse d'instituer vaut institution (42).
6. Des dettes dont est tenu l'institué (65o).

INTÉRÊTS.

V. v.º *Constitution dotale*, 71 à 75, 83.
  Hypothèque, 22.
  Inaliénabilité, 13.
  Mari, 29.
  Restitution de dot, 23, 25.
  Usufruit, 4, 8.

INTERPRÉTATION.

De l'interprétation des conventions touchant la dot. V. v.º
Constitution dotale, 41.

INVENTAIRE.

V. v.º *Bénéfice d'inventaire.*

J

JOUISSANCE.

V. v.º *Mari.*
  Usufruit.

JUGE.

Le juge est le ministre de la loi, et il n'en est pas l'arbitre (667 *bis*).

JUGEMENT.

V. v.º *Constitution dotale,* 51.
  Inaliénabilité, 18, 19.

1. Le jugement rendu sur une action réelle n'est que déclaratif des droits appartenans déjà à la partie qui gagne son procès (XXIV, 3.ᵉ exemple).
2. Un jugement portant condamnation au paiement d'une somme opère novation (524).

L

LÉGITIME.

V. v.º *Constitution dotale,* 86.

LEGS.

V. v.º *Constitution dotale*, 65, 86.
    Compensation.
    Inaliénabilité, 57.
    Restitution de la dot, 8.

1. Les gains de survie ne se compensent pas avec le legs fait par le mari à sa femme (1006).
2. Le legs que le mari ferait à sa femme de sa dot, sans en avoir reçu d'elle, serait-il valable *(ib.)?*

LÉSION.

V. v.º *Dot, Dotalité*, 37.

LIBÉRAL, LIBÉRALITÉ.

V. v.º *Donation.*

Nemo liberalis nisi liberatus (XXXI, 3.ᵉ hypothèse).

LICITATION.

V. v.º *Dot, Dotalité*, 20, 21.
    Inaliénabilité, 27.
    Mari, 14.

La licitation équipolle à un partage, et, comme un partage, elle est déclarative de propriété (LIV, let. A; 626). Conséquences (626).

LOCATERIE PERPÉTUELLE.

V. v.º *Bail à locaterie perpétuelle.*

LOI.

V. v.º *Présomption*, 1.

1. *Legis auxilium frustrà invocat qui committit in legem* (LXXXII, let. A, al. 3).

2. *Deceptis, non decipientibus, jura favent* (XXXI, 5.ᵉ hypothèse).

3. Celui-là est censé agir par dol, et être de mauvaise foi, qui contracte contre la prohibition de la loi (701).

4. Les lois nouvelles sont toujours censées se référer aux lois anciennes qu'elles ne contrarient pas formellement (1140).

5. On ne laisse pas de contrevenir à la loi, pour en suivre la lettre, si l'on agit contre son esprit (499).

6. *Non oportere jus civile calumniari neque verba captari, sed quâ mente quid diceretur, animadvertere convenire* (679).

LOI assiduis.

Cette loi n'était pas observée au Parlement de Bordeaux (1143).

M

MALADIE (Frais de dernière).

V. v.º *Mari*, 29.

MANDAT, MANDATAIRE.

V. v.º *Aliénation, Aliéner.*
Contrat, Contracter.

1. *Dicens se procuratorem, eo ipso censetur facere in qualitate procuratoris* (706).
2. Tout mandat formant une des conditions essentielles d'un contrat irrévocable, est lui-même irrévocable (585).
3. Les bornes d'un mandat ne peuvent être dépassées (589).

MARI.

V. v.° *Acquéreur, Acquisition*, 2, 5.
Garantie, 3, 4.
Inaliénabilité, 43, 45, 65.
Présomption, 2.

1. *Dicens se maritum, censetur nomine uxoris facere* (706).
2. Le mari est maître de la jouissance de la dot, dont la propriété reste, en règle générale, à la femme (XCVII, al. 1 et 2).
3. La dot, dans certains cas, passe pourtant en propriété au mari. Quels sont ces cas (CXIV)?
4. A l'exception des cas en question, la femme reste propriétaire de la dot (CXV). Conséquences *(ib.)*.
5. Au mari seul appartiennent l'administration et la jouissance de la dot, nonobstant tout pacte au contraire, sauf, toutefois, le droit que la femme a pu se réserver de toucher annuellement, sur ses seules quittances, une partie de ses revenus (XCVII, al. 3).
6. Le mari est investi de toutes les actions relatives à la jouissance de la dot (XCVIII).
7. Il a seul qualité pour se faire payer de la dot et pour en accorder quittance, sauf le cas où il serait encore mineur,

auquel cas, sous le Code, l'assistance d'un curateur lui est nécessaire (XCIX, al. 1; 825). — Si les quittances sous seing privé par lui données font foi de leur date contre la femme (XCIX, al. 1).

8. Quoiqu'il soit insolvable, il peut exercer l'action en paiement, sans qu'on puisse exiger de lui emploi ni caution, encore que la femme, qui se serait constituée elle-même, eût été mineure à l'époque du contrat de mariage. Ancienne jurisprudence à cet égard (XCIX, al. 2; 826 et 827).

9. Mais le mari est tenu de faire emploi ou de donner caution, si telle est la stipulation du contrat de mariage, ou si les débiteurs, d'après les titres constitutifs des créances, ne se trouvaient tenus de payer que moyennant lesdites sûretés. Ancien droit sur ces points (XCIX, al. 2; 828).

10. Le mari a le droit de compenser avec ses propres dettes les sommes dotales dues par celui dont il est débiteur (XCIX, al. 4). A-t-il le droit de faire novation des créances dotales (990), d'accorder des délais aux débiteurs des deniers dotaux (XCIX, al. dern.)?

11. Il a qualité pour recevoir le rachat des rentes foncières faisant partie de la dot (XCIX, al. 3). *Quid*, à l'égard du prix de vente d'immeubles extradotaux sur lesquels reposeraient soit la dot en argent de la femme, soit des valeurs ou deniers représentant des fonds dotaux *(ib.)*?

12. Le mari a le plein exercice des actions possessoires concernant les biens dotaux, et cela, tant en demandant qu'en défendant (C).

13. Il peut, dans son intérêt propre, et sans préjudice des droits de la femme, exercer seul, soit en demandant, soit en défendant, les actions réelles en revendication soit de la

propriété des immeubles dotaux, soit d'un droit réel sur les mêmes immeubles. Ainsi, par exemple, il est recevable à proposer les actions confessoires et négatoires (CI). La femme qui n'aurait pas été partie dans l'instance, serait-elle liée par le jugement obtenu contre son mari (835, 836)?

14. Le mari peut poursuivre un partage des biens dotaux conforme à la nature de son droit, c'est-à-dire, un partage provisionnel. Le partage définitif des mêmes biens ne peut s'opérer qu'avec le concours de la femme, et si ce partage est provoqué par les cohéritiers ou copropriétaires de la femme, le mari doit être mis en cause (CII). De même, la licitation ne peut s'opérer sans le concours de la femme (ib.). Le partage et la licitation peuvent-ils avoir lieu à l'amiable? Renvoi (ib.). Décisions de l'ancien droit sur ces différens points (838, 841).

15. Le mari est partie capable pour intenter l'action en bornage ou y défendre. Pour que le bornage soit définitif, la femme doit pourtant être mise en cause (CIII).

16. Des droits du mari sous le rapport des baux à ferme ou à loyer des biens dotaux (CVII).

17. Le mari n'est habile à transiger et à compromettre que dans les limites de son droit d'administration et de jouissance, tant que ce droit lui appartient (CIV).

18. Le mari ne peut faire la remise des servitudes dues au fonds dotal, ni imposer, même du consentement de la femme, des servitudes sur ledit fonds (CV).

19. L'expropriation du fonds dotal, dans le cas où elle peut avoir lieu, ne peut être dirigée contre le mari seul (CVI).

20. Comme maître de la jouissance de la dot, le mari, à partir de la célébration du mariage, a droit aux fruits des biens

dotaux, sans être tenu, lors de la dissolution du mariage, à aucune restitution, quand même les fruits perçus proviendraient d'un droit d'usufruit ou d'une pension viagère apportés en dot (CVIII, let. A). Qu'entend-on par fruits *(ib.)?*

21. Le droit du mari à cet égard s'exerce sur toute espèce de fruits et revenus : sur les fruits civils, naturels et industriels (CVIII, let. B), sur les coupes de bois taillis, sur les futaies mises en coupes réglées, sur le produit des mines et des carrières en exploitation lors du mariage, sur les arbres qu'on peut tirer d'une pépinière, sur les produits annuels et périodiques des arbres qui sont utiles par leurs branches ou leur écorce *(ib.)*.

22. La jouissance du mari ne commençant qu'à la célébration du mariage, ne peut avoir pour objet les fruits, revenus, intérêts et arrérages échus et perçus avant le mariage célébré, ni ceux échus ou perçus postérieurement à la dissolution du mariage (CVIII, let. E).

23. Tout ce qui n'est pas de la nature des fruits et revenus ne tombe pas dans la jouissance du mari. Sont, dès-lors, affranchis de cette jouissance, par exemple, le trésor découvert pendant le mariage, le produit des mines et des carrières qui n'étaient pas en exploitation lors du mariage, et les futaies non aménagées en coupes réglées (CVII, let. C et D).

24. Les fruits de la dot sont dévolus au mari à titre onéreux pour le support des charges du mariage. Tant que ces charges durent, le mari a droit à ces fruits (CIX, let. A). Du partage des fruits des biens dotaux (CIX, let. A et B).

25. Différences entre la jouissance du mari et celle d'un usu-

fruitier (CX, let. A et B). Le droit de jouissance du mari est-il susceptible d'être hypothéqué (LXIII, al. dern.) ?

26. Malgré les caractères qui lui sont propres et qui la distinguent d'un usufruit ordinaire, la jouissance qu'a le mari des biens dotaux le constitue usufruitier des mêmes biens (CXI; 910).

27. Des obligations dont est tenu le mari à l'égard des biens dotaux (CXII).

28. Il doit jouir en bon père de famille, et il est tenu, en conséquence, non seulement de son dol, mais encore de sa faute, et responsable de toutes pertes, détériorations et prescriptions en résultant (CXII, let. A).

29. Des obligations du mari sous le rapport des contributions, du paiement des arrérages et intérêts des rentes et dettes passives antérieures au mariage, des frais de procès concernant la jouissance des biens dotaux (CXII, let. B), des frais de dernière maladie de la femme, des frais funéraires, des grosses réparations ou des impenses nécessaires aux biens dotaux (CXIII, let. C.).

30. Questions relatives au remboursement dû au mari des améliorations et réparations (CXII, let. D).

31. Des impenses de pur agrément. Donnent-elles lieu à quelque répétition en faveur du mari (CXII, let. E)?

32. Le droit d'administration et de jouissance du mari cesse à la dissolution du mariage ou lors de la séparation de corps ou de biens (CXIII).

MARIAGE.

V. v.º *Contrat de mariage.*

MEUBLES.

V. v.º *Action*, 7.

En fait de meubles, la possession vaut le titre (534).

MINES.

V. v.º *Mari*, 21, 23.

MINEUR, MINEURE.

V. v.º *Aliéner, Aliénation*, 6.
      Constitution dotale, 90.
      Héritier, Hérédité, 2.
      Prescription, 4, 8, 16.
      Ratification, 3.
      Restitution de la dot, 10.

La condition du mineur est la même que celle du majeur, toutes les fois que les formalités particulières établies dans son intérêt ont été observées (310).

MODE.

V. v.º *Constitution dotale*, 25 à 29.

Notions sur le mode (119).

MOINS.

V. v.º *Plus*.

N

NANTISSEMENT.

V. v.º *Dot, Dotalité*, 47.

NOURRITURES.

V. v.º *Constitution dotale*, 84.
Restitution de la dot, 30.

NOVATION.

V. v.º *Jugement*, 2.
Mari, 10.

NULLITÉ.

1. De la nullité de l'aliénation des biens dotaux, V. v.º *Inalié-nabilité*, 41, 42.
2. Qu'est-ce qu'une nullité relative (688)?

O

OBLIGATION.

V. v.º *Contrat, Contracter.*
Inaliénabilité, 17, 18, 19, 32, 41.

1. Obligation alternative (XLVII, 5.º, et v.º *Dot, Dotalité,* 24).
2. — conjonctive (XLVII, 4.º, et v.º *Dot, Dotalité,* 25).
3. — divisible et indivisible (718).
4. — facultative (XLVII, 5.º, et v.º *Dot, Dotalité,* 24).

OFFICES.

V. v.º *Charges de notaires, d'avoués, etc.*

ORDRE.

V. v.º *Hypothèque,* 11.

P

PACTE.

V. v.º *Stipulation.*

PACTE COMMISSOIRE.

Admis autrefois, ce pacte est aujourd'hui prohibé (494).

PAIEMENT.

V. v.º *Bail en paiement.*
 Mari, 7, 8.

Les paiemens s'imputent *in duriorem causam,* et, si les

dettes sont d'égale nature, sur la plus ancienne (XXXI, 2.ᵉ
hypothèse).

PAPIER-MONNAIE.

V. v.° *Assignats.*

PARAPHERNAUX.

1. Les biens paraphernaux sont ceux qui ne tombent sous aucune constitution de dot implicite ou explicite (XLVI,
al. 2).
2. Au cas d'une constitution douteuse, les biens sont censés
paraphernaux (XX, al. 2).

PARTAGE.

V. v.° *Constitution dotale*, 5o.
   Dot, *Dotalité*, 15, 41, 42.
   Inaliénabilité, 27.
   Mari, 14.

1. Tout premier acte entre cohéritiers ou copropriétaires équipolle à un partage (LIV, let. A, al 2).
2. Un partage entre cohéritiers ou copropriétaires est déclaratif
de propriété : il n'opère qu'une fixation de parts (626).
Conséquences *(ib.)*.
3. Chez les Romains, le partage était regardé comme une espèce de contrat d'échange (LIII, al. 2), comme une véritable aliénation (626, 838).
4. Le partage n'est pas un acte d'administration : c'est un acte

qui touche au droit de propriété, c'est une espèce d'aliénation (626, 838).

5. Partage entre enfans. V. v.º *Inaliénabilité*, 20.

PEINE.

V. v.º *Clauses*, 2.

PENSION VIAGÈRE.

V. v.º *Rente viagère*.

PÉPINIÈRE.

V. v.º *Mari*, 21.

PERTE.

V. v.º *Mari*, 28.

PLAIDER.

Le droit de plaider en défendant est renfermé dans le droit de plaider en demandant (836).

PLUS.

1. Qui peut le plus, peut le moins (594, 597).
2. Exception à cette règle (663).

POSSESSEUR.

Du possesseur de bonne ou de mauvaise foi, sous le rapport

soit du gain des fruits (777), soit des réparations et améliorations faites au fonds d'autrui (779).

POUVOIR.

V. v.º *Inaliénabilité.*

On ne peut transférer à autrui un pouvoir qu'on n'a pas soi-même (582).

PRESCRIPTION.

V. v.º *Constitution dotale,* 75.
   Mari, 28.

1. La prescription emporte une aliénation (787).
2. Celui qui ne peut agir, ne peut être soumis à la prescription (789).
3. La prescription ne courait pas autrefois contre les enfans, tandis qu'ils étaient sous la puissance paternelle, pour les biens à eux appartenans dont le père avait l'usufruit (793).
4. La prescription ne court pas contre les mineurs, encore qu'elle ait commencé à courir contre un majeur (793). *Quid,* avant le Code (*ib.* et 809) ?
5. Dans les pays de droit écrit, les tiers-acquéreurs avaient besoin de trente ans pour prescrire contre le propriétaire, quoiqu'ils fussent de bonne foi et pensassent que leur vendeur était propriétaire (803).
6. Tout ce délai sera nécessaire, encore qu'il se soit écoulé plus de dix ans depuis la publication du Code, si la prescription a commencé avant le Code (803).

7. Il fallait anciennement, et dans les pays de droit écrit, dix ans entre présens et vingt ans entre absens pour prescrire, contre les créanciers du vendeur, les hypothèques dont étaient grevés les fonds qu'un tiers avait acquis (808).

8. Lorsqu'un tuteur vend, comme à lui appartenante, la chose du mineur, par quel laps de tems l'acquéreur prescrit-il aujourd'hui et prescrivait-il autrefois (803, al. dern.)? *Quid*, lorsque la vente est faite par le tuteur *tutorio nomine* (804)?

9. Lorsqu'une femme s'est constitué en dot une chose appartenante à autrui, tout le tems de la jouissance du mari comptera à la femme pour la prescription de la propriété de cette chose (CXXV, let. C).

10. Sous le Code, les immeubles dotaux ne sont pas susceptibles d'être prescrits pendant le mariage. Il en était de même anciennement (XCI; 786).

11. Ils sont encore pourtant prescriptibles sous le Code, si la prescription a commencé avant la célébration du mariage. En était-il de même avant le Code (XCII; 790)?

12. Ils sont prescriptibles, d'après les principes du Code, après la séparation de biens obtenue par la femme, sauf dans le cas où l'action de la femme réfléchirait contre son mari. Ancienne jurisprudence à cet égard (XCIII; 797).

13. Ils sont également sujets à être prescrits, lorsqu'ils ont été déclarés aliénables par le contrat de mariage sous des conditions qui ont été remplies (XCIV).

14. Par quel laps de tems, après la dissolution du mariage, la prescription s'opère-t-elle sous le Code et s'opérait-elle anciennement? Distinctions à faire (XCV, let. A; 803, 804, 806).

15. Lorsque la prescription a pu courir après la séparation de

biens, le délai pour prescrire est le même que celui exigé une fois le mariage dissous (XCV, let. B).

16. Du cas où la femme décède laissant soit des enfans tous mineurs, soit des enfans mineurs et des enfans majeurs *(ib.)*.

17. Les seuls immeubles dotaux sont imprescriptibles. Sont, dès-lors, soumises à la prescription les créances constituées en dot et l'hypothèque que la femme peut avoir sur les biens d'un tiers (XCV, 1.°). *Quid*, à l'égard de l'hypothèque que la loi lui accorde sur les biens de son mari? Cette hypothèque était-elle et est-elle prescriptible durant le mariage, de la part des tiers-acquéreurs desdits biens (XCVI, 2.°; 818)?

PRÉSOMPTION.

V. v.° *Constitution dotale*, 70.
    Donation, 2.
    Restitution de la dot, 18.

1. Présomption de la loi *Quintus Mucius* (370).

2. Toutes les fois que le mari et la femme interviennent dans un acte, y fût-il dit qu'ils ont reçu conjointement, c'est toujours le mari qui, *ut potentior*, est censé avoir touché l'argent, quand bien même le mari n'eût paru au contrat que pour l'autorisation de son épouse, et que le contrat portât que la femme seule a reçu (743, LXXXVII).

PRÊT.

En cas d'augmentation ou de diminution d'espèces, avant l'époque du paiement, le débiteur ne doit rendre que la somme numérique prêtée (967).

PRISON.

V. v.º *Inaliénabilité*, 29.

PROCÈS.

V. v.º *Constitution dotale*, 51.
    Mari, 29.

PROFIT.

V. v.º *Restitution de la dot*, 31.

PROMESSE.

1. Promesse de donner. V. v.º *Donation*, 16.
2. — d'égalité. V. v.º *Égalité*.
3. — d'instituer. V. v.º *Institution contractuelle*, 5.
4. — de faire ratifier. V. v.º *Ratification*, 1.
5. Celui qui a fait une promesse ne peut venir contre son propre fait (695).

PROTESTATION.

Protestatio actui contraria tollit protestationis effectum (745).

Q

QUALITÉ.

En quelle qualité une personne est-elle censée agir lorsqu'elle fait quelque contrat? V. v.º *Contrat, Contracter*.

QUITTANCE.

V. v.º *Mari*, 7.

QUOTITÉ DISPONIBLE.

V. v.º *Constitution dotale*, 76.
    Donation, 34.

R

RAPPORT.

V. v.º *Constitution dotale*, 76 à 84.
    Dot, Dotalité, 33, 38, 41, 42.

Le donataire qui a disposé à titre gratuit de l'immeuble à lui donné, est-il dispensé de le rapporter en nature (318)?

RATIFICATION.

V. v.º *Inaliénabilité*, 51 à 56.

1. A quoi oblige la promesse de faire ratifier (691).
2. Si la ratification a un effet rétroactif (LXXXIV, let. E).
3. De la ratification par un mineur devenu majeur d'un acte passé en minorité (744, 745).
4. La réception, en tout ou en partie, du prix de la vente faite par un tiers d'une chose à nous appartenante, entraîne-t-elle, de notre part, ratification de cette vente (744, 745)? *Quid*, de la simple demande par nous faite du prix (747), et de la réception des intérêts dudit prix (749)?

RECONNAISSANCE.

V. v.º *Restitution de la dot*, 13 à 16.

1. *Qui non potest dare, non potest confiteri* (1015, 650).
2. Des reconnaissances de devoir ou autres contenues dans un testament (1029).

RÉDUCTION.

V. v.º *Constitution dotale*, 76.
Donation, 34.

Toute disposition d'une nature irrévocable, qui a eu lieu sous l'empire des lois anciennes, ne se réduit que conformément à ces lois, encore que le disposant soit mort sous l'empire du Code civil (303).

RÉGIME DOTAL.

1. L'inaliénabilité de la dot forme son caractère distinctif (V).
2. Elle n'est pas de son essence *(ib.)*.
3. Ce régime formait autrefois le droit commun des pays de droit écrit *(ib.)*.
4. Pour le constituer, il faut que les époux s'y soumettent *(ib.)*.
5. Cette soumission est de droit nouveau (VI).
6. Elle ne peut résulter que d'une déclaration expresse *(ib.)*.
7. De quelques stipulations à raison desquelles on examine si elles emportent soumission au régime dotal *(ib.)*.
8. La simple soumission au régime dotal est insuffisante pour établir une constitution de dot (VII).

REMPLACEMENT au service militaire.

V. v.º *Inaliénabilité*, 37.

RENONCIATION.

1. Renonciation à une succession. V. v.º *Succession*.
2. Renonciation à un droit. — Il est permis à chacun de renoncer à un droit introduit en sa faveur (LXXXIV, let. C).

RENTE FONCIÈRE.

V. v.º *Bail à rente foncière*,
Dot, Dotalité, 48.
Inaliénabilité, 20.
Mari, 11.

RENTE VIAGÈRE.

V. v.º *Constitution dotale*, 84.
Mari, 20, 29.
Restitution de la dot, 30.
Usufruit, Usufruitier, 4.

RÉPARATIONS.

V. v.º *Constitution dotale*, 85.
Inaliénabilité, 30, 67.
Mari, 29, 30.
Possesseur, 1.
Restitution de la dot, 34.
Rétention, 2.

Qu'entend-on par *réparations* (332)?

RÉSERVES.

Les réserves qui sont démenties par l'acte même qui les accompagne, doivent être réputées non écrites (745).

RESTITUTION DE LA DOT.

V. v.º *Constitution dotale*, 36, 39.

1. La mort naturelle ou civile de l'un des époux, ainsi que la séparation de biens ou de corps, donnent ouverture à la restitution de la dot (CXVI).

2. La restitution est imposée au mari ou à ses héritiers ainsi qu'à toute personne, au père ou à la mère du mari, par exemple, qui, dans le contrat de mariage, aurait pris, d'une manière quelconque, l'obligation de restituer la dot (CXVII).

3. La simple présence du père ou de la mère au contrat de mariage entraînait-elle, avant le Code, quelque responsabilité au sujet de la dot et des conventions matrimoniales (997)?

4. Circonstances où la restitution de la dot ne peut être exigée du mari qui l'a reçue (CXVIII).

5. Encore que la femme eût apporté en dot une chose appartenante à autrui, le mari ne pourrait se refuser à en faire la restitution (CXXV, let. C).

6. Quoiqu'il ne conservât pas de quoi vivre, le mari n'en devrait pas moins restituer la dot (CXIX).

7. Le mari peut être tenu de restituer la dot, malgré la restitution qu'il en aurait faite pendant le mariage et avant toute séparation de biens (CXX).

8. Si le legs fait par le mari à sa femme est un obstacle à ce que cette dernière réclame la restitution de sa dot, indépendamment de ce legs (CXXII).

9. La dot doit être restituée à la femme ou aux héritiers de cette dernière (CXVII).

10. La femme, quoique mineure lors de la dissolution du mariage, a droit d'exiger la restitution de sa dot. Du cas où la dot consisterait en un capital mobilier. Nécessité dans ce cas de l'assistance d'un curateur (CXXI).

11. La restitution de la dot est encore due à celui qui, en constituant la dot, en aurait stipulé le retour à son profit (CXVII, al. 3).

12. Pour être en droit de réclamer la restitution de la dot, la femme ou ses héritiers doivent prouver que le mari l'a reçue (CXXIII, let. A).

13. Cette preuve résulte de la quittance fournie par le mari, soit dans le contrat de mariage, soit postérieurement au mariage, par acte public ou sous seing privé, sans qu'il y ait lieu de distinguer si la quittance constate, ou non, la numération des espèces, ou si elle se réfère, ou non, à une constitution spéciale ou générale, sauf le droit des parties intéressées de débattre la quittance de fraude ou de simulation. Décisions de l'ancienne jurisprudence sur ces points (CXXIII, let. B ; 1013).

14. Les parties habiles à débattre de fraude et de simulation la quittance de dot donnée par le mari sont : 1.º les enfans d'un premier mariage, au préjudice desquels le mari aurait fait quittance de la dot à sa première femme; 2.º les enfans du mariage ou autres héritiers à réserve, lorsque, à raison de la quittance donnée, il ne reste pas dans les biens du mari de quoi les remplir de la portion que la loi leur

attribue; 3.º les créanciers du mari; 4.º le mari lui-même dans certaines circonstances (**CXXIII**, let. **B**).

15. La preuve de la réception de la dot par le mari résulterait-elle de la reconnaissance, faite par lui dans son testament, de l'avoir reçue (**CXXIII**, let. **C**)?

16. La femme, privée de quittances ou reconnaissances, peut établir la réception de sa dot par son mari à l'aide de tous les genres de preuves admis par le droit civil. Développemens (**CXXIII**, let. **D**).

17. Des justifications à faire par la femme dont le mari est commerçant et en faillite (**CXXIII**, let. **E**).

18. La femme n'a nul besoin de faire preuve de la réception de la dot par son mari, lorsqu'il s'est écoulé dix ans depuis l'échéance du terme pris par le tiers, qui a constitué la dot, pour le paiement de cette dot. La présomption est que le mari en a été payé (**CXXIV**).

19. Divers cas où, quoique le mari n'ait pas reçu la dot, la femme n'en est pas moins en droit de se la faire restituer (**CXXV**).

20. Quel est, une fois le mariage dissous, le délai qu'a le mari pour la restitution de la dot? Distinctions (**CXXVI**, let. **A** et **B**).

21. Du même délai, dans le cas de séparation de biens (**CXXVI**, let. **B**, al. 3).

22. Du délai qu'a la femme pour réclamer la dot du mari ou de ses héritiers (**CXXVII**).

23. Les intérêts de la dot, au cas de la dissolution du mariage par la mort de l'un des époux, courent de plein droit, au profit de la femme ou de ses héritiers, même pendant l'année accordée pour la restitution de la dot, sauf le choix laissé à la femme de se faire payer, pendant l'année,

à la place des intérêts, des alimens aux dépens de la succession du mari (CXXVIII, al. 1). Ancienne jurisprudence (1057).

24. La veuve, quelle que soit son option, a, de plus, le droit de continuer, pendant un an, son habitation dans la maison conjugale, et de se faire fournir des habits de deuil, sans imputation sur les intérêts à elle dus. Les habits de deuil pourraient-ils être réclamés par la veuve à qui son mari, dans son testament, aurait fait quelque avantage ? Ancienne jurisprudence à ce sujet (CXXVIII, al. 1; 1060).

25. Les intérêts de la dot à restituer par le mari courent-ils, au profit de la femme, dans le cas de la séparation de biens, du jour du jugement de séparation (CXXVIII, al. 2) ?

26. La restitution de la dot a lieu en argent, toutes les fois que la dot consiste en sommes de deniers, soit parce qu'en effet le mari n'a reçu que de l'argent, soit parce que la constitution de dot, quoique faite autrement qu'en argent, se résume cependant en une somme de deniers. Exemples (CXXIX, let. A).

27. De la restitution de la dot constituée en assignats ou reçue en assignats (CXXIX, let. A, 2.°; 1065).

28. De la restitution des choses mobilières données en dot avec estimation pendant le cours du papier-monnaie (1070).

29. Dans quel cas la dot se restitue-t-elle en nature (CXXIX, let. B) ?

30. En quoi doit consister la restitution de la dot, lorsque la constitution porte sur un droit d'usufruit (CXXX, al. 2), sur les fruits eux-mêmes *(ib.)*, sur une rente viagère (CXXX, al. 3), sur des nourritures (CXXX, al. 4), sur une charge de notaire, d'avoué, etc. (CXXX, al. 5).

31. Si le mari, durant le mariage, a retiré du fonds dotal

quelque profit qui n'était pas de la nature des fruits et
revenus, ce profit forme un capital qui augmente la dot et
qui est sujet à restitution (CXXX, al. 6).

32. Tous les fruits et revenus reçus ou recueillis par le mari
avant la célébration du mariage tombent dans la restitution
de la dot, sauf convention contraire (CXXX, al. 6).

33. Le mari a la répétition des sommes qu'il aurait restituées à
sa femme, croyant par erreur les avoir reçues en dot
(CXXXI).

34. Il est en droit de faire des déductions à raison des améliorations et réparations par lui faites au fonds dotal
(CXXXI).

RÉTENTION (Droit de).

1. Du droit de rétention dont jouissait autrefois la femme à
raison de sa dot (CXLII).

2. Du droit de rétention à raison des réparations et améliorations faites au fonds d'autrui par celui qui en était possesseur (779; CXII, let. D, al. dern.).

RETOUR.

1. Des effets du retour légal quant aux aliénations, charges et
hypothèques (XVI, let. B).

REVENDICATION, RÉVOCATION.

V. v.º *Inaliénabilité*, 44 à 50, 57 à 63.

REVENUS.

V. v.º *Fruits.*

S

SÉPARATION DE BIENS OU DE CORPS.

V. v.º *Inaliénabilité*, 3, 11, 52, 58.
 Hypothèque, 26.
 Prescription, 12, 15.
 Restitution de la dot, 1, 21.

1. La séparation de biens confère à la femme l'administration des biens dotaux (LXIII, let. C).
2. L'habilite-t-elle à recevoir sa dot mobilière sans emploi ou bail de caution (LXIII, let. C, et 550)?

SERMENT.

Le débiteur peut déférer le serment au créancier sur la vérité des faits attestés dans un contrat authentique, par exemple, sur la réalité de la numération d'une somme quoique dite comptée en présence des notaires (1028).

SERVITUDE.

V. v.º *Inaliénabilité*, 20.
 Mari, 18.

SIMULATION.

V. v.º *Restitution de la dot*, 13, 14.

SOCIÉTÉ.

V. v.º *Hypothèque*, 18.

Des droits que peuvent exercer, sur l'actif social, les créanciers particuliers d'un associé (1115).

SOCIÉTÉ D'ACQUÊTS.

V. v.º *Acquêts.*
    Bail en paiement, 2.
    Constitution dotale, 32, 56, 61.
    Dot, Dotalité, 19.
    Hypothèque, 26.
    Inaliénabilité, 60.

Les fruits et revenus des biens des époux tombent-ils dans la société d'acquêts stipulée entre eux (893) ?

STATUT RÉEL.

Y. v.º *Inaliénabilité*, 40.

STIPULATION, STIPULER.

V. v.º *Contrat, Contracter.*
    Constitution dotale, 15, 30 et suiv.

Des stipulations tacites dans les contrats (159) et dans la constitution de dot (XIX).

SUBROGATION.

1. La subrogation est une fiction qui, comme telle, ne peut être étendue d'un cas à un autre (LIII, al. 1).

2. La subrogation doit être fondée sur la loi, puisque toute fiction vient de la loi (LIII, al. 2). Elle ne peut, dès-lors, avoir lieu de droit *(ib.)*.

3. Pas de règles certaines sur la subrogation (LIII, al. 2).

4. La subrogation a lieu dans l'échange (LI).

5. Régulièrement, il n'y a pas de subrogation du prix à la chose vendue (LII).

SUBSTITUTION.

V. v.º *Constitution dotale*, 50.
Hypothèque, 17.

1. Une substitution non ouverte ne fait pas partie des biens du substitué (190).

2. Des droits du substitué avant l'ouverture de la substitution *(ib.)*.

SUCCESSION.

V. v.º *Héritier, Hérédité.*
Partage.

Renonciation à une succession non ouverte. V. v.º *Constitution dotale*, 31.

SUPPLÉMENT DE DOT.

V. v.º *Augmentation de dot.*

SUPPLÉMENT DE LÉGITIME.

V. v.º *Légitime.*

TUTELLE, TUTEUR.

U

UNION.

USUFRUIT, USUFRUITIER.

1. *Ususfructus pars domini est* (913).

2. Un usufruitier universel ou à titre universel est tenu de souffrir la déduction des dettes (CXXII).

3. L'usufruitier a l'exercice des actions possessoires qui regardent les biens soumis à son usufruit (834).

4. Les arrérages des rentes passives et les intérêts des capitaux sont à la charge de l'usufruitier, ou pour le tout ou pour partie, suivant que l'usufruit est ou universel ou à titre universel (924).

5. Un usufruitier, à la cessation de son usufruit, peut-il réclamer quelque indemnité pour les améliorations par lui faites (CX, let. B, al. dern.)?

6. Un usufruitier est-il tenu de sa faute très-légère (920)?

7. Des différences entre la jouissance du mari et celle d'un usufruitier ordinaire (CX, let. A et B).

8. La femme, laissée usufruitière de tous les biens de son mari, ne peut réclamer les intérêts de sa dot pour tout le tems qu'elle a joui des biens de son mari sans demander le remboursement de sa dot (CXXII).

V

VELLÉIEN.

Du S. C. Velléien (521).

VENTE.

V. v.º *Aliénation.*
Inaliénabilité.
Prescription, 5 à 8.

1. Celui qui a acheté *scienter* une chose qui n'appartenait pas au vendeur, a droit à des dommages et intérêts, lorsque la garantie a été expressément stipulée (691). *Secus,* dans le cas contraire (698).

2. Celui qui n'a fait que prêter son consentement à la vente consentie par un tiers d'une chose appartenante à ce dernier, contracte-t-il quelque obligation de garantie (LXVII, let. D, 3.º; LXXXII, let. A, al. dern.)?

3. De la nature de l'obligation de garantie que le vendeur doit à l'acquéreur (718).

4. Le vendeur de la chose d'autrui ne peut évincer l'acquéreur (694, 695).

5. L'héritier de celui qui a vendu, se trouvant de son chef ou du chef d'un tiers dont il a hérité, le propriétaire de la chose vendue, ne peut évincer l'acquéreur (709), quand bien même il ne serait qu'héritier pour partie du vendeur (718). *Secus,* s'il n'était qu'héritier au bénéfice d'inventaire (722).

6. La vente de la chose d'autrui peut-elle être annulée sur la demande de l'acquéreur (694)?

7. La faculté de vendre renferme-t-elle celle d'hypothéquer (LXVII, let. C, al. 2; 597), de donner (LXVII, let. C, al. 3), d'échanger (LXVII, let. C, al. 4; 594)?

INDICATION

DES PRINCIPAUX AUTEURS ET ARRÊTISTES

CITÉS DANS LE COURS DE CET OUVRAGE.

AGUESSEAU (D'), ses OEuvres, 1759 et années suivantes, 13 vol. in-4.º

AGUIER, Recueil d'Arrêts notables, 1782, 2 vol. in-4.º

ALBERT, Arrêts du Parlement de Toulouse, 1731, 1 vol. in-4.º

ANNE ROBERT, *Rer. judic.*, 1762, 1 vol. in-4.º

ARGENTRÉ, Coutume de Bretagne, 1614, 1 vol. in-f.º

ARGOU, Instit. au Droit français, 1762, 2 vol. in-12.

AUGEARD, Arrêts notables, 1756, 2 vol. in-f.º

AUROUX DES POMMIERS, Coutume de Bourbonnais, 1780, 1 vol. in-f.º

AUTOMNE, Coutume de Bordeaux, 1728, 1 vol. in-f.º

Conférence du Droit français avec le Droit romain, 1629, 1 vol. in-f.º

AYMAR, Explication de l'ordonnance des Testamens, 1744, 1 vol. in-4.º

BALDUS NOVELLUS, *de Dote*, 1569, 1 vol. in-f.º

BARBOSA, *Tract. var.*, 1678, 1 vol. in-f.º

BARDET, Recueil d'Arrêts du Parlement de Paris, 1783, 1 vol. in-f.º

BASSET, Notables Arrêts, 1676, 1 vol. in-f.°

    Plaidoyers et Arrêts, 1668, 1 vol. in-f.°

BÉCHET, 1701, comprenant les différens Traités de cet auteur, 1 vol. in-4.°

BELORDEAU, *Observ. forens.*, 1622, 1 vol. in-4.°

BENOIT, Traité de la Dot, 1829, 2 vol. in-8.°

BERTHELOT, Traité des Évictions, 1781, 2 vol. in-12.

BÉZIEUX (DE), Arrêts notables du Parlement de Provence, 1750, 1 vol. in-f.°

BLONDEAU, Recueil d'Arrêts de différens Parlemens ou Journal du Palais, 1755, 2 vol. in-f.°

BONIFACE, Arrêts notables du Parlement de Provence, 1708, 5 vol. in-f.°

BONNEMANT, Max. du Palais, 1785, 2 vol. in-4.°

BOUCHEUL, Coutume de Poitou, 1727, 2 vol. in-f.°

    des Conventions de succéder, 1727, 1 vol. in-4.°

BOUHIER, Coutume de Bourgogne, 1742, 2 vol. in-f.°

BOULENOIS, Traité de la Personnalité et de la Réalité des lois, coutumes ou statuts, 1766, 2 vol. in-4.°

BOURJON, Droit commun, 1775, 2 vol. in-f.°

BOUTARIC, Inst. de Justinien, 1738, 1 vol. in-4.°

BOUVOT, Recueil d'Arrêts, 1623 et 1628, 2 vol. in-4.°

BRETONNIER sur HENRYS. V. v.° *Henrys.*

BRILLON, Dictionnaire des Arrêts, 1727, 6 vol. in-f.°

BRODEAU sur LOUET. V. v.° *Louet.*

BRUNEMANN, *Comm. in Cod.*, 1715, 2 vol. in-f.°

    Comm. in Pand., 1714, 2 vol. in-f.°

CAMBOLAS, Décis. notables, 1735, 1 vol. in-4.°

CANCERIUS, *Varior. resolut.*, 1683, 1 vol. in-f.°

CATELAN, Recueil d'Arrêts du Parlement de Toulouse, 1723, 2 vol. in-4.º

CÆPOLA, *de Servit.*, 1759, 1 vol. in-4.º

CHABOT de l'Allier, Quest. transitoires, 1809, 2 vol. in-4.º
 Commentaire sur les Successions, 1818, 3 vol. in-8.º

CHARONDAS, Réponses ou Décisions du Droit français, 1605, 1 vol. in-f.º

CHOPIN, OEuvres complètes, 1662, 5 vol. in-f.º

CHORIER, Jurisprudence de Guy-Pape, 1769, 1 vol. in-4.º

COCHIN, ses OEuvres, 1760 et années suiv., 6 vol. in-4.º

COQUILLE, OEuvres complètes, 1703, 2 vol. in-f.º

CORMIS, Recueil de Consultations, 1735, 2 vol. in-f.º

COVARRUVIAS, ses OEuvres, 1606, 2 vol. in-f.º

CUJAS, ses OEuvres, 1637, 6 vol. in-f.º

DALLOZ, Jurisprudence générale du royaume, 1827 et années suiv., 12 vol. in-4.º

DÉMOURS, Conférence de l'ordonnance des Donations, 1753, 1 vol. in-8.º

DANTOINE, Règles du Droit civil, 1710, 1 vol. in-4.º

DANTY, Traité de la Preuve par témoins, 1752, 1 vol. in-4.º

DELVINCOURT, Cours de Code civil, 1819, 3 vol. in-4.º

DENISART, Actes de notoriété donnés au Châtelet de Paris, 1769, 1 vol. in-4.º
 Collection de Décisions nouvelles, 1771, 4 vol. in-4.º
 Collection de Décisions nouvelles, 1783 et années suiv., 9 vol. in-4.º

DESPEISSES, ses OEuvres, 1778, 3 vol. in-4.º

D'OLIVE, Questions notables de Droit, 1 vol. in-4.º

DOMAT, Lois civiles, 1777, 1 vol. in-f.º

Dumoulin, ses OEuvres, 1658, 4 vol. in-f.º

Dunod, Traité des Prescriptions, 1774, 1 vol. in-4.º

Dupin, Conférence de toutes les questions traitées par Ferron, 1746, 1 vol. in-4.º

Duplessis, OEuvres complètes, 1726, 2 vol. in-f.º

Duport-Lavillette, Questions notables, 1831, 6 vol. in-8.º

Duranton, Cours de Droit français, 1825 et années suiv.

Dusault, Commentaire sur l'Usance de Saintes, 1722, 1 vol. in-4.º

Espiard sur Lebrun, des Successions. V. v.º *Lebrun.*

Faber, *Codex*, 1681, 1 vol. in-f.º

Fachin, *Controv. jur.*, 1623, 1 vol. in-f.º

Favard de Langlade, Répertoire de la nouvelle législation, 1823 et 1824, 5 vol. in-4.º

Ferrière (Claude de), Compil. sur la Coutume de Paris, 1714, 4 vol. in-f.º

(Antoine de), Traité des Tutelles, 1776, 1 vol. in-4.º

Fontanella, *de Pact. nupt.*, 1627, 2 vol. in-f.º

Froland, Mémoires sur les Statuts, 1729, 2 vol. in-4.º

Fromental, Décis. du Droit civil, 1740, 1 vol. in-f.º

Furgole, Questions sur les Donations, 1761, 1 vol. in-4.º

Commentaire sur l'ordonnance des Donations, 1761, 1 vol. in-4.º

Traité des Testamens, 1779, 3 vol. in-4.º

Gallus, *de Fructibus*, 1721, 1 vol. in f.º

Godefroy, *Corpus Juris civilis*, 1628, 2 vol. in-f.º

GRENIER, Traité des Donations, 1812, 2 vol. in-4.º

        Supplément audit Traité, 1827, 1 vol. in-4.º

        Traité des Hypothèques, 1822, 2 vol. in-4.º

GRIMALDI DE REGUSSE, Arrêts notables du Parlement de Provence, 1746, 1 vol. in-4.º

GRIVEL, *Decis.*, 1731, 1 vol. in-f.º

GUÉRET. V. v.º *Blondeau.*

GUILLON, Traité des Donations, 1818, 3 vol. in-8.º

GUY-PAPE, *Decis.*, 1667, 1 vol. in-f.º

GUYOT, Répertoire de Jurisprudence, 1785 et années suiv., 17 vol. in-4.º

        Traité de Fiefs, 1767, 7 vol. in-4.º

HENRYS, ses Œuvres, 1738, 4 vol. in-f.º

HOUARD, Dictionnaire de Droit normand, 1780, 4 vol. in-4.º

JANETY, Journal du Palais de Provence, 1784, 6 vol. in-4.º

JUIN (DE), Arrêts du Parlement de Toulouse, 1758 et années suiv., 6 vol. in-4.º

JULIEN, Nouveau Commentaire sur les Statuts de Provence, 1778, 2 vol. in-4.º

LALAURE, Traité des Servitudes, 1777, 1 vol. in-4.º

LAMOIGNON (DE), Recueil des Arrêtés, 1777, 1 vol. in-4.º

LAMOTHE (les frères), Commentaire sur la Coutume de Bordeaux, 1768, 2 vol. in-8.º

LAPEYRÈRE, Décisions sommaires du Palais, 1749, 2 vol. in-f.º

LAPLACE, Maximes journalières du Palais, 1749, 1 vol. in-4.º

LAURIÈRE, Institutions contractuelles,

LAVIGUERIE (DE), Arrêts inédits du Parlément de Toulouse, 2 vol. in-8.º

LEBRUN, de la Communauté, 1754, 1 vol. in-f.º

    des Successions, 1775, 1 vol. in-f.º

LEFÈVRE DE LA PLANCHE, Traité du Domaine, 1764, 3 vol. in-4.º

LEPRÊTRE, Quest. notables de Droit, 1679, 1 vol. in-f.º

LEGRAND, Coutume de Troyes, 1737, 1 vol. in-f.º

LOCRÉ, Législation civile, 1827 et années suiv., 31 vol. in-8.º

    Esprit du Code civil, 1805, 6 vol. in-8.º

        du Code de Procédure, 1806, 4 vol. in-8.º

        du Code de Commerce, 1811 et années suiv.,
        10 vol. in-8.º

LOUET, Recueil d'Arrêts notables du Parlement de Paris, 1712,
2 vol. in-f.º

LOYSEAU, ses OEuvres, 1660, 1 vol. in-f.º

MALLEBAY DE LA MOTHE, Quest. de Droit et de Jurisprudence,
1782, 1 vol. in-8.º

MALEVILLE, Analyse raisonnée de la discussion du Code civil,
1807, 4 vol. in-8.º

MANTICA, *de tacit. et ambig. convent.*, 1723, 2 vol. in-f.º

MASCARDUS, *de Probat.*, 1704, 2 vol. in-f.º

MATTHÆUS DE AFFLICTIS, *Decis.*, 1600, 1 vol. in-f.º

MAURICE BERNARD, diverses Observations du Droit, 1717,
1 vol. in-4.º

MENOCHIUS, *de Præsumpt.*, 1686, 2 vol. in-f.º

MERLIN, Nouveau Rép.re, 4.e édit., 17 vol. in-4.º, avec les
    supplémens.

    Quest. de Droit, 2.e édit., 9 vol. in-4.º, avec les
    supplémens.

MESLÉ, Traité des Minorités, 1752, 1 vol. in-4.º

MOLIÈRES-FONMAUR, Traité des Droits de Lods et Ventes,
1783, 2 vol. in-4.º

MONTVALLON, Traité des Successions, 1780, 2 vol. in-4.º

MORNAC, ses OEuvres, 1721, 2 vol. in-f.º

PARTARRIEU, Journal des Arrêts de la Cour de Bordeaux.

PEREGRINUS, *de fideic.*, 1670, 1 vol. in-f.º

PEREZIUS, *Prælect. in Cod.*, 1740, 2 vol. in-4.º

PERIER (Scipion du), ses OEuvres, 1759, 3 vol. in-4.º

PERRIER (François), Arrêts notables du Parlement de Dijon, 1738, 2 vol. in-f.º

PERSIL, Régime hypothécaire, 1817, 2 vol. in-8.º

PESNELLE, Cout.e de Normandie, 1771, 2 vol. in-4.º

POTHIER, Traité du Droit français, 1781, 4 vol. in-4.º

  OEuvres posth., 1777, 3 vol. in-4.º

  Commentaire sur la Cout.e d'Orléans, 1772, 1 vol. in-4.º

  Pandectes, 1748, 3 vol. in-f.º

POULLAIN DU PARC, Principes du Droit français, 1767, 12 vol. in-12.

   Arrêt du Parlement de Bretagne, 1778, 5 vol. in-4.º

PRÉVÔT DE LA JANNÈS, Principes de la Jurisprudence française, 2 vol. in-8.º

PROST DE ROYER, Dictionnaire de Jurisprudence et des Arrêts, 1781 et années suiv., 7 vol. in-4.º

PROUDHON, Traité des Droits d'usufruit, 1823 et années suiv., 9 vol. in-8.º

  Cours de Droit français, 1810, 2 vol. in-8.º

RANCHIN, *Décis.*, 1709, 1 vol. in-f.º

RAVIOT sur PERRIER. V. v.º *Perrier.*

RENUSSON, OEuvres complètes, 1760, 1 vol. in-f.º

Ricard, OEuvres complètes, 1783, 2 vol. in-f.o

Roche-Flavin (de la), Arrêts notables du Parlement de Toulouse, 1682, 1 vol. in-4.o

Rousseau de Lacombe, Recueil de Jurisprudence civile, 1769, 1 vol. in-4.o

Roussilhe, Traité de la Dot, 1785, 2 vol. in-12.

Sallé, l'Esprit des Ordonnances, 1759, 1 vol. in-4.o

Salviat, Jurisprudence du Parlement de Bordeaux, 1787, 1 vol. in-4.o

Nouvelle édit. de 1824, 2 vol. in-4.o

Sande (A), *Opera omnia*, 1674, 1 vol. in-f.o

Schneidewin, *Instit.*, 1740, 1 vol. in-4.o

Sérieux sur Renusson. V. v.o *Renusson.*

Serres, Instit. du Droit français, 1778, 1 vol. in-4.o

Sirey, Recueil général des Lois et des Arrêts, 1800 et années suiv.

Souchet, Cout.e d'Angoumois, 1780, 2 vol. in-4.o

Soulatges, Observations sur les Quest. notables de Droit de d'Olive, 1784, 1 vol. in-4.o

Tajan, Mémorial de jurisprudence des diverses Cours de France.

Thevenot d'Essault de Savigny, Traité des Substitutions, 1778, 1 vol. in-4.o

Tonduti, ses OEuvres, 1683, 2 vol. in-f.o

Touloubre (de la) sur Perier. V. v.o *Perier.*

Toullier, Droit civil français, 1811 et années suiv., 14 vol. in-8.o

Troplong, des Priviléges et Hypothèques, 1833, 4 vol. in-8.o

Tuscuus, *Pract. concl. jur.*, 1661, 9 vol. in-f.o

VALIN, Cout.ᵉ dé la Rochelle, 1756, 3 vol. in-4.º
VIGIER, Cout.ᵉ d'Angoumois, 1738, 1 vol. in-4.º
VOET, *Comm. ad Pand.*, 1707, 3 vol. in-f.º

ERRATA ET ADDITIONS.

ERRATA ET ADDITIONS.

TOME PREMIER.

P.   10, ligne 10 de la note 30 : Denizart, *lisez*, Denisart.

P. 113, ligne 16 de la note 192 : nous avons déjà eu sujet, *lisez*, nous
avons déjà eu l'occasion.

P. 126, ligne 12 et 13 : soit à quelqu'un de ses héritiers présomptifs,
lisez, soit à quelqu'un des héritiers présomptifs du mari.

P. 168, ligne 3 de la note 294, *après* (V. Sirey, 1832, 2, 57),
ajoutez, ainsi que par la Cour de Toulouse, le 12 Août 1834
(V. Mémorial de jurisprudence, t. 29, p. 331).

P. 229, ligne 19 : Tiruqueau, *lisez*, Tiraqueau.

P. 318, ligne 7 de la note 517 : *corum*, lisez, *eorum*.

P. 350, ligne 5, *après* 1832, 2, 472, *ajoutez*, autre arrêt de la
même Cour, du 6 Décembre 1834, dans le Mémorial de jurisprudence, t. 30, p. 86.

Même page, ligne 8, *après* t. 25, p. 125, *ajoutez*, arrêt de la Cour
de Limoges, du 1.er Septembre 1834, dans Sirey, 1834, 2,
659.

Même page, ligne 21, *après* du 28 Août 1834, *ajoutez*, dans le même
Journal, an 1834, p. 539.

P. 391, ligne 27 : nonobstant l'inaliénabilité, *lisez*, nonobstant l'aliénabilité.

TOME SECOND.

P. 5, ligne 17 de la note 687, *après les mots* : aux termes du droit
commun, *ajoutez* : Une instruction générale de la Régie de
l'enregistrement, en date du 7 Novembre 1834, a décidé

★

qu'un jugement prononçant la nullité d'une donation de biens
dotaux n'était pas soumis au droit proportionnel établi par
l'art. 69, §. 7, 1.° de la loi du 22 Frimaire an 7 sur l'enregistrement pour *tous actes civils et judiciaires* TRANSLATIFS
DE PROPRIÉTÉ, mais seulement au droit fixe dont se trouvent
passibles, aux termes de l'art. 68, §. 3, n.° 7 de la même loi,
*les expéditions de jugemens des tribunaux civils por-
tant résolution de contrats pour cause de* NULLITÉ RADI-
CALE (V. Sirey, 1834, 2, 673). Nous pensons aussi qu'il ne
peut être dû de droit proportionnel à raison d'un tel jugement,
qui n'emporte aucune rétrocession de propriété, et qui, simplement déclaratif de la nullité dont l'aliénation du fonds dotal
est viciée, annihile cette aliénation *retrò ut ex tunc.* La
Régie de l'enregistrement, dans la décision dont nous nous
occupons, a allégué que l'aliénation des biens dotaux était
radicale et absolue. A cet égard, nous ferons remarquer :
1.° que, quoique les auteurs ne s'accordent pas sur le point
de savoir si, pour motiver l'application de l'art. 68, §. 3, n.°
7 de la loi de Frimaire, il ne suffit pas qu'un jugement porte
résolution de contrats pour *cause radicale*, c'est-à-dire,
remontant à l'origine ou à la racine du contrat, au moins
reconnaissent - ils quo ledit article est applicable lorsque la
cause de la résolution est par elle-même *une nullité* provenant de l'absence de l'une des quatre conditions dont l'art.
1108 C. civ. exige le concours simultané pour la validité d'une
convention (V. M. Merlin, Quest. de Droit, v.° *Enregistrement (Droit d')*, §. 3, n.° 3, t. 8, p. 230; M. Toullier,
Droit civil, t. 7, n.° 538 et 544, p. 702 et 710. *Junge*
arrêt de la Cour de cassation, du 21 Pluviôse an 9, rapporté
dans les Questions de Droit de M. Merlin, v.° *Résolution*,
§. 2, t. 4, p. 480); 2.° que, dès-lors, quand bien même une
nullité ne serait que *relative*, le jugement qui la prononce ne
peut être soumis qu'à un droit fixe; car le contrat, nul d'une
nullité simplement relative, ne laisse pas d'être infecté d'un
vice radical dans l'intérêt des personnes en faveur desquelles

cette nullité est établie, et, lorsque ledit contrat est résolu, il l'est *per viam annihilationis et actum retroagentem, ut ex tunc* (V., sur ce dernier point, Chabrol, Coutume d'Auvergne, chap. 16, art. 1, sect. 3, §. 4, t. 2, p. 55o; Molières-Fonmaur, Traité des Lods et Ventes, t. 2, p. 166 et 167) : aussi la Régie de l'enregistrement a-t-elle décidé, le 4 Novembre 1831, qu'un jugement prononçant la résolution d'une vente consentie par un interdit, même avant son interdiction, n'était passible que du droit fixe d'enregistrement (V. Sirey, 1833, 2, 224); 3.º que, nonobstant le vice radical dont est entachée, par rapport à la femme, l'aliénation du fonds dotal, et nonobstant l'exemption du droit proportionnel d'enregistrement dont doive jouir le jugement qui prononce la nullité résultante du vice en question, ce n'est pas parmi les nullités qu'on nomme *absolues*, qu'il peut être exact de classer la nullité de l'aliénation des biens dotaux (V. n.º LXXX, al. 2, et n.ᵒˢ LXXXI à LXXXV, et les diverses autorités citées aux notes sur ces n.ᵒˢ).

P. 43, ligne 4 de la note 722 : le 20 Juillet, *lisez*, en Juillet.

Après contre Dufau, *ajoutez*, arrêt que qualifient de *célèbre* diverses collections m. s. que nous avons sous les yeux.

P. 86, ligne 7 de la note 766, *après* dans Sirey, 1832, 2, 519), *ajoutez* : La Cour de Montpellier, par arrêt du 6 Décembre 1834, dans le Mémorial de jurisprudence, t. 30, p. 86, s'est prononcée, au contraire, pour le droit qu'avaient les créanciers d'opposer ladite nullité, et cela, dans une espèce où c'était un créancier envers lequel la femme s'était obligée après la dissolution du mariage, qui se prévalait de la nullité en question.

P. 155, ligne 29, *après les mots* : avant l'émission du Code civil, *lisez* : La Cour de Bordeaux, dans un des motifs d'un arrêt du 25 Novembre 1834, 1.ʳᵉ ch. (V. Journal des Arrêts de cette Cour, au 1834, p. 576), a pourtant fait application de l'art.

1569 à un contrat de mariage passé, avant l'émission du Code civil, dans le ressort du ci-devant Parlement de Bordeaux. Mais comment la femme, mariée dans le ressort de notre Parlement, pourrait-elle, par le laps de dix ans, prescrire aujourd'hui contre son mari le droit d'en exiger la restitution de sa dot sans être tenue de prouver que ledit mari l'a reçue ? Pour prescrire ce droit, n'avait-elle pas besoin de trente ans sous l'empire de la jurisprudence du Parlement de Bordeaux ? Cette jurisprudence n'était-elle pas entrée, comme convention tacite, dans les stipulations du contrat de mariage ? Est-ce qu'il n'est pas de maxime que les droits résultans pour des époux de leur traité nuptial passé avant le Code, doivent se régler conformément à la jurisprudence ou aux lois sous la foi desquelles leur union s'est formée ? N'est-ce pas, d'ailleurs, par les lois anciennes, suivant l'art. 2281 C. civ., que se règlent les prescriptions commencées avant la mise en activité du Code ? Cela n'est-il pas vrai, encore qu'il se soit écoulé, sous le Code, tout le tems suffisant, d'après ledit Code, pour opérer la prescription ?

P. 163, ligne 1 : emménagées, *lisez*, aménagées.

P. 318, ligne 12 : dont ils sont dispensés, *lisez*, dont elles sont dispensées.

P. 338, ligne 7 : par la déchéance, *lisez*, pour la déchéance.

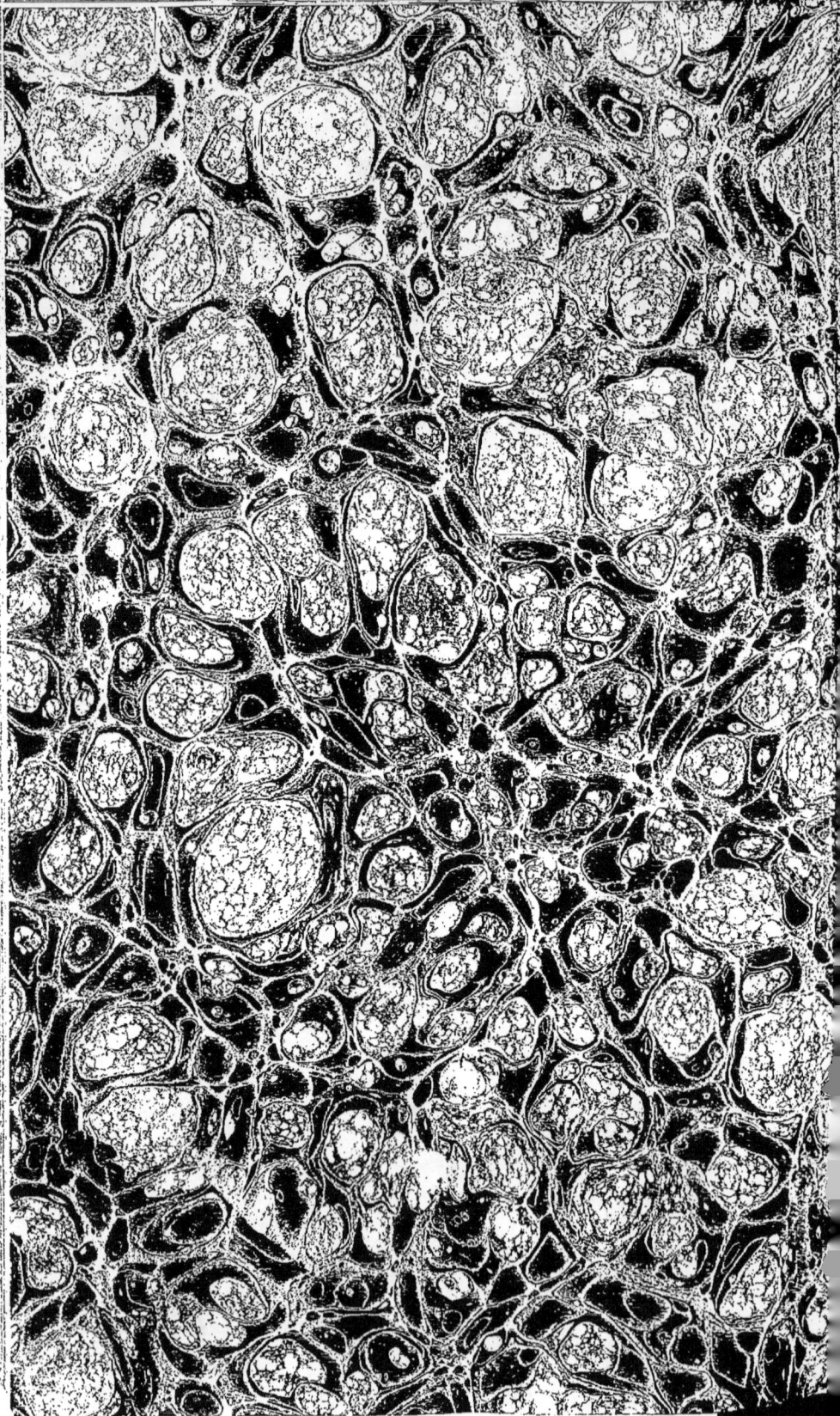

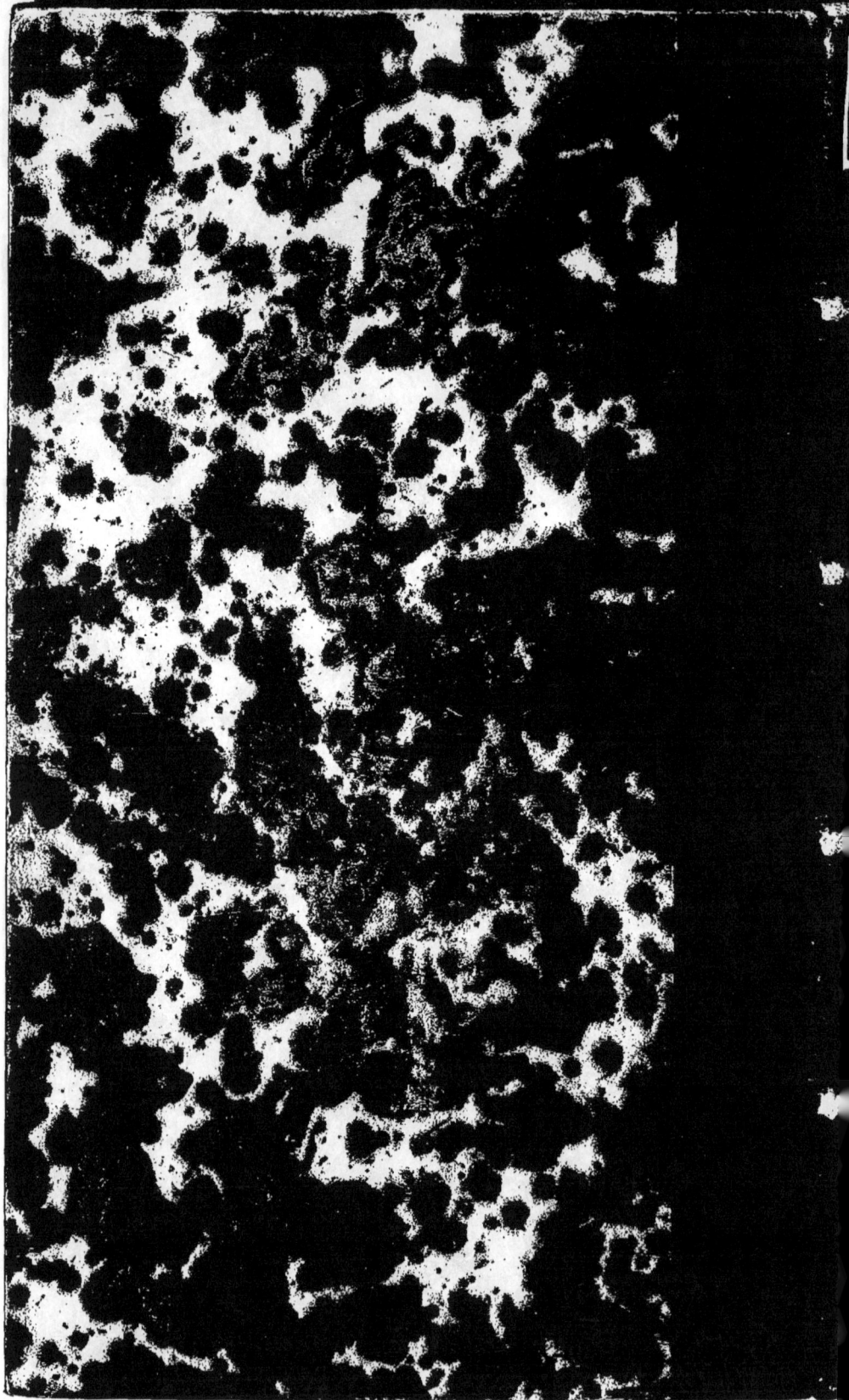